宋代研究文萃丛书

包伟民　总主编

知宋
宋代之政治制度

张祎　方诚峰　主编

浙江人民出版社

图书在版编目（CIP）数据

知宋·宋代之政治制度 / 张祎，方诚峰主编. — 杭
州 ：浙江人民出版社，2024.7（2024.10重印）
ISBN 978-7-213-11383-3

Ⅰ. ①知… Ⅱ. ①张… ②方… Ⅲ. ①政治制度-研
究-中国-宋代 Ⅳ. ①D691.21

中国国家版本馆CIP数据核字(2024)第052660号

知宋·宋代之政治制度

张祎　方诚峰　主编

出版发行：浙江人民出版社(杭州市环城北路177号　邮编　310006)
　　　　　市场部电话：(0571)85061682　85176516
丛书策划：王利波　李　信　　　　营销编辑：张紫懿
责任编辑：李　信　　　　　　　　责任校对：陈　春
责任印务：程　琳　　　　　　　　封面设计：毛勇梅　袁家慧
宋代研究文萃印章设计：高　阳
电脑制版：杭州天一图文制作有限公司
印　　刷：杭州钱江彩色印务有限公司
开　　本：710毫米×1000毫米　1/16　　印　　张：22.625
字　　数：320千字　　　　　　　　插　　页：6
版　　次：2024年7月第1版　　　　印　　次：2024年10月第2次印刷
书　　号：ISBN 978-7-213-11383-3
定　　价：89.00元

如发现印装质量问题，影响阅读，请与市场部联系调换。

"浙江文化研究工程成果文库"总序

　　有人将文化比作一条来自老祖宗而又流向未来的河，这是说文化的传统，通过纵向传承和横向传递，生生不息地影响和引领着人们的生存与发展；有人说文化是人类的思想、智慧、信仰、情感和生活的载体、方式和方法，这是将文化作为人们代代相传的生活方式的整体。我们说，文化为群体生活提供规范、方式与环境，文化通过传承为社会进步发挥基础作用，文化会促进或制约经济乃至整个社会的发展。文化的力量，已经深深熔铸在民族的生命力、创造力和凝聚力之中。

　　在人类文化演化的进程中，各种文化都在其内部生成众多的元素、层次与类型，由此决定了文化的多样性与复杂性。

　　中国文化的博大精深，来源于其内部生成的多姿多彩；中国文化的历久弥新，取决于其变迁过程中各种元素、层次、类型在内容和结构上通过碰撞、解构、融合而产生的革故鼎新的强大动力。

　　中国土地广袤、疆域辽阔，不同区域间因自然环境、经济环境、社会环境等诸多方面的差异，建构了不同的区域文化。区域文化如同百川归海，共同汇聚成中国文化的大传统，这种大传统如同春风化雨，渗透于各种区域文化之中。在这个过程中，区域文化如同清溪山泉潺潺不息，在中国文化的共同价值取向下，以自己的独特个性支撑着、引领着本地经济社会的发展。

　　从区域文化入手，对一地文化的历史与现状展开全面、系统、扎实、有序的研究，一方面可以借此梳理和弘扬当地的历史传统和文化资源，繁荣和丰富当代的先进文化建设活动，规划和指导未来的文化发展蓝图，增强文化软实力，为全面建设小康社会、加快推进社会主义现代化提供思想保证、精神动力、智力支持和舆论力量；另一方面，这也是深入了解中国文化、研究中国文化、发展中国文化、创新中国文化的重要途径之一。如今，区域文化研究日益受到各地重视，成为我国文化研究走向深入的一个重要标志。我们今天实施浙江文化研究工程，其目的和意义也在于此。

千百年来，浙江人民积淀和传承了一个底蕴深厚的文化传统。这种文化传统的独特性，正在于它令人惊叹的富于创造力的智慧和力量。

浙江文化中富于创造力的基因，早早地出现在其历史的源头。在浙江新石器时代最为著名的跨湖桥、河姆渡、马家浜和良渚的考古文化中，浙江先民们都以不同凡响的作为，在中华民族的文明之源留下了创造和进步的印记。

浙江人民在与时俱进的历史轨迹上一路走来，秉承富于创造力的文化传统，这深深地融汇在一代代浙江人民的血液中，体现在浙江人民的行为上，也在浙江历史上众多杰出人物身上得到充分展示。从大禹的因势利导、敬业治水，到勾践的卧薪尝胆、励精图治；从钱氏的保境安民、纳土归宋，到胡则的为官一任、造福一方；从岳飞、于谦的精忠报国、清白一生，到方孝孺、张苍水的刚正不阿、以身殉国；从沈括的博学多识、精研深究，到竺可桢的科学救国、求是一生；无论是陈亮、叶适的经世致用，还是黄宗羲的工商皆本；无论是王充、王阳明的批判、自觉，还是龚自珍、蔡元培的开明、开放，等等，都展示了浙江深厚的文化底蕴，凝聚了浙江人民求真务实的创造精神。

代代相传的文化创造的作为和精神，从观念、态度、行为方式和价值取向上，孕育、形成和发展了渊源有自的浙江地域文化传统和与时俱进的浙江文化精神，她滋育着浙江的生命力、催生着浙江的凝聚力、激发着浙江的创造力、培植着浙江的竞争力，激励着浙江人民永不自满、永不停息，在各个不同的历史时期不断地超越自我、创业奋进。

悠久深厚、意韵丰富的浙江文化传统，是历史赐予我们的宝贵财富，也是我们开拓未来的丰富资源和不竭动力。党的十六大以来推进浙江新发展的实践，使我们越来越深刻地认识到，与国家实施改革开放大政方针相伴随的浙江经济社会持续快速健康发展的深层原因，就在于浙江深厚的文化底蕴和文化传统与当今时代精神的有机结合，就在于发展先进生产力与发展先进文化的有机结合。今后一个时期浙江能否在全面建设小康社会、加快社会主义现代化建设进程中继续走在前列，很大程度上取决于我们对文化力量的深刻认识、对发展先进文化的高度自觉和对加快建设文化大省的工作力度。我们应该看到，文化的力量最终可以转化为物质的力量，文化的软实力最终可以转化为经济的硬实力。文化要素是综合竞争力的核心要素，文化资源是经济社会发展的重要资源，文化素质是领导者和劳动者的首要素质。因此，研究浙江文化的历史与现状，增强文化软实力，为浙江的现代化建设服务，是浙江人民的共同事业，也是浙江各级党委、政府的重要使命和责任。

2005年7月召开的中共浙江省委十一届八次全会，作出《关于加快建设文化大省的决定》，提出要从增强先进文化凝聚力、解放和发展生产力、增强社会公共服务能力入手，大力实施文明素质工程、文化精品工程、文化研究工程、文化保护工程、文化产业促进工程、文化阵地工程、文化传播工程、文化人才工程等"八项工程"，实施科教兴国和人才强国战略，加快建设教育、科技、卫生、体育等"四个强省"。作为文化建设"八项工程"之一的文化研究工程，其任务就是系统研究浙江文化的历史成就和当代发展，深入挖掘浙江文化底蕴、研究浙江现象、总结浙江经验、指导浙江未来的发展。

浙江文化研究工程将重点研究"今、古、人、文"四个方面，即围绕浙江当代发展问题研究、浙江历史文化专题研究、浙江名人研究、浙江历史文献整理四大板块，开展系统研究，出版系列丛书。在研究内容上，深入挖掘浙江文化底蕴，系统梳理和分析浙江历史文化的内部结构、变化规律和地域特色，坚持和发展浙江精神；研究浙江文化与其他地域文化的异同，厘清浙江文化在中国文化中的地位和相互影响的关系；围绕浙江生动的当代实践，深入解读浙江现象，总结浙江经验，指导浙江发展。在研究力量上，通过课题组织、出版资助、重点研究基地建设、加强省内外大院名校合作、整合各地各部门力量等途径，形成上下联动、学界互动的整体合力。在成果运用上，注重研究成果的学术价值和应用价值，充分发挥其认识世界、传承文明、创新理论、咨政育人、服务社会的重要作用。

我们希望通过实施浙江文化研究工程，努力用浙江历史教育浙江人民、用浙江文化熏陶浙江人民、用浙江精神鼓舞浙江人民、用浙江经验引领浙江人民，进一步激发浙江人民的无穷智慧和伟大创造能力，推动浙江实现又快又好发展。

今天，我们踏着来自历史的河流，受着一方百姓的期许，理应负起使命，至诚奉献，让我们的文化绵延不绝，让我们的创造生生不息。

2006 年 5 月 30 日于杭州

"浙江文化研究工程成果文库" 序言

易炼红

国风浩荡、文脉不绝,钱江潮涌、奔腾不息。浙江是中国古代文明的发祥地之一,是中国革命红船启航的地方。从万年上山、五千年良渚到千年宋韵、百年红船,历史文化的风骨神韵、革命精神的刚健激越与现代文明的繁荣兴盛,在这里交相辉映、融为一体,浙江成为了揭示中华文明起源的"一把钥匙",展现伟大民族精神的"一方重镇"。

习近平总书记在浙江工作期间作出"八八战略"这一省域发展全面规划和顶层设计,把加快建设文化大省作为"八八战略"的重要内容,亲自推动实施文化建设"八项工程",构筑起了浙江文化建设的"四梁八柱",推动浙江从文化大省向文化强省跨越发展,率先找到了一条放大人文优势、推进省域现代化先行的科学路径。习近平总书记还亲自倡导设立"文化研究工程"并担任指导委员会主任,亲自定方向、出题目、提要求、作总序,彰显了深沉的文化情怀和强烈的历史担当。这些年来,浙江始终牢记习近平总书记殷殷嘱托,以守护"文献大邦"、赓续文化根脉的高度自觉,持续推进浙江文化研究工程,接续描绘更加雄浑壮阔、精美绝伦的浙江文化画卷。坚持激发精神动力,围绕"今、古、人、文"四大板块,系统梳理浙江历史的传承脉络,挖掘浙江文化的深厚底蕴,研究浙江现象、总结浙江经验、丰富浙江精神,实施"'八八战略'理论与实践研究"等专题,为浙江干在实处、走在前列、勇立潮头提供源源不断的价值引导力、文化凝聚力、精神推动力。坚持打造精品力作,目前一期、二期工程已经完结,三期工程正在进行中,出版学术著作超过1700部,推出了"中国历代绘画大系"等一大批有重大影响的成果,持续擦亮阳明文化、和合文化、宋韵文化等金名片，丰富了中华文化宝库。坚持砺炼精兵强将，锻造了一支老中青梯次配备、传承有序、学养深厚的哲学社会科学人才队伍，培养了一批高水平学科带头人，为擦亮新时代浙江学术品牌提供了坚实智力人才支撑。

文化是民族的灵魂，是维系国家统一和民族团结的精神纽带，是民族生命力、创造力和凝聚力的集中体现。在以中国式现代化全面推进强国建设、民族复兴伟业的新征程上，习近平文化思想在坚持"两个结合"中，以"体用贯通、明体达用"的鲜明特质，茹古涵今明大道、博大精深言大义、萃菁取华集大成，鲜明提出我们党在新时代新的文化使命，推动中华文脉绵延繁盛、中华文明历久弥新，推动全党全国各族人民文化自信明显增强、精神面貌更加奋发昂扬。特别是今年9月，习近平总书记亲临浙江考察，赋予我们"中国式现代化的先行者"的新定位和"奋力谱写中国式现代化浙江新篇章"的新使命，提出"在建设中华民族现代文明上积极探索"的重要要求，进一步明确了浙江文化建设的时代方位和发展定位。

文明薪火在我们手中传承，自信力量在我们心中升腾。纵深推进文化研究工程，持续打造一批反映时代特征、体现浙江特色的精品佳作和扛鼎力作，是浙江学习贯彻习近平文化思想和习近平总书记考察浙江重要讲话精神的题中之义，也是浙江一张蓝图绘到底、积极探索闯新路、守正创新强担当的具体行动。我们将在加快建设高水平文化强省、奋力打造新时代文化高地中，以文化研究工程为牵引抓手，深耕浙江文化沃土、厚植浙江创新活力，为创造属于我们这个时代的新文化贡献浙江力量。要在循迹溯源中打造铸魂工程，充分发挥习近平新时代中国特色社会主义思想重要萌发地的资源优势，深入研究阐释"八八战略"的理论意义、实践意义和时代价值，助力夯实坚定拥护"两个确立"、坚决做到"两个维护"的思想根基。要在赓续厚积中打造传世工程，深入系统梳理浙江文脉的历史渊源、发展脉络和基本走向，扎实做好保护传承利用工作，持续推动优秀传统文化创造性转化、创新性发展，让悠久深厚的文化传统、源头活水畅流于当代浙江文化建设实践。要在开放融通中打造品牌工程，进一步凝炼提升"浙学"品牌，放大杭州亚运会亚残运会、世界互联网大会乌镇峰会、良渚论坛等溢出效应，以更有影响力感染力传播力的文化标识，展示"诗画江南、活力浙江"的独特韵味和万千气象。要在引领风尚中打造育德工程，秉持浙江文化精神中蕴含的澄怀观道、现实关切的审美情操，加快培育现代文明素养，让阳光的、美好的、高尚的思想和行为在浙江大地化风成俗、蔚然成风。

我们坚信，文化研究工程的纵深推进，必将更好传承悠久深厚、意蕴丰富的浙江文化传统，进一步弘扬特色鲜明、与时俱进的浙江文化精神，不断滋育浙江的生命力、催生浙江的凝聚力、激发浙江的创造力、培植浙江的竞争力，真正让文化成为中国式现代化浙江新篇章中最富魅力、最吸引人、最具辨识度的闪亮标识，在铸就社会主义文化新辉煌中展现浙江担当，为建设中华民族现代文明作出浙江贡献！

2023 年 12 月

引言：认识一个时代

我们这一套"知宋"丛书，旨在为有一定文史基础并有兴趣进一步了解两宋历史的读者，提供一个方便学习的门径。

中华民族五千多年文明史的各个发展阶段，都有其独特的历史地位，两宋时期尤其如此。历史的演进，如长河奔流，不舍昼夜，平缓湍急，变化百态，然而必有关键河段，决定着下游走向。如长江之出三峡、黄河之过龙门，终于一泻千里，奔腾入海。由唐入宋，正是这样一个关键节点。不同解释体系，从各自视角出发，截取的起讫时间往往并不一致：陈寅恪先生观察古代文化史流变，以唐代中后期的韩愈为"唐代文化学术史上承先启后转旧为新关捩点之人物"；近数十年来，不少欧美学者从社会阶层演变入手分析，多视两宋之际为转变节点。国内学界更多视唐（五代）宋之际为转折点，除了由于改朝换代具有天然的标识意义外，还因为国家制度大多随着新政权的建立而更新。对这一历史转折的定性，无论视之为"变革"，还是"中国封建社会从前期向后期的演进"，总之可以肯定的是，自南宋以降，我国传统农业社会进入发展后期，从唐末到南宋三四百年间则是它的调整转折时期。前贤曾论今日中国"为宋人之所造就"，就是指自南宋以降奠定了我国传统社会后期基本格局这一点而言的，所以南宋尤其值得重视。

但是，想要全面地认识一个时代，并不容易。人类社会现象之错综复杂，无论怎样强调都不为过。如果说自然界最复杂的事物是宇宙，那么与之相对应的人类社会中最为复杂的事物就是社会本身了。对于我们生于此、长于此的现实世界，且不说域外他国，即便身边的人与事，人们也不免常有孤陋寡闻之叹；更何况对千百年前的历史世界，存世的资料总是那么的零散与片面，想要接近真实就更难了。

具体就10—13世纪的中国历史而言，在传统正史体系中，除《宋史》外，同时有《辽史》《金史》并存。还有其他未能列入正史的民族政权，例如西北的西夏、西南的大理国；更往西或西南，包括青藏高原，都存在众多地方性的族群与统治力量。赵宋政权尽管占据了以黄河与长江两大流域为主的核心经济区，历时也最久，但毕竟不过是几个主要政权中的一个而已。在某些重要方面，例如对西北地域的经略以及国家政治的走向等，赵宋甚至难说代表着一般的发展趋势。

这套文萃选编以两宋为中心，有一定的局限性，并不能等同于10—13世纪全部的中国历史。选编共列出了政治制度、君臣、法律、科举、军事、城市与乡村、货币、交通、科技、儒学、文学、书画艺术、建筑等专题，每题一册，试图尽可能涵盖目前史学研究中关于两宋历史的核心议题，但难免仍有欠缺。出于各种原因，还有其他一些重要议题，例如经济生产、人口性别、社会生活、考古文物等，都暂未能列入。即便是已经列入的这些议题，今人既有的认识——假设它们准确无误，对于极其丰富的真实历史生活而言，恐怕也不过是浮光掠影而已。这既有我们当下的认识能力尚有不足的原因，也因史文有缺，造物主吝于向我们展现先人生活的全貌。总之，我们必须直面历史知识不得不大量留白之憾，切不可为既有的史学成就而沾沾自喜。

但是，人们认识先人生活的努力从未懈怠。自20世纪80年代以来，中国史学成绩斐然，两宋史领域也不例外。可以说，举凡存世资料相对充分、足以展开讨论的议题，差不多都已经有学者撰写了专书，更不必说数量无法统计的专文了。近半个世纪以来，在两宋史领域，每一个知识点基本上都得到了更新与拓展。在许多议题上，学者们更是相互讨论辩难，意见纷呈，远未取得相对一致的"共识"。那么，在这样先天不足、后天失调的前提之下，以每册区区20余万字的篇幅，来反映目前史学界对宋史领域相关议题的研究成果，又有什么意义呢？或者说，我们将如何坦然面对挂一漏万之讥，以使选编工作对读者，同时也对选编者都能呈现一定的价值呢？

首先必须指出，每一专题对于相关研究文献的择取，都出于选编者自身的理解，具有一定的主观性。也可以说，选编工作本身就体现了对相关专题的某种认识思路，这自然毋庸讳言。

其次，我们请每册主编都撰写了一篇导言，以尽可能客观地总结各不同专题的学术史概况。这既是对每册字数容量有限之憾的弥补，也是对每个专题学术史展开的基本路径的梳理，以供读者参考。也正因此，在尽可能选择最新研究成果的前提之下，选编者还会择取少量发表时间稍早、但在学术史上具有重要地位、迄今仍具有相当影响力的专文。

最后，本套文萃选编的目的不是试图提供关于各个专题的"全面"的知识框架，而是借几篇研究精品，向读者展示本领域研究者如何利用可能获取的历史信息，在大胆假设与小心求证之间驰骋智力，以求重现先人生活某一侧面之点滴的过程与成果。因此，本丛书除了对相关史学领域的初学者在了解两宋历史时提供一些帮助外，相信还能使更广大的资深文史爱好者开卷有益。

以上就是我们出版这一套文萃选编的基本设想，谨此说明。

总主编　包伟民

2023 年 10 月

目录

导　论

张　祎

　　以朝代而论，中国古代史上最具典范性、最有影响力的国家制度体系，要数周制、秦制、唐制和明制。西周属于所谓"二帝三王"的理想时代，周制寄寓着儒家士大夫的价值理念、政治追求，受到推重和鼓吹，是后世制度改革的重要思想资源。秦在法家思想的指导下，推行彻底的政治改革，建立起中国史上第一个中央集权、君主专制的统一帝国，所开创的制度成为后来王朝立国施政的现实基础。而唐制，既是汉代以来"霸王道杂之"、折中秦制现实与周制理想的产物，也是魏晋南北朝以来长期民族交流与融合的成果；酝酿成熟，进而恢宏扩大，不仅在中国史上产生深远影响，而且伴随着唐朝的强盛和开放，辐射整个东亚地区，在世界史上也具有令人瞩目的地位。明制则吸取宋元以前历朝统治的得失教训，集制度演进之大成，预防偏弊，加强管控，突出专制、集权倾向，为后继的清朝所承袭，沿用五六百年之久，参与塑造了帝制时代晚期的社会、文化风貌。

　　以上四朝制度，在中国古代史上占据突出位置，具有重要意义。一般而言，宋制不足与之相提并论。宋代制度主要在唐制的延长线上与时推进，发展演变。由唐、五代至两宋，国家制度体系的延续性非常鲜明。五代、两宋的统治者，并不倾向于截断众流、另起炉灶建立一套全新的国家制度，通常都是在现有制度体系的基础上进行调整、改造、创新，来应对面临的政治问题。制度改革的过程中，唐代的典章、故事和历史经验发挥着极为重要的影响。因此，唐宋制度的演进，颇有些"盘中走丸"①的意味，唐制与宋制不妨看作源流相续的同一套制度体系。

从这一立场出发，宋代制度颇有其值得重视、研究的独到价值。唐宋六百多年间，是国家与社会形势发生剧烈变化的时期。学者提出"唐宋变革论"，围绕相关议题展开过丰富、多元的探讨②。随顺形势剧变，唐宋制度前后发生过极为显著的变化。聚焦于政治史角度，赵宋可说是一个"生于忧患，长于忧患"的朝代③，国家制度建设随着政治局势的演进跌宕起伏。宋朝建国之初，创法立制的首要任务是巩固政权，改变唐后期以来分裂割据、政局动荡的状态，拨乱反正，实现统一。经过一系列整顿，终于稳固统治之后，由于"以防弊之政，为立国之法"④，赵宋很快又陷入因循苟且、内外交困的局面，于是不得不推行规模宏大、紧锣密鼓的变法改制。面对北方民族政权长久以来的威胁与侵逼，两宋也曾筹划、推出各种方案，苦心应对。邓广铭先生指出，守成与变法是贯串北宋政治的主要问题，而和战——如何应对民族矛盾，则是贯串南宋政治的主要问题⑤。总而言之，赵宋立国一直面临着内忧外患的沉重压力。因应困局，总处于不断调整之中，这是宋代国家制度的一个重要特点。因此，关注宋制，将唐宋合为同一单元进行研究，可以考察一套制度体系在时势移易、内外困境之下的应变弹性和发展趋向。

成熟繁密，是宋制的另一个重要特点。经历由唐至宋数百年的演进，国家制度体系已发展到相当细密、完备、复杂的程度。宋廷总是倾向于通过加强制度建设来应对面临的各种政治问题。宋制的推陈出新，侧重追求

---

① 〔唐〕杜牧：《樊川文集》卷一〇《注孙子序》，上海古籍出版社1978年版，第152页。
② 相关评述参见柳立言《何谓"唐宋变革"》，《中华文史论丛》2006年第1期，第125—171页；李华瑞《唐宋史研究应当翻过这一页——从多视角看"宋代近世说（唐宋变革论）"》，《古代文明》2018年第1期，第14—37页；等等。
③ 参见邓小南《一个"生于忧患，长于忧患"的朝代》，《光明日报》2017年1月2日第6版。
④ 邓广铭：《宋朝的家法和北宋的政治改革运动》，《邓广铭治史丛稿》，北京大学出版社1997年版，第125页。
⑤ 参见邓广铭、漆侠《宋史专题课》，北京大学出版社2008年版，第36页。

切实稳妥，依据现实的统治经验和治理需要而制定，不强求形式齐整，不崇尚华饰，尽量循故袭常，避免骇人耳目。因此，长期累积之下，宋代制度呈现出一种陈陈相因、叠床架屋、杂糅并蓄的繁复状态。宋人抱怨"细者愈细，密者愈密，摇手举足，辄有法禁"[①]，后世学者则批评："宋世典常不立，政事丛脞，一代之制，殊不足言。"[②]猥细丛脞，实际也是制度走向成熟的表现。

发展成熟的制度体系形塑着宋代社会，并深远影响后世。以身份等级格局为例，宋以前，人身依附关系更为紧密，上下尊卑秩序相对森严。同时，官职系统之外，另有贵族血统、世袭爵位、门阀等第之类，安排、标识世人身份的尊卑高低，不纯然是一元化的状态。官职在其中甚至不是最具优势的衡量尺度。到了宋代，一方面，人身依附关系趋于松弛，良贱之分走向消亡[③]，官员"比肩事主"，彼此在法律上处于平等地位[④]。皇帝之下，世人之间的身份尊卑秩序变得相对宽松。而另一方面，个人在国家体制中所处位置的重要性越来越突显，官职逐渐成为标识身份、地位高低最为重要的尺度，甚至是唯一的尺度。从这一角度而言，中国历史上形成相对纯粹、典型的"官本位"社会，恐怕应该追溯至宋代。

两宋在边疆民族南下的压力之下，势力一再收缩，最终走向灭亡。改朝换代之际，落后的人身依附关系、身份等级秩序又在内地沉渣泛起。并且，元明以后国家制度的发展，在很多方面偏离了唐宋制度演进的方向，似乎宋制的影响未能延续下去。周良霄先生在《元代史》序言中写道，元朝统治在政治社会领域所带来的一些落后影响，相对于宋代而言，"实质上是一种逆转。这种逆转不单在元朝一代起作用，并且还作为一种历史的

①　〔宋〕叶适：《叶适集·水心别集》卷一二《法度总论二》，中华书局2010年版，第789页。

②　〔清〕顾炎武著，黄汝成集释：《日知录集释》卷一五《宋朝家法》，上海古籍出版社2006年版，第919页。

③　参见戴建国《唐宋变革时期的法律与社会》，上海古籍出版社2010年版，第4—11页。

④　参见白钢主编，朱瑞熙著《中国政治制度通史》第六卷《宋代》，社会科学文献出版社2011年版，第6页。

因袭，为后来的明朝所继承。它们对于中国封建社会后期的发展进程，影响更为持久和巨大……明代的政治制度，基本上承袭元朝，而元朝的这一套制度则是蒙古与金制的拼凑。从严格的角度讲，以北宋为代表的中原汉族王朝的政治制度，到南宋灭亡，即陷于中断"①。这段话高屋建瓴，很有启发意义，对于今人认识、讨论宋元政治与文化的走向，影响颇大。然而，所谓中原王朝的政治制度随着南宋灭亡陷于中断的说法，恐怕过于绝对，还需再作斟酌。事实上，书籍修订再版时，周良霄先生早已删去了这一句表述②，只不过论者先入为主，狃于成见，征引尚多而已。

很早以来，就有将辽宋金元时期类比于南北朝的说法。然而，辽宋金元时期，族群之间、南北之间制度与文化碰撞渗透、抗衡竞赛的规模和剧烈程度，与东晋十六国、南北朝时期不可同日而语。不妨以人口指标稍作对比，有学者粗略估算，魏晋南北朝时期融入汉族的少数民族人口达到一千余万，大约占全国总人口的30%—50%③。而北宋末年人口峰值超过一亿，南宋时期人口谷底数值也约有五六千万④；契丹、党项、女真、蒙古与汉族人口差距悬殊，金朝迁入中原的女真、契丹、奚族人口大概三百余万，元代则有两百多万非汉族人口迁入内地⑤。前后比较，显然不足以相提并论。再加上两宋时期汉地制度、文化相对于边疆地区的优势，可能更为突出。辽金元统治对于中国古代历史发展趋向的影响，恐怕不能一味拔高。元明时期的所谓"逆转"、偏离，未必完全是由北方民族南下所带来的。有一些发展趋向，很可能两宋制度、文化本身就已蕴含，只是借助于

① 周良霄、顾菊英：《元代史》序言，上海人民出版社1993年版，第5页。
② 参见周良霄、顾菊英《元史》序言，上海人民出版社2003年版，第5页；周良霄《元史》序言，上海人民出版社2019年版，第5页。
③ 参见朱大渭《儒家民族观与十六国北朝民族融合及其历史影响》《魏晋十六国北朝北方少数民族融入汉族总人口数估测》，《六朝史论续编》，学苑出版社2008年版，第232、246—264页。
④ 参见葛剑雄主编，吴松弟著《中国人口史》第三卷《辽宋金元时期》，复旦大学出版社2000年版，第344—370页。
⑤ 参见葛剑雄主编，吴松弟著《中国移民史》第四卷《辽宋金元时期》，福建人民出版社1997年版，第134—135、603页。

辽金元的统治而得以蓬勃生长起来。打个比方，辽宋金元时期，北方民族南下与中原王朝制度、文化的关系，就仿佛一勺盐投入水中，可能确实是明显改变了水的味道，但水之为水的形态与主体性则并未发生变化，这是首先应当肯定、不宜忽略的。

两宋收缩衰亡，最终被吞并，然而宋制的基本内容与精神，贯串渗透，遗留影响未曾中断①。在中国古代史上，宋代国家制度的地位虽不及周、秦、唐、明，但亦自有其独特价值。厘清宋制承先启后的发展脉络，揭示它与时代形势、社会文化之间的互动影响关系，这是宋代制度史研究应当追求的目标。

制度史的研究对象丰富多样，但以职官制度为重点、核心。邓广铭先生曾把职官制度与历史地理、年代学、目录学并列为研治史学的"四把钥匙"②。与历史地理、年代学、目录学类似，经过一代代学者的不懈努力，时至今日，职官制度或制度史研究早已"附庸蔚为大国"，发展为包罗宏富的独立研究领域，属于历史学的重要组成部分，不能仅以开门钥匙、辅助工具等闲视之了。进入新世纪，邓小南老师发表《走向"活"的制度史》，在强调"问题意识"、倡导"学术规范""学术交流"的前提下，主张可以从"过程"、"关系"（后来又增加了"行为"）视角切入，深化制度史研究③。宋史之外，阎步克老师则提倡运用概念、构建分析框架来揭示古代制度的"技术原理"④。两位老师的思考、总结及示范，开始为制

① 例如李治安讨论过元明时期国家制度的南北因素以及"南朝化"问题，参见《两个南北朝与中古以来的历史发展线索》《元和明前期南北差异的博弈与整合发展》，收在李治安《元史暨中古史论稿》，人民出版社2013年版，第246—306页。

② 参见邓广铭《邓小南〈宋代文官选任制度诸层面〉序言》，《邓广铭全集》第十卷，河北教育出版社2003年版，第183—184页。

③ 参见邓小南《走向"活"的制度史——以宋代官僚政治制度史研究为例的点滴思考》，《浙江学刊》2003年第3期，第99—103页。

④ 关于邓、阎两位老师制度史研究方法的评述，可参看孙正军《何为制度——中国古代政治制度研究的三种理路》，《中国社会科学评价》2019年第4期，第55—63页；张祎《关于"'活'的制度史"》，邓小南、方诚峰主编《宋史研究诸层面》，北京大学出版社2020年版，第84—105页。

度史探讨提供一些值得自觉借鉴、遵循的基本方法。制度史研究进一步走向成熟。

除了继续探索更为新颖的思路、方法以外，宋代制度史研究可以沿着前辈开创的既定轨辙，不断推进、扩充，持续产出细密精深的新成果。一方面，作为研治文史之学的"钥匙"，制度史研究应该制造出更多精密犀利、方便合用的"工具"。像龚延明先生数十年来编订《宋代官制辞典》《中国历代职官别名大辞典》《宋代登科总录》，孜孜矻矻，为古代文史研究作出巨大贡献，足为楷模。李之亮《宋代职官通考》体量宏大，检索便利，虽留有一些疏误尚待完善，但也已嘉惠学界颇多。古代制度中，大量微观、具体的问题不宜视而不见，长久弃置不顾。相对片段式的考订研究，不妨集腋成裘，以工具书的形式容纳包举。另一方面，论文、专著可以用来处理一些相对较为宏观、更成体系的制度史问题。研究的深入，不能只是从概括走向具体、由简略转为详细，还应该在认识上有整体性、系统性的提升。借鉴前辈提示的研究思路、方法，反复推求，如若处理的问题越来越趋于支离，只是一味细密化，则所谓的创新亦不过是另一种形式的"表层的平推、扩展"[①]而已。因此，相对于提炼概念、构建分析框架，相对于"过程""关系""行为"视角，《走向"活"的制度史》所强调的"问题意识"，特别是"中观"层次的追问与探求，才是更为紧要的突破方向。

回顾既往，有利于辨识前路，继续出发。包伟民老师与浙江人民出版社筹划推出"知宋"系列图书，选编宋史各领域的经典论文集，为学界提供参考。本书是其中的政治制度分卷。百年以来，海内外关于宋代制度史的研究成果浩博丰硕，为避免因眼界不广、学力未逮而去取失次，同时也由于编集工作主要完成在疫情期间，考虑到联系处理版权的困难，我们有意缩小了筛选范围：论文主题侧重以职官制度为中心，文章作者则限定为

---

① 参见邓小南《走向"活"的制度史——以宋代官僚政治制度史研究为例的点滴思考》，《浙江学刊》2003 年第 3 期，第 99—100 页。

中国大陆地区的学人。选文分为"宋制概说""皇权与中枢体制""中央与地方的联系""官员管理制度"四组。我们预期本卷的读者是大学本科或研究生阶段对宋代政治制度感兴趣，有志于从事制度史研究、尝试制度史写作的青年学生。因此，收录文章既希望提供关于宋代官制较为全面的基础知识，尽可能涉及大部分重要研究侧面与议题，又期待能提示宋代制度史研究的热点趋向，展现基本的研究方法。本卷作者都是我国大陆学界积累深厚、颇有成就的研究者，所选文章也都是发表有年、已具备一定口碑与影响的代表性作品，但相关选点毕竟极为有限，诸多高论亦只是一家之说。学术发展与日俱新，论辩争鸣云合影从，读者的注意力决不能受限、止步于此，而应该以之为根基、线索，继续扩大追踪，吸纳新说异见，最终站在学术讨论的前沿。这是编者的心愿所在。

第一编

宋制概说

宋代制度复杂，有多方面原因。首先，宋代继承了唐五代在应对危机的过程中造就的丛脞却又务实的制度格局。其次，两宋三百年间制度亦发生了很大变化，尤其是在宋神宗朝(1067—1085)、两宋之交。最后，传世的宋代文献固然丰富，但并没有留下一部言简意赅的官制撰述。考虑到这些，本集第一组论文以"宋制概说"为主题。邓广铭《〈宋史·职官志〉抉原匡谬》是对《宋史·职官志》这一宋代官制基本文献进行批判的经典作品，既说明了《宋史·职官志》因袭马端临《文献通考》之处，也提示了《宋志》所本并非《通考》一书而已。朱瑞熙《复杂多变的宋朝官制》尽可能概述了宋朝制度的方方面面，如官员管理，中央的决策、行政、监察制度，地方制度等，并照顾到了相关变化，是读者首先应该参看的。再者，因为宋神宗元丰改制

(1080—1082)使得宋代决策-行政体制、官员管理制度都发生了重大变化，故选入龚延明《北宋元丰官制改革论》。编者建议读者先阅读朱、龚二文，然后读邓文以熟悉宋代官制文献的特点。

鉴于宋代制度牵涉面太广，故在"宋制概说"之后，编者选择了宋代官制中较有特色的三个方面，分别选文以说明之。

《宋史·职官志》抉原匡谬

邓广铭

　　《宋史》为书凡四百九十六卷，在二十四史当中是卷帙最多的一部。因其卷帙之多，故历来对于它的批评总少不了"芜杂"二字。其所以芜杂，最可能的原因之一，是因为宋朝的官史种类特别多，文字记载特别详备，有《时政记》以记言，《起居注》以记动，又有《日历》综记言动二者。《日历》之外，既有《实录》，《实录》之外，复有《正史》。其臣僚士庶的私家著述经奏进或被旨而收入史馆中去的，在北宋与南宋都非常之多。据《元史·董文炳传》所载，当蒙古军攻陷南宋的首都临安以后，文炳即将宋史馆中的诸记注尽数收归于燕京，贮之于国史院中。到元朝臣僚受命纂修胜国史书的时候，这些旧的记注，自然是绝好的资料。史料虽左右逢源，史官却未必均具史才，稍一失于剪裁，昧于别择，芜累之弊，便因以不免了。

　　芜杂二字，若为转换一好的字面，则是详赡。我们现时对于古代的史事，唯患所知不能详尽。假如《宋史》的毛病只此一点，我们自不妨一反前人的论断，而予以好评，而不幸《宋史》于此外，还有很多别种缺点。

　　《宋史》中的纪、传、表、志、世家，来源极庞杂，抄撮于一书之内，遂致刺谬疏舛、抵牾矛盾等弊，莫不有之。现且只就其中《志》的部分而论：

　　既然南宋史馆中所存史籍俱已收贮于元都的史院之内，则《宋史》中的各《志》按理应都是由宋代所修各朝正史如《三朝国史》《两朝国史》《四朝国史》等的旧志脱化而成的。宋代国史，现已全佚，就辑本《宋会要稿》及李焘《续通鉴长编》中所引各朝史志之文，取与《宋史》各志相照，知《河渠志》《食货志》《兵志》等，大都均采录旧史，少所改易，而《礼志》《职官志》等，却又不然。今单论《职官志》：

《职官志》（《宋史》卷一六一至一七二）的各条当中散见有不少的"国朝"字样，当是元代史官录用旧文，而失于审订的。这使我们得知，《职官志》也并非出于元人之撰作。然这些旧文与《会要》《长编》中所见的各朝史《职官志》之文每不相合，乃知《宋史》此志必系七拼八凑而成，而一切问题也便从此发生。今且只就其主要来源之一加以抉发，并论证其所以失误之故。（以下所引《宋史》文句，全据涵芬楼影印百衲本二十四史中之《宋史》。）

《宋史·职官志》的开端处，也和其他各志的开端处相同，是一篇总括的叙论，其中有云：

> 宋承唐制，抑又甚焉，三师、三公不常置，宰相不专任三省长官，尚书、门下并列于外，又别置中书禁中，是为政事堂，与枢密对掌大政。天下财赋，内庭诸司，中外管库，悉隶三司。中书省但掌册文、覆奏、考帐；门下省主乘舆八宝，朝会版位，流外考较，诸司附奏挟名而已。台、省、寺、监官，无定员，无专职，悉皆出入分莅庶务。故三省、六曹、二十四司，类以他官主判，虽有正官，非别敕不治本司事，事之所寄，十亡二三。故中书令、侍中、尚书令不预朝政，侍郎、给事不领省职，谏议无言责，起居不记注，中书常阙舍人，门下罕除常侍，司谏、正言非特旨供职，亦不任谏诤。至于仆射、尚书、丞、郎、员外，居其官不知其职者，十常八九。
>
> 其官人受授之别，则有官，有职，有差遣：官以寓禄秩，叙位著；职以待文学之选；而别为差遣以治内外之事。其次又有阶，有勋，有爵。故仕人以登台阁、升禁从为显宦，而不以官之迟速为荣滞；以差遣要剧为贵途，而不以阶、勋、爵、邑有无为轻重。时人语曰："宁登瀛，不为卿；宁抱椠，不为监。"虚名不足以砥砺天下

若此。

这两段文字，在马端临的《文献通考》卷四七《职官考》一《官制总序》中也找得出来，字句间并没有大不相同之处，只是《通考》于此段之前，先对宋以前各朝的职官加以论述，故于此段开首数语作："宋朝（'宋'字疑原作'国'字，当由后来刻《通考》者所改。《通考》中所有'宋朝'字样均然。）设官之制，名号品秩一切袭用唐旧，然三师、三公不常置。"此外则：

类以他官主判，《通考》作"互以他官典领"。

谏议无言责，起居不记注，《通考》作"左右谏议无言责，而起居郎、起居舍人不执记事之笔"。

司谏、正言，非特旨供职亦不任谏诤，《通考》作"补阙、拾遗，改为司谏、正言，而非特旨供职，亦不任谏诤"。

丞、郎、员外，《通考》作"丞、郎、郎中、员外"。

十常八九，《通考》作"十常七八"。

官人受授之制，《通考》作"官人授受之别"。

于"十常七八"句下，《通考》更有"秘书、殿中二省名存实废"云云一大段，其下方接以"至于官人授受之别"一段。

两书中的文句，虽然是小异而大同，但二者或许是同出于一源。《文献通考》一书本也是纂辑之功多，而撰作之处较少，所以我们不能根据上面的比较，就贸贸然断定其孰为撰作，孰为抄袭；或孰为首抄，孰为转抄。我们再把《宋史·职官志》篇首的文字看下去：

> 故自真宗、仁宗以来，议者多以正名为请。咸平中，杨亿首言："文昌会府，有名无实，宜复其旧。"既而言者相继，乞复二十四司之制。至和中，吴育亦言："尚书省，天下之大有司，而废为闲所，当渐复之。"然朝论异同，未遑厘正。神宗即位，慨然欲更其制。熙宁末，始命馆阁校《唐六典》。元丰三年，以摹本赐群臣。乃置局中书，命翰林学士张璪等详定。八月，下诏肇新官制，省台寺监领空名者，

一切罢去，而易之以阶。九月，详定所上《寄禄格》。会明堂礼成，近臣迁秩，即用新制，而省台寺监之官各还所职矣。

五年，省台寺监法成。六年，尚书新省成。帝亲临幸，召六曹长贰以下，询以职事，因诫敕焉。初，新阶尚少，而转行者易以及；元祐初，于朝议大夫六阶以上，始分左右；既又以流品无别，乃诏寄禄官悉分左右，词人为左，余人为右。绍圣中罢之。崇宁初，以议者有请，自承直至将仕郎，凡换选人七阶。大观初，又增宣奉至奉直大夫四阶。政和末，自从政至迪功郎，又改选人三阶。于是文阶始备，而武阶亦诏易以新名：正使为大夫，副使为郎，而横班十二阶使副亦然，故有郎居大夫之上者。继以新名未具，增置宣正、履正大夫郎，凡十阶，通为横班，而文武官制，益加详矣。

大抵自元祐以后，渐更元丰之制：二府不分班奏事；枢密加置签书；户部则不令右曹专典常平，而总于其长；起居郎、舍人则通记起居，而不分言、动；馆职则增置校勘黄本；凡此皆与元丰稍异也。其后蔡京当国，率意自用，然动以继志为言，首更开封守臣为尹牧。由是府分六曹，县分六案，又内侍省职，悉仿机延之号。已而修六尚局，建三卫郎，又更两省之长为左辅、右弼，易端揆之称为太宰、少宰。是时员既滥冗，名且紊杂，甚者走马承受升拥使华，黄冠道流亦滥朝品。元丰之制，至此大坏。及宣和末，王黼用事，方且追咎元祐纷更，乃请设局以修官制格，目为正名，亦何补矣。

这两段也同样见于《文献通考·职官考》的《官制总序》之内，其第一段且见引于南宋末谢维新的《古今合璧事类备要·后集》卷二六《职官·六部门》。谢书于"各还所职"句下，紧接"神宗尝论苏绰建复官制"云云数语，而附注云："出《四朝志》。"此所谓《四朝志》者，是指南宋孝宗时候赵雄等所奏进的神、哲、徽、钦四朝国史志而言。然则根据谢书中的这条夹注，或者可以使人认为《宋史·职官志》和《通考·职官考》必全是由《四朝史志》转抄而来的吧，然而跟着便又有问题。何以《宋史》对于《四朝史志》旧文的剪裁，与《通考》不谋而适同？即何以二者同将"神宗尝论苏绰"云云一段删去不载呢？又何以《宋史》自"五年，省台寺监法成"以下一大段，也恰恰与《通考》大体相同呢？这就不免使人怀疑到《宋史》或不无剽窃《通考》之嫌了。只是宋代正史中论列到神宗厘正官制一事的，在南宋赵雄等人所纂修的《四朝史志》之前，当北宋哲宗时候，就曾修成了一部《神宗正史》，其《职官志》中对此事之论述必特别详尽。现在此书既已不可得见，《宋史》与《通考》雷同之处，是否同自该书承用而来呢？对此问题，若不是李焘在《续通鉴长编》中供给了一项材料，我们几乎是无法解决的。《长编》卷三〇七，元丰三年八月乙巳载：

> 诏中书："朕嘉成周以事建官，以爵制禄，小大详要，莫不有叙，分职率属，而万事条理，监于二代，为备且隆。逮于末流，道与时降，因革杂驳，无取法焉。惟是宇文造周，旁资硕辅，准古创制，义为可观。国家受命百年，四海承德，岂兹官政，尚愧前闻。今将推本制作董正之原，若稽祖述宪章之意，参酌损益，趋时之宜，使台、省、寺、监之官实典职事，领空名者一切罢去，而易之以阶，因以制禄。凡厥恩数，悉如旧章。不惟朝廷可以循名考正万事，且使卿士大夫莅官居职，知所责任，而不失宠禄之实，岂不善欤！其应合行事件，中书条具以闻。"（原注："《职官志》篇首云，熙宁末，上欲正官名，始命馆阁校《唐六典》。元丰三年，以摹本赐群臣，遂下此诏云云。"）

《四朝国史》之修纂，与李焘之修纂《续通鉴长编》几在同时，李焘且曾躬与修撰之事，所以《长编》中对于神宗一代典章制度的记载，凡其云据《食货志》或《兵志》等者，均指《神宗正史》中者而言，则此之所谓《职官志》，也即是说《神宗正史·职官志》。《宋史》不载此诏，其"熙宁末"诸语，与《长编》所引也不相同，则其不出于神宗史志，盖可断言。

我说《宋史》中"五年省台寺监法成"一段，与《通考》"大体相同"，这意思自然暗示也还有些"小异"在内，但由这些"小异"之处所可证明的，不是两书的关系之疏远，却反而是两书的关系之密切。兹列举其异同如下：

《宋史》：	《通考》：
（一）转行者易以及。元祐初……	（一）转行者易以混杂。及元祐初……
（二）枢密则加置签书	（二）枢密则加置签书，徽省则既罢复建
（三）悉仿机延之号	（三）悉仿机庭之号
（四）乃请设局以修官制格，目为正名，亦何补矣	（四）乃请设局以修官制格目为名，书未成而边事起矣

就这四条看来，除最后一条为有意改正《通考》的字句外，其前三条则全是沿用《通考》原文，而有所脱误者。末条虽是有意的删润，而乃截取"官制格目"的"目"字使属下读，强凑为"目为正名"之句，上句既被腰斩，下句也极不通，则其为仓促间生吞活剥《通考》之文字，必无可疑。

《通考·职官总序》对古往今来张官置吏的沿革得失，均予以通贯而又概括的叙述，虽或参用旧文，实亦掉以词华，如"走马承受"及"黄冠道流"等句是也。《宋史》为官修正史，根据东都迄于钱塘三数百年设官史实，何患其不能生一新的理解，立一新的议论呢？而乃募缘私人之残溺，以搪塞职责，实觉有些不甚相宜。

虽然，倘使见解恰正相合，对于《通考》中的议论确有先得我心之感，倒也不必勉强立异以为高。若是，则《宋史·职官志》总论部分之偶尔采用《通考》中的几段文字，终属情有可原。至于史实方面，则如前所述，当伯颜攻陷临安之后，已将其历朝史籍捆载而北，《实录》《会要》《正史》，莫不有之，在在可以参稽，可供采择，似只嫌文献之多，而绝不至患其不足，当无须再仰赖《通考》等私家纂辑之类书以为资据；而究其实又颇不然。兹姑举其显而易见的几事以为例：

《通考》卷五四《职官》八于记述诸殿学士诸阁学士直学士及诸阁待制之前，均各冠以总论一段，其《总殿学士》云：

> 宋朝殿学士，有观文殿大学士、学士，资政殿大学士、学士，端明殿学士。殿学士资望极峻，无吏守，无典掌，惟出入侍从，备顾问而已。观文殿大学士，非曾为宰相不除；观文殿学士，资政殿大学士及学士，并以宠辅臣之去位者。端明殿学士，惟学士久次者始除，近岁以待签枢云。

其《总阁学士直学士》云：

> 宋朝庶官之外，别加职名，所以厉行义文学之士，高以备顾问，其次与论议、典校雠，得之为荣，选择尤精。元丰中，修三省寺监之制，其职并罢，满岁补外，然后加恩兼职：直龙图阁，省郎、寺监长贰补外，或领监司帅臣，则除之；待制、杂学士，给谏以上补外则除之；系一时恩旨，非有必得之理。元祐二年，诏增复馆职及职事官并许带职：尚书，二年加直学士；中丞、侍郎、给舍、谏议，通及一年加待制。绍圣三年，诏职事官罢带职，非职事之官仍旧。中兴后，学士率以授中司、列曹尚书、翰林学士之补外者；权尚书、给谏、侍郎，则带直学士、待制。

其《总待制》云：

> 宋朝景德元年置龙图阁待制，以杜镐、戚纶充，并依旧充职。祥符二年，诏班视知制诰，列其下。元祐令从四品，掌侍从，备顾问，有所献纳，则请到（按：当作"对"）或奏对。刘挚言：待制学士之选太滥（原注："见学士门"）。王岩叟亦言：待制，祖宗之时，其选最精，出入朝廷才一二人，今立法无定员，将一年待制满朝，必有"车载斗量"之谣。

每条总论，实际是简括地综述前后制度的因革，与各条本文（如观文殿大学士条等）也都有些互为详略的关系。《宋史》于龙图阁学士条前，一字不易地抄袭了《通考》中《总阁学士直学士》条，而《总殿学士》与《总待制》两条却没有袭用，只于《观文殿大学士》条的起首处云：

> 学士之职，资望极峻，无吏守，无职掌，唯出入侍从，备顾问而已。

这明明是没有看明白《通考》中编置次第的用意，便妄为改删，而不知因为删改之无当，反更露了破绽出来。《通考·总殿学士》条，本以诸殿大学士及学士为限，《宋史》删去了"殿"字，而唯曰"学士之职"云云，是则翰林学士及诸阁学士，似已悉数包括在内，稍明宋代史事的人，当绝不至发生此等错误。这便可以十足地证明，《宋史》此条绝不是另有所本，乃是完全因为要掩饰抄袭《通考》之迹，妄为并改，而致铸成此错的。

然而其荒谬处还不止于此。

《通考》之叙述诸殿大学士、学士及诸阁学士、待制等，均以一殿或一阁作单位，而将大学士、学士或直学士、待制等合并叙述于一条之下。至于马端临本人的考证，以及所征引各家的议论，则均低一格或两格，而附录于各条正文之后。《宋史》诸殿学士、诸阁学士各条文字，均与《通考》完全相同，其为抄自《通考》毫无可疑。然所抄均为《通考》正文，其所附录的考订议论文字，则一概摒弃不取，而独将观文殿大学士及学士分条叙述，于《观文殿大学士》条，既照抄了《通考·观文殿大学士学士》条的全文，而于其后却又另出《观文殿学士》一条。查《通考·观文殿大学士学士》条云：

> 宋朝观文殿即旧日延恩殿也。庆历七年，以文明殿学士称呼同真宗谥号，……更名观文殿。皇祐元年，诏置观文殿大学士宠待旧相，今后须曾任宰相，乃得除授。时贾昌朝由使相右仆射观文殿大学士判尚书都省，观文殿置大学士，自昌朝始。三年，诏班在观文殿学士之

前、六尚书之上。自是曾任宰相者，出必为大学士。熙宁中，韩绛宣抚陕西、河东，得罪，罢守本官。四年，用明堂赦授观文殿学士，宰相不为大学士，自绛始。中兴后，非宰相而除者，自绍兴二十年秦熺（《宋史》误作蔡熺）始。熺知枢密院，郊祀大礼使，礼成，以学士迁，且视仪揆路，非典故也。乾道四年，汪澈旧以枢密使为学士迁。九年，王炎以枢密使为西川安抚使除。至庆元间，赵彦逾自工部尚书为端明殿学士，直以序迁至焉。曾为宰相而不为大学士者，自绍兴元年范宗尹始。

这里所讲的，不但是观文殿大学士，也包括观文殿学士在内，《宋史》既然抄录了这全段文字，则在题目中也应和《通考》一样，将学士附列于内才是；而却另列观文殿学士为独立的一条，该条全文为：

> 观文殿学士。观文殿，本隋炀帝殿名，国初为文明殿学士。庆历七年，宋庠言：“文明殿学士称呼正同真宗谥号，兼禁中无此殿额，其学士理自当罢，乞择见今正朝或秘殿以名学士，易之。”乃诏改为紫宸殿学士，以参知政事丁度为之。时学士多以殿名为官称，丁遂称曰丁紫宸。八年，御史何郏以为紫宸不可为官称，于是改延恩殿为观文殿，即殿名置学士，仍以度为之。自后非曾任执政者弗除。熙宁中，王韶以熙河功，元丰中，王陶以宫僚，虽未历二府，亦除是职，盖异恩也。然韶犹兼端明殿、龙图学士云。

在这一段文字当中，“改延恩殿为观文殿”，与观文殿大学士条重出，王韶兼端明殿龙图学士事，与本题全不相干，仅仅丁度为观文殿学士一事为切题之文。《通考》中之所谓“以宠辅臣之去位者”为极有关系之一点，反而未加采用，因而这一段的大部分全都是些题外的废话。然则写来何用呢？原来这本是《通考》附录于观文殿大学士条后的一段案语，因其为案语，故不妨与正文有重复处；也因其为案语，故不妨略有些别生枝节处。《宋史》拾人唾余而奉为珍宝，改作正文，标以题目，对于《通考》的体例既有所未审,而自己的剽窃之道前后也实未能一致。

史事的记载,只重在符实,旧史倘已有了精确难移的记述,固也仍然不妨因仍其文,因而《宋史》记事部分之抄袭《通考》,也并非绝对不可原谅;唯是抄袭自有抄袭之法,此所谓"盗亦有道",若抄袭而竟至于拙谬到如下文所述的地步,却实在无法原谅了。

《通考》卷五四《职官》八《翰林侍讲学士》条有云:

> 台谏兼侍讲:庆历二年,召御史中丞贾昌朝侍讲迩英阁。故事,台丞无在经筵者,上以昌朝长于讲说,特召之。(原注:《仁宗实录》)神宗用吕正献,亦止命时赴讲筵,去学士职。中兴后,王尚书宾为御史中丞,建请复开经筵,遂命兼侍讲。自后十五年间,继之者惟王唐公、徐师川二人,皆上意也。绍兴十二年春,万俟中丞高、罗谏议汝楫并兼讲、读。绍兴二十五年春,董殿院德元、王正言珉并兼侍讲,非台丞、谏长而以侍讲为称,又自此始。其后犹或兼说书:台官自尹穑,隆兴二年五月;谏官自詹元宗,乾道九年十二月。后并以侍讲为称,不复兼说书矣。(原注:《朝野杂记》)

《通考》因为注明了材料的来源,所以文中所涉及的人物,或则称名,或则称字,或则称其谥号,均一仍原书之旧,而不再改从一例。且《通考》为私家著述,体例即容有不谨严处,自亦无所不可。《宋史》为官修正史,既要进奏于当时的皇帝,也要征信于后代的读者,身份既极尊严,体例自须统一。然而看它抄用《通考》此文时,是否曾妥善地改正过:

> 台谏兼侍讲:庆历二年,召御史中丞贾昌朝侍讲迩英阁。故事,台丞无在经筵者,仁宗以昌朝长于讲说,特召之。神宗用吕正献,亦止命时赴讲筵,去学士职。中兴后,王宾为御史中丞,见请复开经筵,遂命兼讲。自后十五年间,继之者惟王唐、徐俯二人,皆出上意。绍兴十二年,则万俟高、罗汝楫,绍兴二十五年则正言王珉、殿中侍御史董德元,并兼侍讲,非台丞、谏长而以侍讲为称,又自此

始。其后犹或兼说书：台官自尹穑，隆兴二年五月；谏官自詹元宗，乾道九年十二月。后并以侍讲为称，不复兼说书矣。

改徐师川为徐俯，删"中丞""谏议"等称，而且名之曰万俟卨、罗汝楫等等，这都改得很对；然查吕正献者，乃是吕公著的谥号，据杜大珪《名臣碑传琬琰集》下编卷一〇所载《实录》中吕公著的附传，知其于神宗一朝即曾三兼经筵，后代人因为尊敬他的相业，所以多称其谥，而不称其名。元人纂修《宋史》，时移事易，自亦应照改徐师川为徐俯的办法，一律改正才是；今乃沿而用之，则修撰人必以为在神宗时候，有一个姓吕名叫正献的台谏官了。又查王唐公者，乃是王绹的字，钱士升《南宋书·文苑传》云：

> 王绹字唐公，审琦五世孙，建炎中为御史中丞，扈从南渡，拜参知政事。

《宋会要·职官》六《翰林侍读侍讲门》及南宋何异的《中兴学士院题名》中对王绹之直学士院及兼任侍读事，各有所载，当修撰《宋史》之时，所可能得到的有关王氏的材料必更多，乃竟不稍加检照，一方面既疑惑唐公未必是本名，一方面却又绝不设法求得其本名，乃即鲁莽灭裂地删去一"公"字而弥缝了事。又查李心传《系年要录》卷一四四，绍兴十二年三月庚子记御史中丞万俟卨兼侍讲、右谏议大夫罗汝楫兼侍读事，知《通考》所引《朝野杂记》之文，谓二人"并兼讲读"者，亦即一人兼侍讲，一人兼侍读之意。今《宋史》于二人下删去此语，其意当是以董德元下之"并兼侍讲"句总接上文，如是则似万俟卨、罗汝楫于同时皆兼侍讲了。又查陈骙《南宋馆阁录》卷七所著录乾道以后之著作佐郎有詹亢宗，云："字道子，会稽人，王佐榜同进士出身，治《书》。"乾道九年，以谏官兼说书者必即此人，《宋史》作詹元宗，亦承《通考》之误。

然而其荒谬处也还不止于此。

《通考》卷五三《职官》七《御史中丞》条，于"绍兴十二年万俟卨又以中丞兼侍讲，由是言路始兼经筵"句下附注云：

> 祖宗时，台谏例不兼讲读，盖以宰执间侍经筵，避嫌也。神宗命吕正献，亦止命时赴讲筵。中兴后兼者三人，皆出上意。绍兴时，万俟卨、罗汝楫以中丞谏议兼，盖以秦桧之弟若孙相继为说书，便于传导。桧死，遂罢兼。庆元后，台丞、谏长暨副端、正言、司谏以上，无不预经筵者。

这段注文，很显然，也是采用《朝野杂记》乙集卷一三《祖宗时台谏不兼经筵》条的文字而有所删削的，因在下卷的《翰林侍讲学士》条内将此段采入正文，所以在此处即简括其文而列于附注，如此便不嫌其前后复出。《宋史·职官志》四《御史中丞》条，也全是抄自《通考》而又加以改窜过的，且把《通考》之正文及夹注混而为一，于是上段夹注出现于《宋史》正文中的已改为：

> 台谏例不兼讲读，神宗命吕正献，亦止命时赴讲筵；中兴兼者三人，万俟卨、罗汝楫皆以秦桧意。庆元后，司谏以上，无不预经筵者矣。

在这样短短的一段当中，经过《宋史》纂修人稍加删润，便至少生出了以下的四种毛病：删去了避嫌之说，遂乃使人不知道台谏官所以例不兼讲读之故，此其一；吕正献仍未知改作吕公著，此其二；台丞之兼经筵，本以仁宗时候贾昌朝为始，《宋史》于侍讲学士条中已抄入《通考》之文而备载其事，于此乃复首自吕氏说起，又似台丞入经筵是从吕氏开端者，前后便不免自相矛盾（《通考》于中丞条内本只列为附注，不具重要性，故其从吕氏说起，与后卷之正文并不相妨），此其三；《通考》附注中删削《朝野杂记》之文，只曰："中兴后兼者三人，皆出上意"，而不载明三人的姓名，这也是因为要在侍讲学士条内详叙其人其事，故此处不妨从略，修《宋史》的人乃竟健忘之极，忘记了在前卷《翰林侍讲学士》条内已曾将《通考》所引《朝野杂记》之文全盘抄入，且并妄改王唐公为王唐一事也竟尔忘记，于是乃又删去了《通考》注文中的"皆出上意"及"绍兴时"七字，而以万俟卨、罗汝楫两人的名字直承"中兴兼者三人"一句，是乃以为万俟卨和罗汝楫也在"兼者三人"之列了。然则与王宾、王绚、徐俯相加，岂不成了五人？此其四。大概元代与修《宋史》之人，确如其在《进宋史表》中所自道的，"述作之才有限，而报效之志无穷"，亟亟于书成以后升官迁秩的事，遇事便均草草了事，殊不知元朝皇帝固易欺骗，其何以征信于天下后世之翻读斯书者哉！

《朝野杂记》甲集卷一二《两镇三镇节度使》条云：

> 国朝元臣拜两镇节度使者才三人：熙宁初韩魏公，元丰中文潞公，绍兴中吕诚公是也。然三公卒辞之。渡江以来，诸大将若韩、张、吴、岳、杨、刘之流，率至两镇节度使；其后加至三镇者三人：韩蕲王镇南、武安、宁国，张循王静江、宁武、静海，刘安城王护国、宁武、保静。

《通考》卷五九《职官考》一三《节度使》条于"中兴诸州改节镇凡十有二，是时诸将勋名鼎盛，有兼两镇三镇者，实为希阔之典"等句下，采录此段列为附注，一字未予改易。《宋史·职官志》六《节度使》条文字全抄《通考》，唯将此注文稍加改易为：

> 宋朝元臣拜两镇节度使者才三人：韩琦，文彦博，中兴后吕颐浩是也。三公卒辞之。而诸大将若韩、张、吕、岳、杨、刘之流，率至两镇节度使；其后加至三镇者三人：韩世忠镇南、武安、宁国，张俊静江、宁武、静海，刘锜护国、宁武、保静。

钱大昕《廿二史考异》卷七一有关于此注的一条云：

> 中兴诸大将，若韩、张、吕、岳、杨、刘之流，率至两镇节度使——谓韩世忠、张俊、吕文德、岳飞、杨存中、刘光世也。吕当在杨刘之下。或云吕当作吴，吴玠亦尝兼两镇也。

今案：此说非是。大概钱氏看到《通考》作"吴"，与《宋史》有异，而不敢断言《宋史》此条即完全从《通考》抄袭而来，又不知《通考》原亦抄自《朝野杂记》，所以只于末尾说"或云吕当作吴"，他自己的意思，却以为吕字为指吕文德而言。查吕文德以拒抗蒙古收复泸州之功，于度宗时加宁武保康军节度使，其后不久即复为蒙古所赚，而至于疽发背死，姑不论其功业不能上与韩、张、刘、岳诸人相比，其年代也远在李心传《朝野杂记》成书之后。且《宋史》中并没有为吕文德立传，更岂肯把他与诸大将相提并论呢？因知《宋史》之作"吕"，纯系出于校刻之误，当不是修纂者有意改动的。

然而吕字之误，虽不能归罪于史臣，这却并不是说史臣们所改此段注文已全然妥善。

李心传对本朝勋旧示其崇敬，故《朝野杂记》中对韩文吕诸人均称其封号，而曰韩魏公、文潞公、吕诚公，其下亦遂以"三公卒辞"句承接之。《宋史》于三人既均改用其名，于"三公卒辞"句却承而用之，殊为不当。又如安城王者，本为刘光世卒后于孝宗乾道八年所追加之封号。《宋史》乃张冠李戴，误以为刘锜，殊不知锜不唯未曾兼领三节镇，且并不曾兼领两节镇，而其生前身后，也从不曾受封为王也。

《朝野杂记》甲集卷一一《镇抚使条》有云：

> 镇抚使，旧无有，建炎四年，……时剧盗李成在舒蕲，桑仲在襄邓，郭仲威在维扬，薛庆在高邮，皆即以为镇抚使。

《通考》卷六二《职官》一六《镇抚使》条，大体均依据《朝野杂记》此条而修成者，《宋史》则又全袭《通考》之文。然在高邮之剧盗薛庆，《通考》作许庆，检《宋会要辑稿·职官》四二之七五所载建炎四年五月二十四日任李成等人为镇抚使之诏命，及李心传《系年要录》同日之记事，亦俱作薛，不作许，是知《通考》作许庆，乃以许薛音近而致误者，其误当也出于刊工。然《宋史》对此则又懵然弗晓，也承袭着《通考》之误，而作许庆了。

《朝野杂记》一书，对宋代的朝章国典、礼乐政刑诸大端，所载其兴革损益之迹，大都粲然具备。考求宋代制作者，自必须于是而取征，故马端临于《通考》中多所采录：或稍加删削，而列入正文；或全篇悉载，而作为附注。《宋史》纂修之时，去《通考》成书之时间未远，《朝野杂记》一书，并非难得，乃竟不知取而参稽，一切唯从《通考》辗转稗贩，结果遂不免失厥本真了。

书籍因传写或刊刻之故，每易增加许多讹误，从《宋史》所抄袭于《通考》中的各条看来，可知在初刻本的《通考》中，便已有了不少讹夺之处。然其中的许多处所，也尽可从情理上察知，而应即取他书加以参稽者，可惜这又不是与修《宋史》的人们所能做到的。于是而又有"卫尉寺并入工部"之谬说：

《通考》卷五五《职官考》九《卫尉寺》条末句云：

> 中兴后，废卫尉，并入工部。

案卫尉寺所典掌的事项，是仪卫兵械甲胄之政令，以及内外作坊输纳兵器时辨其名数，验其良窳等等，与工部有何干涉，而于中兴后乃并入其内呢？是则《通考》此文之必有讹误，不待证而已可知。查《宋会要辑稿·职官》二二《卫尉寺门》最末条云：

> 高宗建炎三年四月十三日，诏卫尉寺并归兵部。

李心传《系年要录》卷二二，建炎三年四月庚申载是日省并之省局寺监凡十有三，其中亦云："卫尉寺归兵部。"从而可知《通考》中的"工"字亦出于传刻之误。《宋史》"卫尉寺"全条均照抄《通考》文字，于"工"字乃也因仍未改，倘有人不明白《通考》《宋史》二者间的主与盗的关系，而取此二书以证明其他书中"并入兵部"说之非，则误人不已甚乎！

有清一代的考据学家们，用力于《宋史》者不能说很少，然就其所作成的考证文字而论，如邵二云的《南江札记》、钱竹汀的《廿二史考异》、赵瓯北的《廿二史札记》，以及四库馆臣的《四库全书考证》中《宋史考证》部分，大都是对其琐细处加以指责，而列传部分所占成分为最多。因现时所见的宋人文集中，还保留着不少的碑传志状，可供与《宋史》各传相参，故此事较易为力。至于《职官志》中的重大谬误，却从无一人加以摘发。明人柯维骐的《宋史新编》，对《宋史》也仅稍加补苴或删润，其《职官志》中则并补苴之功也极少有。结果，也只是以讹传讹。本文也只是就《宋史·职官志》与《通考·职官考》具有源流关系者略事胪举，以为例证。两书的纠葛，并不以上述诸事为止，而《宋史·职官志》之所本也非仅《通考》一书，因而其中还尽有较上举各点更为重大的谬误之处，在此一概不能列举，其详具见拙作《〈宋史职官志〉考正》中。

《通考》这部书，有些人深加推许，如《四库提要》是；但通常也有人因其无大异于南宋晚年的别种类书，如章如愚的《山堂考索》等，便目为专备射策之用的工具书，而加以鄙视，如章实斋是。今将价值判断姑置不论，其中既是门分类别，而又本末备悉，修《宋史》者为贪图方便而加以剿取，虽终有失史局之尊严，假使所抄尽得其当，我们自也不必深责；今所抄乃至远在《通考》原文之下，且更多因毫厘之差而致千里之谬，则何如直截了当地取《通考·职官考》的全部而借作《职官志》呢？

赵瓯北《廿二史札记》卷二三《宋辽金三史》条谓元人修《宋史》前后有数次，至顺帝诏宋辽金各为一史时，各史之纪、传、表、志本已完备，故不三年遂竣事。实则《通考》成书以后，于元仁宗延祐六年四月，方经王寿衍奏进，到元英宗至治二年六月，方降旨令饶州路誊写刊印。史馆所据以抄袭者，必是已经刻成之本，则其事必在顺帝降诏修纂之时，然则赵氏谓其时纪、传、表、志均已完备亦误。

民国三十年夏写于四川南溪县之板栗坳

（原载《文史杂志》第二卷第四期，1942年4月）

附录：四十年代初期，顾颉刚先生主编《文史杂志》（社址在重庆），我把这篇稿子交给了他。此杂志的最初几期，是由香港的商务印书馆印行的。在日本侵略军发动了偷袭珍珠港事件后，香港岌岌可危，顾先生便把所有要寄往香港的稿件均先抄一副本留渝，以防万一。不幸在第二卷第四期的稿件寄港之后，香港果然被日寇攻占。于是杂志的编辑部便以所抄各稿副本付重庆商务印书馆排印。我的此稿系由一老年人抄写者，他因不会使用标点符号，故只把文字录副。发稿时发现此事，匆忙间遂由一不熟悉宋代史事之编辑补加标点，以致错误之处极多。印行之后我才看到，然而由于错误太多，虽数次与顾先生相商，终也未能商得一妥善更正办法，遂即不了了之，任其从四十年代初至九十年代初长期地贻笑乃至贻误读者了。

1992年5月20日改正后附记。

（选自《邓广铭全集》第9卷，河北教育出版社2003年版）

复杂多变的宋朝官制

朱瑞熙

宋代职官制度的特点

宋代职官制度颇为复杂。它虽然在形式上承袭了唐代后期和五代后周的旧制，实际上陆续作了一些重要的改革。从宋太祖开始，用设官分职、分割各级长官事权的办法，削弱了各级长官的权力，将权力集中于皇帝一身，加强了封建专制主义中央集权的政治统治。本文首先介绍宋代职官制度的几个重要特点。

一、官、差遣和职

宋代官制的第一个特点，是官员的官称和实际职务基本分离。唐代则天后广招人才，派往各地去"试官"，称为"差遣"。此后，只是局部的临时性的措施，到宋代则形成一种制度。在宋太祖、太宗统一各国的过程中，留用了大批各国旧官员，使这批官员保持官位，领取俸禄，但不使掌握实权，只对其中的可靠者安排一些实际职务。对于宗室、外戚、勋旧，也仅授予高官，优加俸禄，而不给实职。真宗时，便把这些措施加以制度化。按照这一制度，一般官员都有"官"和"差遣"两个头衔，有的官员还加有"职"的头衔。

（一）官：指正官或本官。宋初利用唐代的三省六部等官名组成官阶，如左、右仆射，六部尚书，侍郎，大夫，郎中、员外郎，卿、少卿等，在成为官阶的名称后，失去了原有的意义，变成了官阶的一个资级，不再担任与官名相应的职务。这些官名只用以定品秩、俸禄、章服和序迁，因此称为正官或本官，又称"阶官"或"寄禄官"。其中有文资、武阶的区别。

（二）差遣：指官员担任的实际职务。又称"职事官"。差遣名称中常带有判、知、权、直、试、管勾、提举、提点、签书、监等字，如知县、参知政事、知制诰、直秘阁、判祠部事、提点刑狱公事等。也有一些差遣名称并不带有上述各字，如县令、安抚使等。官阶按年资升迁，即使不担任差遣，也可依阶领取俸禄，而差遣则根据朝廷的需要和官员的才能，进行调动和升降。所以，真正决定官员实权的不是官阶，而是差遣。当时士大夫"以差遣要剧为贵途，而不以阶、勋、爵邑有无为轻重"①。

（三）职：一般指三馆（昭文馆、史馆、集贤院）和秘阁中的官职，如大学士、学士、待制等，是授予较高级文臣的清高的头衔，并非实有所掌。宋神宗元丰三年（1080）官制改革，撤销馆职，另设秘书省职事官，自秘书监丞、著作郎以下，都称"馆职"②。其他文臣兼带馆职，武臣带阁门宣赞舍人，则称"贴职"。由于官场中有时也称各种差遣为职，因此常以"职名"来称呼贴职，以示区别。

北宋前期官称和实际职务分离的制度，是当时政治制度发展的必然结果。统治者据此可提拔官阶较低而有才能的官员担任要职，也可撤换无能的官员到闲职，这有利于统治者掌握用人大权，又有利于提高各级官府的行政效能。应该说，这是一种进步的措施。但是，历时稍久，官称和实职的分离，使朝廷内外大批官员无所事事。三省六部二十四司名义上都有正式官员，但除非皇帝特命，不管本司的职事。正如《宋史·职官志》序说："事之所寄，十亡二三。"仆射、尚书、丞、郎、员外，"居其官不知其职者，十常八九"。这样，各级官府层次重复，叠床架屋，官僚机构变得空前庞大。后来，神宗以《唐六典》为蓝图，设置各级官衙，规定官员的编制和职权、官阶。新制度并省了一些机构，撤销了一些徒有空名的官

---

① 〔元〕脱脱等：《宋史·职官志》序。
② 〔清〕钱大昕：《潜研堂文集》卷二八《跋〈麟台故事〉》。

称，使中央文官的官称与实职一致；采用旧文散官的名称重新编制成二十五阶，依此来定俸禄；减少官员等级，改为九品正、从共十八阶。哲宗时，因官阶减少，官员升迁过速，且易混杂，乃将寄禄官分为左、右，进士出身者加左，其他出身者加右。徽宗时，改定选人的寄禄官为承直郎等七阶，使与京朝官的寄禄官相统一。同时，又增设升朝官四阶。这样，文臣的寄禄官共三十七阶。

二、选人、京朝官和使臣、诸司使等

宋代官制的另一个特点，是文官按官阶分为选人、京官和升朝官三等，武官按官阶分为使臣、诸司使、横班三等。

文官：（一）选人——一般又称幕职州县官，是低级文臣阶官和地方官的总称。选人的寄禄官最初有四等七阶二十六种，其官品为从八品和从九品。其中从签书判官厅公事到军、监判官为幕职官，协助府、州长官处理政务，分案治事；从州录事参军到县尉为州县官，分掌州、县事务①。选人的阶官和职官比较丛杂，常有以京西路某县令为阶官而实际任河北路转运司勾当公事，或以陕西路某军节度判官为阶官而实际任河东路某州州学教授者。选人须经磨勘（考核）和一定员数的举主推荐，根据本人有无出身和达到规定的考数（任职满一年为一考），才能升为京、朝官。选人改为京、朝官，初任必须担任知县②。神宗官制改革，未能整顿选人的官阶。徽宗崇宁间（1102—1106），将选人七阶改为承直郎、儒林郎、文林郎、从事郎、通仕郎、登仕郎、将仕郎。政和间（1111—1118），又将通仕郎改为从政郎，登仕郎改为修职郎，将仕郎改为迪功郎③。南宋时沿袭此制。

（二）京官——唐代从宰相而下在京师做官者，都称"京官"。其中常

---

① 〔宋〕谢深甫：《庆元条法事类》卷四《职制门一・官品杂压》。
② 〔宋〕王栐：《燕翼诒谋录》卷三《京朝官须入知县》。
③ 《宋史・职官九》。

能朝见皇帝者称"常参官"，此外称"未常参官"。宋代京官的含义出现变化，仅指与选人品级相近而又不常参的低级文官，并不一定要在京师任职，实际类似唐代的未常参官。京官的寄禄官，北宋前期有秘书省著作佐郎、大理寺丞以下到秘书省校书郎、正字、将作监主簿等。神宗改制，自下而上有承务郎、承奉郎、承事郎、宣义郎、宣德郎（徽宗政和间改称"宣教郎"）等五阶，其官品为从九品、正九品和从八品。宋初由吏部主管京官注授差遣事宜，太宗时设差遣院，与升朝官一起，由差遣院委派差遣。神宗官制改革，废除京官之名，规定在法律上和一般公文中都称"承务郎以上"，不过社会上士大夫们仍沿袭旧习称"京官"①。

（三）升朝官——唐代常参官到宋代称"升朝官"，是可以朝见皇帝和参加宴坐的中、高级官员的总称。北宋前期，文臣自太子中允，武臣自内殿崇班以上为升朝官。神宗改制，文臣自通直郎到开府仪同三司，武臣自修武郎到太尉，为升朝官。又改侍从官以上官员每天赴垂拱殿朝见，称为"常参（日参）官"；朝廷各司的朝官以上官员，每五天一次赴紫宸殿朝见，称为"六参官"；在京的朝官以上官员，每逢朔（初一）、望（十五日）赴紫宸殿朝见，称为"朔参（两参或月参）官"②。

武官：武官也按官阶分成横班、诸司使、使臣，共三等。

（一）使臣——宋初武官处以"三班"者，称"祗应官"，有左、右供奉班。太宗时因资品少，又陆续创设三班借职、三班奉职（原殿前承旨）、左右班殿直、左右侍禁、东西头供奉官，称"小使臣"；内殿崇班、内殿承制以及阁门祗候称"大使臣"③。大、小使臣都由三班院统辖。徽宗政和二年（1112），其他武官都改称"大夫"或"郎"，唯独使臣依旧不改④。高宗时重定武阶，其中小使臣八阶，大使臣两阶⑤。

---

① 〔宋〕陆游：《老学庵笔记》卷八。
② 〔宋〕叶梦得：《石林燕语》卷二；〔宋〕戴埴：《鼠璞·正衙常参》。
③ 〔宋〕赵彦卫：《云麓漫钞》卷四。
④ 《宋史·职官九》。
⑤ 《庆元条法事类》卷四《职制门一·官品杂压》载，大使臣中包括阁门祗候。

（二）诸司使——宋初承后唐之制，在三班之上，设诸司使、副，当时尚有正官担任实职，但后来逐步变成阶官。自皇城使至供备库使，共四十使，是诸司正使；其副是诸司副使①。诸司使和副使又各分为"东班"和"西班"，自皇城使至翰林医官使共二十使为东班，自宫苑使至供备库使共二十使为西班。东班和西班因朝参时班位的排列方向而得名。诸司使副到徽宗政和二年（1112），改用新名，凡正使称"大夫"，副使称"郎"②。其中东班只保留武功大夫一阶，副使称武德郎；西班合并为七阶，即武德、武显、武节、武略、武经、武义、武翼等大夫或郎。东、西班官都是正七品③。

（三）横班——比诸司使更高的武阶是横班，又称"横行"。也分正、副使，正使是内客省使、客省使、引进使、四方馆使、东上阁门使、西上阁门使；副使是客省副使、引进副使、东上阁门副使、西上阁门副使；共十阶。朝参时位在东班前，列成横行。徽宗时，改正使为大夫、副使为郎，共十二阶。后又增设宣正等大夫、郎十阶。总计原有的官阶，共二十五阶。正使为正五品到正六品官，副使为从七品官④。

武官还有一种"阁职"，类似文官中的馆职，被人们视为"右列清选"。有阁门祇候，东、西上阁门通事舍人，东、西上阁门使等。徽宗时，改通事舍人为宣赞舍人⑤。凡带阁门之职，都称为"阁职"。

此外，宋代以节度使和观察使为"两使"，以节度观察留后（承宣使）、观察使、防御使、团练使、刺史等不带阶官者为"正任"，而以带阶官即兼领他官者为"遥郡"⑥。遥郡的地位比正任低，但俸禄相同⑦。高宗初年，武将张俊曾任"拱卫大夫、徐州观察使、带御器械、御营使司前军

---

① 《宋史·职官九》。
② 《宋史·职官六》。
③ 〔宋〕孙逢吉：《职官分纪》卷四四《横行东西班大小使臣》。
④ 《职官分纪》卷四四《横行东西班大小使臣》。
⑤ 《宋史·职官六》。
⑥ 《庆元条法事类》卷四《官品杂压》；《宋史·职官十二、六》。
⑦ 《宋史·职官十二》。

统制"，因其带拱卫大夫阶官而任徐州观察使，故属遥郡之列。此时由于"平贼"有功，赏其"落阶官"，转为正任①。两使和正任实际是武官的另一种官阶。

三、权、行、守、试

宋代官制的第三个特点，是官员的寄禄官名称前大都加上"权"或"行""守""试"等字，以表示职事官与寄禄官的关系。凡除授职事官，都依寄禄官阶的高低，在寄禄官前加这些字。其中侍郎、尚书初次任职，必定担任"权"官，亦即有一定的试用期，然后升为真官，再正式冠以试或守、行字。神宗官制改革，规定分行、试、守三等：凡官员的寄禄官高于职事官一品者，带行字；寄禄官低于职事官一品者，带守字；寄禄官低于职事官二品以上者，带试字。哲宗时规定，已任正官者，都改试为守。徽宗时，扩大到选人在京职事官，都依品阶带行、守、试，外任者一律不带②。职事官相同而寄禄官前行、守、试字不同的官员之间，职钱也有一些差别。如御史大夫和六曹尚书，"行"者每月职钱六十贯，"守"者五十五贯，"试"者五十贯。职事官与寄禄官相当的官员，则不称行、守、试，其职钱按"行"者发给。

四、爵、食封和食实封

宋代官制的第四个特点，是一部分附加性官衔失去了实际意义，几乎变成了单纯的虚衔。宋代的附加性官衔中仍旧保留爵和食封、食实封，但与唐代又有不同。爵增为十二级，为王、嗣王、郡王、国公、郡公、开国公、开国郡公、开国县公、开国侯、开国伯、开国子、开国男。凡封爵都有食邑。食邑从一万户到二百户共分十四等。食邑仍是虚数，食实封才有一点好处。朝廷封邑诰命常将食邑和实封并列。食实封从一千户到一百户

---

① 〔宋〕李心传：《建炎以来系年要录》卷八，建炎元年八月庚申。
② 《宋史·职官九》。

共分七等。实封数约为虚封数的十分之四。食邑还不限于封爵，凡宰相、亲王、枢密使、三司使、殿阁学士以至侍郎、卿监等文武大臣，或位臻将相，都赐食邑。食邑增加到一定数量，则可循资封公封侯。食实封者，按实封一户，每日计钱二十五文，随月俸向官府领取①。此外，宋代官员的这些封爵和食邑、食实封等都没有子孙世袭的规定。

五、结衔

宋代官制的第五个特点，是官员的官衔颇为复杂，在神宗改制前更是如此。北宋前期，沿袭晚唐五代余习，每名官员都有一连串的官衔，由寄禄官阶、散官阶、差遣、封爵、食封等按规定的顺序组合而成，称"结衔"，越是高官，衔头越多，结衔越长。结衔具体体现了宋代的官制，为了使读者有所了解，试举几例剖析：

（一）宋真宗天禧五年（1021），朱某的系衔为"两浙路提点刑狱、劝农使、朝奉大夫、行尚书度支员外郎、护军、借紫"②。其中"两浙路提点刑狱"是朱某的差遣，即实际职务。"劝农使"是兼职，路、州级长官都要兼劝农使、副使或劝农事。"朝奉大夫"是文官的散阶，又称"文散官"。朝奉大夫的官品为正五品下。"行尚书度支员外郎"是本官阶即寄禄官阶。"护军"是勋的第四级。宋代依官品定勋，有上柱国、柱国、上护军等十二级。"借紫"是服色的一种。宋代寄禄官四品以上才能穿紫色公服，朱某为正五品下，而朝廷特赐服紫，所以在衔内称"借紫"。

（二）《资治通鉴》第一卷司马光署名的系衔为"朝散大夫、右谏议大夫、权御史中丞、充理检使、上护军、赐紫金鱼袋"。其中"朝散大夫"是文散阶，属从五品下。"右谏议大夫"是寄禄官阶。"权御史中丞"是差遣。御史中丞原为从三品官，而司马光的官品仅至从五品下，说明品阶不够高。按规定，凡除御史中丞而"官未至者，皆除右谏议大夫权"。"理检

---

① 佚名：《趋朝事类》；〔宋〕赵升：《朝野类要》卷三《爵禄·食邑》。
② 〔清〕阮元：《两浙金石志》卷五《宋杭州放生池碑》。

使"是御史中丞的一种兼职①。"上护军"是勋的第三级。"赐紫金鱼袋"是赐的第五等。宋代的赐有赐剑履上殿、诏书不名共六等②。

朱某和司马光的上述结衔反映了神宗改制前的情况。

（三）宋理宗开庆元年（1259），吴潜的系衔为"观文殿大学士、银青光禄大夫、沿海制置大使、判庆元军府事兼管内劝农使、金陵郡开国公、食邑五千九百户、食实封一千七百户"③。其中"观文殿大学士"是一种附加性的官衔，即贴职。"银青光禄大夫"是文官阶，属从二品官。"沿海制置大使、判庆元军府事兼管内劝农使"是差遣。南宋在庆元府（即明州，治今浙江宁波）设沿海制置司，由庆元府长官兼任制置使；同时，宋制以宰相、三公、三少等出镇，概称"判"某"军府事"④，吴潜曾任右丞相兼枢密使，故称"判庆元军府事"，而不称"知庆元府"。"金陵郡开国公"是爵的第六等。"食邑五千九百户、食实封一千七百户"是所封户数。

中枢部门

与封建时代的其他王朝一样，宋代的政府机构也分为中央和地方两个系统。中央政府又可分为中枢部门和一般中央机构两大类，本篇叙述中枢部门的各个机构。

一、中书门下

宋沿唐代后期之制，设置中书门下，作为宋朝中枢部门的首脑官署和正副宰相集体处理政事的最高行政机构。中书门下简称"中书"。其办公厅设在宫中，称"政事堂"，别称"都堂"。

---

① 《宋史·职官四》。
② 《宋史·职官十》。
③ 《两浙金石志》卷一二《宋重建逸老堂记》。
④ 〔明〕解缙等：《永乐大典》卷一一〇〇一《府字》。

北宋前期，中书门下的长官为正宰相，称"同中书门下平章事"，简称"同平章事"。宰相的地位和职权是"佐天子，总百官，平庶政，事无不统"[1]。宰相一般每天要到中书门下值日办公。遇有国家大政，在议定后，奏告皇帝。印文为"中书门下"，如有两员以上宰相，则轮流值日掌印。副宰相称"参知政事"。太祖留用后周宰相范质、王溥、魏仁浦三人为相。乾德二年（964），范质等人请退，乃独用赵普为门下侍郎、平章事。当时并不认为赵普是真正的宰相，有的官员提出宰相不可虚位，要求让尚书省长官署敕。但又有官员反对，提出皇弟赵光义现任开封府尹、同平章事，便是宰相之任。太祖赞同后者的意见[2]。这时，加官至平章事或同平章事者有多人，但都不参预政事。因此，实际上是赵普独专相权。三个月后，太祖想给赵普设置一个副职，但一时不知用什么名称合适，便问翰林学士承旨陶谷："下丞相一等者何官？"陶谷答道："唐朝有参知机务、参知政事。"于是以薛居正和吕余庆为副相，称"参知政事"[3]。最初，参知政事不宣制，朝参时不押班，不得登政事堂，不掌印，俸给比宰相少一半。显然，这时太祖并不想让薛居正等与赵普平起平坐。开宝六年（973），太祖怀疑赵普专权不法，为了分散其事权，才准许薛居正等登政事堂，与赵普同议政事。不久，又命令与正宰相轮班掌印，并准许押班奏事[4]，从此成为定制。参知政事与正宰相在职位上的差别就此基本消失。参知政事的设置，分散了正宰相的事权，形成了对正宰相的有力牵制；同时，也给正宰相提供了好的助手，是一桩有百利而无一弊的措施。政事堂后称"制敕院"，分设五房办事，其官员称"堂后官"。宋初开始任用士人[5]。

中书门下的长官的编制不固定，大致同中书门下平章事和参知政事同

---

① 《宋史·职官一》。
② 〔宋〕李焘：《续资治通鉴长编》卷五。
③ 《续资治通鉴长编》卷五。
④ 《续资治通鉴长编》卷一四。
⑤ 《续资治通鉴长编》卷一四。

时不超过五人。或三相一参，或三相而无一参。太宗以后，以三相二参或二相二参居多①。

从神宗时期开始，宋代宰相制度出现了四次变化。第一次是元丰改制，撤销中书门下，恢复唐初三省制度，置三省长官——尚书令、中书令和侍中。不过，这三个官位只是虚设，从不授人。又仿照唐制，用尚书左仆射、右仆射代行尚书令的职权，再用尚书左仆射兼门下侍郎，代行侍中的职权，尚书右仆射兼中书侍郎，代行中书令的职权，他们是正宰相。又增设四名副宰相：门下侍郎、中书侍郎、尚书左丞、尚书右丞。撤销了参知政事这一官职②。第二次是徽宗政和间，蔡京任宰相，自称"太师"，总领门下、中书、尚书三省之事，改尚书左、右仆射为"太宰""少宰"，由太宰兼门下侍郎、少宰兼中书侍郎③。钦宗靖康间（1126—1127），又废除太宰和少宰，改为尚书左仆射和右仆射。第三次是南宋高宗建炎三年（1129），正式以左仆射和右仆射兼同中书门下平章事，为正宰相；又将门下侍郎和中书侍郎改为参知政事，为副宰相；还取消尚书左、右丞的官称，大致上恢复了宋初的制度④。所不同的是门下、中书、尚书三省开始合而为一。第四次是孝宗乾道八年（1172），又改左、右仆射兼同中书门下平章事为左、右丞相，参知政事照旧，废除虚而不设的侍中、中书令、尚书令等名称。大臣虞允文、梁克家首任左、右丞相，并兼枢密使。宁宗开禧间（1205—1207），以宰相兼枢密使，就成为定制⑤。

宰相以外，哲宗元祐元年（1086）始设"平章军国重事""同平章军国事"之职，以处硕德老臣，位居宰相之上，每五天或两天一朝，非朝日不赴政事堂⑥。当时首以文彦博任"平章军国重事"，吕公著任"同平章军

① 〔宋〕洪迈：《容斋三笔》卷一《宰相参政员数》。
② 《宋史·职官一》。
③ 《宋》卷二一。
④ 《宋史·职官一》。
⑤ 《宋史》卷三四；《职官二》。
⑥ 《宋史·职官一》。

国事"①。但这一官职只是一种最高的荣誉职位，并没有多少"军国重事"可管。南宋时，情况又有一些变化。宁宗时，权臣韩侂胄依照文彦博例，担任"平章军国事"，立班在丞相之上，每三天一朝，赴政事堂处理军政大事②。理宗时，权奸贾似道也升任"太师、平章军国重事"，职位比作为正宰相的丞相要高③。于是"平章军国重事"独揽军、政大权，丞相反而屈居以前副宰相的地位。

宋初罢免了节度使的兵权，但仍旧保留了它的官称，既作为武臣的一个官阶，又作为一种荣誉的官衔。凡是以亲王、枢密使、留守、节度使而兼门下侍中、中书令、同中书门下平章事者，都称为"使相"。使相位高爵显，用来安排德高望重的勋贤故老和久任宰相而罢政者，或者依照其旧职或者检校官，加节度使衔而出判藩镇（即带节度称号的州府）④。使相不参预政事，不在敕上书押，仅在宣敕除授时，在敕尾存留其官衔⑤。神宗官制改革，将节度使阶改为"开府仪同三司"⑥，但仍保留节度使的称号。如元丰八年（1085），韩绛以开府仪同三司加检校太傅、镇江军节度使，出判大名府。徽宗崇宁五年（1106），蔡京也以开府仪同三司加安远军节度使、中太一宫使⑦。

二、枢密院

枢密院是总理全国军务的最高机构，类似后世的国防部。简称"枢府"。唐玄宗时始设枢密院⑧，代宗时用宦官任"内枢密使"，负责统领禁

---

① 《宋史》卷一七。
② 《宋史》卷三八。
③ 《宋史》卷四七四《贾似道传》。
④ 《宋史·职官六》。
⑤ 〔清〕徐松辑：《宋会要辑稿》职官一之一六；佚名：《南窗纪谈》。
⑥ 《宋史·职官九》。
⑦ 《宋史·职官六》。
⑧ 《永乐大典》卷一一〇〇一《府字·枢府》。

军①。五代后梁用士人代居其职，成为皇帝私人顾问，参预机要。后唐庄宗又分中书兵房置枢密院，如同参谋本部，与宰相分掌朝政。宋代常设枢密院，北宋前期与中书门下，元丰改制后与三省对掌文、武大权，称为东、西"二府"。北宋前期，枢密院之设，兵部因而失去了原有的职权。枢密院的长官称枢密使或知枢密院事，副长官为枢密副使或同知枢密院事、签书枢密院事或同签书枢密院事。其下设都承旨和副都承旨，负责"承宣旨命，通领院务"，由武官担任。还设编修官，不定员数②。枢密院"掌兵籍、虎符"，有调动兵马之权，但必须得到皇帝的批准，将命令下达殿前司，才能调动③。枢密院的长官入朝奏事，与中书门下的长官先后上殿，彼此不通消息。

枢密院长官的地位略低于宰相，他们与参知政事、门下侍郎、中书侍郎、尚书左右丞等统称"执政官"④。宰相和执政官合称"宰执"。北宋前期，统治者选拔执政官，大都从三司使、翰林学士、知开封府或御史中丞中选拔，俗称"四入头"⑤。仁宗庆历间（1041—1048）以前，枢密院长官和宰相互不兼任⑥。庆历间，因对西夏用兵，为便于统一指挥，命宰相吕夷简、章得象兼枢密使。神宗初年，对西夏战事结束，乃罢兼枢密使⑦。但此例一开，宰相不时兼枢密使之职，南宋时更是如此。为了防止武将跋扈，宋代一般委派文臣任枢密院长官。仁宗时，行伍出身的狄青晋升为枢密使。狄青每次出门，将士们争先瞻仰，引为骄傲。于是遭到许多文臣的非议，他们造作谣言，极力中伤。狄青不得已要求辞职。仁宗乃免去其枢密使之职⑧。

---

① 〔宋〕高承：《事物纪原》卷四《枢密》。
② 《宋史·职官二》。
③ 〔宋〕黎靖德编：《朱子语类》卷一二八《本朝二·法制》。
④ 《庆元条法事类》卷四《职制门一·官品杂压》；《宋史·职官一》。
⑤ 〔宋〕洪迈：《容斋续笔》卷三《执政四入头》。
⑥ 〔元〕马端临：《文献通考》卷五八。
⑦ 《职官分纪》卷三《宰相》。
⑧ 《续资治通鉴长编》卷一八三；《宋史·狄青传》。

三、三衙

宋初解除统军将领的兵权，驻扎在汴京周围的禁军分别由殿前都指挥使司和侍卫亲军都指挥使司统辖，称为"两司"。到真宗时，侍卫司的马、步军一分为二，便成为"三衙"①。三衙各设都指挥使、副都指挥使、都虞候、副都虞候各一员。宋初殿前司还设置"都点检"和"副都点检"，地位在都指挥使之上，后因太祖曾任后周的殿前都点检，乃不复授人。真宗时，又废除侍卫两司的都虞候之职。三衙的职权是分掌全国禁军。南宋时，殿前司掌管殿前各班、直和步、骑各指挥的名籍，侍卫亲军马、步军司分掌马军、步军各指挥的名籍；同时，各自负责所辖军队的管理、训练、戍守、升补、赏罚等政令。与枢密院相反，三衙虽然统辖全国禁军，但没有调遣之权②。

四、三司

三司是北宋前期最高财政机构，号称"计省"。唐末税法混乱，田赋、丁税都不足恃，国家财政依靠盐铁和度支。五代后唐明宗始设盐铁、度支和户部"三司"，宋初沿袭此制。三司的职权是总管各地贡赋和国家财政，类似后世的财政部。其长官是三司使，称"计相"，地位仅次宰相。副长官是三司副使。太宗时，罢三司使，另设盐铁、度支、户部三使。真宗时，又罢三使，重设三司使一员，另设盐铁副使、度支副使和户部副使③。盐铁下设兵、胄、商税、都盐、茶、铁、设等七案，掌管全国矿冶、茶、盐、商税、河渠和军器等事；度支下设赏给、钱帛、粮料、常平等八案，掌管财赋之数；户部下设户税、上供、修造、曲、衣粮等五案，掌管户口、二税、酒税等事。三司的附属机构有都磨勘司、都主辖支收司、拘收

---

① 〔宋〕章如愚：《山堂先生群书考索》续集卷四四《兵制门·宋朝兵》。

② 《宋史·职官六》。

③ 《续资治通鉴长编》卷五五。

司、都理欠司、都凭由司、开拆司、发放司、勾凿司、催驱司、受事司等①。北宋前期，全国财政支出大部分依靠三司，三司实际上取代了尚书省的许多职务。神宗时实行变法，在三司之上设"制置三司条例司"，不久废罢。后来改革官制，又撤销三司，其职权分归户、工部等，户部始掌管全国财政。

在北宋前期，中书门下主管民政，枢密院主管军政，三司主管财政，三者鼎立，彼此不相知，而大权集中于皇帝一身。神宗改制后，宰相实际上兼管财政。南宋时，宰相兼任枢密使，实际又兼管部分军政。这样，宰相重新握有民政、财政和部分军政的大权。

五、翰林学士院

唐代有翰林学士、知制诰，为皇帝亲信顾问之官。宋代也置翰林学士院，能入院任职的都是一些文学之士。设翰林学士承旨、翰林学士等。承旨不常设，学士设员不定。学士院的职权是负责起草朝廷的制诰、赦敕、国书以及宫廷所用文书，还侍奉皇帝出巡，充当顾问②。实际是皇帝的秘书处。其他官员入院而又未授学士，即称"直学士院"。如果学士全缺，由其他官员暂行院中文书，则称"学士院权直"或"翰林权直"③。另有替皇帝讲解儒经者，称"翰林侍读学士"或"翰林侍讲学士"，官阶较低者称"崇政殿说书"，实际不属学士院。神宗后屡有变化，称为经筵官，一般为他官的兼职。北宋前期，翰林学士常被委任他职，如任知开封府、三司使之类，并不归院供职，故必须带知制诰职者，才真正掌管诏命，直接替皇帝起草麻制、批答及宫廷内所用文词④，称为"内制"；单称知制诰或以他职带知制诰者⑤，则奉皇帝或宰相之命，分房起草官员升迁、磨勘、

① 《宋史·职官二》。
② 佚名：《元丰官志》。
③ 《宋会要辑稿》职官六之四六。
④ 《宋会要辑稿》职官六之五〇。
⑤ 《宋史·职官一》；林骃：《新笺决科古今源流至论》后集卷二《两制》。

改换差遣等制词①，称为"外制"；总称"两制"②。神宗改制，翰林学士虽不再另任他职，但仍带知制诰；遇缺，则以侍郎、给事中、中书舍人兼直学士院。南宋时，有以尚书兼权翰林学士，而不带知制诰的③。翰林院奏事的文书称为"榜子"，移文三省、枢密院使用"谘报"④。

一般的中央机构

一、三省六部二十四司

三省，即门下省、中书省、尚书省。三省在唐代分掌定策、封驳和执行的职权，是朝廷处理政务的主要机构；唐代后期，政事堂成为三省长官联合办公的机构。宋代则颇为不同。北宋前期，在宫内设中书门下，在宫外设三省六部；三省长官非宰相者一般不得登政事堂，实际上剥夺了三省议政和决政的职权。元丰改制后，三省成为最高政务机构。南宋时，三省合为一体，宰相们办公的官厅称为"三省都堂"或"都堂"。

门下省：又称"左省"。其长官名义上是门下侍中，但很少委任过，实际上有名无职。副长官是门下侍郎。又另外委派一名给事中任"判门下省事"⑤，真正掌管本省的职权。其官属有左散骑常侍、左谏议大夫、左司谏、左正言以及给事中等。门下省的职权是主管皇帝宝玺、大朝会设位版、赞拜、拜表、宣黄、外官和流外官考课、年满斋郎转补以及各司附奏署名等。神宗官制改革，重新恢复三省的实际地位和职权，门下省专司审复，但门下侍郎成为尚书左仆射（宰相）的兼职或副宰相的专职，而不再与门下省本身的职事相关。

---

① 《文献通考》卷五一。
② 〔宋〕欧阳修：《欧阳修奏议集》卷一八《又论馆阁取士札子》。
③ 〔宋〕徐度：《却扫编》卷下。
④ 《宋会要辑稿》职官六之五一。
⑤ 《宋会要辑稿》职官二之一。

中书省：又称"右省"。其长官名为中书令，但实际上也有名无职。副长官是中书侍郎。又另委派一名中书舍人任"判中书省事"，真正掌管本省职权。其官属有右散骑常侍、中书舍人、右谏议大夫、起居舍人、右司谏、右正言等。中书省的职权是主管郊祀、皇帝册文、幕职州县官考课、斋郎等年满复奏、文官改赐章服、僧道给赐紫衣师号、举人出身、寺观名额等①。神宗官制改革，中书省专司取旨出令，但中书侍郎成为尚书右仆射（宰相）的兼职或副宰相的专职，而不再与中书省本身的职事相关。

门下省和中书省的左、右散骑常侍，左、右谏议大夫，左、右司谏，左、右正言，通称"两省官"②。门下省的起居郎和中书省的中书舍人称"小两省官"③，散骑常侍、给事中、谏议大夫等称"大两省官"④。北宋前期，大两省官员虽名为谏官，但除非皇帝特旨供职，并不得谏诤，实际只是一些寄禄官称。

尚书省：又称"都省"。其长官名义上是尚书令，还有左右仆射、左右丞等，但尚书令从不委任。实际上另外委派诸司三品以上的官员或学士一员任"权判尚书都省事"。尚书省的职权是总辖吏、户、礼、兵、刑、工等六部和司封、司勋、考功、度支等二十四司，并主管议定官员谥号、祠祭、受誓戒、在京文武官封赠、注甲发付选人、二十四司人吏迁补等事⑤。尚书省长官的办公厅也称为"都堂"，常常与中书门下的办公厅"政事堂"的别称"都堂"相混。尚书省所辖六都二十四司，分属左司和右司，左司掌管吏部（下辖司封、司勋、考功）、户部（下辖度支、金部、仓部）、礼部（下辖祠部、主客、膳部），右司掌管兵部（下辖职方、驾部、库部）、刑部（下辖都官、比部、司门）、工部（下辖屯田、虞部、水

---

① 《宋会要辑稿》职官三之一。
② 《宋史·职官一》；《文献通考》卷五〇。
③ 《文献通考》卷五〇。
④ 〔宋〕洪迈：《容斋三笔·侍从两制》。
⑤ 《宋会要辑稿》职官四之一、四。

部）。左、右司各设郎中、员外郎各一人①。

唐代尚书省是最高行政机关，颇有威势。但在北宋前期，其职权已经被分割给三司、枢密院、礼仪院、审官院等机构，所剩职权无几；同时，尚书省的长官从不委任，各司郎中和员外郎也只是官阶的名称，并不管本司之事。《宋史·职官志》序说："三省六曹二十四司，类以他官主判，虽有正官，非别敕不治本司事，事之所寄，十亡二三。故中书令、侍中、尚书令不预朝政，侍郎、给事不领省职。"神宗改革官制，以尚书左仆射兼门下侍郎，右仆射兼中书侍郎，为正宰相，又以尚书左、右丞为副宰相，不再与尚书省本身的职事相关。

吏部——宋初，吏部设"判吏部事"二员，其职权日益被削减。

宋太祖时，设立流内铨（简称"铨司"），委派"权判流内铨事"二员，专管考试选人判决案例和拟定差遣等事②。还设立三班院，委派"知三班院事"③或"勾当三班院"，员数不定，负责对东西头供奉官等武臣的考课和拟定差遣等事（原属宣徽院）④。太宗时，设立磨勘京朝官院和磨勘幕职州县官院，总称"磨勘院"，负责对京朝官和选人进行考核。随后，改磨勘京朝官院为"审官院"，磨勘幕职州县官院为"考课院"⑤。太宗时还设置"京朝官差遣院"，负责对少卿监以下京朝官注拟差遣⑥，淳化四年（993）也并入审官院⑦。神宗熙宁三年（1070），设置审官西院，主管武臣阁门祇候以上到诸司使等的磨勘、注拟差遣等事⑧。又改审官院为审官东院，主管文臣京朝官以下考核功过、叙其爵秩、注拟差遣等事。两院各置

① 《续资治通鉴长编》卷四三五；《宋史·职官九、一》。
② 《宋会要辑稿》选举二四之九、职官一一之五六。
③ 《续资治通鉴长编》卷二六。
④ 《续资治通鉴长编》卷二八。
⑤ 《续资治通鉴长编》卷三三、三四；《宋会要辑稿》职官一一之一。
⑥ 《续资治通鉴长编》卷二二。
⑦ 《续资治通鉴长编》卷三四。
⑧ 《宋会要辑稿》职官一一之一、五五、四、五六。

知院、同知院各一员，主簿二员①。元丰五年（1082），作为全面改革官制的措施之一，是铨注之法全归吏部，撤销审官东院而改为吏部尚书左选，主管寄禄官在京朝官以上和职任非中书除授的文臣；撤销流内铨而改为吏部侍郎左选，主管从初任到选人的文臣；撤销审官西院而改为吏部尚书右选，主管升朝官以上和职任非枢密院除授的武臣；撤销三班院而改为吏部侍郎右选，主管副尉以上到从义郎的武臣②。于是，以上文、武官员的选试、注拟、资任、升迁、叙复、荫补、考课的政令以及封爵、策勋、赏罚殿最的制度，都归吏部掌管③。吏部的长官是吏部尚书，设一员；副长官是吏部侍郎，设一到二员。其下有郎中、员外郎各二员，分管尚书左、右选和侍郎左、右选。此外，还有司封、司勋、考功的郎中和员外郎各二员，官告院主管官一员④等。

户部——宋初，设三司总管全国财政，户部几乎无所职掌，只委派"判户部事"一员，接受各地土贡，至时陈列于殿庭。神宗官制改革，撤销三司，全国财计始归户部，主管户籍、土地、钱谷的政令以及贡赋、征役等事。设户部尚书一员，左、右曹侍郎各一员，郎中、员外郎各二员，度支、金部、仓部各二员。左曹分管户籍、税赋、土贡、征榷等事，右曹分管常平、免役、保甲、义仓等事。度支掌管全国财政预算，量入为出；金部掌管全国货币收支，藏于府库；仓部掌管仓库贮积和收支等事⑤。

礼部——宋初设太常寺礼院。真宗时又设礼仪院，主管礼仪之事⑥。礼部只委派"判礼部事"一员，掌管科举、奏补太庙斋郎等事。神宗官制改革，撤销太常礼院，其职权划归礼部。礼部设礼部尚书、侍郎各一员，郎中、员外郎四司（包括本部）各一员，礼部下设祠部、主客、膳部等三

① 《宋会要辑稿》职官一一之五五、一、四，选举二三之二。
② 《宋史》卷一五八。
③ 《宋史·职官三》。
④ 《宋史·职官三》。
⑤ 《宋史·职官三》。
⑥ 《宋会要辑稿》职官二二之二三；《宋史·职官三》。

司。掌管礼乐、祭祀、朝会、宴享、学校、科举的政令。①

兵部——宋初设枢密院，掌管军事的政令，武臣的铨选也归三班院和审官西院负责，兵部只管皇帝仪仗、卤簿、武举、义勇弓箭手等事，委任"判兵部事"一员。神宗官制改革，设兵部尚书、侍郎各一员，职方、驾部、库部和本部等四司郎中、员外郎各一员，职权稍为扩大，主管民兵、弓手、厢军、蕃兵、剩员、武士校试武艺、周邻少数民族官封承袭等事②。

刑部——宋初，刑部是最高司法机构之一，主管全国刑政，并审复大理寺所定大辟案件。太宗时，创设审刑院，将刑部审复权拨归审刑院，审刑院成为全国又一最高司法机构③。神宗改制，撤销审刑院以及纠察在京刑狱司，将其审复等权归还刑部。从此，刑部的职权大为扩大，主管全国刑法、狱讼、奏谳、赦宥、叙复等事。设尚书一员、侍郎二员；郎中和员外郎，本部各二员，都官、比部、司门等三司各一员。本部郎中和员外郎，又分为左、右两厅，厅各二员，左厅掌管详复，右厅掌管叙雪④。

工部——宋初只设"判工部事"一员，所属屯田、虞部、水部的职权全被划归"三司"，本部职权很少。神宗官制改革，撤销"三司"，工部才恢复职权。设工部尚书、侍郎各一员，本部和屯田、虞部、水部四司郎中、员外郎各一员。主管全国城郭、宫室、舟车、器械、钱币、河渠等政令⑤。南宋时，将军器监和都水监并归工部⑥，工部的职权更为增加。工部还兼管军器所和文思院：高宗时还设立制造御前军器所，委任提点官二员和提辖、监造官各若干员，负责制造武器；文思院负责制造金银、犀玉等器物，设提辖官一员、监官三员⑦。

---

① 《宋史·职官三》。
② 《宋会要辑稿》职官一四之一。
③ 《宋会要辑稿》职官一五之二八、二九。
④ 《宋会要辑稿》职官一五之一；《宋史·职官三》。
⑤ 《宋会要辑稿》职官一六之一、二；《宋史·职官三》。
⑥ 《宋史·职官五》。
⑦ 《宋史·职官三》。

二、寺监

九寺：指太常、宗正、光禄、卫尉、太仆、大理、鸿胪、司农、太府等寺。北宋前期，虽然保留了九寺的名位，但大部分已成闲官，而另外委派朝官以上一员或二员兼充"判本寺事"。其中只有大理、太常二寺还有一些职权。神宗官制改革，九寺各专其职，并分设本寺的长官卿、少卿各一员以及丞、主簿一至二员。各寺职务忙闲不均。徽宗时有人记述：太府寺所隶场务众多，号称"忙卿"；司农寺掌管仓库，供给军饷，疲于奔命，号称"走卿"；光禄寺掌管祭祀供应酒食，号称"饱卿"；鸿胪寺掌管周邻族国朝贡，号为"睡卿"①。南宋时，将光禄、鸿胪二寺并入礼部，卫尉、太仆二寺并入兵部②。

诸监：宋代先后设置国子、少府、将作、军器、都水、司天等六监。宋初各监的基本情况是，国子监是全国最高学府，仁宗后，成为掌管全国学校的总机构，犹如后来的教育部。少府监的主要职事已划归文思院和后苑造作所，本监只管制造门戟、神衣、旌节等物。将作监也只管祠祭供省牲牌、镇石、炷香、盥手等事，有关土木工匠的政令、京城的缮修都归"三司"修造案掌管。仁宗嘉祐三年（1058），撤销"三司"河渠案，另设都水监，掌管修治河道之事。神宗熙宁六年（1073），撤销"三司"胄案，另设军器监，掌管制造武器。司天监掌管观察天文祥异、钟鼓漏刻、编制历书等③。各监除司天监以外，都设"判本监事"一至二员，或设"同判监事"一员，以及丞、主簿等。神宗官制改革，撤销了司天监，另设太史局，隶属于秘书省。国子监正式设祭酒、司业各一员为正、副长官，主管国子学、太学、武学、律学的政令。又设丞各一员，参领监事；设各学博士多员，分别负责讲授各种课程。南宋初，国子监并归礼部，重建太学，

---

① 〔宋〕王得臣：《麈史》卷下《谐谑》。
② 《宋史·职官四》。
③ 《宋史·职官五》。

太学学官时有增减。神宗改制时，除国子监外，各监都设监和少监作为正、副长官，其下又设丞和主簿等；同时，恢复了本监职权①。

三、御史台和谏院

御史台：宋循唐制，设置御史台。唐代御史台的正副长官是御史大夫和御史中丞。北宋前期，御史台并不正式任命御史大夫，而只是作为一种加官，授予其他官员。神宗官制改革，撤销了这一官称②。于是御史中丞变成了御史台的长官。御史中丞俗称"台长"。副长官是侍御史知杂事。御史台的职权是主管对朝廷内外百官的监察和弹劾。下设三院：台院，由一名侍御史负责；殿院，由两名殿中侍御史负责，具体职权是依仪法纠正官员失仪之事；察院，由六名监察御史分工监督六部和各个机构，随事纠正，称为"六察"。官阶低而任殿中侍御史或监察御史，称"殿中侍御史里行"或"监察御史里行"。此外，还设推直官二员，专管审理刑事案件③。台官得上疏言事，评论朝政，弹劾官员。但三院御史言事，必须先向中丞报告。仁宗初刘筠任中丞后，御史言事就不必请示本台长官了④。按照唐制，御史还可"风闻"论事，即使纯属捕风捉影，也算合法。

谏院：宋初未设谏院。司谏、正言大都另有所任，并不专管谏诤；如朝廷特令供职，才正式成为谏官⑤。仁宗明道元年（1032），以门下省址设谏院，是为单独设院之始⑥。其长官称"知谏院事"，以司谏、正言充任。谏院主管规谏讽谕，凡朝政缺失、百官任非其人、各级官府办事违失，都可谏正⑦。元丰改制，以左、右谏议大夫为谏院长官，左隶门下省，右隶中书省。建炎三年（1129），另建官署。

① 《宋史·职官五》。
② 《宋史·职官四》。
③ 《宋史·职官四》。
④ 《宋史·刘筠传》。
⑤ 《文献通考》卷五○。
⑥ 《宋会要辑稿》职官三之五二。
⑦ 《宋史·职官一》。

宋朝规定，台、谏官须由皇帝亲自选拔，避免与大臣发生人事关系[1]。其流弊是宰相每有作为，台、谏官议论纷起，政事为之掣肘。否则，便被权臣控制，成为他专权和排斥异己的工具。在统治集团内部斗争中，御史台和谏院起着重要的作用。此外，台、谏官都以言事弹劾为责，其职权并无多大差别，这一状况导致后世出现台、谏合流的趋势[2]。

除上述外，宋代还设置有秘书省、馆阁、宣徽院、审刑院、太常寺礼院和礼仪院等机构，各有专司，时有兴废，这里就不一一详述了。

宋代的地方官制

宋初承袭唐代后期之制，地方实行道、州、县三级建制。太宗时改道为路，实行路、州、县三级建制，终宋一代不变。

一、路级官府

唐代后期，凡置节度使、观察使的道，是军事区域兼行政区域。遇朝廷临时派遣黜陟使等实行监察，道又成为监察区域。道有时也称"路"，见于唐代的制书[3]。宋太祖时，承袭唐制，将全国分为若干道。太宗至道三年（997）将全国改成十五路，仁宗初年析为十八路，神宗元丰八年（1085）增至二十三路。宋代路的性质，因社会经济的发展和政治制度的变革，前后出现一些变化，因而使路级长官的编制、职权等发生相应的变动。

转运使司：宋太祖时，常派一二员转运使去各地筹集军饷，事成即罢。李符曾任"知京西南面转运事"，太祖亲书"李符到处，似朕亲行"八字赐之，揭于大旗，常以自随。这时，转运官尚少威权[4]。从太宗起，

---

① 《职官分纪》卷六《左司谏》。
② 关履权：《两宋史论》，中州书画社1983年版，第83页。
③ 〔宋〕宋敏求编：《唐大诏令集·诸王·除亲王官下》。
④ 《续资治通鉴长编》卷一三。

取消节度使所领支郡，正式设置转运使，以削夺节度使的财权。转运使全称为"某路诸州水陆计度转运使"①，其官衙称"转运使司"。转运使司的职权是负责计度本路的财赋、漕运钱谷；按察州县，荐贤举能；点检狱讼，疏理系囚；养兵捕盗，维持治安；救灾赈恤，考试举人。其职权范围包括一路的军、民、财、刑等各个方面。如以两省五品以上官员任职，或掌管两路以上者，称"都转运使"②。转运使常兼"本路劝农使"，表示对农事的重视。有的转运使还兼"提点市舶司"③等职。转运使的编制，一般为每路二员。另有转运副使、转运判官，都随本人官资高低而称。转运使司的官属有主管文字、干办公事官各一员，以及准备差遣（文臣）、准备差使（武臣）若干员④。

在真宗景德四年（1007）以前，转运使掌握一路的大权，实际是本路的最高长官。但宋朝皇帝不愿把一路之权长期集中在一二员转运使手中，因此又陆续设置提点刑狱司、提举常平司、安抚司、提举学事司等机构，以分割转运使司的事权，并且可以互相牵制和监督。

提点刑狱司：宋太宗淳化二年（991），始派官员往各路提点刑狱事，次年省罢。真宗景德四年（1007）复置，从此成为定制⑤。提点刑狱司的长官称"提点某路刑狱公事"，简称"提点刑狱"或"提刑"。担任提刑的官资，文官一般为升朝官，武官为阁门祗候以上。天禧四年（1020），命提刑兼本路劝农使，并委派使臣（武官）为副使。仁宗嘉祐间（1056—1063），因武官担任的"同提点刑狱"大都不得其人，乃停罢。南宋时，各路重设武官提刑一员。提点刑狱司的职权是察访本路刑狱，审问囚徒，复查案牍，遇州县拖延狱讼不决和盗贼逃亡不获，则按劾失职官员申报朝廷；荐举官员。神宗时，曾命提刑兼管封桩钱谷、盗贼、保甲、军器等

---

① 《两浙金石志》卷五《宋杭州放生池碑》。
② 《宋史·职官七》。
③ 《两浙金石志》卷五《宋杭州放生池碑》。
④ 《宋史·职官七》。
⑤ 《职官分纪》卷四七《诸路提点刑狱》；〔宋〕王应麟：《玉海》卷六七《淳化刑部详复》。

事。哲宗时，又命兼管坑冶。孝宗乾道八年（1172），兼管催督本路经总制钱。提刑司的官属有检法官、干办公事官等①。

提举常平司：宋神宗熙宁二年（1069），始设提举常平司，掌管一路的常平义仓、免役、市易、坊场、河渡、水利等事，推行新法，并荐举官员。哲宗元祐初（1086）并入提刑司，绍圣初（1094）复置。元符（1098—1100）后，成为固定的官职。南宋初，有些路的提举常平司，或由转运使、提点刑狱兼领，或由市舶司代管②。徽宗时，另设"提举茶盐司"，掌管茶、盐的产销。南宋时，各路都设"提举常平茶盐司"，其长官称"提举某路常平茶盐公事"，实际把提举常平和提举茶盐两司合并为一③。

除提举常平司以外，从神宗时开始，遇事都设提举司，如提举坑冶司、提举市舶司、提举学事司、提举保甲司、都大提举茶马司等，其职权是分掌有关事宜，并按察本路官吏。神宗时，各提举司的长官往往选拔"年少资浅轻俊之士"任职，或委任通判、知县、监当官资序的官员或选人，冠以"权发遣"之名④。此后相沿为例。各提举司的官属有干办公事、主管官等⑤。

各路转运使司，俗称"漕司"；提点刑狱司，俗称"宪司"；提举常平等司，俗称"仓司"。由于这些机构都具有监察职能，因此统称"监司"。监司作为皇帝的"耳目之寄"，权任颇重，号称"外台"⑥。

安抚使司：各路还常设安抚使司，俗称"帅司"。唐初派遣安抚大使十三人"巡省天下"，后遇各州水旱则设"巡察""安抚"等官。宋真宗时，始设西川、峡路安抚使，泾源等十五军州安抚经略使，河北缘边安抚

---

① 《宋史·职官七》。
② 〔明〕范嵩：《（嘉靖）建宁府志》卷二〇《古迹》。
③ 《宋史·职官七》。
④ 〔宋〕司马光：《温国文正司马公文集》卷五一《乞罢提举官札子》。
⑤ 《永乐大典》卷一四六二〇《部字》。
⑥ 〔宋〕蔡戡：《定斋集》卷二《乞选择监司奏状》。

使。此后，凡诸路遇水旱天灾或边境用兵，都特派使"体量安抚"，事成则罢。仅河北、河东、陕西、两广等路常置安抚使司①。安抚使掌管一路的兵政，由知州兼任，必须太中大夫以上或曾任侍从官者乃可得之，官品低者只称"主管某路安抚司公事"②或"管勾安抚司事"③。南宋前期，各路都建安抚使司，仅广东、广西两路依旧加"经略"二字。安抚使或经略安抚使成为一路的第一长官，掌握一路的兵、民之政，弹压盗贼；用兵时，有权"便宜行事"④。一般仍由各路最重要的州府长官兼任安抚使，如系二品以上官，则称"安抚大使"。同时，凡安抚使都带本路"马步军都总管"之职，由一名武官任副总管。宁宗后，各路兵政都归都统制司，民政分属各司，安抚使司反而有职无权⑤。安抚使司的官属有参议官、参谋官、干办公事、指使、准备差使、准备将领、准备差遣、准备使唤、主管机宜文字、主管书写机宜文字⑥。宋代有些重要而辟远的州、府，曾特设"管内安抚"，由本州、府长官兼任，听从"帅司"节制⑦。

一路之中，帅、漕、仓、宪各司并立，同掌军政、民政、财政、司法等权，互不统属，而又彼此监督。各司来往公文称为"关牒"⑧。随着各司的设置，路逐渐具有半地方监察区、半行政区的性质，路的长官实际上行使一级行政单位的职权。从唐到宋，路是由地方监察区向行政区过渡的一种形式。

路级特殊官府：各路还设置一些特殊的官府。太宗时，置江淮、两浙发运使司⑨，在淮南设局，指挥东南六路的转运使，调运粮食至汴京，兼

---

① 〔宋〕李心传：《建炎以来朝野杂记》甲集卷一一《安抚使》；《宋会要辑稿》职官四一之七九、八一、九〇。
② 《宋史·职官七》。
③ 《宋会要辑稿》职官四一之七九。
④ 《宋会要辑稿》职官四一之一一四；《宋史·职官七》。
⑤ 《建炎以来朝野杂记》甲集卷一一《安抚使》。
⑥ 《永乐大典》卷一四六二〇《部字》。
⑦ 《宋会要辑稿》职官四一之九八、一一三、九六。
⑧ 《宋会要辑稿》职官四一之一〇一。
⑨ 《建炎以来系年要录》卷一一九。

管茶盐、货币的政令以及荐举官员等①。真宗时，称"都大发运使司"。设发运使、发运副使、发运判官等，委派升朝官或诸司使担任②。南宋高宗绍兴八年（1138），重设经制发运使，专管收籴粮食。孝宗乾道六年（1170），以户部侍郎史正志为两浙、京、湖、淮、广、福建等路都大发运使，年底，撤销这一官府③。徽宗后，还因军事需要，临时设某路或数路的制置使司，委派制置使一员，主管本路或数路经画边防军旅等事。南宋时，继续设备路制置使，主管本路诸州军马屯防捍御，多派安抚大使兼任，有时派统兵马官担任；官资高者加"制置大使"。其官属有参谋、参议、主管机宜、书写文字、干办公事以及准备将领、差遣、差使等。南宋初，还创设总领所。张浚出使川陕，用赵开总领四川财赋，置所系衔，总领命官自此为始。总领所的长官称"总领"，其官属有干办公事、准备差遣、主管文字等。掌管调拨筹办各军钱粮，并有权预闻军政④。

二、州府军监级官府

路以下一级，为州、府、军、监，直属朝廷⑤。各州长官，实行军制⑥：由朝廷委派京朝官管理州郡事，称"权知某州军州事"，表示全权管理一州的军、民之政，带有强烈的军事性质。知州可直接向朝廷奏事，多用文人，且经常调换。二品以上和带中书、枢密院职事者，称"判某府（州、军、监）"。有些重要府、州的长官必兼其他要职，如河南府、应天府、大名府的知府兼任"留守司公事"，定州的知州兼任"安抚使、马步军都总管"⑦。一般知州也必兼本州提举或主管学事、提举数州兵甲巡检公事。知州以外，宋初还设"通判州军事"一至二员，简称"通判"，与

① 《宋史·职官七》。
② 《职官分纪》卷四七《淮南浙江荆湖路都大发运使、副使、都监》。
③ 《宋史·职官七》。
④ 《宋史·职官七》；《文献通考》卷六二。
⑤ 《燕翼诒谋录》卷一《知州借绯紫》。
⑥ 〔宋〕王明清：《挥麈后录余话》卷一《祖宗兵制名〈枢廷备检〉》。
⑦ 《宋史·职官七》。

知州同领州事，裁处兵民、钱谷、户口、赋役、狱讼审理等事。各州公文，知州须与通判一起签押，方能生效。通判还有权监督和向朝廷推荐本州的官员。即使知州不法，通判也可奏告朝廷。南宋时，遇有军事，通判还负责筹办钱粮，催收经制钱和总制钱。知州和通判的属官，有录事、司户、司法、司理等各曹参军，或不并置，视本州的户口多寡而定。录事参军主管"州院"（监狱）的庶务，监督各曹。司户参军掌管一州的户籍、赋税、仓库出纳。司法参军掌管议法判刑。司理参军（宋初称"司寇参军"）掌管狱讼审讯。各曹官衙一般称"厅"，有的称院，如司理院①。

各州还设各种幕职官和监当官。幕职官有节度掌书记、观察支使、判官、推官等，负责协助本州长官治理郡政，总管各案公文。监当官是各州主管仓场库务等经济机构的官员，负责征收茶盐酒税、矿冶、造船、仓库出纳等事务。名目极多，随事置官。如"监临安府楼店务兼管抽税买竹场""监黄州市舶库"等②。

宋初，东京开封府设置尹、少尹各一员。太宗、真宗为皇子时都曾任开封府尹，总领府事。如无人任尹，则设"权知开封府事"一员，委任待制以上官员担任。主管京畿的民政，审理狱讼，捕治寇盗，登记户籍，均平赋役，颁布禁令。遇朝廷举行大礼，充当桥道、顿递等使。开封府奉皇帝圣旨审判的案件，刑部、御史台不得干涉。开封府内权要豪右盘根错节，号为难治。包拯曾知开封府，他天性峭严，平时不露笑容，人们称他"笑比黄河清"。民间流传着他知开封府时为官清正的许多故事。其官属有判官、推官四员，主管审讯、户口、租税等事。另有司录参军、功曹、仓曹、户曹、兵曹、法曹、士曹参军各一员，分管各曹职事；左右军巡使、判官各二员，分治京城内风火、盗贼及审讯狱讼等事。开封城内外分设左右等厢公事所，各设厢官③。南宋临安府常设知府一员、通判二员。其职

①《宋史·职官七》；《职官分纪》卷四一《通判军州》。
②《永乐大典》卷一四六二二《部字》；《宋史·职官七》。
③《文献通考》卷六三；《宋史·职官六》；《职官分纪》卷三八《左右厢公事所》。

权和官属与开封府大致相同。临安城内外分为南北左右厢，各设厢官，负责听取民间的讼诉；分设使臣十员，负责缉捕在城盗贼。开封府和临安府还统辖京畿各县。

三、县级官府

宋制，县分为赤、畿、望、紧、上、中、中下、下八等，除赤、畿为四京属县所定等级外，其余都按户数多寡而定。县的长官，宋初称"判县事"，后改为"知县"或"县令"①。以京朝官领县称"知县"，以选人领县称"县令"②。知县或县令的职权是主管一县的民政、司法、财政，如果驻有军队，则兼兵马都监（升朝官）或监押（京官以下）。仁宗初，县始设"丞"，委派选人任职③。后以京朝官充丞者，称"知县丞"；以选人充丞者，带"权"字，只称"县丞"④。丞是县的副长官，主管常平、坑冶、农田水利等事⑤。另设主簿、尉等。主簿掌管官物出纳，销注簿书。尉的职位居主簿之下，掌管训练弓手，维持治安，南宋时兼管巡捉私贩茶、盐、矾等。尉司犹如旧时代的县警察局。县级长官的编制，视县的等级而定，或不并置。宋时称县官为"亲民官"⑥。

各县在居民繁密或地形险要处设立镇、寨⑦。五代时，由节度使自补亲随为"镇将"，与县令分庭抗礼，公事得以专达于州。宋初设置县尉，维持乡村秩序，镇将只管城郭以内，归本县管辖。自太宗始，都委派本州衙前吏人兼任⑧。后来改设镇的监官，掌管巡逻盗贼、烟火事宜，或兼征

---

① 〔明〕周瑛等：《兴化府志》卷一《叙官》。
② 〔宋〕赵升：《朝野类要》卷二《称谓》。
③ 《文献通考》卷六三。
④ 《朝野类要》卷二《称谓》。
⑤ 《文献通考》卷六三。
⑥ 《宋史·职官七》。
⑦ 《事物纪原》卷七《镇》。
⑧ 《职官分纪》卷四三《镇将、镇副》；《续资治通鉴长编》卷一八；《宋会要辑稿》职官四八之九二、九三。

收酒税和商税。不过，有些地区长期保留镇将之职。寨设寨官，招收土兵，训练武艺，防止盗贼。镇、寨官员有权处分杖罪以下刑罚，其余解送本县①。各地还在重要地带或边远地区设立巡检司，不受州县疆界的限制。其长官称"都巡检使""同都巡检使""巡检使""同巡检使"，官阶低者称"都巡检""巡检"等，主管本界土军、禁军招募和训练的政令，巡逻州邑，捕捉盗贼，兼管巡捉私茶盐矾、私铸铜器和铁钱，或搜捉铜钱下海出界等②。巡检司隶属于所在州县长官统辖③。

宋代的品阶制度

适应官僚政治制度的需要，宋代形成了一套比较完整的官员品阶制度，还逐步减少了前代遗留下来的一些附加性官衔，并使升迁、考课和荐举制度不断完善而渐趋严密。

一、文、武臣的品阶制度

官品：北宋前期沿袭唐制，将官品分为九品，每品分正、从；四品以下，正、从之中又分上、下，共三十阶。其中仅少数官称的品格出现升降。在宋代政治生活中，官品所起作用甚微，只是决定官员公服颜色的一种标准：宋初规定三品以上服紫色，五品以上服朱色，七品以上服绿色，九品以上服青色。神宗官制改革，重订官品令，减少官品，共为九品正、从十八阶。官员的服色也改为四品以上服紫，六品以上服绯，九品以上服绿④。

散官阶：北宋前期还沿袭唐制，保留"散阶"。散阶又称"散官"，是

---

① 《文献通考》卷六三。

② 《职官分纪》卷三五《都巡检使等》；《宋会要辑稿》职官四八之一二二；《永乐大典》卷一四六二二《部字》。

③ 《宋史 · 职官七》。

④ 《宋会要辑稿》舆服四之二八、二九。

一种附加性官衔，表示一定的级别，与实际职掌和俸禄无关。文散官从开府仪同三司到将仕郎，共二十九阶；武散官从骠骑大将军到陪戎副尉，共三十一阶①。太宗初年，为避（光义）讳，将文散官中的正议大夫改为正奉大夫，通议大夫改为朝奉大夫等。京朝官和选人，遇郊祀等庆恩，每次加五阶；到朝散大夫以上，每次加一阶。武官诸司使以上，如使额高者加金紫光禄大夫阶；内殿崇班初授，加银青光禄大夫阶②。散阶比较复杂，但作用不大，所以在神宗官制改革时废除了。此后，散官专指闲散不管事的官职，如节度副使、行军司马、防御副使、团练副使、州别驾、长史、司马、司士、文学、助教等③。这些官称易与神宗官制改革后的寄禄官阶相混，要注意区分。

本官阶：北宋前期，还有一种官阶，宋人称为"官"，即"本官"阶④。本官阶大抵用实际职务的官称组成。以宰相和执政官为例，如吏部尚书是阶官，同中书门下平章事是职官；尚书吏部侍郎是阶官，参知政事是职官。但吏部尚书、吏部侍郎不纯属阶官或职官，管理其事则成为职官，不管理其事则成为阶官。至于选人，完全用幕职的令、录等为阶官，而这些令、录原来都有所系属的监司或州县。所以，情况十分复杂。本官阶与官员的实际职务无关，是用以决定官员的俸禄，并作为官员享受赠官、叙封、恩荫、荐举等待遇的重要标准⑤。

北宋前期本官阶的等级，是在太宗末年和真宗时期确定的。《宋史·选举志》记载，太宗"淳化（990—994）以前，资叙未一，及是始定迁秩之制"⑥。据《宋史·职官志》"文臣京官至三师"和"武臣三班借职至节度使"等叙迁之制，其中文臣自太师、太尉、太傅到诸寺监主簿、秘书省

---

① 《宋史·职官九》。〔宋〕岳珂：《愧郯录》卷七《散阶勋官寄禄功臣检校试衔》作武散官二十九阶。

② 《宋史·职官十》。

③ 《庆元条法事类》卷四《职制门·官品杂压》。

④ 《宋会要辑稿》职官七七之五一。

⑤ 《文献通考》卷六四。

⑥ 《宋史·选举四》。

校书郎、秘书省正字，共四十二阶，无出身（即非科举登第）者逐阶升转，有出身和带馆职、各部侍郎以上任两府长官、宰相超资升转（即越一资以上升转）①。武臣自节度使、节度观察留后到左右班殿直、三班奉职、三班借职，共二十七阶，内殿承制以下逐资升转，诸司副使以上超资升转，或每次转五资，或七资；有战功者得以超资②。

神宗官制改革，将原有的京朝官本官阶改为职事官的名称，而新定的京朝官本官阶即寄禄官阶采用了原有的散阶名称。这些新定的京朝官寄禄官阶，自开府仪同三司到承务郎共二十五阶。这一改革使京朝官的官阶比前减少了十七阶。寄禄官阶的作用有二：一是用来决定京朝官的俸禄，二是朝廷委派官员任职时，以寄禄官阶为标准，结衔时在寄禄官前加上"行""守"或"试"字（见前）。

新的京朝官寄禄官阶有其简单和系统的优点，但缺点是官阶减少，官员升迁较快。所以，哲宗元祐三年（1088），又将朝议、中散、正议、光禄、银青光禄、金紫光禄等大夫分置左、右，比前增加了六阶③。次年，进一步将朝请大夫到承务郎的官阶各分为左、右，增加了十四阶④；进士出身者加左，其他人加右，用以区别流品。绍圣（1094—1098）到大观（1107—1110）间，恢复新法，基本取消了左、右之分。高宗时，重行元祐之制，再分左、右。孝宗淳熙初（1174），又取消左、右字。

神宗改制，只对文臣京朝官的寄禄阶作了整顿，尚未顾及选人、武臣、内侍、医职等的官阶。到徽宗时，蔡京执政，首先在崇宁二年（1103），将选人的寄禄官阶改为承直郎、儒林郎至将仕郎，以便与京朝官的寄禄官阶统一⑤。接着在大观初（1107），增加升朝官的寄禄阶，有宣奉、正奉、通奉、中奉、奉直等大夫，共五阶。政和二年（1112），再次

---

① 《宋史·职官九》。
② 《宋史·选举四》。
③ 《宋会要辑稿》职官五六之一七。
④ 《续资治通鉴长编》卷四三五。
⑤ 《宋会要辑稿》职官五六之二五；《宋史·职官九》。

改换选人的最后三阶名称，由通仕郎、登仕郎、将仕郎改为从政郎、修职郎、迪功郎。文臣的寄禄官阶至此完备。同时，对武臣的寄禄官阶进行整顿：保留节度使以下到刺史六阶①；新置太尉一阶，作为武阶之冠②；将横班正使各阶一律改为"大夫"，副使各阶改为"郎"；将诸司使改为武功大夫等阶，诸司副使改为武功郎等阶。政和六年，又新设宣正、履正、协忠、翊卫、亲卫等五"大夫"（属正使）和五"郎"（属副使）。政和二年，还改变了内侍和医职的官阶。

有关文臣京朝官和选人，武臣正任、横班、诸司使和使臣等的官阶，前已详述，不赘。

二、附加性官衔

宋代沿袭唐制，保留了一些附加的官衔。这些加官，除前述封爵和食邑、食实封外，还有勋官、功臣封号、检校官、兼宪衔、试衔等。

勋官：共十二级，自上而下为上柱国、柱国、上护军、护军、上轻车都尉、轻车都尉、上骑都尉、骑都尉、骁骑尉、飞骑尉、云骑尉、武骑尉，与唐代相同。京官、选人从武骑尉开始升转，朝官从骑都尉开始升转，逐级而进③。骑都尉以上，两府和正任以上武臣遇到朝廷恩典，每次升转二级，文、武朝官升转一级。徽宗政和三年（1113），罢文臣勋官，南宋复旧④。

功臣封号：唐玄宗时给功臣赐号曰"开元功臣"，僖宗时将相都加功臣的美号。五代时逐步增大其制。宋初因袭此制，凡宰相、枢密使初任，都赐予功臣号；参知政事、枢密副使初任不一定赐予，要到加恩才轮及⑤。功臣封号共分三等，第一等有"推忠""协谋""同德""佐理"等十一种，

① 佚名：《宋大诏令集》卷一六三《政事十六·官制四》。
② 《宋史·职官九》；《宋史》卷二一《徽宗纪三》。
③ 《职官分纪》卷四九《勋官》。
④ 《宋史》卷二一《徽宗纪三》。
⑤ 《却扫编》卷中。

仅赐给中书门下和枢密院的长官，宰相初次加六字，枢密使副、参知政事等加四字，累加二字。第二等有"推诚""保德""翊戴""守正"等十九种，赐给皇子、皇亲、文武官员等，初次加四字，累加二字。第三等有"拱卫""翊卫""卫圣""保顺"等十种，赐给将士，初次加二字，累加也如此①。仁宗时，名臣范仲淹曾被封为"推诚保德功臣"②。

检校官：共有十九级，为检校太师，太尉，太傅，太保，司徒，司空，左仆射，右仆射，吏部尚书，兵部尚书，户部尚书，刑部尚书，礼部尚书，工部尚书，左散骑常侍，右散骑常侍，太子宾客，国子祭酒，卿、监，诸行郎中，员外郎等，是文武臣及吏职、蕃官的一种加官，也属有名无实的荣誉头衔。凡加检校官者，在加官前添上"检校"二字。武臣初授内殿崇班，加"检校祭酒"。三班等初授，加"检校太子宾客"。文臣任枢密使，都带"检校太尉"或"检校太傅"③。太祖时大臣潘美，初除山南东道节度使，加"检校太保"④。

兼宪衔：共五级，为御史大夫、御史中丞、侍御史、殿中侍御史、监察御史，是武臣的一种加官。阁门通事舍人、内殿崇班以上的武臣，初任加"兼御史大夫"。三班等初授，加"兼监察御史"。其他官遇朝廷恩典，逐级升迁⑤。

试衔：共六级，为大理司直，大理评事，秘书省校书郎，正字，寺、监主簿，助教，一般是选人的一种加官。选人初授，加"试秘书省校书郎"；再任如到两使推官，加"试大理评事"；节度掌书记、观察支使、防御判官、团练判官，加"试大理司直""试大理评事"，再加则"兼监察御史"，也有加到"检校员外郎"以上者⑥。

① 《宋史·职官九、十》。
② 〔宋〕范仲淹：《范文正公集·褒贤集》。
③ 《职官分纪》卷四九《检校兼官》。
④ 〔清〕陆耀遹：《金石续编》卷一三《大宋新修南海广利王庙碑铭》。
⑤ 《宋史·职官九、十》。
⑥ 《宋史·职官九、十》。

神宗改制，废除了检校仆射以下的检校官、兼宪衔、功臣封号、试衔等实际不起作用的加官。但封拜周邻少数民族的君长，仍保留兼宪衔之类的加官①。

三、升迁、考课和荐举制度

升迁制度：宋代逐步形成一套严密的文武百官升迁制度，称"叙迁"之制。北宋前期，京官以上分为三大类：自将作监主簿到秘书监为一类，自左、右谏议大夫到吏部尚书即两制、两省官为一类，宰相和执政官又为一类。第一类官员根据有出身、卿列馆职、荫补人、杂流等大致分为四等；同是一官，迁转不同。前二等人可超资转官，后二等人逐资转官。第二类官员，因"论思献纳，号为侍从"，"皆极天下之选"，所以不再分等，共十一转。第三类官员，须曾任宰相者才能升转，可超等升资，宰相每次超三官，执政超二官②。武翼郎以上有军功的武臣，每升一官，即双转二官③。至于差遣，也有一系列法度，如自监当官升知县，知县升通判，通判升知州，都以两任为限④。这种升转方法称"关升"⑤。选人升为京朝官，须经专门机构的"磨勘"手续，才能"改官"为京朝官。神宗官制改革，将原来几个寄禄官合并为一阶，减少了许多资级，有无出身的升迁次序没有明确的区别⑥。南宋高宗后，承务郎以上文臣是四年一转，有出身者超资升转，无出身者逐资升转，升到奉议郎都逐资升转，到朝议大夫开始七年一转。承信郎以上武臣是五年一转，升至武功大夫也是七年一转⑦。

考课制度：宋代官员升迁，还须经过考课。唐代已建立起比较严密的考课制度，但后期流于形式。宋初文、武常参官各按职务的繁简定出期

---

① 《却扫编》卷下。
② 〔宋〕曾敏行：《独醒杂志》卷二。
③ 《朝野类要》卷三《升转》。
④ 《文献通考》卷三九。
⑤ 《燕翼诒谋录》卷三《关升次序》。
⑥ 《山堂先生群书考索》续集卷二九《官制门·新旧官制》；《容斋三笔》卷三《侍从转官》。
⑦ 《宋史·职官九》。

限，有三十六个月或三十个月、二十个月满任的，考满迁资，遇郊祀等大典只加转散阶、勋官、封爵、食邑①。所谓资，即官员升迁的等级，一般是指官阶；同时，官员任职期满也称"成资"。此时资和任尚相互一致。

宋太祖后来改变了岁满升迁之制，京朝官没有劳绩不再迁资，规定京官的每一次任期为三十个月②。于是资、任开始分离，虽然差遣任满仍称"成资"，但不经考课合格，不能升资。

宋代称官员升迁本官阶时的考课为"磨勘"。京朝官升转都有一定年限，在任期内每年由上级长官考查其功过，再由审官院、吏部等专门机构复查其考绩优劣，而后决定升转本官阶。考查的标准因职务而异，一般用"七事"考查监司，七事是"举官当否""劝课农桑，增垦田畴""户口增损"等。用"四善""三最"考查守令，四善是"德义有闻、清谨明著、公平可称、恪勤匪懈"，三最是"狱讼无冤、催科不扰为治事之最"，"农桑垦殖、水利兴修为劝课之最"，"屏除奸盗、人获安处、振恤困穷、不致流移为抚养之最"。考查分成三等，七事中达到五项列为上等，达到三项列为中等，其他为下等③。选人须经磨勘合格，才能改为京朝官，称"改官"。宋代的磨勘制度，从太祖、太宗时逐步酝酿，到真宗时正式形成。真宗时，首次制订京朝官每三年磨勘进秩一次之法④，凡京朝官和选人任满三周年以上，不论是否代还，由审官院或考课院考核功过，然后引见皇帝，再由皇帝亲自考查，决定升黜⑤。官员犯有过错或罪行，则按等级延期磨勘⑥。伎术官虽任京朝官之职，审官院不予磨勘⑦。这时，对武臣的磨勘制度也逐步形成。此后，大致规定了文臣三年、武臣五年一次磨勘加阶

① 《续资治通鉴长编》卷二。
② 《续资治通鉴长编》卷三。
③ 《宋史·职官三》。
④ 〔宋〕李心传：《旧闻证误》卷二。
⑤ 《宋会要辑稿》职官一一之六、七；《宋史·选举六》。
⑥ 《宋会要辑稿》职官一一之八。
⑦ 《宋会要辑稿》职官一一之七。

转官之法①。

荐举制度：宋初还逐步制订了官员的荐举（保任）制度。官员磨勘迁官或担任差遣，一般都要举主推荐，并充当保证人。荐举的对象主要是中、下级文武官员，称"被举官"；荐举人称"举主"。真宗天禧元年（1017），开始限制荐举人数：两省五品以上官员，每人每年荐举京朝官五员，升朝官荐举三员②。仁宗初，规定通判以上官员可荐举他人，被举人须为现任的属官，且举主中还应有两员"职司"，由本部按察官或本路监司、帅司的长官充当③。庆历三年（1043），范仲淹改订"磨勘保任之法"：从朝官升员外郎，员外郎升郎中，郎中升少卿监，须有转运使、提刑或清望官五员保任。不久，因遭反对而罢行④。嘉祐间（1056—1063），规定担任县令，须有举主三员，方才入选⑤。中、低级武臣，也规定由高、中级文臣或武臣荐举，每名举主荐举有定额。举主荐举京官，被举人犯赃，举主一般要同罪而受一定的惩处。神宗时，一度取消荐举制。徽宗后，继续实行。

荐举与升迁、考课等制度紧密结合，随着冗官现象的逐步严重，官员升迁条件日益严格。一是增加举主。选人磨勘改官，举主由四员增至五员。二是增加考数或年限。选人磨勘改官，由四考增到五考，如在任曾犯过错，再增一考⑥。南宋后期，选人自承直郎到修职郎为六考，迪功郎为七考⑦。京朝官的磨勘迁官年限为四年，待制以上六年，正任和遥郡十年⑧。三是限员。规定每次引见皇帝而后迁官的人数，未获引对者则待次，即等待下次引对。南宋每次选人改官一百员左右⑨。四是缩减所升品阶。

① 《续资治通鉴长编》卷一四三；《宋会要辑稿》职官一一之九。
② 《玉海》卷一一八《选举·考课》。
③ 《宋会要辑稿》选举二七之二〇。
④ 《宋史·选举六》。
⑤ 《职官分纪》卷四二《县令》。
⑥ 《宋史·选举四》。
⑦ 《永乐大典》卷一四六二八《部字》。
⑧ 《宋会要辑稿》职官一一之二一；《续资治通鉴长编》卷二一一。
⑨ 《建炎以来朝野杂记》甲集卷一二《选人改官额》。

如诸司副使升迁，最初每次可升二十资直迁正使，仁宗时改为升十五资，治平二年（1065）更减为五资（诸司副使共二十阶，每阶即为一资）。又制订"止法"，规定文臣至中大夫，须任"侍从"官之职，才许升太中大夫。执政官升转为金紫光禄大夫，要到拜相，才许升为特进。武臣升转到武功大夫，如不立军功，不准转右武大夫①。伎术人等升到武德大夫为止，不迁横行或遥郡②。政事堂吏升迁，到奉直大夫为止③。

宋朝通过建立考课、荐举等制度，加强了对各级官员考核、奖惩的手段，但后来逐渐变成例行公事，徒具形式而已④。

严密的恩荫、致仕、俸禄制

宋代还逐步形成了比较严密的恩荫、致仕、俸禄制度。

一、恩荫制度

恩荫又称"任子""荫子""门荫"，是封建统治者根据官员职、阶高低而授给其子弟或亲属以官衔或官职的制度。宋代官僚地主阶级在官员丧失世袭爵位和封户特权的情况下，为了确保"世守禄位"⑤，参照唐制，制订了扩大中、高级官员荫补亲属的制度。

唐代品官荫补亲属的范围较小，五品以上官员荫孙，三品以上官员荫曾孙，未有荫兄弟、叔侄的规定，且"不著为常例"⑥。中唐后到五代时期，恩荫制度基本上崩坏。宋太祖规定五品以上的文、武官员都可荫子弟，实际是恢复唐制。真宗时，形成了比较完整的恩荫制度。文官从知杂

---

① 《朝野类要》卷三《升转》。
② 《宋会要辑稿》职官五二之二六。
③ 《宋史》卷二一《徽宗纪三》。
④ 本篇采用了俞宗宪《宋代职官品阶制度研究》（《文史》第21辑）中的一些观点。
⑤ 《续资治通鉴长编》卷二五。
⑥ 〔宋〕赵汝愚编：《宋名臣奏议》卷七四范镇《上仁宗论荫补旁亲之滥》；《续资治通鉴长编》卷一六九。

御史以上，每年奏荫一人；从带职员外郎以上，每三年奏荫一人；武臣从横行以上，每年奏荫一人；从诸司副使以上，每三年奏荫一人。没有兄弟、叔侄、曾孙等亲属远近的严格"品限"，因而"旁及疏从"，以致"入流寖广，仕路益杂"①。

宋代恩荫的名目大致有五类：一是"大礼"，即举行郊祀（京城郊外大祭祀，如南郊祀天、北郊祀地）或明堂典礼（祀后土、皇地祇于明堂），每三年一次。按规定，宰相、执政官可荫补本宗、异姓、门客、医人各一人；东宫三师、三少到谏议大夫，荫补本宗一人；寺、监长贰到左右司谏、开封少尹，荫补子或孙一人。这是《宋史·职官志》②的记载。据《庆元条法事类》"荐举格"规定，"臣僚遇大礼，荫补缌麻以上亲"，宰相为十人，执政官八人，侍从六人，中散大夫到中大夫四人，带职朝奉郎到朝议大夫三人③。二是"圣节"，即皇帝诞日。太宗末年规定，翰林学士、两省五品、尚书省四品以上，赐一子出身④。真宗时规定，大两省至知杂御史以上，各奏荫一子充京官，少卿监奏荫一子充试衔⑤。太皇太后、皇太后均录亲属四人为官，皇后二人，诸妃一人，公主丈夫的亲属一人⑥。三是官员致仕（退休）。曾任宰相和现任三少、使相，荫补三人；曾任三少、使相、执政官和现任节度使，荫补二人；太中大夫及曾任尚书侍郎和右武大夫以上，并曾任谏议大夫以上及侍御史，荫补一人。四是官员上奏遗表。曾任宰相和现任、曾任三少、使相，荫补五人；曾任执政官、现任节度使，荫补四人；太中大夫以上，荫补一人；诸卫上将军、承宣使，荫补四人；观察使，荫补三人⑦。五是改元、皇帝即位、公主生日、皇后逝世时等临时性的恩典，都给予品官亲属以一定的荫补名额。

---

① 《宋名臣奏议》卷七四范镇《上仁宗论荫补旁亲之滥》。
② 《宋史·职官十》。
③ 《庆元条法事类》卷一二《荫补·荐举格》。
④ 《宋史·选举五》。
⑤ 〔宋〕范仲淹：《范文正公奏议》卷上《答手诏条陈十事》。
⑥ 《宋史·选举五》。
⑦ 《宋史·职官十》；《庆元条法事类》卷一二《荫补·荐举格》。

通过恩荫，每年有一批中、高级官员的子弟获得中、低级官衔或差遣。仁宗庆历元年（1041），左正言孙沔说，每遇大礼，臣僚之家和皇亲母后外族，"皆奏荐略无定数"，多至一二十人，少不下五七人，不问才愚，都居禄位，甚至"未离襁褓，已列簪绅"①。高宗绍兴七年（1137），又有官员指出，这时每遇亲祠之岁，任子约四千人②，比北宋增加两三倍。据统计，宋代的州县官、财务官、巡检使等低、中级差遣，大部分由恩荫出身者担任。

二、致仕制度

宋代以前，中国封建社会尚未形成比较完整而严密的官员致仕即退休制度。从宋太祖到真宗时期，才逐步建立起一整套比较严密的官员致仕制度。

一般文臣年达七十，武臣年达八十，除少数元老、勋贤等尚需留任外，都应自动申请致仕。如果官员未到规定年龄，无特殊理由，不得请退。如确因昏老不能任事或自愿就闲，可以奏请朝廷准予提前休致，当时称"引年致仕"。习惯上，凡是援引七十岁这一年限而退闲者，也都称"引年致仕"。官员到了退休年龄，即可撰写表札，通过所在州府，向朝廷提出申请，获得批准，便能领到致仕告、敕，作为致仕的证明文件。北宋前期，高级官员致仕，必须"落职"，即解除在三馆、秘阁中所任官职。神宗时，开始允许职事官都带原职致仕。端明殿学士、工部尚书王素，观文殿学士、兵部尚书、知蔡州欧阳修，是宋代"带职致仕"的第一、二人。

太宗时，规定给予致仕的官员以半份俸禄。神宗时规定，对曾因立战功而升转两官以上的武臣，致仕后准予领取全俸。

官员致仕后，都升转其本官阶一阶，称"加转一官"。官员致仕时照例应升转的官资或官阶，称为"合致仕官"。如果得到皇帝的特准，还可

---

① 《续资治通鉴长编》卷一三二。
② 《宋史·选举五》。

升转几阶。已经致仕者，每逢朝廷举行大礼、皇帝登基、庆寿等，仍能升转官阶。有些选人无资可升，则改为初等京官。八十岁以上者，再加转一级官资。

四品以上文臣和六品以上武臣致仕时，还可按官品授予其三到一名近亲子弟中、低级官衔；五品到七品文臣和七品武臣，可荫补一名近亲。在法律上，官员荫补亲属常称"恩泽"。官员挂冠时，如只荫补亲属而不升转官资，则称"守本官致仕"。因荫补得武官者，致仕时最高只能升为武功大夫；官员任职时，如曾犯罪等等，只能转官，不能荫子孙。

官员致仕时，还可按规定向朝廷要求"恩例"，如允许在科举考试时升其亲属的名次，授予"出身"，指射差遣，减少磨勘年限等。

致仕官员在朝廷需要时，允许复出任职，授予相应的差遣，称"落致仕"。复职的致仕官员一般可以恢复原来的官阶，如在致仕时已加转过一阶，恢复旧官实际比致仕时降低了一阶；如系"守本官致仕"，享受过"恩泽"，复职后不予追回，但下次致仕时便不再"推恩"。

宋朝统治者还采取一些措施奖励及时致仕和惩处年迈不退的官员。仁宗时，一度对到期致仕者发给全俸。又制造"知止勇退，保全晚节"的舆论，使官员们以及时退休为荣。真宗时，知苏州孙冕刚满七十岁，便在厅壁题诗道："人生七十鬼为邻，已觉风光属别人。莫待朝廷差致仕，早谋泉石养闲身。……寄语姑苏孙刺史，也须抖擞老精神。"题毕，拂衣归隐九华山。朝廷表彰他的风格，准许他再任，孙冕拒绝。此事成为当时官场中的一段佳话。对另外一些年迈老朽、不愿退休的官员，则不时由朝廷勒令致仕，或停止磨勘转官，或不准荫补子弟，或降官，等等，以示惩罚[1]。

三、俸禄制度

宋代官员的俸禄，包括正俸（钱）、衣赐（服装）、禄粟（粮食）、茶酒厨料、薪炭、盐、随从衣粮、马匹刍粟、添支（增给）、职钱、公使钱

[1] 参见拙作《宋代官员致仕制度概述》，《南开学报》1983 年第 3 期。

以及恩赏等。

宋初官员俸禄基本上承袭后周所定之数，较唐德宗贞元四年（788）减少一半①，而且官府在发给俸钱时，规定以八分为十分，扣除了十分之二②。有些官员，如秘书郎还不发给俸钱；京官在任以三十个月为满，期满即停止发给俸料。同时，对选人实行后汉乾祐三年（950）"回易料钱俸户"之制：官员每月"料钱"（正俸），由官府折成实物，平均每一贯文摊给两家俸户发卖，每户每月交纳五百文。比如"万户以上县令"料钱二十贯，给予俸户四十户；依此类推③。宋太宗初年，废除俸户制，本官月俸都给三分之二实物、三分之一现钱。雍熙四年（987），规定不再扣除二分俸钱，"并以实价给之"。至道二年（996），开始发给秘书郎月俸；京官任满三十个月后，继续领取俸料。次年，重定"百官俸给折支物"，一般是一分给实钱，二分折支④。这时，各级官员的俸禄仍然不高。如三班奉职月俸仅七百文、驿券肉半斤。有人在驿舍题诗曰："三班奉职实堪悲，卑贱孤寒即可知。七百料钱何日富？半斤羊肉几时肥？"朝廷得悉这一消息⑤，便在真宗大中祥符五年（1012），第一次大规模增加文武职官俸钱⑥，三师、三公、仆射各增加二十千，三司、御史大夫、六尚书、中丞、郎、两省侍郎等各十千，京官、大使臣各二千，小使臣各一千五百或一千；文臣中幕职州县官等依旧。仁宗嘉祐间（1056—1063），正式制订"禄令"，详细地规定了文、武各级官员的俸禄的数量。如规定宰相、枢密使每月俸料为三百千，春、冬衣服各赐绫二十匹、绢三十匹，冬绵一百两，每月禄粟各一百石，傔（音"欠"，侍从）人的衣粮各七十人，每月薪一千二百束，每年炭一千六百秤、盐七石等。东京畿县五千户以上知县，升朝官每

①《宋史·职官十一》。
②《宋会要辑稿》职官五七之二二。
③《宋会要辑稿》职官五七之二三、一八、一九。
④《宋会要辑稿》职官五七之二〇至二三、二八。
⑤〔宋〕江少虞：《宋朝事实类苑》卷六三《谈谐戏谑》。
⑥《宋会要辑稿》职官五七之二八。

月俸料二十千，京官十八千；三千户以上知县，升朝官十八千，京官十五千。各路一万户以上县令，二十千，等等①。神宗熙宁四年（1071），因幕职州县官俸料最低，而且多寡不均，有的县尉月俸仅五贯九百五十文，乃戏作诗云："妻儿尚未厌糟糠，僮仆岂免遭饥冻？赎典赎解不曾休，吃酒吃肉何曾梦？"②于是决定增加他们每月的料钱、米麦：县令、录事参军原为十贯、十二贯，米、麦三石者，增至十五贯、米麦四石；司理、司法、司户参军，主簿，县尉，原为七贯、八贯、十贯，米、麦两石者，增至十二贯，米、麦三石；等等③。元丰改制，整顿京朝官的寄禄官阶，将京朝官的本官阶改为采用散阶形式的寄禄官阶，据此决定俸禄的多寡。阶官的俸钱也称为"料钱"，比前又略有增加④。同时，对在京职事官自御史中丞、开封府尹、六部尚书以下的官方供给钱数，一并改成"职钱"，按照阶官高下分为行、守和试三等，"试"者职钱稍低。承直郎以下官员充当职事官，可按阶官领取俸禄。部分职事官在料钱外，另支职钱。如果阶官"大夫"的官员担任郎官，既可领取"大夫"的俸钱，又可领取郎官的职钱。徽宗大观元年（1107），因职钱也属"添支"，"其名重复"，而且厚薄不均，改为"贴职钱"，自学士到直阁以上，不分内外，并予支给⑤。宰相蔡京每月除领取仆射的俸钱外，又领取司空的俸钱，他的傔从的钱米也都支本色，比元丰间的俸禄成倍地增加了。宣和间（1119—1125），停支贴职钱，恢复"添支"旧制⑥。

南宋初，国家财政窘困，武臣颇众，俸给、米麦都减半支给，后来又多次减少，正任观察使每月禄米才两石六斗。侍从官初任，虽然依旧赐予鞍马、衣服等，但也照例减半，"赐目"上写着："马半匹，公服半领，金

---

① 《宋史·职官十一》。
② 《宋朝事实类苑》卷六三《谈谐戏谑》。
③ 《宋史·职官十一》；《宋会要辑稿》职官五七之四〇至四一。
④ 《宋会要辑稿》职官五七之五六。
⑤ 《宋史·职官十一、十二》。
⑥ 《宋史·职官十二》。

带半条，汗衫半领，裤一只"，颇为滑稽可笑①。后来又逐渐恢复北宋旧制，官员都有添支、料钱，职事官有职钱、厨食钱，负责纂修者有折食钱，在京厘务官有添支钱、米，选人和使臣如分配不到职田，则有茶汤钱，等等②。

宋代官员俸禄还有一些具体的规定，如北宋地方官大都分配给职田，每一员从四十顷到一二顷不等③，南宋时大幅度减少。各路监司、帅司和州军、边县、带兵帅臣等，还由朝廷给与一定的"公使钱"，专为官员往来时供应酒食之用，依官品高下、家属多寡而决定钱数④。官员请病假或事假满一百天后，不能继续任职，即停发月俸。赴边远地区包括河北、河东、四川、广南、福建等地任职，可以预借俸钱⑤，还酌量增加"添支"。官员丁忧持服期间，武臣中三班使臣、横行，文臣中太中大夫以上，都可照领月俸⑥；节度使领取一半，正任刺史三分之一。官员在外地任职，家属可分领俸给、衣赐、添支钱等⑦。

表1　宋代文臣京、朝官阶表

北宋前期		元丰新制			
序号	官阶	序号	旧官	官品	新官阶名
1	太师	1	使相	从一	开府仪同三司
2	太尉				
3	太傅				
4	太保				

---

① 〔宋〕庄绰：《鸡肋编》卷中。
② 《宋史·职官十二》。
③ 《宋史·职官十二》。
④ 《燕翼诒谋录》卷三《公使库不得私用》。
⑤ 《宋会要辑稿》职官五七之二四。
⑥ 《宋会要辑稿》职官五七之三八；《宋史·职官十一》。
⑦ 《宋会要辑稿》职官五七之三八、二九、五六、五七。

续表

北宋前期			元丰新制			
序号	官阶		序号	旧官	官品	新官阶名
5	太子太师	司徒	1	使相	从一	开府仪同三司
6	太子太傅					
7	太子太保	司空				
8	太子少师	左仆射	2	同左	从一	特进
9	太子少傅					
10	太子少保	右仆射				
11	吏部尚书		3	同左	正二	金紫光禄大夫
12	兵部尚书		4	五曹尚书	从二	银青光禄大夫
13	户部尚书					
14	刑部尚书					
15	礼部尚书					
16	工部尚书					
17	左、右丞		5	同左	正三	光禄大夫
18	吏、兵部侍郎		6	六曹侍郎	从三	正议大夫
19	户、刑部侍郎					
20	礼、工部侍郎					
21	中书舍人、太子宾客、给事中		7	给事中	正四	通议大夫
22	秘书监，左、右谏议大夫		8	左、右谏议大夫	从四	太中大夫
			9	秘书监	正五	中大夫
23	光禄卿		10	光禄卿至少府监	从五	中散大夫
24	卫尉卿					
25	少府卿					

北宋前期		元丰新制			
序号	官阶	序号	旧官	官品	新官阶名
26	司农卿	10	光禄卿至少府监	从五	中散大夫
27	太常、光禄少卿，左、右司郎中	11	太常卿、少，左、右司郎中	正六	朝议大夫
28	卫尉、司农少卿				
29	前行郎中	12	同左	从六	朝请大夫
30	中行郎中	13	同左	从六	朝散大夫
31	后行郎中	14	同左	从六	朝奉大夫
32	前行员外郎	15	前行员外郎、侍御史	正七	朝请郎
33	中行员外郎，侍御史，起居郎、舍人	16	中行员外郎，起居郎、舍人	正七	朝散郎
34	后行员外郎，殿中侍御史，左、右司谏	17	后行员外郎等	正七	朝奉郎
35	监察御史，左、右正言，太常、国子博士	18	太常、国子博士等	从七	承议郎
36	殿中、太常、宗正、秘书丞，著作郎、秘书郎	19	秘书、太常等丞	正八	奉议郎
37	太子中允、赞善大夫、中舍，洗马	20	同左	正八	通直郎
38	著作佐郎、大理寺丞	21	同左	从八	宣德郎
39	诸寺、监丞	22	光禄、卫尉寺丞，将作监丞	从八	宣义郎
40	大理评事	23	同左	正九	承事郎
41	太常寺太祝、奉礼郎	24	同左	正九	承奉郎
42	诸寺、监主簿，秘书省校书郎、正字	25	将作监主簿等	从九	承务郎

表2 宋代武臣官阶表

序号	官阶				
1	节度使				
2	节度观察留后				
3	观察使				
4	防御使				
5	团练使、遥郡防御使				
6	刺史、遥郡团练使				
7	遥郡刺史				
8	皇城使				
9	宫苑使	左骐骥使	右骐骥使	内藏库使	左藏库使
10	东作坊使	西作坊使	庄宅使	六宅使	文思使
11	内园使	洛苑使	如京使	崇仪使	西京左藏库使
12	西京作坊使	东染院使	西染院使	礼宾使	供备库使
13	皇城副使				
14	宫苑副使	左骐骥副使	右骐骥副使	内藏库副使	左藏库副使
15	东作坊副使	西作坊副使	庄宅副使	六宅副使	文思副使
16	内园副使	洛苑副使	如京副使	崇仪副使	西京左藏库副使
17	西京作坊副使	东染院副使	西染院副使	礼宾副使	供备库副使
18	内殿承制				
19	内殿崇班				
20	东头供奉官				
21	西头供奉官				
22	左侍禁				
23	右侍禁				
24	左班殿直				
25	右班殿直				
26	三班奉职				
27	三班借职				

（选自杨志玖主编《中国古代官制讲座》第13章，中华书局1992年版）

北宋元丰官制改革论

龚延明

从先秦商鞅变法，到近代戊戌变法，历史上的变法运动，常常会推动官制的改革。宋神宗主持的元丰官制改革，正是中国历史上经历时间最长、反响最大的变法运动——熙丰变法（通称"王安石变法"）运动的产物。九百年后，回过头去冷静地分析元丰官制改革的由来、内容及其成败得失，我们就会发现：元丰官制改革者的主观愿望与改革的客观效果，未能取得一致，有的措施无异于倒退，留下了"后遗症"。此诚为改革者先前料想所未及。今天重温这一段古代政治体制改革的历史，并从中引出一些历史的教训，也许不乏借鉴意义。

一、陷入困境的北宋前期官制

北宋王朝，是通过发动军事政变，迫使"孤儿寡妇"禅让柴氏政权建立起来的。为了稳定人心，减少对新王朝的威胁，宋太祖赵匡胤没有触动后周的官僚机构；在太祖、太宗两朝进行"先南后北"的统一战争过程中，对陆续消灭的南唐、北汉等国家，同样采取了"伪署官并仍旧"①的策略；而在保留旧机构的同时，赵匡胤、赵光义两兄弟，鉴于五代以来"君弱臣强""武臣擅权"的流弊，在旧机构旁，增设临时机构，使互相牵掣，便于皇帝在其上操纵；并差遣郎曹、寺监京朝官出任地方官，"三岁

---

① 〔宋〕李焘：《续资治通鉴长编》（以下简称《长编》）卷一二开宝四年二月辛卯。

一易，坐销外重分列之势"①。于是，就构成了所谓"祖宗之制"——北宋前期官制的框架。其后，历经真宗、仁宗、英宗至神宗朝，"累朝因仍，无所改革，百有余年，官寖失实"②。这都是权宜之计，未能视为改革。诚如北宋言官王觌所说："夫自李唐失政，官制紊乱久矣！圣朝祖宗以来，初则有东征西讨之忧，既混一区宇之后，方务休养元元。故于修备官制有所未暇也。"③

士大夫对沿袭唐末五代旧制为主、稍事增修的官制，多所不满。士大夫所揭露的宋前期官制的种种弊端，归纳起来，有以下几个方面：

其一，名实不符、官外有官。忙于纷争的五代十国，承袭唐末乱离以来急于经营的官制，无暇顾及整顿和改革。因此，"唐制，省、部、寺、监之官备员而已，无所职掌，别领内外任使；而省、部、寺、监别设主判官员额"的局面④，经五代传至宋，以至"本朝尚循唐制，六部尚书、侍郎与左右谏议大夫等官，皆空存其名而无其实"。加之，宋太祖有意识地以京朝官带省曹郎官、寺监卿少之官衔出任地方职事，强化中央集权，从而使正官与差遣分离，形成一种制度——正官不掌实职，转化为迁转官阶。从而使文、武散官阶也丧失了实际作用，导致了北宋前期奇特官制的出现："士人以差遣要剧为贵途，而不以阶、勋、爵邑有无为轻重"⑤，"虽有正官，非别敕不治本司事，事之所寄，十亡二三"，"居其官不知其职者，十常八九"⑥。除非某正官同时有"判""主判""知""同知""管勾""勾当""签署（书）""提举""提点"某司公事，或带"权""试""直"字入衔，才能实举职事。如以"右谏议大夫、权御史中丞司马光"为例，"右谏议大夫"⑦虽为司马光正官，但无职事，而"权御史中丞"方

① 〔宋〕林駉：《古今源流至论·续集》卷五《六部》。
② 〔清〕徐松辑：《宋会要辑稿·职官》一之七四。
③ 《长编》卷三八八元祐元年九月癸未。
④ 〔宋〕徐自明：《宋宰辅编年录》卷一建隆元年八月甲申条。
⑤ 〔元〕马端临：《文献通考·职官考》一《官制总序》。
⑥ 〔元〕脱脱等：《宋史·职官志》一《总叙》。
⑦ 〔宋〕司马光：《资治通鉴》卷首，司马光署衔。

为实职。这就是名不副实、官外有官的北宋前期官制。司马光发牢骚："今之官爵混淆，品秩紊乱，名实不副"①，主要指此而言。

其二，机构重三叠四，官多吏多事废。五代走马灯式地更迭政权，及赵匡胤"黄袍加身"的亲身经历，使宋太祖采取了对臣下严加防范的方针。反映在设官分职上，就是用"分其权而制之"的策略。即一个机构可以办的事，同时设三个或四个机构予以分割或点缀。如宰相之权，一分为三：中书（中书门下）与枢密院"对持文武二柄，号称'二府'"。又有三司使分掌财权，"目为计相"②。中书省撰令、门下省审令、尚书省行令之职能，既已由中书所取代，理当罢之而不罢，仍"虚署三省官名"③，安插官吏于其中。三司、群牧司、提举司、纠察司等机构，已分领九寺之职，而"悉当省罢，还属尚书、九卿"④，掌管礼仪、科举之职，原属礼部与太常寺，在其旁又先后添置了礼仪院、太常礼院、贡院，大理寺剖决天下刑狱，刑部覆审，中央刑法机构已足，"又加审刑院，则为骈衍"⑤。中央军事机构，有兵部、枢密院、三衙三驾马车，实权操于枢密院与三衙，而枢密院"有发兵之权而无握兵之重"，三衙则"有握兵之重而无发兵之权"，互相牵掣⑥，兵部之职，"独省文书，……名存实亡"⑦。宋初统治者为加强皇权，"建官重三叠四"⑧，官冗员众。其结果势必导致行政效率低下、衙门官僚作风盛行，所谓"权均势敌，不相统制，凡有议论，互执不同"⑨。"天下文牒，有经五七岁不为裁决者"⑩。

其三，冗官冗禄、国蠹财空。北宋至仁宗、英宗朝，已出现入不敷出

---

① 〔宋〕司马光：《司马光奏议》卷四《十二等分职任差遣札子》。
② 《宋史·职官志》二《三司使》。
③ 〔宋〕赵汝愚编：《宋朝诸臣奏议》卷六九刘敞等《上仁宗论详定官制》。
④ 《宋朝诸臣奏议》卷六九刘敞等《上仁宗论详定官制》。
⑤ 《宋朝诸臣奏议》卷六九刘敞等《上仁宗论详定官制》。
⑥ 〔宋〕范祖禹：《范太史集》卷二六《论曹诵札子》。
⑦ 〔宋〕苏轼：《苏轼文集》卷二四《谢兼侍读表二首》之二。
⑧ 〔宋〕黎靖德编：《朱子语类》卷一一二《论官》。
⑨ 《长编》卷一二八仁宗康定元年七月癸亥。
⑩ 《长编》卷四八真宗咸平四年五月戊子。

的严重财政危机。危机根源之一，是冗官冗禄。

如上所述，官僚机构叠床架屋，已构成"官冗员众"的架势。除此之外，北宋入仕途径不清、恩荫太滥，致冗官趋势日益严重，官僚队伍越来越大，这也是不可忽视的重要方面。

宋代官僚，以科举出身为正途。太祖朝，科举犹精，在位计十六年，其取进士一百九十四人、诸科九十六人，平均每年二十人。至仁宗朝，在位以四十年计，十三举共取进士四千二百五十五人，诸科五千九十二人，制科、拔萃二十一人，总计九千三百六十八人，平均每年选拔二百三十四人；比太祖朝，每年科举、制举取士人数已增加了十一倍之多①。此辈苦学出身，尚属有一技之长，为治国之材，未可称滥。

严重的问题在于荫补入仕。宋制，每三年郊祀一次，"大小各官皆得荫子"②，"亲祠之岁，任子约四千人。十年之后，须万二千员"③。郊祀荫补之外，又有现任官荫补条例，一品官自太师至开府仪同三司，可享有任子五人的特权，不仅荫及子孙，连亲戚、门客也因此当官。其余文武臣带职员外郎、诸司副使以上，或"满三岁得任子"，或"岁任一子"。文武官年及七十退休，"三丞（太常、宗正、秘书丞）以上"，享有"任子一人"的特权，此属"致仕荫补"④。尚有大臣临死所上"遗表荫补"，多者荫补五人，等等。五花八门的荫补入仕，"遂使膏粱子弟充塞仕途，一士遭逢，子孙皆在仕宦"⑤，而且，以荫得官，"未离童龀即受俸"⑥。此辈出身簪缨之家，从小养尊处优，"率多骄骜，不道古今"，仗着父辈在朝做官，徒享俸禄，成为国家蠹虫。至于宗室、嫔妃、内侍官之类，依仗权势，皆享有奏荐子侄、亲属入仕的特权。此种恩幸之路，岁增日益，莫知

① 据《文献通考·选举考》五《宋登科记总目》。
② 〔清〕赵翼：《廿二史札记》卷二五《宋郊祀之费》。
③ 《廿二史札记》卷二五《宋郊祀之费》。
④ 《宋史·职官志》一〇《致仕》。
⑤ 《宋朝诸臣奏议》卷七〇李棨之《上仁宗论官冗四弊》。
⑥ 《廿二史札记》卷二五《宋恩荫之滥》。

其数。

北宋朝廷对冗官现象并非熟视无睹，如真宗咸平四年（1001），就曾裁汰冗吏十九万五千八百零二人①。

仁宗庆历间，范仲淹所拟《上十事疏》，其中五条涉及官制改革，并着重限制"任子"等特权②。但均未奏效成功，冗官冗费的问题，依然故我。真宗景德年间（1004—1007），官员数为九千七百余③。皇祐元年（1049）为一万七千二百余员，治平年间增至二万四千余员④。自景德至治平约六十年间，官员数几乎增长了二点五倍。庞大的官僚队伍（尚未将吏人统计在内），给国家财政开支带来不堪负荷的重担。

面对上述种种官制弊端，上下怨声不断。诚所谓"天子临朝太息于上，而公卿大夫咨嗟悼叹发愤于下者，不知几十年矣"！及神宗皇帝"同人心，决大策"⑤，遂有神宗朝之官制改革。

二、宋神宗亲自主持元丰改制

宋神宗赵顼年轻志锐，是一个振作有为的君皇。他任用王安石为宰执官，发起了一场规模宏大、富国强兵的变法运动。然而，新法难以通过叠床架屋、运转不灵的官僚机器推行，要跨出变法的第一步，必然要在官制改革上跨出第一步。神宗即位，已胸有成竹，"慨然欲更张之"⑥。

通常人们所说神宗朝官制改革，多指元丰改制，而忽略熙宁初实际上已经逐步进行务实不务名的改革。宋人早已指出：神宗即位后十数年间，"亹亹乎董正治官之实举矣"⑦！我们可以把神宗朝官制改革分为两个阶段：第一，变法派为适应推行新法需要所进行的"董正治官"阶段，此可

---

① 《长编》卷四九咸平四年六月癸卯。
② 〔宋〕范仲淹：《范文正公集·政府奏议》上《答手诏条陈十事》。
③ 〔宋〕王应麟：《玉海》卷一一九《天圣班簿》，并参《曾巩集》卷三一《再议经费札子》。
④ 《文献通考·职官考》一《宋内外官员数》。
⑤ 《宋朝诸臣奏议》卷六九毕仲游《上哲宗论官制之失荫补之滥》。
⑥ 《宋会要辑稿·职官》一之七四。
⑦ 《玉海》卷一一九《元丰新定官制》。

视为元丰官制的前奏；第二，由神宗亲自主持的、以正名为主的元丰新制改革阶段。

第一阶段的官制改革，完全出于变法的需要，或创置新机构，或部分地恢复部、寺、监之职掌，作为变法的领导机构，亦是推行新法的执行机构。此属全面官制改革的先声。

制置三司条例司 熙宁二年（1069）二月始设。由参知政事王安石等"同制置"，"掌经画邦计，议变旧法以通天下之利"[1]。条例司撇开了当时中央最高行政机构——中书门下，成为领导全国变法的独立机构，所谓"中书之外又有一中书也"[2]。因名不正，受到反变法派激烈攻击，在完成了发动熙宁变法运动使命之后，于熙宁三年五月罢局。

编修中书条例所 中书为宋前期政务之源。但是，由于百年来因循守旧，众务猥丛，宰相每每缠于细务，法令不能省阅，政务堆积，艰于振起国政之大纲。甚至闹出用居丧之制，举行庆贺神宗诞生之仪的笑话。神宗对混乱不堪的中书十分不满，他对王安石说："中书置属修例，最是急事。"[3]王安石十分赞同，认为"中书乃政事之原，欲治法度"，行新法，"宜莫如中书最急，必先择人令编修条例"[4]。于是，熙宁二年九月，设立编修中书条例所，举凡事权该划归他司者，一一从中书分出，修订出适应变法需要的《中书五房条例》[5]。

此外，熙宁三年（1070）九月，在中书新置检正中书五房公事与检正中书逐房公事（按：中书分吏房、户房、刑房、礼房、孔目房五房），专职检查、核对、纠正、催促中书门下处理的公务，权任颇重，旨在提高中书行政效率，减少对新法的摩擦力[6]。

---

① 《续资治通鉴长编拾补》卷四。

② 《宋史·职官志》一《制置三司条例司》。

③ 《宋会要辑稿·职官》五之八《编修条例司》。

④ 《宋会要辑稿·职官》五之九《编修条例司》。

⑤ 〔宋〕吕中：《类编皇朝大事记讲义》卷六《宰相、执政》。

⑥ 〔宋〕叶梦得：《石林燕语》卷九，《宋史·职官志》一《中书省·检正官》。

宋初废为闲所，熙宁变法以来逐步振举职事的机构有司农寺、兵部、军器监、国子监、大理寺等等。

司农寺　熙宁三年（1070）五月，制置三司条例司罢，其主持常平法、农田水利法等职事，移交给司农寺。随着变法运动的开展，司农寺机构不断扩大。所属有三局、十二案，设判司农寺、同判司农寺各一员，司农寺丞四员，主簿六员①。其间因出视诸路常平新法等事，又设司农寺勾当公事。司农寺所总事目颇多，"主行常平、农田水利、差役、保甲之法；而官吏推行多违法意，及元法措置未尽，欲榜谕官吏诸色人陈述其官司违法事，并从本寺按察"②。实际上，司农寺已成为主持变法的领导机构。

军器监　军器制造，宋初归三司胄案，武器制造不精。"神宗留意军器"，旨在"强兵"③，于熙宁六年（1073）六月，设军器监，使专其任，"总内外军器之政"④。三司胄案至是罢之。

兵部　宋初仅存空名、管管文书的兵部，在熙宁八年（1075），增置同判兵部一员、主簿二员、勾当公事十员，在富国强兵的变法运动中，总掌"教阅诸路保甲"的职事⑤。

大理寺　元丰元年（1078），大理寺置监狱。宋人所云"迨元丰中更定官制，始以大理兼治狱事"⑥，即指此事。

将作监　熙宁四年（1071）十一月复将作监，专领京师百工营造事⑦。

国子监太学　变法，急需大量精通经术、明法度的人才。为此，熙宁四年（1071）十月，增置太学教官，大兴太学，招收太学三舍生总数为二千八百人，全部免费供给伙食、住宿、书籍，比神宗朝前国子监生徒六百

---

① 《长编》卷三一三元丰四年六月壬申。
② 《长编》卷二五一熙宁七年三月甲寅。
③ 〔宋〕王得臣：《麈史》卷上《朝制》。
④ 〔宋〕孙逢吉：《职官分纪》卷二三《军器监》。
⑤ 《宋会要辑稿·职官》一四之三。
⑥ 《宋会要辑稿·职官》一五之二〇。
⑦ 《长编》卷二二八熙宁四年十一月壬午。

人，增长了四倍半①。

自熙宁变法开始，至元丰三年（1080）设官制局，"十数年之间，自国子太学、司农、兵部、军器、大理、将作，各已略循古制，备置官属，使修其职业，于是法度明、庠序兴、农政修、武备饬、刑狱清、械器利，亹亹乎董正治官之实举矣。然名未正也"②。

总之，伴随熙丰变法运动的开展，局部的官制改革已同时举行，"然名未正也"。熙宁末，神宗盘算着正官名，"始命馆阁校《唐六典》"③。元丰三年（1080），以经过校订的《唐六典》摹本颁赐群臣，"遂下诏命官置局，以议制作"④。闻名于史的元丰官制改革，即发轫于此。元丰官制改革，是由神宗皇帝亲自决定和主持的。是年六月，神宗皇帝命中书设置详定官制局。八月，降诏中书，阐明改革官制的宗旨与方针，即鉴于立国百年以来，"官制尚愧前闻"，提出"推本制作之源"，则按《唐六典》模式，结合现行官制，"参稽损益，趋时之宜"的方针，要"使台省寺监之官，实典职事，领空名者一切罢去"⑤。

元丰官制改革帷幕拉开后，经过两年的准备，完成了《元丰官制格目》的制订。元丰五年（1082）五月一日，正式颁行新官制⑥。综观元丰官制改革的内容，可分为下列几个方面：

（一）正官名。依《唐六典》复三省六部、九寺、五监之制，凡领空名的职事官一律罢去。

三省：中书省、门下省、尚书省。宋初，虽有三省，"其实政事总归中书"。"神宗厘定官制，分一中书为三省。……始令中书省揆议，门下省审覆，尚书省施行。"⑦官额：中书省十一，门下省十一，尚书省九。

---

① 《玉海》卷一一二《熙宁增广太学》。
② 《宋会要辑稿·职官》一之七四、一之七五。
③ 《宋会要辑稿·职官》一之七五。
④ 《玉海》卷一一九《元丰新定官制》。
⑤ 《玉海》卷一一九《元丰新定官制》。
⑥ 《宋会要辑稿·职官》五六之八。
⑦ 佚名：《元丰官志·三省总论》。

六部：宋初，尚书省六部二十四司，既为虚名，所以官冗员众①。元丰新制，"于尚书省六曹二十四司，置尚书、侍郎、郎中、员外郎，……随官设吏，上下毕具"②。

吏部：宋前期，文官铨选归审官东院、流内铨，武臣铨选归审官西院、三班院。元丰新制，铨注之法，悉归吏部。"以审官东院为尚书左选，流内铨为侍郎左选，审官西院为尚书右选，三班院为侍郎右选。"掌文武官选授、勋、封、考课之政令③，官额定员十三。

户部：宋前期，三司总领天下户口、财计，"本部无职掌"。"元丰官制行，罢三司归户部左、右曹。"④官额定员十三。

礼部：礼部职事旧归礼仪院、贡院，"元丰官制行，悉归礼部"。⑤官额定员十。

兵部：宋初掌进名马簿籍之类文书，仅存空名。熙宁中始复其职，元丰正官名，罢"判兵部事"等差遣。设官额十。

刑部：宋前期，刑部职事为审刑院所侵，止掌复查大辟案，元丰三年始改制，罢审刑院归刑部。但仍以知审刑院领刑部事，改刑部主判官为"同判刑部"。元丰五年（1082）正官名，悉罢判部、同判部差遣。官额定员十三。

工部：宋前期，工部事归三司修造案，本部无所掌。元丰正官名，循名责实，"掌百工水土之政令"⑥，官额定员十。

九寺（太常、宗正、光禄、卫尉、太仆、大理、鸿胪、司农、太府寺）与五监（国子、少府、将作、军器、都水监），宋前期"九寺、五监皆为空官，特以寓禄秩、序位品，官失其实"⑦。"朝廷改行官制，……于

---

① 《宋朝诸臣奏议》卷六九刘敞等《上仁宗论详定官制》。
② 《长编》卷三七六元祐元年四月癸丑。
③ 《长编》卷三七六元祐元年四月癸丑。
④ 〔宋〕谢维新：《古今合璧事类备要·后集》卷二七《吏部》。
⑤ 《宋史·职官志》三《礼部》。
⑥ 《宋史·职官志》三《工部》。
⑦ 《宋宰辅编年录》卷八元丰三年九月癸未。

寺监置长贰丞簿，随官设吏，上下毕具，所以稽古立制。"①

经过这一番整顿，宋前期中央机构面貌焕然一新。宰相机关"中书门下"、财政机关"三司"，及其余在省、台、寺、监边旁逸横生的重叠机构，如审官东、西院，三班院，流内铨，审刑院，礼仪院，太常礼院，起居院，舍人院，纠察在京刑狱司，银台司封驳房，三馆秘阁等等，全部罢归三省、六部、二十八司、九寺、五监及秘书省等官司，机构重叠得以缓解，官与职合一。先前，三省不预朝政，给事中不领省职，左、右谏议大夫无言责，起居郎、舍人不记注，中书省常阙舍人，两省不除左、右散骑常侍，左、右司谏与正言不任谏诤，至于尚书左、右仆射，六部尚书、丞郎、员外居其官不知其职，九寺、五监皆为空名的现象至此结束②。

（二）罢文、武散阶及吏人带文武散阶、检校官、宪衔。检校官阶保留检校三师、三公外，其余一律罢去，以减少冗衔与虚名。例如，元丰改制前，衙校有署衔"衡州押衙、银青光禄大夫、检校太子宾客、监察御史、武骑尉"者，"止是吏职"③。一大堆高帽，纯属虚衔，元丰改制悉罢之。文、武散阶"并罢"④。

（三）定新官品。宋初官品，沿唐制采用九品正从、上下（自四品以下，正、从各分上、下阶）三十阶之制。元丰新制，易为九品正从，"总为品十有八"阶的新官品制⑤。凡文、武臣及选人序位，皆按官品确定。

（四）定寄禄新格。宋初虽有文、武散官阶，意义不大，实际上以正官（或称本官）构成文、武臣迁转官阶体系。元丰新制，文臣本官阶废罢，以官易阶，确定文臣寄禄新格自开府仪同三司至承务郎二十五阶，此所谓"寓禄有阶"⑥。元丰寄禄新格，为元丰改制最引人注目，也是影响

---

① 《长编》卷三七六元祐元年四月癸丑。
② 《文献通考·职官考》一《官制总序》，〔清〕钱大昕：《潜研堂文集》卷二八《跋宋史》。
③ 〔宋〕赵彦卫：《云麓漫钞》卷三。
④ 《宋会要辑稿·职官》五六之三。
⑤ 《宋会要辑稿·职官》八之三《吏部》。
⑥ 《宋会要辑稿·职官》八之三《吏部》。

最大的一项官制改革内容，"寄禄法实为一代新制"①。武选官阶定为五十六，幕职州县官定为七阶。但仍用诸司使、副使及判司簿尉等官名，直到徽宗政和间方改名大夫或郎。

（五）制定三省、六部、御史台、秘书省、九寺、五监条例②，总称《官制格目》。

元丰新制条例，百司众官皆定员分职、定位秩及文书格式，"分别科指条例，以类相从，下至一时之务，咸有叙秩，大纲大纪，无不具备"③。元丰《官制格目》，实为模仿《唐六典》的一部宋代行政法典。不过，武官、地方官、仓库百司"未暇厘正"④。从今存《元丰官志》中，犹能窥见其一斑，且以御史台为例：

> 御史台官额：御史大夫一员，从二品。御史中丞一员，从三品。侍御史一员，从六品。殿中侍御史二员，正七品。监察御史六员，从七品。检法一员，从八品。主簿一员，从八品⑤。

（六）制定《元丰禄令》。宋前期，文武官员基本俸禄——料钱，按本官阶支配；元丰改制，文臣新定《寄禄新格》，以官易阶，料钱、衣物依寄禄官阶而定。如寄禄官通议大夫、太中大夫，料钱五十贯。中大夫、中奉大夫、中散大夫，料钱四十五贯。以上官阶衣赐：春、冬各小绫三匹，绢十五匹，春罗一匹，冬绵五十两⑥。新订《禄令》，除料钱、衣赐两项外，尚有职钱，按寄禄官品之高下，分行、守、试三等。凡寄禄官品高于职事官品一品以上者，带"行"；低一品者，带"守"；低二品者，带"试"字。不高不低，不带"行""守""试"⑦。如：行御史大夫、六部尚

---

① 《玉海》卷一一九《元丰新定官制》。
② 《宋会要辑稿·职官》一之七五。
③ 《宋会要辑稿·职官》五六之三一。
④ 《宋会要辑稿·职官》一之七五。
⑤ 《元丰官志·御史台》。
⑥ 《宋史·职官志》一一《奉禄》。
⑦ 《宋会要辑稿·职官》五六之七。

书六十贯，守御史大夫、六部尚书五十五贯，试御史大夫、六部尚书五十贯①。

（七）定内、外官任职一律以"三年"为一任②。

（八）章服。旧制三品以上服紫，四、五品服绯，六、七品服绿，八、九品服青。元丰新制易为四品以上服紫，五品、六品服绯，七品至九品服绿③。

（九）补荫之制。元丰新制，改满一岁荫子弟者，为三岁一荫；并易三岁一荫为六岁一荫④。

三、元丰改制成败得失

衡量制度改革的成败，不能只凭改革内容，主要还是要看施行的实际社会效果。而社会效果，有一些当时就能反映出来，有一些却需要若干年后才能看清楚。通过深入分析官制改革在神宗、哲宗两朝及以后的正、反两面影响，可以认为，元丰官制改革没有达到扭转冗官冗禄的局面和提高行政效率的目的。从总体上说，这是一次不成功的官制改革。有的同志以"其基本制度一直实行到宋末"⑤而予以肯定；有的同志提出："元丰官制改革，从它的主要内容和实行情况分析，成功方面是主要的。"⑥我以为，这些肯定的意见是缺乏说服力和充分依据的。

对宋前期紊乱的官制予以改革，无可非议，这连不满新法的所谓"元祐党人"也承认⑦。如毕仲游上哲宗书说："先帝之改制，无可议者。"⑧官制改革顺乎变法的潮流，针对时弊，实出于必然。问题的关键在于，官制

---

① 《宋史·职官志》——《奉禄》。
② 《宋会要辑稿·职官》五六之二四。
③ 《宋史·舆服志》五《诸臣服》。
④ 《宋朝诸臣奏议》卷六九毕仲游《上哲宗论官制之失荫补之滥》。
⑤ 周宝珠、陈振等编：《简明宋史》，人民出版社1985年版，第203页。
⑥ 秦邕江：《试论北宋元丰年间的官制改革》，《学术论坛》1983年第4期。
⑦ 〔宋〕杨仲良：《续资治通鉴长编纪事本末》卷一二三。
⑧ 《宋朝诸臣奏议》卷六九毕仲游《上哲宗论官制之失荫补之滥》。

改革的收效到底如何？应该说，成败得失兼而有之。其成功之处，可以概括为四个方面：

循名责实、官复其职，结束了自唐末乱政以来正官与职事的分离、"诸司互以他官领之"①的混乱局面。哲宗朝右司谏王觌指出："夫自李唐失政，官制紊乱久矣！……至神宗慨然悯之，于是讲求历世之坠典，造新一代之成宪，正名百职，建复六联，上下相维，各有分守。"②这个评价是符合实际的。比如宋前期，吏部尚书为阶官，任同中书门下平章事，宰相乃其职；自元丰定制后，始领实职，吏部尚书归吏部任事，为本部之部长，"掌文武二选之法"。

省并重叠机构。元丰改制，罢去了中书门下、三司、宣徽院、审刑院、三馆秘阁、太常礼院、审官东西院等与省、台、寺、监重叠的机构，减少了部分冗官、冗吏。以刑狱机构为例，宋前期在京师刑狱机构有刑部、大理寺、审刑院，"各司其局，初不相关是非可否"。及元丰更定官制，"始以大理兼狱事，而刑部如故"③。

定员编制、官不尽备。宋前期，"（官）皆无定员、无月限，不计资品，任官者，但常食其俸而已"④。"元丰官制行，定员分职。"⑤新制官司之官额，均有明确编制，有利于限制冗官冗员之滋生，至少在《官制格目》中作出了规定。此外，元丰新制施行之后，在京职事官，并未按所有编制如数除授⑥，寺监长贰与六部郎官等，宁阙而"不必备也"⑦。此亦寓有省官之意。如兵部尚书，元丰正名，始未除人，但除兵部侍郎一人⑧。

① 《宋史·职官志》九《群臣叙迁》。
② 《长编》卷三八八元祐三年九月癸未。
③ 《宋会要辑稿·职官》一五之二〇。
④ 《宋史·职官志》九《群臣叙迁》。
⑤ 《宋史·职官志》四《御史台》。
⑥ 〔宋〕程俱：《北山集》卷三五《省官——奉圣旨令都司勘当以闻》。
⑦ 《麈史》卷上《官制》。
⑧ 《古今合璧事类·后集》卷三〇《兵部》。

崇宁以后，当局者"好夸喜权，省曹寺监郎官丞簿始皆除足"①。

废除无实际意义的虚衔。唐末、五代以来，"阶衔失之冗赘"②的弊病有所克服。如李端愿在仁宗皇祐中题"雪窦山"三字，署名官衔一长串：镇潼军节度观察留后、金紫光禄大夫、检校刑部尚书、使持节华州诸军事、华州刺史兼御史大夫、上柱国李端愿。元丰改制，罢检校官、文散阶及带宪衔，后又罢勋爵，因此李端愿止需署"镇潼军节度观察留后（即承宣使）"便可，省字不少。

初行新制，俸料有所省减。据宰相蔡确报告，元丰新制颁行后，吏禄减省三万贯。神宗开始"颇悔改官制"③，听蔡确说新制利于省冗费之后，使新制得以继续推行。

元丰新制施行后，所反映出来的问题有以下六个方面：

第一，中枢机构行政效率明显降低，反不如以前上通下达之径直、畅快，大出神宗意料之外。元丰五年（1082）五月十一日，即正式颁行官制后之第十一天，神宗皇帝感到内外大小诸司公事"日告留滞，比之旧日中书稽滞数倍，众皆有不办事之忧"④。神宗忧心忡忡，至于对宰执大臣说起："颇悔改官制。"⑤宋前期，中书处理一般朝政，"皆执政批状，直付有司"⑥，中间不经过其他环节。行官制后，朝廷办事，须经中书省、门下省、尚书省三省，下之六部，六部下之监、寺，然后由监、寺再申禀六部，六部又备申三省，而三省又得历经尚书省、门下省、中书省，"依所申行下"⑦；军国重政，尚须禀奏皇帝批示。一件政事的处理，如此迂回曲折，文书怎能无留滞之患？命令又怎能无稽缓之忧？元祐初，司马光当宰相，深受行政效率低下之苦，不无埋怨地说："文字繁冗，行遣迂回，

---

① 《北山集》卷三五《省官——奉圣旨令都司勘当以闻》。
② 〔宋〕洪迈：《容斋三笔》卷四《旧官衔冗赘》。
③ 《宋宰辅编年录》卷八。
④ 《长编》卷三二六元丰五年五月辛卯。
⑤ 《宋宰辅编年录》卷八。
⑥ 〔宋〕苏辙：《栾城集》卷三八《论三省多留滞状》。
⑦ 《朱子语类》卷一一二《论官》。

近者数月，远者逾年未能结绝。或四方急特奏报，或吏民词讼求决，皆困于留滞。"于是提出合并中书省、门下省为一政事堂，"一如旧日中书门下故事"，大事进呈皇帝取旨降敕、降札，小事由宰相直批状下达有关的官署①。此事，哲宗朝虽未获解决，然至南宋建炎三年（1129）四月，"始合三省为一，如祖宗之故事"②。至孝宗乾道八年（1172），废除三省长官之名，恢复丞相之制③。以此可见，神宗皇帝一依《唐六典》分中书为三省，将宰相之权分之又分，是历史的倒退，终究未能通行。

第二，新制克服了机构重叠的弊病，又产生了另一种形式的机构重叠。宋前期两套机构并行的情况，经过改革，已如前述，基本上得到解决。问题在于，神宗皇帝教条式地照搬《唐六典》，三省、六部、九寺、五监等多层次机构，全部恢复其职事，而不"据今日之事实，考前世之讹谬，删去重复，去其冗长，必有此事，乃置此官，不必一依唐之《六典》"④。结果，看起来十分齐整，究其职事呢，不免重叠。朱熹说："又如既有六部，即无用九卿；周家只以六卿分职，汉人只以九卿厘庶务，事各归一。本朝建官重三叠四，多少劳扰！"⑤事实正是如此，六部与九寺并置不但机构重叠，办事效率亦因此滞缓。元丰改制后，百司申请事，必经寺、监，而寺、监之长贰，少能予夺，"悉禀六曹，不惟虚烦文字，淹留旬月，而又省、寺指挥间多异同"⑥。唯其如此，右正言刘安世上言："凡寺监之职可以归六曹者，宜尽省之。"⑦

第三，事权分散，互相牵掣，此废彼兴，依然如故。宋前期官制严重的问题之一，即事权分散、互相牵掣，此原出于太祖、太宗加强君主专制统治的需要。新制虽动了一些"手术"，如罢三司之财权归户部、罢审刑

① 〔宋〕司马光：《司马光奏议》卷四〇《乞合两省为一札子》。
② 〔宋〕李心传：《建炎以来系年要录》卷二二建炎三年四月庚申。
③ 《玉海》卷一二一《元丰三省》。
④ 《司马光奏议》卷四〇《乞合两省为一札子》。
⑤ 《朱子语类》卷一一二《论官》。
⑥ 《历代名臣奏议》卷一三九《请裁寺监冗员》。
⑦ 《长编》卷四〇八元祐三年二月。

院之刑法权归刑部等，然而，神宗皇帝考虑到维护祖宗家法、巩固赵氏皇室统治的根本目的，总未敢对相权分割施行"大手术"。依《唐六典》建立三省之制，又保留了五代以来的枢密院，仍保持二府对持文武二柄的格局。还是仁宗在位时，刘敞等就已建言"欲正官制，当以（枢密）院事还中书及尚书兵部"①。在元丰改制过程中，臣僚曾向神宗建议废罢枢密院归兵部。神宗断然予以拒绝。他说："祖宗不以兵柄归有司，故专命官统之。"②由于政府（三省）与枢密院对掌文武大权，遇有战事，宰相欲战，枢密使欲守，议事往往不合，至有二府行令不一，有司难以遵循，贻误大事。因此，南宋孝宗皇帝拟罢枢密院，命臣下讨论。后由于大臣提出"神宗不罢并，便自难处，实收天下之兵，以制外重"③，事关祖宗家法，孝宗也就缄口不提了。

他如中书门下分为三省，六部二十八司与九寺之并存，均寓有分散事权、互相牵掣的皇帝权术之深意，也未能全部归之于神宗照搬《唐六典》的结果。宋人已看出神宗胸中城府："神宗晚年建立三省，所以分执政权而互相考察，规模远矣！"④同样，六部之事权，析归寺、监，亦是事出有因。元祐间，右司谏王觌就曾以高丽进贡，鸿胪寺不予过问、径申礼部主客司一事，提出责问："夫蕃夷入贡，合责办鸿胪者，今夺而专之于省曹，是省曹办事敏于寺也。马事措置合经由省曹者，今析而擅之于太仆，是寺之办事敏于省曹。……若谓减去经历之处，然后事可以速集而无害，则非独鸿胪、太仆，而省曹、寺监上下维持之序，可存者少矣！法度如此，岂经远之道？"⑤可见，六部二十八司并置，是出于"上下维持"之"法度"所需，倘从减少文字行遣迂回的"经历"、精简机构的角度，"可存者少矣"！然从维护君主集权统治利益出发，宁要前者，不要后者，这正是神

① 《宋朝诸臣奏议》卷六九刘敞等《上仁宗论详定官制》。
② 《长编》卷三二五元丰五年四月丁丑。
③ 〔宋〕周必大：《周文忠公全集》卷一五〇《罢枢密院御旨》。
④ 〔宋〕王巩：《闻见近录》。
⑤ 《长编》卷三八八元祐元年九月癸未。

宗之"经远之道"。事权分散的结果，势必造成"互相推移、各不任责，故文书壅滞，人被其患"①。显然，衙门官僚作风未能通过官制改革而有任何改变。

第四，冗官之源未塞。构成宋代冗官的根源之一是入仕太滥，其中尤以荫补为突出。如前所述，宋前期有志于改革的士大夫，要求抑制荫补入仕之滥的呼声亦最高。按说，元丰改制时当痛革之。惜神宗治表不治本，只在官员享受荫补特权的年限上做文章，即原规定为一岁可得荫补子弟的品官，展期为"三岁一补"；三岁一补者，则展期为"六岁一补"。三五年内，虽能暂时收到抑制效果，然六年之后，此举则失去意义。果然，元祐二年（1087），即元丰新制颁布后的第六个年头，毕仲游在向哲宗陈述官制之失时，已特别强调"荫补之滥"，"补荫入流者甚多，一岁之选，至千万计"②。显而易见，由于未能堵塞荫补入官太滥之源，致使元丰改制后冗官问题依然突出。是否荫补之滥难以根治呢？不完全如此，毕仲游就提出过堵塞方案：凡按《官制格目》许荫补入仕子弟，无一例外地需经过统一考试，"试而中于法者，然后入仕"。试而不中者，则罢除荫补之资格。这样，虽存荫补之旧名，而"无入仕之新患"。少数通过考试入仕的官僚子弟，文化素质亦能随之提高，致使"官冗之弊可以渐省"③。

此外，纳粟入官、特奏名入仕、胥吏出官等，仍构成了元丰改制后冗官之源。元祐元年（1086），离元丰新制颁行才五年，言官已指出当时"四者之冗"："有可罢者，纳粟得官是也；有可以裁抑者，特奏名、资荫、胥吏是也。"其中特奏名人数，也颇为可观。据上官均统计，自治平至熙宁三年（1070）只有百余人，而"元丰八年特奏名系第四等以上者四百余人，可谓冗矣"④。元丰改制不但未能遏制冗官，反有日增趋势。以上仕籍的文武官员总数为例，英宗治平间为二万四千余人，至元丰改制后的第

① 《长编》卷三七六元祐元年四月癸丑。
② 《宋朝诸臣奏议》卷六九毕仲游《上哲宗论官制之失荫补之滥》。
③ 《宋朝诸臣奏议》卷六九毕仲游《上哲宗论官制之失荫补之滥》。
④ 《宋朝诸臣奏议》卷七〇上官均《上哲宗乞清入仕之源》。

五年（元祐元年）增置二万八千余人①。至徽宗朝宣和元年（1119），猛增至四万一千四百十一人②。南宋时，尽管版图比北宋缩小将近一半，但冗官之路未塞，文武官冗员有增无已，光宗绍熙元年（1190）文武四选官达三万三千零十六人，庆元二年（1196）为四万二千余人③。可以这样说，元丰改制面对冗官问题，无能为力，实无成绩可言。

第五，新制流品不别，迁转太速，助长了侥幸取官的不正之风。宋前期仕流迁转，特重出身，甄别流品，有利于通过科举之途拼博一官半职的孤寒之士，不利于靠门荫起家的公卿子弟或杂流出身的仕人。如官至前行郎中，进士出身者，一迁太常少卿、二迁光禄卿、三迁秘书监，而非进士出身者，由前行郎中一迁至卫尉、司农少卿，二迁至光禄少卿，三迁至司农卿，四迁至少府监，五迁至卫尉卿，六迁至光禄卿，七迁至秘书监。进士出身自前行郎中至秘书监，只须三迁，而非进士出身自前行郎中至秘书监却须七迁，相差何殊④。元丰寄禄新阶，不别流品出身，进士、杂流同途；寄禄阶又少，致迁转甚速。仍以前行郎中为例，元丰改制，易前行郎中为朝请大夫，易秘书监为中大夫，自朝请大夫迁至中大夫，中间仅隔朝议大夫、中散大夫两阶。按新制，不论进士、非进士出身，自朝请大夫三迁均可至中大夫阶。元丰寄禄新格，除了收到正名效果之外，不免有消极的后果："今贤愚混淆、清浊同流，非所以为善处天下之物也"，"不足以激劝来者，适足以长奔竞之风"⑤。为此，元祐间，臣僚建言宜分寄禄官为左、右，增加阶数，以别流品。元祐三四年，寄禄阶分左右；徽宗朝增置寄禄官阶，以区别流品，减慢迁转速度，企图借此挽回、弥补元丰寄禄官之失。

第六，元丰官制改革范围有限。正官名、定寄禄新格，只限于文臣京

① 《宋史·选举志》四，并参《玉海》卷一二七《建炎省官》。
② 《宋会要辑稿·职官》一之三五。
③ 〔宋〕李心传：《建炎以来朝野杂记》甲集卷一二《天圣至嘉泰四选人数》。
④ 《宋史·职官志》九《群臣叙迁之制》。
⑤ 《宋朝诸臣奏议》卷六九丁骘《上哲宗论寄禄官宜分左、右》。

朝官。选人、武臣、内侍官等官称，元丰改制时未曾触动，延至徽宗朝才解决。他如承旧典不改者如学士院、东宫官等等，宋人已指出，"神宗以《唐六典》改官制，乃有疏略处，如东宫官属之不备，是也"，①不一而足。

四、结论

北宋神宗朝的官制改革，与熙丰变法运动相终始，在王安石任相期间，局部的官制改革已在进行，对变法运动的开展起了积极的作用，此系元丰改制的前奏；王安石罢相以后，由神宗赵顼亲自主持的、元丰五年（1082）颁行的新官制，即通常所称的"元丰官制"，成败得失俱存。从成功方面看，循名责实，结束了唐末乱政以来的、以差遣任使代替职事官的紊乱局面，六部之制一直沿用至明、清，废除了宪衔、文武散阶及检校官（部分）等冗衔。然而，自改官制以后，冗官依然日增，行政效率还不如改制之前。从总体上说，元丰改制是一次不成功的官制改革，"神宗本欲富强，其后因此皆迁曲缓弱了"②。

元丰改制的失败原因，首先是神宗晚年头脑迂腐，不顾时代不同，一一照搬两个半世纪以前撰编的《唐六典》。其实，自唐玄宗开元二十六年（738）修成《唐六典》之后，唐朝"建官却不依此"③。神宗居然不考究其制，"与今日事势名实皆用不得"，教条式地套用汉、唐旧名，"改置官司"，"官司虽改，而法弊犹存，则与不改何异"④？

其次，神宗在官制改革中，未能广采众议，独断独行，连他所信用的王安石也不曾征求意见。元丰五年（1082），当新官制颁行之时，退休在金陵的安石，"见之大惊，曰：'上平日许多事，无不商量来，只有此一事，却不曾商量。'"⑤南宋史家徐自明也说："上将定官制，独处阁中，

---

① 《宋会要辑稿·职官》六之五一，并参《朱子语类》卷一一二《论官》。
② 《朱子语类》卷一一二《论官》。
③ 《朱子语类》卷一一二《论官》。
④ 〔明〕黄淮、杨士奇编：《历代名臣奏议》卷一三九《元祐元年范祖禹再封还解盐置使状》。
⑤ 《朱子语类》卷一二八《法制》。

考求沿革，一年而成，人皆不知。"①这不能不说是这次官制改革失败的一个原因。

第三，神宗在改制中，一方面要改革旧制，一方面又要保守祖宗家法，这两者之间难以调和，导致官制改革的不彻底。朱熹曾就元丰改制后机构"依然重三叠四"发表评论，认为本朝官制不易更张，"宰相有志，亦不能办"，"必得刚健大有为之君自要做时，方可"②。此话何说？宋神宗在宋代，称得上有为之君主了，还能期待在他身后出现"刚健大有为"之皇帝吗？这无疑是一句无可奈何的空话。朱熹的话，在今天看来，恰恰说明了封建君主专制制度本身，注定了封建时代官制改革的局限性。要裁除冗滥，就须省并机构、削减门荫、特奏名等；可是，要维护和加强皇帝专制统治，又必须时刻提防大臣或武臣擅权、防范地方势力膨胀，同时注意扩大封建政治的社会基础，这却与事权归一、堵塞门荫、限制官僚特权等发生矛盾。为了一己私利，封建皇帝始终有意、无意地利用重叠机构和庞大的冗官队伍，来保证他深居九重、高高在上驾驭臣民的专制统治。这正是神宗主持元丰官制改革的主观意图"欲富强"，客观效果"反迂曲缓弱"，两者未能取得一致的根本原因。

*原载《中国史研究》1990年第1期

（选自龚延明《中国古代职官科举研究》，中华书局2006年版）

---

① 《宋宰辅编年录》卷八元丰五年四月癸酉。
② 《朱子语类》卷一一二《论官》。

第二编

皇权与中枢体制

　　在宋代，协助皇帝治理天下的主要是负责民政的宰相机构、负责军政的枢密院，辅以秘书机构两制、监察机构台谏。宋代的宰相机构，北宋前期承唐五代之制为中书门下，北宋后期为中书、门下、尚书三省，在南宋为中书门下、尚书两省，宰相名号相应有所不同。本集没有选入一篇关于宋代宰相制度的论文，而代之以张邦炜《论宋代的皇权和相权》一文。该文是对宋代皇权性质、政权性质的概观。在关于宋代皇权、相权强弱的论争中，这篇文章可谓回到了常识。宋朝作为一个较为成熟的政权，表现在皇帝、宰相、枢密院、两制、台谏等各部分共同组成了一个有机、有序的政治体，单论其中某部分之强弱概因有先入之见。本集的另外三篇论文，也都有助于读者理解宋朝何以是个以君主为核心的"整体"。

　　宋代的枢密院在中国古代史上颇有特色，故选入李全德《从宦官到文臣：唐宋时期枢密院的职能演变与长官人选》一文，使读者了解枢密院职能从唐内廷传宣诏命、掌机要，到五代、宋掌外朝军政的过程，可谓"形神俱变"。如再考虑到南宋长期以宰相兼枢密使，则唐宋时代枢密院创生与演化的过程，生动说明了皇权支配政权的方式之多变。

张东光《唐宋时期的中枢秘书官》讨论了宋代政治中独具特色的"两制"词臣——翰林学士与中书舍人。作者指出，他们具备秘书、顾问、参谋等多重身份，是皇权强化的工具，又是相职再生的契机。

"宋之立国，元气在台谏"，虞云国《宋代台谏言事制度》梳理了宋代台谏言事的途径、方式。本篇对宋代台谏独立的监察权、对君权与相权的制衡有较多强调，但实际上作者认为分权制衡在宋代以失败告终，这就需要读者留意作者在专著《宋代台谏制度研究》中对相关问题的整体把握。

论宋代的皇权和相权

张邦炜

宋代的皇权和相权，究竟谁强谁弱？这个命题未必确切，解答者却大有人在。至于答案，不外两种：皇权加强，相权削弱；相权加强，皇权削弱[①]。两种答案各有其可取之处，但对其基本论点，本人均不敢苟同。照我看来，与前代相比，宋代的皇权和相权都有所加强。这并非故作新奇之论，早在南宋时便有此一说。如林駧认为，宋代的情况是："君上有大权，朝廷有公论"[②]；黄履翁肯定宋代"宰相之任重"，同时又断言"人主之权重"[③]。皇权和相权，此强彼亦强，岂不自相矛盾？其史实依据又何在？这些正是本文试图回答的问题。

一、皇权相权相互依存

宋代皇权强相权弱、相权强皇权弱两种说法截然相反，可是其出发点却惊人的一致，都立足于皇权与相权绝对对立，只能此强彼弱。这不由得使人想起一句俗语："是就是，不是就不是；除此以外，都是鬼话。"恩格

---

① 宋代皇权加强、相权削弱论为钱穆先生在20世纪40年代所提出，见其《论宋代相权》，载《中国文化研究汇刊》第2卷，1942年3月；后收入台湾宋史座谈会编：《宋史研究论集》第1辑第455—462页，台北中华丛书编审委员会1958年印行。此后近半个世纪，研究者均大体沿袭此说，直到20世纪80年代才遇到挑战。王瑞来先生与之针锋相对，提出宋代相权加强、皇权削弱论，见其《论宋代相权》《论宋代皇权》，载《历史研究》1985年第2期、1989年第1期。
② 〔宋〕林駧：《古今源流至论》后集卷四《国势》，《景印文渊阁四库全书》本。
③ 〔宋〕黄履翁：《古今源流至论》别集卷二《君权》。

斯不止一次地把这种非此即彼的思维方式，称为"在绝对不相容的对立中思维"①。人们不禁要问：皇权与相权到底是什么关系？难道就不能此弱彼亦弱或此强彼亦强吗？

从道理上说，皇权与相权只能此强彼弱，便很难讲通。毋庸置疑，"宰相之任，所职甚重"②。他们的职责是"掌邦国之政令，弼庶务，和万邦，佐天子，执大政"③。宰相虽然"执大政"，但无非是"佐天子"。皇帝离不开宰相，原因在于"万几之烦，不可遍览"，只能"设官分职，委任责成"。皇帝和宰相尽管有主从之分，毕竟相互依存，以致君相一体之说在封建时代颇为流行，封建士大夫总是把君相关系比喻为元首和股肱。

很清楚，皇帝拥有最高统治权，宰相仅有最高行政权，皇权和相权不是两种平行的权力，相权从属并服务于皇权，两者并非绝对对立，而是相互依存。虽然不可能无矛盾，但从总体上说应当是一致的。难怪照不少封建士大夫看来，封建政治体制的正常运转模式应当是在君主专制的前提下，皇权与相权都强。如南宋人黄履翁在阐述皇帝"揽权不必亲细务"时说："以天下之责任大臣，以天下之平委台谏，以天下之论付士夫，则人主之权重矣。……人主之所谓总权者，岂必屑屑然亲事务之细哉！"④在他们看来，皇权与相权都强，不仅完全可能，而且理当如此。士大夫理想的政治格局无非是："权归人主，政出中书，天下未有不治"⑤。

就史实来说，中国封建时代皇权与相权的变化大致可分为逆向消长与同向消长两种形态。此强彼弱即逆向消长不仅并非唯一形态，并且不是封建政治体制的正常运转形态，而是其变态。

逆向消长又分为两种状况，一种是皇权加强、相权削弱，如汉武帝后

---

① 〔德〕马克思、恩格斯：《马克思恩格斯选集》第三卷，人民出版社1972年版，第141页。
② 〔宋〕李焘：《续资治通鉴长编》卷三五淳化五年四月癸未，上海古籍出版社1986年影印本。
③ 〔清〕徐松辑：《宋会要辑稿》职官一之一六，中华书局1957年影印本。
④ 《古今源流至论》别集卷二《君权》。
⑤ 〔明〕黄淮、杨士奇编：《历代名臣奏议》卷六四《治道》"宋理宗时监察御史洪咨夔上疏曰"。

期。当时，"丞相府客馆丘虚而已"，丞相空有其名，"无能有所匡言"①。其原因在于雄才大略的汉武帝信任由其亲属和亲信组成的名叫尚书的内朝，并用内朝分割以宰相为首的外朝的权力。这不应视为常态，除了与君相一体的原则不符而外，还有三个缘故：第一，汉武帝末年，决策失误明显增多；第二，汉武帝死后，随着皇帝个人对国家政权控制能力的降低，皇权旁落于外戚之手；第三，更重要的是这只不过是中央最高行政权力转换的过渡阶段，尚书台到东汉初年便正式成为中央最高行政机关。另一种状况是相权加强、皇权削弱，如东汉末年。这显然属变态，一是由于当时相权已由"佐天子"蜕变为"挟天子"，丞相曹操大权在握，汉献帝傀儡而已；二是因为后来到曹操的儿子曹丕时，便取汉献帝而代之，可见相权强皇权弱往往只不过是改朝换代的前奏。

同向消长亦分为两种状况，一种是皇权与相权都弱，如唐朝末年。宋人尽管有"唐末帝王，专委臣下，致多阙失"②之说，可是当时藩镇割据，"王室日卑，号令不出国门"③，皇权固然弱，相权也不可能强。这虽然与君相一体的原则基本相符，但它无非是五代十国分裂割据的序幕，不能看作封建政治体制的正常运转状态，自不待言。另一种状况是皇权和相权都强，宋代从总体看大致如此。至于其依据，下面将陈述。

二、看不见篡夺的时代

宋代皇权比前代有所加强，主要表现在皇帝的地位相当稳固，没有谁能够同他分庭抗礼，更不可能凌驾于他之上以致取而代之，皇权越发至高无上。

南宋思想家叶适认为宋代至少北宋前期的情况是："天下无女宠、无宦官、无外戚、无权臣、无奸臣，随其萌蘖，寻即除治。"④淳熙年间，参

① 〔汉〕班固：《汉书》卷五八《公孙弘传》、卷四六《石奋传》，中华书局1959年点校本。
② 《续资治通鉴长编》卷三六淳化五年五月戊寅。
③ 〔宋〕司马光：《资治通鉴》卷二五九景福二年七月丁亥，中华书局1959年点校本。
④ 《历代名臣奏议》卷五四《治道》"宋孝宗时叶适应诏上言曰"。

知政事龚茂良指出："汉、唐之乱，或以母后专制，或以权臣擅命，或以诸侯强大、藩镇跋扈，本朝皆无此等。"[1]大约同时，陆游也说："今朝廷内无权家世臣，外无强藩悍将。"[2]在他们看来，宋代不仅无藩镇割据，而且皇权既未旁落于其亲属、亲信之手，又没有出现王莽、曹操这类危及皇位的权臣。或许正是依据这些，日本学者宫崎市定将宋代视为"看不见篡夺"的时代。他说："在唐以前的中世"，"强有力的贵族一旦压倒皇室，就要发生篡夺。篡夺是中世政治史的一个特征。""宋以后，便看不见篡夺了，天子的地位非常稳定。"[3]"中世""贵族"这两个概念未必准确，但这个说法本身无疑值得重视。刘子健先生的看法与宫崎市定相似，他指出：外戚篡夺"自汉代到五代，屡见不鲜。但自宋以降，不再出现。显然，宋代是分水岭"[4]。并进而认为这是君权巩固、皇权至上的象征。如果不作绝对理解，上述说法可以成立。不过对于此说，摇头者有之，他们的疑问归纳起来不外以下三个。

疑问之一是：皇权果真至高无上吗？有的学者断言："在宋代，皇帝的权力并不是至高无上的。"据说有两样东西比皇权更大，其实都不足为凭。

一是道理大于皇帝。据沈括《梦溪笔谈·续笔谈》记载，一次，宋太祖问赵普："天下何物最大？"赵普经过深思熟虑之后，回答道："道理最大。"对于不是皇上最大而是道理最大这个说法，宋太祖"屡称善"。但道理毕竟不是一种权力，何况它具有不确定性，约束力又不强。

二是上天大于皇帝。如熙宁初年，宰相富弼就认为，只有上天能管住皇帝。他说："人君所畏惟天，若不畏天，何事不可为者，去乱亡无几矣。"因此，士大夫常常以己意为天意，并以此约束皇帝。然而就连富弼

---

① 佚名：《宋史全文》卷二六上淳熙三年十月己卯，台湾文海出版社1970年影印本。

② 〔宋〕陆游：《渭南文集》卷四《上殿札子》，《四部备要》本。

③ 〔日〕宫崎市定：《宋元的经济状况》，《宫崎市定选集》上卷，商务印书馆1963年版。

④ 刘子健：《宋太宗与宋初两次篡位》，《中国史研究》1990年第1期。

也明知"灾异皆天数，非人事得失所致者"①，上天虚无缥缈，并不存在。

显而易见，宋代不存在任何一种高于皇权的权力，也没有任何一种权力能够同皇权平行。尽管宋人提出过分权的主张，如林栗说："人主莅权，大臣审权，争臣议权"，但那是以皇权至上为前提："明主使人持权而不以权与之，收揽其权而不肯独持之"②，意思与"大权独揽，小权分散"相近。

疑问之二是：宋代果真"看不见篡夺"吗？以下两个事例似乎可以作为反证，但是只要稍加辨析，不难发现都不足以说明问题。

例一：绍熙五年（1194）六月，枢密使赵汝愚逼宋光宗退位。此事史称"绍熙内禅"，有下面五点值得注意：第一，事件的起因是宋光宗患精神病，无法处理朝政并长期不去看望做了太上皇的父亲宋孝宗。尤其是宋孝宗去世时，宋光宗拒不出面主持丧礼，以致"中外讹言，靡所不至"。以赵汝愚为代表的一批士大夫逼宋光宗退位，目的是为了稳定政局，维护赵氏一家一姓的统治。第二，《孟子·万章》篇称：异姓之卿，"君有过则谏，反覆之而不听则去"；同姓之卿，"君有大过则谏，反覆之而不听则易位"。宰相留正作为异姓之卿，见势不妙，立即逃出临安城。赵汝愚作为同姓之卿，则不能一走了之，只得"易位"即另立他人为帝。第三，宋光宗虽然不愿退位，但他毕竟亲笔写下："历事岁久，念欲退闲"③，可以作为内禅的依据。第四，赵汝愚所拥立的不是别人，而是宋光宗的儿子嘉王赵扩，又由身为太皇太后的宋高宗吴皇后最后拍板并垂帘宣布："皇帝以疾，未能执丧，曾有御笔，欲自退闲，皇子嘉王扩可即皇帝位，尊皇帝为太上皇。"吴皇后分明是代行皇权。第五，嘉王即宋宁宗也并非抢班夺权者，他一再推辞："恐负不孝名。"赵汝愚好言相劝："天子当以安社稷、定国家为孝。今中外忧乱，万一变生，置太上皇何地！"并采取强制措施：

① 〔宋〕苏轼：《东坡集》卷三七《富郑公（弼）神道碑》，《四部备要》本。
② 〔元〕脱脱等：《宋史》卷三九四《林栗传》，中华书局 1977 年点校本。
③ 佚名：《续编两朝纲目备要》卷三绍熙五年六月丁未，中华书局 1995 年点校本。

"众扶入素幄,披黄袍"①,宋宁宗才勉强即位。总之,"绍熙内禅"从目的到手段都与皇权政治的原则完全吻合,绝非篡夺事件。难怪《宋史·宁宗本纪赞》对此加以肯定:"宁宗之禅,独当事势之难,能不失礼节焉,斯可谓善处矣。"

例二:宋宁宗死时,宰相史弥远拥立宋理宗。史弥远这样做,目的确实在于报私仇、保权位。宋宁宗的养子赵竑自以为将继承皇位,他对史弥远专权颇为不满,常常在地图上指着海南岛说:"吾他日得志,置史弥远于此。"②于是,史弥远蓄意擅自变动皇位继承人。不过,这件事有三个情节不能忽视:第一,直到宋宁宗时,赵竑仅为济国公,皇位继承人并未最后确定。赵竑莫说做了皇帝,即便已被立为太子,史弥远也将难以下手。第二,史弥远竭力说服宋宁宗杨皇后,尽管杨皇后起初不赞成:"皇子,先帝所立,岂敢擅变!"③但她终于出面假传宋宁宗遗旨,封赵竑为济阳郡王,立赵昀为皇帝即宋理宗。第三,宋理宗与赵竑一样,都是宋宁宗的养子。可见,史弥远拥立宋理宗,虽属一大阴谋,然而并未从根本上违背家天下统治精神。何况赵竑不是皇帝,篡夺二字无从谈起。

疑问之三是:宋代皇权是否虚化?有学者给予肯定的回答,认为"宋代是皇权全面衰微、走向象征化的开端"④。而我们的答案则是否定的:宋代皇权并未虚化,当时皇帝至少相当实在地掌握着下面两种至关重要的权力。

一种是最终决定权。熙宁初年,参知政事赵抃对宋神宗说:"陛下有言,即法也。岂顾有例哉!"⑤这话不无夸张之处,宋代的政令自有其正常形成程序。可是按照程序,必须皇帝"画可"即最后拍板。有学者以"为政也专"的宋初宰相赵普为例,证明宋代相权加强、皇权削弱。其具体事

① 《宋史》卷三七《宁宗本纪一》。
② 《宋史》卷二四六《镇王竑传》。
③ 《宋史》卷二四三《宁宗恭圣仁烈杨皇后传》。
④ 王瑞来:《论宋代皇权》,《历史研究》1989年第1期。
⑤ 《东坡集》卷三八《赵清献公(抃)神道碑》。

例不外是：一次，赵普一再"荐某人为某官"，宋太祖多次断然拒绝，并"怒裂牍，掷诸地"，赵普"颜色自若，徐徐拾归，他日补缀旧纸，复奏如初"，宋太祖终于"可其奏"。另一次，一位官员按照规定应当迁官，宋太祖"素恶其人，不与"，赵普"力请"，得到的竟是蛮横的回答："朕欲不与，卿若之何？"赵普的确别无他法，只能空自表示义愤："刑赏，天下之刑赏，非陛下之刑赏也。岂得以喜怒专之！"宋太祖"不听"，把这些话当作耳边风。赵普只得紧紧跟随，苦苦央求，"立于宫门，良久不去"。宋太祖最后被赵普的一片"忠"心所感动，"从其请"①。其实，这两件事恰恰表明宰相与皇帝的关系无非是"你提建议我作主"，宰相尽管有权建议，但皇帝却牢牢地掌握着"可其奏""从其请"的权力即最终决定权。"朕欲不与，卿若之何？"从中不难看出，皇权与相权岂能相提并论！

另一种是宰相任免权。宋人常常这样说："人主之职论一相，一相之职论百官"②。宰相对百官的任免，作用相当大："百官差除，从祖宗以来，中书门下同共进拟"③，这完全符合当时政治体制的运转规范，不应看作皇权旁落于宰相之手。至于宰相任免权，皇帝则紧紧地攥在自己手里，决不放松。如熙宁初年，反对王安石执政的人不少："安石为翰林学士则有余，处辅弼之地则不可"④。宋神宗顶住压力，在将王安石任命为参知政事之后，又把他提拔为宰相。又如隆兴元年（1163），宋孝宗固执己见，在把张浚任命为枢密使之后，又将他提升为宰相，并且表示："朕倚魏公（即张浚）如长城，不容浮言摇夺。"⑤在宰相任用问题上，官员们的期望只不过是："人主于宰相，疑则勿任，任则勿疑"⑥。然而皇帝对宰相很难做到坚信不疑，宰相受惩处者有之，被撤换者更是为数不少。宋代

① 〔宋〕彭百川：《太平治迹统类》卷二《太祖圣政》，江苏广陵古籍刻印社1990年影印本。
② 〔宋〕陈傅良：《永嘉先生八面锋》卷一二《宰相得人则百官正》，《丛书集成》初编本。
③ 〔宋〕徐自明：《宋宰辅编年录》卷九元祐元年闰二月庚寅"蔡确罢相"，中华书局1986年校补本。
④ 《宋史》卷三一二《韩琦传》。
⑤ 《宋宰辅编年录》卷一七隆兴元年正月庚午"张浚枢密使"。
⑥ 〔宋〕罗从彦：《罗豫章集》卷五《遵尧录五·王旦》，《国学基本丛书》本。

宰相任期虽无年限，但一般任期较短。宋代一共有134名宰相，在134名宰相中，任期累计在120个月以上者9人，仅占6.7%，其中蔡京四起四落，赵普、吕夷简、文彦博三起三落，秦桧两起两落；终身任宰相者11人，仅占8.2%，他们的任期平均不到42个月，其中最长的是王珪，任相105个月，可是在他死后竟被罢相。①总之，宰相的升降沉浮以至命运掌握在皇帝手里。相权再大，也不能同皇权等量齐观。下面讨论相权问题，这一认识是其前提。

三、皇权并非不受约束

宋代相权比前代有所加强，主要表现在以宰相为首的外朝官员能够比较有效地防止皇帝滥用权力，以致皇帝不能过分偏袒皇亲国戚，历史上不少朝代用以分割外朝权力并凌驾于外朝之上的内朝在宋代大体上不存在。为避免枝蔓并节省篇幅，宋代大体无内朝，将另文专述②。

在君主专制政治体制下，皇权至高无上，但并非不受任何约束。马克思说："人们自己创造自己的历史，但是他们并不是随心所欲地创造。"③皇帝作为一定经济范畴的人格化和一定阶级关系的承担者，不可能不受客观规律的约束和历史环境的限制。拿宋代的情况来说，皇权不仅在观念上受约束，而且在制度上受限制。

先就观念的约束而论。除了上面讲到的天下不是皇帝最大而是道理最大之类而外，至少还可以举出以下三种观念使得皇权难以滥用。

一是"王者无私"论。如朱熹说："天下者，天下之天下，非一人之私有"④；蔡戡讲："惟人君者，要当以天下为公。"一旦皇帝偏袒皇亲国

---

① 参看周道济《宋代宰相名称与其实权之研究》，载《宋史研究集》第3辑，台湾中华丛书编审委员会1966年版。
② 可参看拙稿《两宋无内朝论》，载《河北学刊》1994年第1期，后收入张邦炜《宋代婚姻家族史论》，人民出版社2003年版，第391—406页。
③ 《马克思恩格斯选集》第一卷，第603页。
④ 〔宋〕朱熹：《四书集注·孟子·万章章句上》，《四部备要》本。

戚，外朝官员往往上奏叫喊："天下之法，当与天下共之，有司守之以死。虽天子不得而私也，而后天下之大公立。"①如果皇帝一意孤行，士大夫常常上疏指责："天下者，中国之天下，祖宗之天下，群臣、万姓、三军之天下，非陛下之天下。"②对于这类言论，皇帝在原则上一般表示赞同。如宋高宗向大臣表白："治天下，蔽以一言，曰公而已，朕亦安得而私！"③据张端义《贵耳集》卷上记载，宋孝宗之所以"圣德日新"，是由于他懂得："天下是天下之天下。"

二是"人君有过"论。如范祖禹说："人主不患有过，患不能改过也"④；刘黻讲："大凡人主，不能无过。"⑤正是以这种观念为基础，当时人强调："宰相以正君为职"，"士大夫以面折廷争为职"⑥。皇帝在头脑清醒的时候，也并不自以为一贯正确。罗从彦《遵尧录》中，这类事例就不少：宋太祖为"偶有误失，史必书之"而发愁；宋太宗告诫宰相："朕若有过，卿勿面从"；宋真宗要求宰相充分发挥作用，力争做到决策"无失"；宋仁宗担心自己"所虑未中于理，而有司奉行，则其害已加于人"。至于素有南宋英主之称的宋孝宗，更是不时反省自己，他多次叹息："功业不如唐太宗，富庶不如汉文、景。"⑦后半句话未免谦虚过分。

三是"君道无为"论。如曾肇说："帝王号令，务要简大。若夫立法轻重，委曲关防，皆有司之职，非人主之务。"⑧皇帝对于这类言论，通常并无异议。如宋太宗不止一次地说："无为之道，朕当力行之。"⑨宋真宗

① 《历代名臣奏议》卷五七《治道》"绍熙二年春蔡戡又奏"、卷二一三《法令》"靖康元年翰林学士许翰上奏曰"。
② 佚名：《中兴两朝圣政》卷二四绍兴八年十一月癸酉，《宛委别藏》本。
③ 〔宋〕李心传：《建炎以来系年要录》卷四六绍兴元年八月辛卯，《国学基本丛书》本。
④ 〔宋〕范祖禹：《唐鉴》卷五《太宗三》，上海古籍出版社1984年影印本。
⑤ 《宋史》卷四〇五《刘黻传》。
⑥ 〔宋〕黎靖德编：《朱子语类》卷一三二《本朝六·中兴至今人物下》，中华书局1994年点校本。
⑦ 《宋史》卷三八三《虞允文传》。
⑧ 《历代名臣奏议》卷二一二《法令》"徽宗时中书舍人曾肇论内降指挥不可直付有司疏曰"。
⑨ 《续资治通鉴长编》卷三四淳化四年闰十月丙午。

自称："朕未尝专断。"他完全赞成这样的主张："陛下除礼乐征伐大事之外，其余细务，责成左右。"①宋仁宗表示，政令"不欲自朕出"，而要"付之公议"②。于是，在君主专制前提下，形成了分权格局："上自人主，以下至于百执事，各有职业，不可相侵"③。皇帝如果越俎代庖，士大夫往往反对："今百司各得守其职，而陛下奈何侵之乎？"④如果妨碍宰相履行职责，反响更加强烈："天子而侵宰相之权，则公道已矣"⑤。

应当指出，上述观念未必正确。如"王者无私"论掩盖了封建国家的阶级本质，既不科学又有害。但在当时的历史条件下，以宰相为首的外朝官员却把这些观念作为防止皇帝滥用权力的法宝。宋代的皇帝在这些观念的约束下，大多比较尊重外朝官员尤其是宰相的权力。如宋真宗对王旦"所言无不听"，"事无大小，非公所言不决"⑥。在宋代，像王旦这样权力较大的宰相不胜枚举。

再就制度的限制来说。按照当时的制度，政令的形成要经过以下几道程序：先由皇帝与宰相及执政大臣"平章"即商议，宰执大臣有权反对；再将"词头"即要点交由中书舍人起草，中书舍人有权封还；再将草稿交由给事中审议，给事中有权缴驳；政令经皇帝"画可"即批准公布之后，台谏以至有关官员有权论列。朱熹将这套程序概括为："君虽以制命为职，然必谋之大臣，参之给舍，使之熟议，以求公议之所在，然后扬于王庭，明出命令而公行之。"并把这套程序称为"祖宗之家法"⑦。当时人还写下了这样的偶句："宰相不平章，执政不参预，则无以维持是纲；台谏不论列，给舍不缴驳，则无以振举是纲"⑧。可见，皇帝通常不能完全一个人

---

① 《罗豫章集》卷三《遵尧录三·真宗》。

② 〔宋〕杨时：《龟山先生语录》卷三《余杭所闻》，《四部丛刊》本。

③ 〔宋〕朱熹：《朱文公文集》卷一四《经筵留身面陈四事札子》，《四部备要》本。

④ 〔宋〕王辟之：《渑水燕谈录》卷一《帝德》，中华书局1981年点校本。

⑤ 《历代名臣奏议》卷六四《治道》"宋理宗时文天祥对策曰"。

⑥ 〔宋〕欧阳修：《欧阳文忠公集》卷二二《太尉文正王公（旦）神道碑铭》，《四部丛刊》本。

⑦ 《朱文公文集》卷一四《经筵留身面陈四事札子》。

⑧ 佚名：《群书会元截江网》卷一七《纪纲》，《景印文渊阁四库全书》本。

说了算，以宰相为首的外朝官员权力不小。对于这套程序，有三点需要说明。

第一，宋代职官制度变化多端，但政令的形成程序并无实质性变化。如北宋前期，中书舍人常缺，给事中不任职，可是他们的职权有其他官员行使。众所周知，中书舍人的职权由翰林学士知制诰或其他官员知制诰或直舍人院执掌。王栐《燕翼诒谋录》卷二称："给事中掌封驳，不可一日无。"有鉴于此，宋太宗将魏庠、柴成务任命为同知给事中，不久又设置了封驳司。据此，清初学者顾炎武《日知录》卷九《封驳》认为："宋太宗淳化四年（993）六月戊寅，始复给事中封驳。"其实，此说并不完全确切。早在北宋开国之初，便有银台司。沈括在《梦溪笔谈》卷一《故事一》中指出："银台司兼门下封驳，乃给事中之职。"显而易见，给事中的封驳权在宋代始终有官员行使。

第二，皇帝如果不按程序办事，以敢于讲话著称的宋代士大夫通常不会钳口结舌。他们往往如此大声疾呼："不由凤阁（即中书）鸾台（即门下），盖不谓之诏令"[1]；"凡不由三省施行者，名曰斜封、墨敕，不足效也"[2]。甚至采取行动予以抵制，宋仁宗朝宰相杜衍即是一例，他封还内降："凡内降与恩泽者，一切不与，每积至十数，则连封而面还之。"宋仁宗反而加以称赞："其助我多矣。"[3]宋孝宗朝宰相梁克家又是一例，宋孝宗内批与人官职，梁克家等以"于指挥（即法令）有碍"为理由，"执而不行"，宋孝宗一面当众表彰："卿等如此守法，极好！"一面自我反省："侥幸之门，盖在上者多自启之。"[4]

第三，皇帝如果按照程序办事，宰相及有关官员一般不会只知点头、不知摇头，轻易地放弃制度赋予自己的权力。如宋真宗准备把宋太祖的驸马、他的叔伯姐夫石保吉提升为使相，并就此事与宰相李沆商议，李沆外

---

① 《宋会要辑稿》职官一之七九。

② 《宋史》卷四○五《刘黻传》。

③ 《欧阳文忠公集》卷三一《杜祁公（衍）墓志铭》。

④ 《中兴两朝圣政》卷五二乾道九年八月癸酉。

号"没嘴葫芦",其实倒有一股牛劲,他"三问不从"①。又如宋真宗的心腹宦官刘承规"病且死,求为节度使",宋真宗打算破例恩准,并同宰相王旦商议:"承规待此以瞑目。"王旦"执以为不可",反问宋真宗:"他日将有求为枢密使者,奈何?"于是"内臣官不过留后"②成为成例,直到北宋末年才被突破。

总之,在宋代,"作为皇帝,并不能随心所欲,为所欲为"③。有的学者在论证宋代相权加强时如是说,绝非向壁虚构。如宋仁宗受到来自宰相等外朝官员的压力,常常不能"从私请",只得"从公议",以致有的宦官企图如此挑拨:"万事只由中书,官家岂得自由行一事?"④如果说宋仁宗太"仁厚",那么敢作敢为的宋神宗也发出过类似"岂得自由行一事"的叹息。据侯延庆《退斋笔录》记载,宋神宗打算将一名转运使处死,宰相蔡确反对,理由是:"祖宗以来,未尝杀士人。"宋神宗又准备把这名转运使刺配远恶州军,门下侍郎章惇认为"如此,即不若杀之",原因是:"士可杀,不可辱。"宋神宗喟然长叹:"快意事更做不得一件!"章惇的回答居然是:"快意事,不做得也好。"《宋史·林栗传》称:宋孝宗"躬揽权纲,不以责任臣下"。此说未免言过其实。据张端义《贵耳集》卷上记载,一次,宋孝宗的一位幸臣请求法外开恩,宋孝宗的答复竟是:"降旨不妨,恐外庭不肯放行。"要他去央求宰相。可是宰相"坚执不从",并且表示:"纵降旨来,定当缴了。"宋孝宗得知此情,不禁浩叹:"书生难与他说话!"可见,即使被人们视为宋代皇权最强、相权最弱的宋孝宗在位期间,皇帝仍然难以为所欲为,宰相的权力依旧不小。

这里需要指出,宰相等外朝官员面折廷争,不是为了削弱皇帝的正当权力,更不是为了动摇皇帝的最高统治者地位,目的仅仅在于防止皇权滥

① 〔宋〕黄震:《黄氏日钞》卷五○《读史·名臣言行录·李文靖(沆)》,《景印文渊阁四库全书》本。

② 《欧阳文忠公集》卷二二《太尉文正王公(旦)神道碑铭》。

③ 王瑞来:《论宋代皇权》,《历史研究》1989年第1期。

④ 〔宋〕朱熹:《三朝名臣言行录》卷二之二《参政欧阳文忠公(修)》,《四部丛刊》本。

用，即从根本上维护皇权。宋代的皇帝对此一般是清楚的，因而往往加以肯定："卿言可谓爱朕。"①由于皇帝难以滥用权力、过分偏袒其亲属亲信，以致宋代没有形成凌驾于外朝之上的内朝。宋代大体无内朝，又是宋代相权比前代加强的表现之一。至于人们常常谈论的宋代削弱相权的措施，大致分为两类。一类与削弱相权基本无关，主要目的在于减轻宰相负担。如宋太宗设立审官院，其出发点主要是："事众，宰相不能悉领理。"②淳化二年（991）设立审刑院，用意与此相似，李焘早已指出："岂能分中书权，省其事耶！"③此后宰相对重大案件，并非一概不管，《宋史·职官志·刑部》讲得很明白："中书以奏，天子论决。"另一类如沿袭前朝旧制，不许宰相私第接见宾客之类，也不能笼统地称为削弱相权。这类措施不是为了妨碍宰相正常行使权力，目的仅仅在于防止相权变质，即宰相由佐天子蜕变为挟天子以至取天子而代之。宋代相权未曾蜕变，前面已经讲到，此处不再重复。

四、士大夫阶层的特质

宋代的皇权和相权比前代都有所加强，这种状况与皇权弱相权强、皇权强相权弱、皇权相权都弱三种状况相比，对于封建统治集团来说，无疑最为理想。在当代学者中，把宋代称为"中国封建社会发展的成熟时期"者有之，称为"我国封建社会的最高境地"者亦有之。从上述意义上讲，这类说法不无道理。宋代皇权相权都强，从根本上说是唐宋之际社会变迁的结果，与士大夫阶层形成并在封建地主阶级这个"等级的阶级"中跃居最高层直接相关。

在中国封建时代，任何封建政权都概莫能外地属于封建地主阶级专政。值得注意的是，封建社会是"由各种社会地位构成的多级的阶梯"，

---

① 《宋史全文》卷二五上乾道五年六月戊戌。
② 〔宋〕司马光：《涑水记闻》卷三，中华书局1989年点校本。
③ 《续资治通鉴长编》卷三二淳化二年八月丁卯。

"几乎在每一个阶级内部又有各种独特的等第"①，不同时期处于封建地主阶级最高层的阶层或等级有所不同。大体说来，魏晋南北朝主要是由门阀士族地主等级专政，隋唐政权是士族地主等级与庶族地主阶层的联合政府，而两宋王朝则是以士大夫阶层为主的封建地主阶级专政。宋代"治狱必用士人""宰相必用读书""典郡必儒臣""堂后官亦必参之以士人之任"，一言以蔽之，皇帝"左右前后，无非儒学之选"②。宋太宗对士大夫说："天下广大，卿等与朕共理。"③元老重臣文彦博对宋神宗讲："为与士大夫治天下，非与百姓治天下也。"④理学名家程颢指责宋神宗："陛下奈何轻天下士？"宋神宗当即辩解道："朕何敢！"并"如是言之，至于再三"⑤。宋高宗号称"光宠儒臣"，有位官员写诗称赞："文物多思古，朝廷半老儒。"⑥南宋后期，杂剧人称："满朝朱紫贵，尽是读书人。"⑦所有这些都相当准确地道破了宋代政权的性质。正是被政权性质所规定，宋代士大夫在各个方面享受多种优待，并且通常没有杀身之虞，朝廷"未尝轻杀一臣下"⑧。无怪乎宋太宗沾沾自喜："朕于士大夫无所负矣。"⑨直到南宋行将灭亡时，宋理宗谢皇后还满有根据地公开宣称："我国家三百年，待士大夫不薄。"⑩士大夫也承认："国朝待遇士大夫甚厚，皆前代所无。"⑪

宋代主要由科举出身的读书人所组成的士大夫阶层当权。士大夫阶层

① 《马克思恩格斯选集》第一卷，第251页。
② 《古今源流至论》前集卷八《才德》。
③ 《续资治通鉴长编》卷二六雍熙二年十二月。
④ 《续资治通鉴长编》卷二二一熙宁四年三月戊子。
⑤ 〔宋〕程颢、程颐：《二程集·河南程氏文集》卷一一《明道先生（程颢）行状》，中华书局1981年点校本。
⑥ 《宋宰辅编年录》卷一四建炎四年五月己卯"王绹罢参知政事"。
⑦ 〔宋〕张端义：《贵耳集》卷下，《学津讨原》本。
⑧ 〔宋〕范仲淹：《范文正公集》附录《范文正公年谱》，《四部丛刊》本。
⑨ 《太平治迹统类》卷三《太宗圣政》。
⑩ 《宋史》卷二四三《理宗谢皇后传》。
⑪ 〔宋〕王栐：《燕翼诒谋录》卷五，中华书局1981年点校本。

自有其特定的质的规定性，与从前的门阀士族地主等级明显不同。门阀士族地主等级具有排他性、世袭性，用唐人柳芳《氏族论》里的话来说，便是"官有世胄，谱有世官"。而士大夫阶层则具有开放性、非世袭性，用宋人张载《经学理窟·宗法》中的话来说，即是"骤得富贵"，"其家不传"。但因此就认为宋代士大夫政治力量远非从前的门阀士族可比，即使不完全是误解，至少也失之于笼统。士大夫的个体力量与群体力量相去甚远，应当具体分析。

就个体来说，宋代士大夫的政治力量确实远非门阀士族可比。从前，一户门阀士族便是一个自成体系的独立王国，足以同皇帝分庭抗礼，东晋时期"王与马共天下"的政治格局就很典型。他们对皇权具有离心力，对皇位构成威胁，其势力"一旦压倒皇室，就是发生篡夺"。而宋代没有任何一个士大夫家庭像门阀士族那样具有深厚的根基和强大的实力，他们的地位不仅不能世袭，甚至自身难保。即使是宰相，也大多是些布衣卿相。如宋仁宗时官至宰相的杜衍自称"措大"，即贫寒失意的读书人，他曾经这样说："衍本一措大尔，名位爵禄、冠冕服用，皆国家者。……一旦名位爵禄，国家夺之，却为一措大，又将何以自奉养耶？"①元祐初年，司马光推荐文彦博重新出任宰相，有人指责文彦博"有震主之威"，司马光替他辩护道："彦博，一书生耳，……非有兵权、死党可畏惧也。假使为相，陛下一旦欲罢之，止烦召一学士，授以词头。白麻既出，则一匹夫耳，何难制之？"②这些都表明包括宰相在内的士大夫对皇权岂止具有向心力，简直是依附，根本不可危及皇位。宋代之所以皇权加强、皇位稳固、看不见篡夺，其较深层次的原因正在于此。

就整体来说，宋代士大夫的政治力量又不可小视，甚至并不小于门阀士族。从前的门阀士族地主等级具有排他性，其第一层含义在于严士庶之别，不让庶族进入士族行列，他们的圈子相当狭小；其第二层含义在于各

① 〔宋〕朱熹：《五朝名臣行录》卷七之一《丞相祁国杜正献公（衍）》，《四部丛刊》本。
② 《续资治通鉴长编》卷三六八元祐二年闰二月庚寅。

个门阀士族彼此对立、相互牵制，他们各自的实力虽大，但难于拧成一股绳。而宋代的士大夫阶层具有开放性，他们的队伍在不断地更新、不断地充实。随着士庶界限的打破、社会流动的增大、等级差别的缩小，士大夫阶层的整体性加强，因而其群体实力相当大。北宋朋党之盛、南宋太学之横，就充分地显示了其群体实力。新党、旧党交替左右北宋后期政局，早已人所熟知。南宋的太学则有"有发头陀寺，无官御史台"之称，南宋后期人罗大经在《鹤林玉露》丙编卷二《无官御史》条中对当时太学生之敢于讲话，作了这样的描述："国有大事，鲠论间发，言侍从之所不敢言，攻台谏之所不敢攻，由昔迄今，伟节相望。"他们"同声合党，孰敢撄其锋"，甚至"与人主抗衡"[①]。正是在这种社会环境下，前面讲到的"人主无私"论等早已有之的观念，政令形成程序这套并非宋代首创的制度，在宋代比较有效地起到了防止皇权滥用的作用。难怪已故历史学家柳诒徵认为："宋之政治，士大夫之政治也。政治之纯出于士大夫之手者，惟宋为然。"[②]"纯""惟"二字或许渲染过甚，但宋代士大夫在政治生活的各个方面作用确实相当大，包括钳制皇亲国戚，并且往往战而胜之，以致难以形成内朝。宰相作为士大夫阶层的头目和外朝的首领，其权力有所加强，自在情理之中。

总之，宋代的皇权和相权之所以都有所加强，在很大程度上是由于当时的士大夫阶层个体力量既小，群体力量又大。最后需要解释的是，我们既赞同宋代的政治是士大夫政治，又认为宋代的政治是皇权政治，两者岂不抵牾？其实，前者是指宋代国家政权的根本性质是以士大夫阶层为主的封建地主阶级专政，属于国体范畴；后者则是指当时国家政权的构成形式是君主专制，属于政体范畴。君主专制的政体取决于并体现着封建地主阶级专制这一国体，两者不是非此即彼、相互排斥，而是亦此亦彼、基本适应。前面讲到的"绍熙内禅"这一历史事件就生动地显示出国体与政体以

---

① 〔宋〕周密：《癸辛杂识》续集上《开庆六士》、后集《三学之横》，中华书局1988年点校本。

② 柳诒徵：《中国文化史》中册，正中书局1947年版，第223页。

至皇权和相权的辩证关系。宋光宗实际上是被以赵汝愚等宰执大臣为代表的封建地主阶级，特别是其中的士大夫阶层赶下台的。这表明封建皇帝作为封建地主阶级总头目，不能不代表封建地主阶级的利益，如果不能代表，将被封建地主阶级更换。从中不难看出赵宋王朝的国体是十足的以士大夫阶层为主的封建地主阶级专政，也不难发现宋代的相权有所加强。可是，最终作出决定叫宋光宗退位的毕竟是垂帘听政的宋高宗吴皇后，并且皇位依然世袭。足见宋代的政体仍然是严格的君主专制，即使在千钧一发之际，皇权也并未虚化。如果把皇权的象征化作为封建社会发展的必然趋势，恐怕与明清时期的历史实际越发不相符。

*原载《四川师范大学学报》1994年第2期

（选自张邦炜《宋代政治文化史论》，人民出版社2005年版）

从宦官到文臣：唐宋时期枢密院的职能演变与长官人选

李全德

    枢密院为唐代中期以后所产生之新机构，原其初衷在于掌文书以沟通内外朝；至五代宋前期却演变为最高军政机构。其枢密院长贰人选也由最初的宦官担任，一变而为文臣独任为主。以上唐宋时期枢密院职能演变以及长贰人选变化之大概，为治史者所熟知，似无多少疑义可言。然而枢密院演变逾百年，历经中晚唐、五代十国、北宋多个时期，变化之复杂，实非一语可以道尽，其间多有值得推敲之处。枢密院长贰人选的变化与枢密院的性质以及职能沿革密切相关，同时表现出时代的特色，透露出某些社会变化的讯息。本文即主要以唐五代北宋前期枢密院长贰人选作为分析对象，探讨枢密院职能的演变①。

一

    枢密使一职的设立以及枢密院的创置皆起于唐，在中晚唐，两枢密使同掌握禁军的两神策军护军中尉被合称"四贵"，唐人拟于"四相"，地位

---

① 从人群地位变化的角度观察唐宋之际的社会变迁的研究主要有孙国栋《唐宋之际社会门第之消融》，氏著《唐宋史论丛》（增订本），（香港）商务印书馆2000年版，第211—308页。就本文所处理的枢密院职能及人选等相关问题而言，主要的研究有邓小南师《近臣与外官：试析北宋初期的枢密院及其长官人选》以及《走向再造：试谈十世纪前中期的文臣群体》两文，分别见漆侠主编《宋史研究论文集》，河北大学出版社2002年版，第1—26页；《漆侠先生纪念文集》，河北大学出版社2002年版，第79—104页。

不可谓不重，然而唐人记载中却甚少论及枢密使。五代、北宋所修之两
《唐书》、两《五代史》同样无所详考，现在关于唐代枢密使设置时间、职
能的较为完整的记载已经是来自于数百年后的马端临《文献通考》。

近人中最先对唐代的枢密使进行研究的是日本学者矢野主税[①]，国内
学者对这一问题的关注开始于20世纪80年代[②]，主要就枢密使设置的时
间、枢密使的职权、枢密院的机构建置、枢密使与宰相的关系、枢密使对
中晚唐政局的影响等一系列问题做了讨论。现有的研究除了论题难免重
复，对枢密使的职能变化以及枢密使对中晚唐政治影响的史料解析和估价
存在较大分歧之外，即使在一些最基本的问题上，如枢密使的创设时间、
员额、设置原因、枢密院的建制等方面都从来没有达成较为一致的意见[③]，
也没有哪一个研究能够解释枢密院为什么会从唐代的"内廷出纳诏旨之
地"发展成为一个最高军政机构。主要是由于史料的局限，欲"有系统地
重建此一制度"[④]绝非易事。

关于唐代枢密使一职的初置，史料记载多以唐代宗永泰二年（766）
为创制之始。五代冯鉴《续事始》云："代宗永泰中以中人董秀管枢密，
因置内枢密使。"[⑤]《册府元龟》则将董秀知枢密的时间坐实为永泰二年，
卷六六五《内臣部·总序》云："永泰二年始以中人掌枢密用事（注：代
宗用董秀专掌枢密）。"《册府元龟》的记载想必是根据《旧唐书》卷一二

① 矢野主税在20世纪50年代先后发表了《枢密使设置时期について》，《长崎大学学芸学部人文
社会科学研究报告》3号，1953年，第27—32页；《唐代枢密使制の发展》4号，1954年，第
41—48页。
② 主要论文有：贾宪保《唐代枢密使考略》，《唐史论丛》2，陕西人民出版社1987年版，第
215—227页；李鸿宾《唐代枢密使考略》，《文献》1991年第3期，第82—91页；王永平《论
枢密使与中晚唐宦官政治》，《史学月刊》1991年第6期，第18—24页；雷家骥《唐枢密使的
创置与早期职掌》，《中正大学学报》第4卷第1期，1993年，第57—108页；罗永生《晚唐五
代的枢密院和枢密使》，《唐代的历史与社会》，武汉大学出版社1997年版，第139—149页；
戴显群《唐代的枢密使》，《中国史研究》1998年第3期，第82—91页；等等。
③ 相关内容参见胡戟等主编《二十世纪唐研究》第一章"宦官专权"及第二章"内诸司使与内
侍省"两目，中国社会科学出版社2002年版，第59—63、97—98页。
④ 雷家骥：《唐枢密使的创置与早期职掌》，第59页。
⑤ 〔宋〕叶梦得撰，侯忠义点校：《石林燕语》卷四引，中华书局1997年版，第54页。

六《陈少游传》:"少游以岭徼遐远,欲规求近郡。时中官董秀掌枢密用事,少游乃宿于其里,候其下直。"董秀与宰相元载内外引荐,数日,拜宣州刺史、宣歙池都团练观察使。此事亦见于《资治通鉴》卷二二四大历元年(即永泰二年)十二月纪事:"宦官董秀掌枢密,少游请岁献五万缗,又纳贿于元载子仲武。内外引荐,数日,改宣歙观察使。"①仅从这一记载看,大历元年董秀已经掌枢密,但这并不必定是董秀掌枢密之始。

《资治通鉴》卷二二三"广德元年(763)十二月乙未"条载:"以苗晋卿为太保,裴遵庆为太子少傅,并罢政事;以宗正卿李岘为黄门侍郎、同平章事。遵庆既去,元载权益盛,以货结内侍董秀,使主书卓英倩潜与往来,上意所属,载必先知之,承意探微,言无不合;上以是益爱之。"是元载结纳董秀系在广德元年。而据《旧唐书》卷一一八《元载传》:"辅国死,载复结内侍董秀,多与之金帛,委主书卓英倩潜通密旨。以是上有所属,载必先知之,承意探微,言必玄合,上益信任之。"《新唐书》卷一四五《元载传》与此略同。盗杀李辅国系宝应元年(762)十月壬戌,则在代宗即位之初,元载已经与董秀相结。董秀在代宗初仅为从五品下之典内,而元载以宰相之尊倾心与之相结,自是有所假借,从"潜通密旨""上有所属,载必先知之"的实际作用看,董秀其时应该已经在"掌枢密"了。

综上几条材料,代宗很可能即位之初以董秀掌枢密事务,只是当时尚无"枢密使"这一称呼而已。《文献通考》卷五八《职官考》十二"枢密院"条载枢密院之演变云:

> 唐代宗永泰中,置内枢密使,始以宦者为之,初不置司局,但有屋三楹,贮文书而已。其职掌惟承受表奏于内中进呈,若人主有所处分,则宣付中书门下施行而已。永泰中,宦官董廷秀参掌枢密事。元和中,刘光琦、梁守谦为枢密使。长庆中,王守澄知枢密事。

---

① 〔宋〕司马光:《资治通鉴》卷二二四大历元年十二月纪事,中华书局1956年版,第7193页。

在这段记载中，马端临分别用了"枢密使""内枢密使""知枢密"和"掌枢密"等四种不同的称谓，虽名称不一，但其意则同。学界对于"枢密使"这一称谓的出现时间也多有讨论①，认为马氏混淆了"掌枢密"与"枢密使"的有之②；认为董秀掌枢密与枢密使的设置全无关系的有之③。笔者认为马氏所述并无不妥，问题的关键本不在于名称的变化，而在于"掌枢密"这一关键事任的出现、凝聚及其演变。而且其中"内枢密使"好像是一个比"枢密使"更为正式的称谓，最能反映这一职位最初出现的背景和职掌。

对于马端临所说之"内枢密使"，有学者认为乃是宋人对唐制的理解。实际上，这种说法并非始于宋人笔下。"内枢密使"除了广泛见于两《唐书》及《资治通鉴》外，也出现在唐代正规的朝廷任官制书以及唐人所做碑铭、墓志中。如杜牧为宣宗时期的王元宥所作的除右神策中尉制书中，王元宥原先的官衔便是"内枢密使、骠骑大将军行右威卫上将军、知内侍省事、上柱国、晋国公、食邑二千户"④。裴廷裕为僖宗时期的吴承泌所做墓志铭中称吴承泌"景福二年改内枢密使、加特进、左领军卫上将军、知内侍省事、濮阳开国侯、食邑一千户、食实封一百户"⑤。乐朋龟在僖宗幸蜀时所作之《西川青羊宫碑铭》中对枢密使苗允礼和李顺融的称呼也是"内枢密使"⑥。

因此，从"内枢密使"在诏书、碑铭等比较正式的场合中的运用看，"内枢密使"正应该是唐代枢密使名称固定后的正式称呼，同样，"内枢密

---

① 枢密使的初置时间主要有永泰二年（766）、元和元年（806）与宝历二年（826）说，分别参见前揭王永平、雷家骥（主永泰二年说）、矢野主税、李鸿宾、戴显群（主元和元年说）、贾宪保（主宝历二年说）文。

② 参见前引戴显群文，第82页。

③ 参见前引矢野主税《枢密使设置时期について》，第30页。

④ 〔唐〕杜牧：《王元宥除右神策军护军中尉制》，《全唐文》卷七五〇，中华书局1983年版，第7769页。

⑤ 〔唐〕裴廷裕：《大唐故内枢密使特进左领军卫上将军知内侍省事上柱国濮阳郡开国侯食邑一千户食实封一百户吴公墓志铭并序》，《全唐文》卷八四一，第8844页。

⑥ 〔唐〕乐朋龟：《西川青羊宫碑铭》，《全唐文》卷八一四，第8574页。

院"则应该是枢密院的正式称呼①。"内枢密"三字也揭示出枢密使的职责及所掌文书的性质。

唐代枢密使所掌之"枢密"是有其特定含义的，并非泛泛之语，能够掌握"枢密"之机构也是有明确所指。考察唐人任官制书，我们会发现不管在枢密使一职出现之前还是之后，只有拜相方谓入居枢密②，宰相自称一般也都是"典枢密""见在枢密""待罪枢密"等等③；既罢相，则往往称辍枢机、解枢机之务之类④。

所以，正如"中书，朝之枢密"⑤，"中枢密勿，庶政本源"⑥，"丞相府署，国家枢机"⑦之类说法所揭示的，中书所掌即为枢密。因为中书为政令之所出，所以与此相关之翰林学士院亦往往被称作是枢机宥密之地，如李肇所言："翰林为枢机宥密之地。"⑧又如天祐二年（905）三月，杨注罢翰林学士，敕："翰林学士、户部侍郎杨注是宰臣杨涉亲弟，兄既秉于枢衡，弟故难居宥密，可守本官，罢内职。"⑨是翰林学士院与中书门下皆

---

① 文宗开成二年（837）右补阙魏謩弹劾荆南观察使韦长不应该以监军手下凌辱江陵县令事送状西院，"院即内枢密院也"，参见《册府元龟》卷五二〇下《宪官部·弹劾三》下"魏謩弹劾韦长"条，第6219页。此西院，系以方位名，而非院分东西两院之西院。"内枢密院"与"内枢密使"又俱见于前蜀，而前蜀典制系仿自唐，参见《资治通鉴》卷二七〇贞明三年（917）闰十月戊申，"蜀主以判内枢密院庾凝绩为吏部尚书内枢密使"条，第8821页；《全唐文》卷九二九杜光庭《诏与黄万祐（就内枢密院）相见谢表》，第9686页。

② 参见《全唐文》卷二二《命张说兼中书令制》，第259页；卷三七《答张九龄让起复中书侍郎同平章事批》，第401页；卷四六《升侍中中书令入正二品门下中书侍郎入正三品诏》，第515页；卷五六《授李绛中书侍郎同平章事制》，第615页；卷六四穆宗《授裴度平章事制》，第686页。

③ 〔唐〕张说：《中书令逍遥公墓志铭》，《全唐文》卷二三二，第2349页；〔唐〕宋璟：《请停广州立遗爱碑奏》，卷二〇七，第2092页；〔唐〕卢怀慎：《遗表》，卷二七五，第2793页。

④ 《全唐文》卷五八《韦贯之守尚书吏部侍郎制》，第627页；卷六四《崔植刑部尚书制》，第686页。

⑤ 〔唐〕张九龄：《故开府仪同三司行尚书左丞相燕国公赠太师张公墓志铭并序》，《全唐文》卷二九二，第2965页。

⑥ 〔唐〕权德舆：《为卢相公谢除中书侍郎表》，《全唐文》卷四八五，第4954页。

⑦ 《册府元龟》卷九一四《总录部·酒失》"李景俭贬漳州刺史"条，第10825页。

⑧ 〔唐〕李肇：《翰林志序》，《全唐文》卷七二一，第7415页。

⑨ 〔后晋〕刘昫等：《旧唐书》卷二〇下《哀帝纪》"天祐二年三月丁亥"条，中华书局1975年版，第791页。

可谓枢密之地。

中书所掌枢务既繁，其中亦另有常程公务与机要之分。开元十一年（723）中书令张说奏改政事堂为中书门下，"列五房于其后：一曰吏房，二曰枢机房，三曰兵房，四曰户房，五曰刑礼房，分曹以主众务焉"①。此枢机房所掌显然是机密事务无疑。随着安史之乱后中央政治体制的演进，君相之间政务处理方式发生变化，于是遂有沟通君主与中书门下之"掌枢密""知枢密""枢密使"一职的出现②。相对于中书门下于外朝所掌之枢密事务而言，宫内由宦官所掌自然可称为"内枢密"了。

曾经有学者认为，以宦官处理机密事务并非始于代宗时期，玄宗时的高力士即兼掌枢密之任，已经开此先例③。据《旧唐书》卷一八四《高力士传》："每四方进奏文表，必先呈力士，然后进御，小事便决之。"此后又有李辅国，同卷《李辅国传》："宰臣百司，不时奏事，皆因辅国上决。"其实"在内侍奉，出入宫掖，宣传制令"④本就是内侍之职，高力士和李辅国不过是在此基础上凭借君主信任与个人的威信而增大其内侍之权，只能属于个人行为，而非制度化的措施。此外，通过以上分析我们可以看到，他们与代宗时期董秀掌枢密还有根本的不同。高、李二人所面对的是所谓"宰臣百司"，所掌文书也是极其宽泛无所不包，既有宰臣百司之奏章，也有四方进奏文表；而董秀则是专掌机要文书，其作用是作为沟通皇帝和中书门下的桥梁。因此，对于唐人文集中所多见之无名中使宣传诏旨于中书门下之类的史料，我们应注意区分这两种可能性，不能轻易地把他认定为"掌枢密"之人或者枢密使。

枢密使与中书门下所掌之枢密事务是互有交叉的：中书在常程公事之外，会不断地有机要事务需经由枢密使报君主亲自裁决；君主的一些重大的人事任免、军国要务的决策也要通过枢密使传达给中书门下。同时，两

---

① 〔宋〕欧阳修、宋祁：《新唐书》卷四六《百官志》一，中华书局1975年版，第1183页。

② 刘后滨：《唐代中书门下体制研究》，齐鲁书社2004年版，第296—300页。

③ 参见前引贾宪保文。

④ 〔唐〕李林甫等：《宋本大唐六典》卷一二《内侍省》，中华书局1991年版，第263页。

者又是互相依存的，没有外朝枢密，又何来内枢密？枢密使的设置更多的是着眼于效率而不是压抑相权，这一点从后来昭宗时崔胤要求收回宦官所掌之军权而不及枢密使一事上也可以得到反证，所以那种以为枢密使的出现是宦官分中书枢机房夺宰相之权的说法很难成立①。

枢密使一职的职掌："惟承受表奏于内中进呈，若人主有所处分，则宣付中书门下施行而已。"雷家骥先生据此描绘出的枢务处理程序为：①（枢密使）承受—②进呈—③（人主）处分—④宣传—⑤（中书门下）施行②。正像刘后滨先生所指出的，此一程序中少了皇帝将表奏出付中书门下，中书门下商量处分后进行覆奏这一环节③，而这也正是宰相参与决策与监督的表现。唐代枢密使处理文书的公文无存，而北宋时却尚有很多人见过后梁崇政院使的"宣底"，据欧阳修言，根据梁宣底所见后梁崇政院使的职责是："凡承上之旨，宣之宰相而奉行之。宰相有非其见时而事当上决者，与其被旨而有所复请者，则具记事而入，因崇政使闻，得旨则复宣而出之。"④此记载恰可补马端临所言程序之不足。显然在程序④与程序⑤之间，应该有宰相的非时请对与覆奏等诸环节，然后循环①—③的环节，最后由宰相施行。可见在以上的枢务处理程序的任一环节中，枢密使都不能参与决策，所以欧阳修据此说梁之崇政使，"乃唐枢密之职，盖出纳之任也"。而这也自始至终是唐代枢密使制度允许内的基本职掌。

虽然枢密使这一职位看起来并不是权力很大，但却是相当紧要的位置，且由于其在枢务程序中的特殊位置，实际上又使得他很容易突破其职务上的界限。以下试就人选与职权的变化加以说明。

唐代宗首用董秀掌枢密，其时董秀仅为从五品下之典内，至大历六年

---

① 《旧五代史》卷一四九《职官志》辑录案语中引项安世《家说》，追溯唐代枢密使设置的源流云："唐于政事堂后列五房，有枢密房，以主曹务。则枢密之任，宰相主之，未始他付，其后宠任宦人，始以枢密归之内侍。"（〔宋〕薛居正等，中华书局1976年版，第1994页）据《新唐书》卷四六《百官志》一，政事堂后有枢机房，而无枢密房，《家说》误。

② 参见前引雷家骥文，第66页。序号为笔者所加。

③ 刘后滨：《唐代中书门下体制研究》，第299页。

④ 〔宋〕欧阳修：《新五代史》卷二四《郭崇韬安重诲传赞》，中华书局1974年版，第257页。

（771）升迁也不过是正五品下之内常侍。董秀职位虽卑却能够被代宗委以重任，主要还在于他的亲信地位。董秀于大历十二年因元载事败被杖杀，有宦官刘忠翼同受牵连被诛。据《新唐书》卷一四五《黎干传》："（刘忠翼）与左卫将军董秀皆有宠于代宗。当盛时，爵赏在其口吻，捃冒财贿，赀产累皆巨万。"刘忠翼本名清潭，代宗即位之初曾受命使回纥修旧好，征兵讨史朝义[①]，后来代宗为之改名忠翼以宠之[②]，可见其地位之近密与代宗所寄予之期望。董秀事败受诛后，代宗复以宦官乔献德代其"宣传诏旨于中书门下"之职，史称乔献德"小心恭慎，乃加宠焉"[③]。

代宗前期之权阉，前有李辅国、程元振，后有鱼朝恩，皆为代宗所忌，而董秀等人职位虽卑，却显然都是代宗所亲信之人，故先后典枢密。"宣传诏旨"是他们的职责，"小心恭慎"则差不多可作为对人选的要求，对人选亲信、忠心的讲求，正是枢密使一职的性质所决定的。虽然从制度上说，董秀位卑职微，然而却是典掌机密，同皇帝关系亲密。董秀势力虽小而亲，可以知人所未知，故宰相元载才厚啖以金与董秀相结，"使刺取密旨，帝有所属，必先知之，探微揣端，无不谐契，故帝任不疑"[④]。元载结董秀可以说并不是因为董秀本身有多大的权力，而更多的是借重其与代宗亲密的身份，知皇帝意向，从而事先揣摩上意，达到揽权固位的目的。在这一过程中，董秀自己没有多大的权力，也无从侵夺宰相的权力。

鱼朝恩伏诛后，内官不复典兵，其势稍衰。至德宗贞元十二年（796）时窦文场、霍仙鸣为左、右神策护军中尉分掌禁军，至贞元末，宦官复盛。迄顺宗遂有永贞内禅，宦官刘光琦等拥立宪宗。宪宗朝是枢密使制度发展的一个重要阶段，两枢密制度即始于宪宗。宪宗英武，虽为宦官所拥立，却能抑制宦官，振作朝纲。不管是两中尉还是枢密使的选用，皆出于

---

① 《资治通鉴》卷二二二"宝应元年九月丙申"条，第7131页。
② 《册府元龟》卷六六五《内臣部·恩宠》"乔献德"条，第7964页。
③ 《册府元龟》卷六六五《内臣部·恩宠》"乔献德"条，第7964页。
④ 《新唐书》卷一四五《元载传》，第4712页。

己意。如刘光琦有拥立功，被用作知枢密，宪宗能用之，亦能斥之①。刘光琦致仕后，元和七年（812）正月赠扬州大都督。赠官的原因在于"掌宣转枢密故也"②。刘光琦之后的枢密使有梁守谦、刘宏规。梁守谦在元和初"授银璋，佐密命"，元和五年"加金紫，掌枢机"，据载其为人"以温惠为甲胄，清慎为戈矛"③。刘宏规亦是宪宗亲擢，其在枢密，"一日万机，昼常三接。忠猷隐于闻听，嘉谋秘于宫闱"。宪宗特赐名宏规。刘宏规"志仗神明，心存王室"，宪宗"凭几大渐，召公受遗"，穆宗病笃，"公请立先后，以为副君。雪涕抗词，首陈大计"④。历宪宗、穆宗、敬宗三朝，于宝历二年（826）病故。

宪宗被弑之后，宦官权力益盛。穆、敬及文宗前期，中尉、枢密的位置皆为所谓"元和逆党"把持。李训采用分化策略打击逆党几尽，大和末年，文宗任用刘弘逸、薛季稜为枢密使。薛季稜早年即因关心民瘼为文宗所知，外廷宰相对此二人也是赞誉有加，认为两人"公清奉法"⑤，与其他宦官不同。刘弘逸、薛季稜在文宗大渐后，得与宰相杨嗣复、李珏一起奉遗命奉太子监国，可见文宗对他们的信任，但却因此为中尉仇士良所恶。及两中尉矫诏立武宗，两人心不自安，又欲报文宗礼遇，谋倒戈诛仇士良、鱼弘志两中尉，遂被诛⑥。

武宗时期，枢密使刘行深、杨钦义两人与武宗的关系不详。史称二人"皆愿悫，不敢预事"⑦。所谓不敢预事，恐怕正是守其本职、不侵权的表现，这在宦官眼中自然是怯懦的表现。

自宣宗始，内廷阉寺起族类之自觉，为对抗外廷而团结一致，合为一

---

① 《资治通鉴》卷二三七"元和三年正月癸巳"条，第7648页。

② 《册府元龟》卷六六五《内臣部·恩宠》"刘光奇（琦）"条，第7965页。

③ 〔唐〕杨承和：《邠国公功德铭》，《全唐文》卷九九八，第10334页。

④ 〔唐〕李德裕：《唐故左神策军护军中尉兼左街功德使知内侍省事刘公神道碑铭》，《全唐文》卷七一一，第7295页。

⑤ 《资治通鉴》卷二四五"开成元年（836）十一月"纪事，第7927页。

⑥ 《旧唐书》卷一八上《武宗本纪》开成五年八月十七日，第585页。

⑦ 《资治通鉴》卷二四七"会昌三年五月壬寅"条，第7985页。

片①，但内部同君主的关系仍是亲疏有别。如大中十三年（859）八月，宣宗大渐，"密以夔王属枢密使王归长、马公儒、宣徽南院使王居方，使立之。三人及右军中尉王茂玄，皆上平日所厚也，独左军中尉王宗实素不同心。"②王、马等人属于亲信，故临终托以密命，而"素不同心"一语表明不仅君主与权阉之间，即使宦官与宦官之间的矛盾亦依然存在，尚未真正合成一片。僖宗即位时，亲擢小马坊使田令孜知枢密。田令孜在僖宗为普王时便有宠，僖宗乃至于与之同卧起③，可见关系之亲疏仍然是君主考虑枢密使一职人选上的主要因素。

昭宗时期是枢密使变动最为剧烈的时期。昭宗在位16年，两军中尉可考的有13人次，而可考知的枢密使则有16位之多④。枢密使人选的频繁更迭，透视出唐末政治局势的剧烈变动。

昭宗时期，外廷士大夫早已仿照阉寺合为一片。昭宗因素疾宦官，杨复恭恃援立功，适增昭宗之不平，于是政事多谋于宰相，欲仿效大中故事，深抑宦者权，而南衙北司益相水火⑤。宦官、士大夫争相结藩镇为奥援，三种力量的互相纠结，维系着亡形已露的昭宗朝廷。昭宗内受制于宦官，外受制于藩镇，早已失去了对局势的控制，枢密使人选及其职权同样也不在昭宗的控制之内，昭宗且不免为之所劫。大体上昭宗时期的枢密使人选，或者为阉宦之代表，如刘季述；或者虽为宦官，实际上却是藩镇的代表，如韩全诲曾为凤翔李茂贞的监军，在李茂贞的支持下先为枢密使，后又与另一位凤翔监军张彦弘并为左、右中尉⑥；而蒋玄晖作为第一个非宦官枢密使，则是宣武朱全忠的亲吏，枢密使人选随藩镇力量的消长而

① 陈寅恪：《唐代政治史述论稿》，上海古籍出版社1997年版，第119页。

② 《资治通鉴》卷二四九"大中十三年八月"条，第8075页。

③ 《新唐书》卷二〇八《田令孜传》，第5884页；《资治通鉴》卷二五二"乾符二年正月辛巳"条，第8176页。

④ 此处两军中尉以及枢密使人数统计参见前引雷家骥文所附《唐四贵年表》。

⑤ 《资治通鉴》卷二五八"龙纪元年十一月己酉"条，第8390页；卷二六二"光化三年六月癸亥"条，第8530页。

⑥ 《资治通鉴》卷二六二"天复元年正月丙午"条，第8546页。

变化。

昭宗时宦官在与朝廷以及藩镇的缠斗中一旦失势，则枢密使与中尉作为宦官的代表往往俱不免于难。如景福二年（893），李茂贞、王行瑜称兵犯阙，枢密使李周潼、段诩以及中尉西门重遂被杀。乾宁二年（895），王行瑜、李茂贞、韩建等三帅犯阙，枢密使康尚弼等被杀。天复元年（901）正月，宰相崔胤密结禁军反正，擒杀四贵，年底，宦官劫昭宗走凤翔。天复三年正月戊申，李茂贞欲与朱全忠和解，杀四贵，昭宗还京；庚申，崔胤结朱全忠尽诛宦官。在这一个过程中，宦官枢密使甚至很难保有原先的掌机密文书表奏的基本职能。据《资治通鉴》卷二六二载：

> （天复元年闰六月）崔胤请上尽诛宦官，但以宫人掌内诸司事。宦官属耳，颇闻之，韩全诲等涕泣求哀于上，上乃令胤："有事封疏以闻，勿口奏。"宦官求美女知书者数人，内之宫中，阴令伺察其事，尽得胤密谋，上不之觉也。全诲等大惧，每宴聚，流涕相诀别，日夜谋所以去胤之术。

"有事封疏以闻"，则枢密使已失部分原先通奏之权，在这种情况下，掌军之中尉韩全诲亦无可奈何，竟只能靠宫人来刺探机密消息。

天复三年（903）正月尽诛宦官后，"自是京城并无宦官，天子每宣传诏命，即令宫人出入"[1]。这是以宫人代替原先内侍之职，原先枢密使的职能当亦包含在内。次年四月下诏惟留宣徽等九使外，余皆停废。以朱全忠亲吏蒋玄晖为宣徽南院使兼枢密使，王殷为宣徽北院使兼皇城使[2]。天祐二年（905），蒋玄晖被杀后，枢密使并宣徽南院使并停，所司勒归中书[3]。这道敕令也使我们看到枢密使的职掌与中书之间的联系[4]。

通过以上对唐代大部分枢密使人选的分析我们可以看到，宦官整体虽

---

[1] 《旧唐书》卷一八四《宦官传》末，第4779页。
[2] 《资治通鉴》卷二六四"天祐元年闰四月戊申"条，第8631页。
[3] 〔宋〕王溥：《唐会要》卷七九《诸使下·诸使杂录下》，中华书局1998年版，第1454页。
[4] 雷家骥：《唐枢密使的创置与早期职掌》，第59页。

为同一势力群体，但内部同样有分野。即使在他们"合成一片"的时候，也并不是铁板一块。群体内部有权力、政见之争，相对于皇帝来讲，成员有亲疏之别。大体上枢密为近密，中尉难亲近，故两者多矛盾，这种状况直到昭宗朝方改变。代宗、德宗之世，先后创置宦官枢密使与宦官神策中尉，李辅国、程元振等权阉之后宦官势力的复振，皆二帝所养成，但此时的枢密使与中尉人选皆为君主亲信，故君主虽纵容，却自信能够控制。此后的宪宗、文宗、武宗、宣宗虽皆为宦官所拥立，但枢密使人选大多出自亲擢，以亲信为之。而在穆宗、敬宗、懿宗、僖宗、昭宗之世，枢密使人选或为前朝拥立功臣，或为新进权阉，或为藩镇代理，少有真正能为君主所用者。在前一种情况下，君主多能将枢密使的权力约束在其应有的限度之内，"大中故事"且为后世所仿效；枢密使亦多纯谨自守，为君主所宠信，故而两度出现枢密使顾命的事情。在后一种情境下，枢密使与中尉多同气连枝，或挟持天子以斗朝臣，或外结藩镇以要君，其权力往往突破其职权的界限，开始广泛参与外廷事务，表现出职权扩大的表象。实际上这种权力的扩大更多地表现为侵权，正如昭宗时能控制宦官则实行"大中故事"予以抑制，而宦官一旦掌控局面则废之[1]，所以某段时期内宦官枢密使权力的一度扩大并不是枢密使发展制度演进的结果，更没有得到普遍的认可。《资治通鉴》卷二五〇咸通二年（861）二月载有宰相杜悰与枢密使言，有"内外之臣，事犹一体，宰相、枢密共参国政"一语，论唐代枢密者，几乎每文必引，作为枢密参与中枢决策的依据，然此事为小说家言，与史实不符，宋人洪迈《容斋随笔》早已辨析此条之误[2]。

唐代的枢密使虽然与中尉合称四贵，一起享有内廷领袖的地位，但最为宦官所重的一直是中尉而不是枢密使，枢密使可能会是君主的亲信，而中尉则从来都是宦官集团中的实权派。除了在懿宗、僖宗朝少数几个特殊时期外，枢密使中少有能获得参与中枢决策者，对唐代政治也并无显著影

---

① 《资治通鉴》卷二六二"天复元年正月丙午"条，第8545页；"十月癸卯"条，第8559页。
② 〔宋〕洪迈：《容斋随笔》卷六"杜悰"条，上海古籍出版社1996年版，第81—82页。

响。举例而言，宪宗以下诸帝中，敬宗之外，为宦官所拥立者七君，每一次都是以中尉为主导。其中有两次枢密使受顾命的，皆败于中尉。也就是说，在一系列拥立事件中，凡是枢密使单独行动的，都失败；凡是中尉参与的，全成功。天复三年（903）正月宰相崔胤和朱全忠谋诛宦官，被陈寅恪先生称为中古政治史划时代之大文字的崔胤奏章溯宦官专权始末以及答诏所历数宦官之罪，都是直指中尉①。神策中尉既掌军，又预政，所谓的宦官专权，要挟皇权，侵夺相权，真正在中晚唐政治舞台上唱主角的是"神策派"②而不是枢密使，枢密使在其时也没有表现出可以发展成为最高军政机构的任何迹象，尽管史家多言宋枢密使制度渊源于唐制。

二

蒋玄晖任枢密使是枢密使建置以来人选上的一次大变动，被视为枢密移于朝士之始③。不过如仅就人选的性质以及枢密使的职能来看，这一变化的意义并没有想象中的那么重大。此时政在朱温，与其说蒋玄晖做的是唐家的枢密使，还不如说做的是朱氏的枢密使。蒋玄晖是朱温的"亲吏""心腹"，这和唐代以亲信宦官掌枢密并没有本质上的区别。朱温之所以在天祐元年（904）自己东还汴梁时于洛阳重设枢密使，并不在于枢密使本身如何重要，而在于这一职务的性质使之可以接近宫闱，从而监控昭宗，"动静皆知之"④。及蒋玄晖弑昭宗，朱梁禅代已经是势在必成，唐王朝的枢密使一职也就再没有存在的必要了。

朱温于篡唐后第三天，建立了一个新的机构崇政院。据《资治通鉴考异》引《实录》："四月辛未，以（敬）翔知崇政院事，五月甲午，诏枢密院宜改为崇政院，始命翔为院使。"据此司马光认为："盖崇政院之名先已

---

① 《旧唐书》卷一八四《宦官传》末，第4771页。
② "神策派"的提法参见岑仲勉《隋唐史》，河北教育出版社2000年版，第318页。
③ 〔清〕赵翼著，王树民校证：《廿二史札记校证（订补本）》卷二二"五代枢密使之权最重"条，中华书局2001年版，第471页。
④ 《资治通鉴》卷二六五"天祐元年七月"末纪事，第8635页。

有之，至是始并枢密院职事悉归崇政院耳。"①五月枢密院改为崇政院实际
上是一次机构合并，故胡三省注此事时，不云"改"而是用了"入"②。
崇政院兼并了枢密院，原枢密院的职能也并入崇政院。所以简单地认为后
梁的崇政院是唐代枢密院的改易名称是不准确的。崇政院的职能是："备
顾问，参谋议，于禁中承上旨，宣于宰相而行之。宰相非进对时有所奏请
及已受旨应复请者，皆具记事因崇政院以闻，得旨则复宣于宰相。"③在原
先枢密院"承受表奏"的基础上，崇政院正式获得了"备顾问，参谋议"
的职能。故而尽管后梁的崇政院并不是直接由唐代枢密院而来，但也不妨
看作是唐代枢密院的发展。

后梁的崇政院使一共只有两位，即太祖时期的敬翔和末帝时期的李
振。敬翔和李振属于同一类型的人物。他们都是士人出身，读书应举，却
累举进士不第，最后入朱温幕府。敬翔，"好读书，尤长刀笔，应用敏
捷"，为朱温专掌檄奏，后来又以谋略为朱温所知，在幕府三十余年，"军
谋政术，一以谘之"④，"禅代之际，翔谋居多"⑤。李振以谋略见长，为
朱温所重，在当时还享有"一代奇才"的名声⑥。因此敬翔和李振二人应
该说都属于那种"好读书"而"擅吏能"的综合式人才⑦。朱温首以敬翔
为使，其职能显然不会仅仅停留在唐代枢密使那样的宣传诏命，备顾问、
参谋议，居中辅佐，可谓得宜。备顾问、参谋议的职能也是枢密掌文书基
础上的必然发展。

枢密使制度发展至此，不论从其人选由宦官到亲吏再到文士的趋向
看，还是其职能从掌文书、宣传诏命到备顾问、参谋议的发展看，其演进
的方向都是指向了一种新的宰相机构而不是掌握军政的专门机构。枢密使

---

① 《资治通鉴》卷二六六"后梁太祖开平元年五月甲午"条，第8681页。
② 《资治通鉴》卷二六六"后梁太祖开平元年四月辛未"条，第8674页。
③ 《资治通鉴》卷二六六"后梁太祖开平元年四月辛未"条，第8674页。
④ 《旧五代史》卷一八《敬翔传》，第247页。
⑤ 《资治通鉴》卷二六六"开平元年四月辛未"条，第8674页。
⑥ 《旧五代史》卷一八《李振传》，第253页。
⑦ 邓小南：《走向再造：试谈十世纪前中期的文臣群体》，第101页。

（崇政院使）似乎在经历着类似汉代尚书从内廷到外朝的演进之路。但是这一演变并没有实现，正如欧阳修所说："备顾问、参谋议于中则有之，未始专行事于外也。"①崇政院没有机会发展成为新的宰相机构，后唐庄宗灭梁使这一制度的演变发生转向。

后唐同光元年（923）十月，诏崇政院依旧为枢密院②。看起来好像是恢复唐制，实际上，后唐的枢密院自建立之初，其职能就与唐代的枢密院以及后梁崇政院有着显著的区别。此前的枢密院（崇政院）还只是内廷文书保存以及秘书咨询机构，后唐的枢密院则从一开始就已经走向外朝，与中书门下分领政事，其主要的职掌已经是军政。

对于枢密院从行密命到掌军政的跨越，宋人著《君臣政要》曾有一解释云："后唐庄宗始用郭崇韬分中书兵房置枢密院，与宰相分秉朝政。"③这种看法与项安世《家说》认为唐代分中书枢密房归之内侍而设枢密使的解释异曲同工④，但同样没有多少根据，因此唐长孺先生早就指出：承受章奏出纳诏命本为门下省职司，但宫廷中亦必经由宦官，两者皆不可无，怀疑与中书门下之枢密房没有关系⑤。后唐的枢密院在建立之初就已经被赋予了在军政方面的领导权而与中书分秉朝政，而不是唐代枢密院制度长期演变的结果，其直接的渊源即是后唐原藩镇体制下所设置的中门使。

后梁时期，"晋王封内，凡节镇皆有中门使"。按照胡三省的说法，"其任即天朝枢密使也"⑥，认为中门使是仿照唐的枢密使而设。更早的欧阳修也说："中门之职，参管机要。"⑦但从相关史料看，中门使的职能并不是仅限于此。

---

① 《新五代史》卷二四《郭崇韬安重诲传论》，第257页。
② 〔宋〕王溥：《五代会要》卷二四"枢密使"条，上海古籍出版社1978年版，第377页。
③ 〔宋〕高承：《事物纪原》卷四"枢密"条引，中华书局1989年版，第216页。
④ 《旧五代史》卷一四九《职官志》辑录案语引，第1994页。
⑤ 参见唐长孺《唐代的内诸司使》（上），武汉大学魏晋南北朝隋唐研究室编《魏晋南北朝隋唐史资料》第5辑，1992年，第9页。
⑥ 《资治通鉴》卷二六九"贞明二年九月安重诲为中门使"条下胡注，第8805页。
⑦ 《新五代史》卷二四《郭崇韬传》，第245页。

郭崇韬、安重诲分别是后唐庄宗时期和明宗时期的首任枢密使，皆出身于中门使。天祐十四年（917），经过孟知祥的推荐，李存勖用郭崇韬为中门副使。据《旧五代史》卷五七《郭崇韬传》，李存勖之所以用郭崇韬为中门副使，原因在于孟知祥特地标举郭崇韬"能治剧"。对于"能治剧"才能的重视，说明中门使不但要掌握机要参预谋议，而且还要负责繁重的相关行政事务。郭崇韬也的确是"倜傥有智略，临事敢决"①。这些行政事务也主要是与军政相关的事务。如孟知祥为中门使时，"庄宗与梁祖夹河顿兵，知祥参谋应变，事无留滞"②。其"事"便主要是兵事。及孟知祥避位，郭崇韬为中门使，"艰难战伐，靡所不从"③。李嗣源镇邢州，以安重诲为中门使，"随从征讨，凡十余年，委信无间，勤劳亦至，洎邺城之变，佐命之功，独居其右"④。郭、安为中门使时，所处理的主要是征伐之事，所谓"艰难""勤劳"，可见军务之繁。

后唐建国后，由中门使转任为枢密使，被看作理所当然。后唐建立前的两位中门使为马绍宏和郭崇韬，其中前者资格更老。史言"庄宗即位，二人当为枢密使"，马绍宏自己也认为"合当枢密任"。郭崇韬也知道马绍宏可能成为枢密使，而且在自己之上，于是趁着马绍宏刚由幽州召回的机会，荐张居翰为枢密使，挤掉了马绍宏⑤。中门使合当枢密使之任，似乎印证了胡三省"其任即天朝枢密使"的说法，但在后梁时期特殊的政治、军事环境中，河东集团中门使的职责早已突破唐代枢密使的界限，由中门使所转化来的枢密使，其职能与地位也必然是中门使的一脉相承，并进而扩大之。

尽管后唐的枢密使较之于唐代的枢密使，其实已经是名同实异，但后

① 《资治通鉴》卷二七〇"贞明五年三月戊子"条，第8843页。
② 〔宋〕张唐英撰，王文才、王炎校笺：《蜀梼杌校笺》卷三《后蜀先主》，巴蜀书社1999年版，第255页。
③ 《旧五代史》卷五七《郭崇韬传》，第763页。
④ 《旧五代史》卷六六《安重诲传》，第873页。
⑤ 《新五代史》卷二四《郭崇韬传》，第247页；《旧五代史》卷七二《马绍宏传》，第955页；《资治通鉴》卷二七二"同光元年四月己巳"条，第8883页。

唐一直以大唐继任者自居，因此在好些方面都是以恢复唐制相标榜。表现在中枢体制上，就是宰相人选上重流品，"求访本朝衣冠"[1]；在枢密使人选上则重新起用宦官。庄宗即位后仿唐两枢密制，首以郭崇韬和宦官张居翰为枢密使，可考的枢密副使一人是宋唐玉[2]，也是宦官。郭崇韬被杀后，先是宋唐玉，后来马绍宏继任枢密使，加上张居翰，两位枢密使全是宦官。

明宗入立，庄宗时曾"每为庇护"李嗣源的李（马）绍宏并没有得以留任，明宗以亲随安重海与孔循为枢密使，并诏天下悉捕宦者而杀之，后唐宦者掌枢密的局面不复出现。此后可考的枢密使10人中，能够考知身份的7人，其中除了末帝时期的韩昭胤外，其他皆系武资。枢密使人选用武人大体上可作为后唐枢密使人选的主要特征。

后唐枢密使用武人这显然是与变化了的枢密院的职能相关联的，而庄宗时期多用宦官，表面上看起来是枢密使人选问题上的反复，或者说是倒退，实际上更多的只是一种政治手段。后唐的宦官枢密使并没有在枢密院中发挥过主导作用，如庄宗时期值宦官用事之际，宦官张居翰虽为枢密使，却不用事，"每于宣授，不敢有所是非，承颜免过而已"[3]。"不敢"二字差可表达张居翰在枢密院中的尴尬地位。变化了的枢密院与过时的宦官枢密使制度实际上已经无法契合，这一点庄宗并非没有意识到，所以才参用武人与宦官，并任郭崇韬与张居翰。故庄宗之任用宦者为枢密使，正如庄宗对自己所用的前朝士族名流宰相的评价："所谓似是而非者也。"[4]

后晋时期枢密使人选上的最大特点是宰相兼枢密使。后晋枢密使四位，没有一位武人枢密使，其中除了宦官刘处让曾担任过很短的一段时间的枢密使之外，其他三位桑维翰、李崧和冯玉都是以宰相兼枢密使。

后唐明宗时期枢密使安重海的专横与滥用权力，给晋高祖留下了深刻

① 《旧五代史》卷六○《苏循传》，第812页。
② 《旧五代史》卷三一《庄宗本纪》"同光二年四月甲申"条，第433页。
③ 《旧五代史》卷七二《张居翰传》，第954页。
④ 《旧五代史》卷六七《卢程传》，第888页。

印象，故即位之初，但命桑维翰兼枢密使以限制枢密院的权力①。天福四年（939）四月又借机废枢密院，"以印付中书，院事皆委宰相分判"②。直到五年多以后，才由晋少帝复置枢密院。晋少帝在恢复枢密院之后，并没有选择设立专任枢密使，而是继续以宰相兼枢密使。

后晋枢密院的废罢与恢复的过程表明中书与枢密事权分割的必要性，枢密院在当时"正发展成一种被普遍接受和有效的制度，非中书所能取代"③。同时我们也看到这一新的制度在五代特殊环境下的重要性和对合适人选的能力与素质的讲求。高祖初废除枢密院后，"诏中书知印止委上相，由是事无巨细，悉委于（冯）道。帝尝访以军谋，对曰：'征伐大事，在圣心独断。臣书生，惟知谨守历代成规而已。'"④冯道的回答表明冯道这样的书生在应付复杂军政局面上能力的欠缺，因此屡屡请求恢复枢密院⑤。冯道的话也说明了枢密院的主要职能所在以及长官人选的能力要求。后晋少帝时，内有叛将，外有契丹，在这种内外交困的形势下，"欲御北狄，安天下，非桑维翰不可"，桑维翰被看作是应付军政局面的最佳人选，开运元年（944）六月丙午，晋少帝复置枢密院后，便以桑维翰为中书令兼枢密使，"事无大小，悉以委之。数月之间，朝廷差治"⑥。

桑维翰、李崧、冯玉以及冯道或为宰相，或兼枢密使，都是文臣。但是正如邓小南师所指出的："唐末五代时期，与'武将'相对应的'文臣'，就其组合成分而言，实际上是一个相当庞杂的群体。"⑦他们当中既有"儒生""文士"，亦有所谓"文吏"，三者之间且有交叉，并没有严格的界限。冯玉系落第士人，然而不学无术，凭借裙带关系做到了中书舍

① 《资治通鉴》卷二八二"天福四年四月癸未"条，第9201页。
② 《资治通鉴》卷二八二"天福四年四月癸未"条，第9201页。
③ 苏基朗：《五代的枢密院》，《唐宋法制史研究》，香港中文大学出版社1996年版，第14页。
④ 《资治通鉴》卷二八二"天福四年八月壬寅"条，第9207页。
⑤ 《资治通鉴》卷二八三"天福七年七月癸卯"条，第9239页。
⑥ 《资治通鉴》卷二八四"开运元年六月丙午"条，第9272—9273页。
⑦ 邓小南：《走向再造：试谈十世纪前中期的文臣群体》，第80页。

人、端明殿学士乃至宰相，却不知作文①；冯道"好学能文"且擅长政务②，但乏应付军机之才，就能力结构而言，乃属于过渡型的人物。李崧虽无功名，但善属文，能笺奏，并任过枢密直学士、翰林学士、端明殿学士，又出任过财政吏职，有丰富的行政、军政经历与经验，甚至名闻契丹③。桑维翰"性明惠，善词赋"，并在同光中进士登第，任过掌书记、翰林学士。在晋高祖时期便曾以宰相兼枢密使，"从容指画军事，神色自若"④。宋太祖曾经有"安得桑维翰而相之"之叹，对其能力的欣赏几乎超过了宋初名相赵普。桑维翰、李崧同后梁敬翔属于同一类型的人才，他们既富文才，又有丰富的从事行政乃至军政事务的能力，是五代时期新型士人的代表。他们在后晋虽然是以宰相兼任枢密使而不是独任，但已经显示出文人任枢密掌军政的前景。

后汉仅有四年，枢密使主要有杨邠、郭威，他们是五代枢密使中文吏和武将的代表。天福十二年（947）正月，刘知远称帝。史载："朝廷草创，帝悉以军旅之事委杨邠、郭威，百司庶务委逢吉及苏禹珪。"⑤这一安排明显地表现出了二府分职的特征。侍卫亲军势力崛起后，后汉的政治权力格局发生了微妙的变化。隐帝末年时，"枢密使、右仆射、同平章事杨邠总机政，枢密使兼侍中郭威主征伐，归德节度使、侍卫亲军都指挥使兼中书令史弘肇典宿卫，三司使、同平章事王章掌财赋"⑥。在军、政、财权分立的新格局中，文吏、武将各得其二而文士缺席。

苏逢吉、苏禹珪、杨邠和王章皆出身于文史；郭威和史弘肇则出身军人。《旧五代史》卷一○七《史弘肇传》曾载有一事：

① 《新五代史》卷五六《冯玉传》，第642页。
② 《旧五代史》卷一二六《冯道传》，第1655页。
③ 《旧五代史》卷一○八《李崧传》，第1419—1421页。
④ 《资治通鉴》卷二八一"天福二年六月丁未"条，第9176页；《旧五代史》卷八九《桑维翰传》，第1161—1163页。
⑤ 《资治通鉴》卷二八七"天福十二年八月乙未"条，第9374页。
⑥ 《资治通鉴》卷二八九"乾祐三年十一月甲子"条，第9429页。

周太祖（郭威）有镇邺之命，弘肇欲其兼领机枢之任，苏逢吉异其议，弘肇恚之。翌日，因窦贞固饮会，贵臣悉集，弘肇厉色举爵属周太祖曰："昨晨廷论，一何同异！今日与弟饮此。"杨邠、苏逢吉亦举大爵曰："此国家之事也，何足介意！"俱饮釂。弘肇又厉声言曰："安朝廷，定祸乱，直须长枪大剑，至如毛锥子，焉足用哉！"三司使王章曰："虽有长枪大剑，若无毛锥子，赡军财赋，自何而集？"弘肇默然，少顷而罢。

枢密使杨邠同王章为密友，同苏逢吉等则素有不协，但在这一次同军人的冲突中则共同代表了政府的立场站在了一起，文吏与军人之间的壁垒分明。这两个集团可以说是五代时期历代政权的主干，他们之间虽不乏类似冲突，但又并不完全等同于文武之间的对立。

史载史弘肇不喜宾客，曾经有言："文人难耐，轻我辈，谓我辈为卒。可恨！可恨！"①杨邠"出于小吏，不喜文士"，虽长于吏事，不识大体，常言："为国家者，但得帑藏丰盈，甲兵强盛，至于文章礼乐，并是虚事，何足介意也。"②王章"常轻视文臣"，认为文臣无益于事③。可见对于"文臣"，他们又都有着同样的轻视，是共同排挤的。后汉一方面强化了中书与枢密分掌文武的中枢体制，同时又对专业行政能力作了刻意的强调，重吏干、武略，轻文学、经术，中书如此，枢密亦如此。

郭威最终还是以枢密使的身份领兵于外主征伐，"河北兵甲钱谷，但见郭威文书立皆禀应"。这是后汉枢密使制度发展的一个新现象。后唐时期的枢密使亦间有领兵于外者，但皆是临时性质，事毕即还，不似郭威那样以枢密使的身份长期主兵并培植了依附于自己的武装。郭威领枢密使出镇固然"可以便宜从事，诸军畏服，号令行矣"④，能够提高效率，但正

---

① 《旧五代史》卷一〇七《史弘肇传》，第1405页。

② 《新五代史》卷三〇《杨邠传》，第333页；《旧五代史》卷一〇七《杨邠传》，第1408页。

③ 《旧五代史》卷一〇七《王章传》，第1410页。

④ 《资治通鉴》卷二八九"乾祐三年四月辛巳"条，第9422页。

如苏逢吉所说："以内制外则顺，以外制内岂得便耶！"①其结果必然造成权力的失衡。后汉的枢密掌兵也为后世所忌，至宋世遂有枢密、三衙互相维制的种种制衡。

后唐至后汉的首任枢密使郭崇韬、安重诲、桑维翰以及杨邠等有许多共同的地方，比如都是君主的元从亲信；都曾以宰相兼任枢密使等等。后周的首任枢密使王峻则并非周太祖郭威的元从部下，而是曾经比肩事主，但两人是布衣之交，且王峻年长，又于郭威有恩，属于开国功臣，这种种因素都强化了王峻在后周政权中的特殊地位。后周建立后不久，即以王峻为宰相兼枢密使。王峻且得以领兵。广顺元年（951）十月，郭威以王峻为行营都部署，领兵救晋州，"诏诸军皆受峻节度，听以便宜从事，得自选择将吏"②。值得注意的是，郭威在任命王峻为首相并兼任枢密使后两日，便又以次相范质参知枢密院事③；第二年三月又任命自己在藩时的心腹将佐郑仁诲为枢密副使④。这些枢密院人事上的安排，表明郭威在宠王峻之位的同时，且欲稍抑王峻之权，加强对枢密院的控制。

但王峻在由枢密使升任宰相并兼枢密使后，并没有以自己在中书的角色为重，而是刻意经营自己的枢密院，培育势力，扩大枢密院的作用，如在枢密院之侧为自己扩建华丽公署，积极提拔自己原枢府属官等。广顺三年（953）二月，王峻竟然逼迫太祖以自己的亲信端明殿学士颜衎、枢密直学士陈观代范质、李谷为相。王峻的专横自然引起了周太祖的强烈不满，他向其他宰相、枢密使哭诉说：

> 峻凌朕颇甚，无礼太过，拟欲尽去左右臣僚，剪朕羽翼。朕儿在外，专意阻隔，暂令到阙，即怀怨望。岂有既总枢机，又兼宰相，坚求重镇，寻亦授之，任其襟怀，尚未厌足，如此无君，谁能甘忍！⑤

---

① 《旧五代史》卷一〇八《苏逢吉传》，第1425页。

② 《资治通鉴》卷二九〇"广顺元年十月甲子"条，第9467页。

③ 《旧五代史》卷一一一《周太祖本纪》广顺元年六月癸丑，第1473页。

④ 《旧五代史》卷一一二《周太祖本纪》广顺二年三月庚申，第1481页。

⑤ 《旧五代史》卷一三〇《王峻传》，第1715页。

终于罢免王峻。王峻的贬死可以看作是五代枢密使制度发展的一个标志性事件。此后直到显德六年（959）六月周世宗临终托孤之前再无宰相兼任枢密使者①；再也没有产生强有力的枢密使，枢密使也失去了直接掌兵的权力。

世宗时期的枢密使选任参用文武，尽管出身各异，在个人能力和素质上却表现出一些相似的特征。四位枢密使中，郑仁诲出身州郡"右职"，曾为郭威之从官，"为人端厚谦损，造次必由于礼"，任枢密使时，"虽权位崇重，而能孜孜接物，无自矜之色"②；魏仁浦出身枢密院小史，善书记，长于吏干，性宽厚，接士大夫有礼，务以德报怨，以宽厚长者著称③；王朴是进士出身，"好学善属文"，学问赅博，而且刚决能断，善于谋划，以《平边策》知名，为世宗所重④。王朴自不必说，其他二人皆出身于吏，不但长于吏道，且为人谨重宽厚，与此前杨邠、王章等文吏不同；至于吴廷祚，乃是出身军校，但"谨厚寡言，好学，聚书万余卷。治家严肃，尤崇奉释氏"⑤，与史弘肇辈大异，更像是读书士人。从此我们看到此时的枢密使人选不再单纯强调武干或者吏能。再从他们的迁入途径看，郑仁诲和吴廷祚都是由宣徽南（北）院使迁入；魏仁浦和王朴则都是由枢密院副使迁入。选任变得渐渐有规律可循，而不是不次任用，正是枢密使发展制度化的表现，也与其职能的渐趋稳定有关。

三

周世宗时期枢密使对政治的左右程度较之于前朝已经小得多，枢密院的地位亦渐趋固定，而中书门下对于包括军政大事在内的朝政控制则明显加强。周世宗临终前将枢密院长官做了重大调整，枢密使魏仁浦进为宰相

① 《旧五代史》卷一一九《世宗本纪》显德六年六月己丑，第1582—1583页。
② 《旧五代史》卷一二三《郑仁诲传》，第1620—1621页。
③ 〔元〕脱脱等：《宋史》卷二四九《魏仁浦传》，中华书局1977年版，第8802、8804页。
④ 《旧五代史》卷一二八《王朴传》，第1679—1681页。
⑤ 《宋史》卷二五七《吴廷祚传》，第8948页。

并继续兼使，范质、王溥两相则参知枢密院事。如此两府相互参知，颇给人以重新造就混一政府的印象。故而张方平曾推测说："后周世宗深意，欲合二府以复唐旧。及范质等罢其职，遂致事体两分，谋议不一，总于主断，实烦柄驭。"①然而联系到世宗同时又任命了吴廷祚为新的枢密使，则恐怕世宗进一步加强控制其势已衰的枢密院的意图会更多一些。毕竟枢密院地处近密，又掌握军机，一旦缺乏有效的比如强势的君主的控制，或强大的外朝宰相机构的牵制，即使暂时势衰，也是很容易乘时再起。陈桥兵变，范质、王溥以"仓促遣将，吾辈之罪"自责，侧面反映了宰相机构对枢密院的掌控。但这样权力集于一身也并非善策，王峻前车之鉴不远，世宗也曾身受其害。世宗之所以抛弃了已行之数年的两府分立之制而如此措置，只是担心幼主临朝情况下的权宜之计。

赵匡胤登极后不到两个月就乘宰相加官之际罢范质、王溥参知枢密院事，此事经常被后人作为祖宗家法加以追念，实际上只不过是恢复后周常制而已。太祖即位初年，除了罢宰相范质、王溥参知枢密院事，恢复了世宗旧制外，原后周枢密班子中现在所能考知的其余人员全部得以继续留任。魏仁浦继续以宰相兼枢密使，吴廷祚也仍为枢密使。其他继续留任的枢府人员还有杜铧②、枢密承旨曹翰等③。太祖改造枢密院的策略是首先在枢密直学士和枢密承旨这两个职位安插自己的亲信，如以赵普为枢密直学士，以李处耘、王仁赡为枢密承旨。乾德二年（964）正月之后，原后周宰枢完全退出政治舞台，太祖始对二府班子做出了完全适合己意的调整。

---

① 〔宋〕张方平：《上仁宗乞令中书枢密院依旧聚厅议事》，〔宋〕赵汝愚编，北京大学中国中古史研究中心点校：《宋朝诸臣奏议》，上海古籍出版社1999年版，第490页。

② 〔宋〕李焘：《续资治通鉴长编》（以下简称《长编》）卷三"建隆三年七月乙丑"条，中华书局1979年版，第69页。《旧五代史》卷一二〇"后周显德六年九月甲子"条作杜华，实为同一人，第1595页。

③ 曹翰周世宗时为枢密承旨，见《宋史》卷二六〇《曹翰传》，第9013页；《清异录》卷下"十指仓"条，四库全书本，1047册，第895页。曹翰入宋后继续为承旨，见《挥麈录》前录卷二，上海书店2001年版，第12页；《宋史》卷二五五《张永德传》，第8917页；《陆氏南唐书》卷一一《孙忌传》，四部丛刊续编本，页八上。后三种记载皆作"都承旨"，为后来说法。

宋太祖时期，枢密院的地位较后周时期有所提高，枢密院作为掌军政的机构，其效率也得到了更为有效的发挥，与中书门下的关系也得到了进一步的调整。

枢密院对军政事务的领导权主要表现在两个方面，一是参与军国大事的谋议与决策，掌军令，二是掌军机行政。其中前者主要体现为枢密长贰的职责，但枢密直学士作为侍从有备顾问之责，因而也被君主咨询而参与谋议。

建隆初年，军机最要者，莫过于二李之反。建隆元年（960）四月，昭义节度李筠反。枢密使吴廷祚参与军机，其所谋划为太祖所嘉纳①。时为枢密直学士的赵普从征李筠，也多有谋议为太祖所采纳，并因此而升为枢密副使②。李筠反后，淮南李重进欲与之连兵，"遣其亲吏翟守珣间行与筠相结。守珣素识上，往还京师，潜诣枢密承旨李处耘求见"③。通过枢密院，翟守珣见到了太祖，也是枢密院掌握军机之证明。九月，淮南李重进反，太祖采取了时为枢密副使的赵普速战速决的建议，御驾亲征④。在这两次平叛大事中，枢密院掌军国机务的功能与枢密使参与最高军事决策的作用都得到了明显的体现。

赵普在枢府四年，自枢密直学士而枢密使，对太祖时期军政之建设贡献尤多。在平定了李筠及李重进的叛乱后，宋太祖召枢密副使赵普商讨"欲息天下之兵，为国家长久计"，赵普提出了著名的"稍夺其权，制其钱谷，收其精兵"三大政策，削夺藩镇之患，加强中央集权。不久，在赵普屡劝之下，太祖"杯酒释兵权"，加强对禁军的控制，除腹心之患⑤。

赵普之后的枢密使是李崇矩。史料中关于李崇矩的记载并不多，主要有两点。乾德三年（965），于阗国宰相借沙门善名等来京师之机，致书于

---

① 《长编》卷一"建隆元年四月戊子"条，第13页。
② 《长编》卷一"建隆元年五月壬戌"条，第16页；"八月戊子"条，第22页。
③ 《长编》卷一"建隆元年九月己酉"条，第24页。
④ 《长编》卷一"建隆元年十月丁亥"条，第27页。
⑤ 《长编》卷二"建隆二年七月戊辰至庚午"条纪事，第49—50页。

枢密使李崇矩，愿结欢好，"上令崇矩报书，赐以器币"①。张其凡先生认为是枢密使权重的表现，枢密权重已为西域诸国所知②。据《神宗正史·职官志》，枢密院承旨司有都承旨、副都承旨通领院务及承旨司之事，"凡御崇政延和殿，则升以侍立，若禁卫兵校试技艺及蕃国入见，则随事敷奏，承所得旨以授有司"③。其下所辖礼房，职掌为"掌礼仪国信之事"④。因此笔者以为这应该恰是枢密院掌"蕃国入见"负外交之责的体现。

乾德三年（965），宋平西蜀之后，西川戍卒多有叛乱者，有大臣奏请诛其妻、子，于是宋太祖乃谋于枢密使李崇矩，崇矩曰："彼叛亡，固当孥戮。然按其籍，死者几万余人。"上曰："朕虑其间有被贼驱胁非本心者。"乃尽释弗诛⑤。一方面戍卒叛乱、赏罚等属于军政之事，故太祖与枢密使李崇矩议，另一方面，李崇矩所说"按其籍"，其中之"籍"当指兵籍，正是枢密院所掌。

总之，考太祖朝枢密使之行事，很少有超出军政范围之外者。宋太祖注意发挥枢密院军政职能的同时，又将枢密院副使以下属官大量运用于各种临时差遣。主要表现为两个方面：一是以枢密副使和枢密承旨统兵；一是以枢密直学士出外权知州军事。

太祖时期枢密副使和枢密承旨中，李处耘、王仁赡、曹彬皆曾以都监或者巡检的身份统兵。乾德元年（963），宋太祖以山南东道节度使兼侍中慕容延钊为湖南道行营都部署，枢密副使李处耘为都监，讨湖南张文表⑥。

---

① 《长编》卷六"乾德三年五月壬辰"条，第154页；《宋史》卷四九〇《于阗国传》略同，第14107页。
② 张其凡：《宋初中书事权初探》，《宋初政治探研》，暨南大学出版社1995年版，第25页。
③ 《宋会要辑稿》职官六之四，中华书局1957年版；《宋史》卷一六二《职官》二"都承旨"条略同，第3801页。
④ 《宋会要辑稿》职官六之一。
⑤ 《长编》卷七"乾德四年九月壬辰"条，第178页；《宋史》卷二五七《李崇矩传》略同，第8953页。
⑥ 《长编》卷四"乾德元年正月庚申"条，第81页。

同年二月，李处耘道取荆南，宋太祖复命高继冲为节度使，遣枢密承旨王仁赡赴荆南为巡检，六月，权知荆南军府事①。乾德二年，命忠武节度使王全斌为西川行营凤州路都部署，武信节度使侍卫步军都指挥使大名崔彦进副之，枢密副使王仁赡为都监；宁江节度使侍卫马军都指挥使刘光义为归州路副都部署，内客省使枢密承旨曹彬为都监；合步骑六万兵分两路伐蜀②。

都监源于唐代的宦官监军制度。唐代监军职责在于对统兵藩镇的监视，自身并不统兵。从监军的职能衍生出统兵的新职能，其转变发生在五代。巡检作为一种官称出现于中晚唐，在五代时使职化，成为中央派出的临时统兵使臣，事毕则罢③。都监和巡检是五代时期形成的内职统兵的两种形式，但以枢密副使和枢密承旨为之，则是始于宋太祖时期。

太祖时期的枢府统兵只是其临时差遣而非日常职掌。从功能上看，枢府统兵与其他普通内职并无不同，其作用一在于监视，二在于奉诏掌兵权，是皇权的延伸。从人选上看，枢府作为最高军事行政机构，枢密副使、枢密承旨统兵和普通的以内职监督、统兵以卑临尊并不一样，效果亦不同。都监更得太祖信任，如李处耘在与慕容延钊讨张文表时，李处耘辞拜太祖，太祖"面受处耘方略，俾图荆南"④。军机委于李处耘，故而方有后来李处耘之专。李处耘、王仁赡、曹彬在任都监期间的经历，都标明其权威是在禁军统帅之上的⑤。同时，它们又都具有一共同点，即都是以内制外、以亲临疏。

以枢密副使和枢密承旨统兵的同时，是枢密直学士的出外权知州军

---

① 《长编》卷四"乾德元年二月庚子"条"六月丁酉"条，第86、95页。

② 《长编》卷五"乾德二年十一月甲戌"条，第134页。

③ 赵冬梅：《北宋的武选官及其选任制度研究》，北京大学1998年博士研究生学位论文，第69—74页。

④ 〔宋〕曾巩：《隆平集》卷九《李处耘传》，四库全书本，371册，第91页；《长编》卷四"乾德元年正月壬戌"条，第82页。

⑤ 李处耘以同慕容延钊冲突罢枢副，正是由于慕容延钊怨于李处耘之专而起。太祖罢李处耘，不是因为李处耘枢副地位高低，而在于对掌禁军之元臣宿将之提防与笼络。

事。太祖朝所用之枢密直学士共有7位，即赵普、高防、杜耠、薛居正、吕余庆①、赵逢、冯瓒。其中杜耠为所留用的原后周时期的枢密直学士，入宋后无所作为，建隆三年（962）七月罢②。赵普自枢密直学士至枢密使，一直没有离开枢府。此二人之外，其余诸人无一例外都以枢密直学士身份出外做过知州③。

以枢府人员统兵和以枢密直学士出外权知州军事，这两点变化都主要发生在初期建隆、乾德年间，开宝之后不再，是伴随着对南方统一战争的次第展开而出现的。高防以下所权知之州军有明显的共同点，就是它们都是统一战争中的新征服地区。五代至宋，朝官出外权知州军事，主要是针对藩镇势力。太祖时期枢府人员权知州军事的特殊之处在于，它主要是诞生在北宋逐次平定南方的统一过程之中。随着北宋对南方战争的节节胜利，如何加强对新占领区域的控制，成为一个很迫切的问题。新征服地区各种情况的复杂性，使得对这些地区权知州军事的派出较之于那些比较顺服的藩镇有着不同的要求。正是在此背景之下，枢府人员尤其是以文臣担任的枢密直学士开始大量出外权知州军事。这是太祖初期新征服地区权知

① 吕余庆是否做过枢密直学士，史籍记载并不明确。《宋史》卷一《太祖本纪》"乾德二年四月乙丑"条：始置参知政事，以兵部侍郎薛居正、吕余庆为之（第17页）。《宋史》卷一六一《职官志》一"参知政事"条：乾德二年置，以枢密直学士薛居正、兵部侍郎吕余庆并本官参知政事（第3775页）。〔宋〕徐自明撰，王瑞来校补：《宋宰辅编年录校补》卷一"乾德二年四月乙丑"条：（薛居正、吕余庆）并自枢密直学士、兵部侍郎除（中华书局1986年版，第16页）。同日《长编》的记载为：乙丑，以枢密直学士兵部侍郎薛居正、吕余庆并本官参知政事（第125页）。

② 《长编》卷三"建隆三年七月乙丑"条，第69—70页。

③ 高防，建隆三年，由知秦州入为枢密直学士，乾德元年五月权知凤翔府，参见《宋史》卷二七〇《高防传》（第9261页）、《长编》卷四"乾德元年五月辛酉"条（第91页）。薛居正，建隆三年由知许州入为枢密直学士，乾德元年平湖湘后，四月权知朗州，参见《宋史》卷二六四《薛居正传》（第9119页）、《长编》卷四"乾德元年四月丙午"条（第90页）。吕余庆，乾德元年三月，权知潭州；八月，权知襄州，参见《长编》卷四"乾德元年三月庚午"条（第87页）、"八月丁未"条（第104页）。赵逢，乾德二年，为枢密直学士。乾德三年，平蜀后，出知阆州；代还后，迁给事中充职，见《宋史》卷二七〇《赵逢传》（第9257—9258页）。冯瓒，乾德三年，为枢密直学士；同年二月，权知梓州，参见《宋史》卷二七〇《冯瓒传》（第9262页）、《长编》卷六"乾德三年二月癸卯"条（第148页）。

州军事人选上的特点，而原本为枢府属官的枢密直学士性质的嬗变也由此肇始。

太祖前期任枢密副使和枢密承旨者皆武职，任枢密直学士者皆文官。在太祖前期建隆、乾德年间统一战争的大背景之下，我们看到，该时期大的征伐必以枢副或承旨为都监。太祖前期的枢密承旨和枢密副使中，除赵普外，其他皆有此经历。同时，所有的枢密直学士亦都有权知新占领区州军事的经历。枢密使在保持了他们在军政领域惯有的影响力外，其他从属官员也都文武并用，人尽其才。枢密院的效率得到较大限度的发挥，在太祖前期的军事和政治斗争中扮演了重要的角色。

枢府官员之所以能得到如此重用，承担众多的临时差遣，一方面是枢密院本身性质使然，同时也与枢密院长贰属官等人员的选用有关。宋太祖时期的枢密使共有 5 位，其中太祖自己提拔的有赵普、李崇矩、曹彬。赵普乃太祖霸府元勋，萧曹故人，与太祖私人关系之亲密，自不待言；而其"识洞化原，才优王佐""首参开国之功，实负致君之略"的识见与才能尤非他人所能比[1]。李崇矩"寡言，尚信义"[2]，后周时期"与太祖同府厚善"[3]。枢密副使中，李处耘在周时即以右职隶太祖帐下为都押衙[4]，为太祖元从。王仁赡，在周世宗时期即已经隶太祖帐下[5]。楚昭辅，少事华帅刘词。太祖建节，召置左右，以才干称，甚得信任[6]。沈义伦，"以明经事太祖潜跃中"[7]。太祖继领滑、许、宋三镇，"皆署从事，掌留使财货，以廉闻"[8]。其中李、王二人都是由枢密承旨而为枢副。可见，太祖时期枢府长贰及其主要属官中，绝大多数都是太祖称帝之前的亲随。枢府人员之

---

① 《宋宰辅编年录校补》卷一"建隆三年十月辛丑"条赵普拜枢密使制书，第8页。
② 〔宋〕曾巩：《隆平集》卷九《李崇矩传》，第93页。
③ 《宋史》卷二五七《李崇矩传》，第8954页。
④ 《隆平集》卷九《李处耘传》，第91页；《长编》卷一"建隆元年正月癸卯"条，第2页。
⑤ 《隆平集》卷九《王仁赡传》，第91页。
⑥ 《宋史》卷二五七《楚昭辅传》，第8959页；《隆平集》卷九《楚昭辅传》，第93页。
⑦ 〔宋〕王曾：《王文正笔录》，四库全书本，1036册，第273页。
⑧ 《宋史》卷二六四《沈义伦传》，第9113页。

所以在该时期能得大用，与他们和太祖之间的亲随关系不无干系。也正是由于这种亲随关系，我们可以看到枢密承旨除了担任有关军政方面的差遣外，也经常担任一些与其职事并不相干的临时差遣①。

但枢府多用亲信元从，自五代即如此，非太祖独然。帝制时代，帝王重用私人亲信、"潜邸"旧僚本不可避免，所以，当我们仅仅是指出某一机构或部门用人上具有诸如元从性、侧近性之类的特点的时候，实际上还远远不够。亲随之所以成为亲随，必有其能为人所用的独到才能或品质。元从性质也许会是君主考虑机构人选时的第一要素，但绝不是唯一要素。在不同的时期不同的形势下，即使是同一部门也会产生不同的人事需求，同样道理，君主对人员选用原则的改变可能也寄予着君主对机构的新的调整方向。由这一点出发，我们会发现尽管同样是亲随，太祖前后阶段的枢府人员选用原则并不相同，这也决定着对他们的不同的使用。

太祖前期更重视的是枢府人选军政方面的才能。赵普之后继任枢密使的李崇矩，宋初曾率军讨李筠、李重进，开宝初年又从征太原，班师的时候还率军殿后，可见是有相当的军事才能②。李处耘富有谋略，陈桥兵变中，"临机决事，谋无不中"③。同时又是难得的将才，被石介推为名将④。王仁赡曾事永兴节度使刘词，署为牙校⑤。曹彬，乾德元年（963）为枢密承旨，开宝九年（976）升为枢密使，乃当时名将。正因为太祖初期建隆、乾德年间的枢府人员多具有军事才能，因而在宋初的统一战争中，获得了统兵的机会并扮演了重要的角色。

---

① 《长编》卷二"建隆二年十月丙申"条：命枢密承旨方城王仁赡使江南，以唐主新立，往申庆赐也（第54页）。《陆氏南唐书》卷三《后主本纪》建隆二年十月纪事：太祖遣枢密承旨王文来贺袭位。《宋史》卷一二三《凶礼》二"园陵"条：乾德元年十二月七日，皇后王氏崩。二十五日，命枢密承旨王仁赡为园陵使（第2868页）。
② 《宋史》卷二五七《李崇矩传》，第8953页。
③ 《宋宰辅编年录校补》卷一"建隆三年十月辛丑"条，第8页。
④ 〔宋〕石介著，陈植锷点校：《徂徕石先生文集》卷三《偶作》，中华书局1984年版，第29页。
⑤ 《宋史》卷二五七《王仁赡传》，第8956页。

乾德之后，情况发生了变化，已不再有枢府统兵的记载。整个开宝年间，枢密长贰中除了李崇矩外，其他只有沈义伦、楚昭辅、曹彬等三人。就与太祖关系而言，沈义伦、楚昭辅二人与他们的前任李处耘、王仁赡等并无不同，俱为亲随，但他们显然与李、王等不是同一类型的人，并不仅仅表现在文武身份的差别上。为人谨慎是此二人与曹彬具有的共同点。曹彬在与王仁赡等共事时就已经表现出他的不同。史称曹彬"敬慎和厚，在朝廷未尝忤旨，亦未尝言人过失"①。史家对曹彬的评价也主要是清介廉谨、谦恭不伐、仁厚、仁恕之类。《宋史》曹彬本传中有一段记载云：

> 初，太祖典禁旅，彬中立不倚，非公事未尝造门，群居宴会，亦所罕预，由是器重焉。建隆二年，自平阳召归，谓曰："我畴昔常欲亲汝，汝何故疏我？"彬顿首谢曰："臣为周室近亲，复忝内职，靖恭守位，犹恐获过，安敢妄有交结？"②

"靖恭守位"，颇能反映出曹彬的为政特点。

沈义伦在太祖居藩时一直为太祖理财，以清廉闻名。乾德五年（967）王仁赡罢枢密副使后，沈义伦以西川转运使给事中为户部侍郎充枢密副使。其被擢用的原因是因为"清节过人"③。沈义伦先为枢副，后为宰相，但史籍中记载甚少。仅有的几家记载对沈义伦的评价亦都是"忠孝谨饬""沉厚可用""纯谨"之类④，与曹彬多有相似处。宋人对他的评价是"备位台衡，出于际会，徒能谨饬以自保全"。另外，沈义伦得以登枢府是出于曹彬的推荐⑤，而沈义伦死后谥为"恭惠"，曹彬谥为"武惠"，都不难看出曹、沈二人性格特点上的确有相似之处，而其为政特点也可以想及。

---

① 《隆平集》卷九《曹彬传》，第371—394页；《宋史》卷二五八《曹彬传》略同，第8982页。

② 《长编》卷四"乾德元年七月丁巳"条记载略同，第97页。

③ 《长编》卷八"乾德五年二月乙丑"条，第189页。

④ 《王文正笔录》，四库全书本，1036册，第273页；〔宋〕文莹撰，郑世刚、杨立扬点校：《玉壶野史》卷六，中华书局1997年版，第59页；《宋史》卷二六二《昝居润传》，第9057页。

⑤ 《长编》卷八"乾德五年二月乙丑"条，第189页。

楚昭辅，"性勤谨介直"①，历仕两朝，在枢府先后十年，太祖开宝六年（973）李崇矩罢后，还曾经独掌枢府近三年，然而史籍中关于楚昭辅事迹的记载却几乎没有。可以猜想楚昭辅在政治上必非张扬之人，为政十年而史无记载，也许正是因为其为政谨慎自守的原因。

通过以上的简单分析，我们可以看到太祖后期枢府之用人与前期的迥然不同。前期枢密使不但赵普，即使后周旧臣吴廷祚都是"策李筠之破，如目睹其事，诚有将略"之人②，两位枢副李处耘、王仁赡亦都是以功名自任，勇于独断，敢作敢为，终不能久于枢府。后三位不论文武，皆以其共有的谨慎、中立为政久长。前后人选的差异，表明选任原则的改变，枢府长贰人选的军政才能不再是主要考虑的因素，反映了枢密院在太祖心目中的重新定位。变化的根本原因在于太祖前后期政治形势的变化，诸如叛乱的平定、统一战争的节节胜利、对禁军控制的加强和对藩镇的削弱等等，在变化了的形势之下，不仅枢密院，中书门下及其同枢密院的关系同样在发生着变化。

四

宋太宗乃异常勤政之君，面对臣僚"躬亲庶务"的批评，太宗曾经自我解释说："或云百司细故帝王不当亲决，朕意则异乎此。若以尊极自居，则下情不得上达矣。"③这提醒我们注意，这位皇帝坚持躬亲细务的主要原因，是为了防范来自臣下的壅蔽。适应这一需要，太宗时期作为"机要之司"的枢密院较之于前代却又增添了一项新的职能。正如邓小南师所指出的，如果说宋太祖时期大体上继续着使枢密院转向外朝的趋势，枢密院职掌趋向于固定专门，太宗前期则明显退步，其时枢密院的职责在很大程度

① 〔宋〕王称：《东都事略》卷二五《楚昭辅传》，四库全书本，382册，第176页；《宋史》卷二五七《楚昭辅传》略同，第8959页。
② 《宋史》卷二五七传论，第8975页。
③ 《长编》卷二六"雍熙二年十月辛丑"条，第600页。

上是用来防范肘腋之变的①，与之相适应的则是枢密院衍生出了侦伺的职能。

下面我们试以太宗时期部分枢府人员的进用以及任内表现来加以观察。太平兴国七年（982）三月，秦王廷美以"阴谋"得罪，太宗去一大心病。李焘称："（赵）普复入相，廷美遂得罪。凡廷美所以得罪，则普之为也。"②而实际上赵普复相的整个过程不过是其与太宗之间的一桩交易，秦王得罪的契机则是太宗藩邸旧人柴禹锡、杨守一等人的告密③。廷美在三月得罪，四月以如京使柴禹锡为宣徽北院使兼枢密副使，翰林副使杨守一为东上阁门使充枢密都承旨。柴禹锡、杨守一之所以进入枢密院，是太宗赏其告密之功④。在廷美之狱中，告密者因之进入枢密院为长官；而当廷美被罪出京时，亦是由枢密使曹彬为之"饯行"于琼林苑⑤，都从侧面反映了枢密使为帝王"私人代表"，具"防范肘腋"的职能。

其后又有弥德超因攻击枢密使曹彬而进用。太宗即位以后，前朝二府旧臣一律加官晋爵，使自己的亲信卢多逊、楚昭辅顺理成章地"扶正"，由参知政事、枢密副使成为宰相、枢密使，从而实际掌握了二府实权。但枢密使曹彬以前朝耆旧居本兵之地，又非太宗亲信，究使太宗难安。太平兴国八年（983）正月，在去掉了廷美这一心病，解决了继承问题之后，解除曹彬枢职的机会也出现了。据《长编》卷二四太平兴国八年正月戊寅条载：

> 先是，上念征戍劳苦，月赐缘边士卒白金，军中谓之月头银。镇州驻泊都监、酒坊使弥德超因乘间以急变闻于上云："枢密使曹彬秉

① 参见前引邓小南《近臣与外官：试析北宋初期的枢密院及其长官人选》，第25页。

② 《长编》卷二二"太平兴国六年九月辛亥"条，第501页。

③ 参见《长编》卷二二"太平兴国六年九月辛亥"条，第501页；卷二三"太平兴国七年三月癸巳朔"条，第514页；卷二三"太平兴国七年四月甲子"条，第515页；《宋史》卷二四四《赵廷美传》，第8666页；卷二六八《柴禹锡传》，第9221页；《杨守一传》，第9224页。

④ 《长编》卷二三"太平兴国七年四月甲子"条，第515页；《宋史》卷二四四《赵廷美传》，第8666页；卷二六八《柴禹锡传》，第9221页。

⑤ 《长编》卷二三"太平兴国七年四月壬戌朔"条，第515页。

政岁久，能得士众心，臣适从塞上来，戍卒皆言月头银曹公所致，微曹公我辈当馁死矣。"又巧诬以它事，上颇疑之。参知政事郭贽极言救解，上不听。戊寅，彬罢为天平节度使兼侍中。

曹彬罢枢密使的第二天，弥德超便升为宣徽北院使兼枢密副使①。显然，宣徽北院使兼枢密副使一职也正是太宗赏功之举。弥德超日后曾自言其诬罢曹彬是"言国家大事，有安社稷功"，并期望凭此一功代曹彬为枢密使②。弥德超之诬曹彬与柴禹锡等诬秦王廷美手法无二，却俱得成功，且俱凭此而进入枢密院。去廷美、罢曹彬，陈帷幄之谋，防肘腋之变，这也许也是太宗所期望的吧。枢密副使、枢密都承旨以西府要职，竟然成为太宗赏功之职，意味着太宗对柴、杨、弥等人行为的肯定及勉励之意，从中亦不难看出所谓枢机重地的枢密院在太宗心目中的地位及其所应担负的责任。

太宗使靠侦伺、告密起家的柴禹锡、弥德超之流进入枢密院，折射出了太宗对于枢密院的要求，侦伺也衍生为太宗时期枢密院的一项新的职能。这样的隐秘之事，留下的记载当然不会太多，但仍有可述者。淳化四年（993），柴禹锡二度入枢府为知枢密院事，当年同柴禹锡、杨守一一起以告廷美谋反而起家的赵镕则从枢密都承旨拜宣徽北院使、同知枢密院事，与柴禹锡同掌枢务。史载二人在掌枢密院期间，"潜遣吏卒变服侦事。卒王遂与卖书人韩玉有不平，诬玉有恶言。禹锡等以状闻，上怒诛玉，京人皆冤之"③。此事《元丰类稿》列入《本朝政要策》卷中，当时的枢密院被赋予防范肘腋之变以安内的使命，侦探作为政要策，成为枢密院的重要职能之一。据说不久太宗知道了此事为冤枉，"自后廉事不复听"④。这

① 《长编》卷二四"太平兴国八年正月己卯"条，第538页。
② 《长编》卷二四"太平兴国八年四月壬子"条，第544页。
③ 〔宋〕曾巩：《元丰类稿》卷四九《本朝政要策》"侦探"条，四库全书本，1098册，第759页。〔宋〕邵博：《邵氏闻见后录》卷一："禹锡、镕益散遣吏卒于国门内外侦事"，中华书局1983年版，第1页。
④ 《宋史》卷二六八《赵镕传》，第9225页。

更说明了枢密院遣吏卒散之京城"廉事"，是此前便有并一直为太宗所认可的一项职能；而此后尽管"不复听"，枢密院之廉事还是依旧的，太宗并没有对这一"政要策"本身做出检讨。

值得注意的是，枢密院的这一侦伺的职能既不见于五代时期，亦非太祖旧制，更没有成为后太宗时期的"祖宗之法"，而是仅见于太宗一朝。其中原因我们可以从太宗时期部分枢密院长贰的人选上略窥端倪。太宗时期枢密院外朝化的趋势受阻，皇帝私属的性质反而变得突出出来，正如我们以上所论述到的基本职能上的倒退和侦伺的衍生。这种职居宥密以及备肘腋之变的职责需求，反映在枢密院长贰及其僚属的选任上，便是对藩邸亲随的重用。太宗时期所任用的枢密院长贰共计19人，除曹彬为留任之前朝枢密使外，其余18人皆太宗亲自提拔，其中最后做到枢密院正职的有6人，下面我们试分析此6人各自出身及其与太宗关系。

楚昭辅很早就进入太祖赵匡胤的幕府，并在陈桥兵变中出过大力，是太祖亲信，似乎不应看作太宗的亲信。但至晚在太祖开宝后期，楚昭辅就已经倒向太宗一边。据《长编》卷一三开宝五年（972）七月末纪事："三司言仓储月给止及明年二月，请分屯诸军，尽率民船以资江、淮漕运。上大怒，召权判三司楚昭辅切责之。……昭辅皇恐，计不知所出，乃径诣开封府，见皇弟光义泣告，乞于上前解释，稍宽其罪，使得尽力营办，光义许之。"太宗以幕僚陈从信所画策告太祖，"由是事集，昭辅亦免责焉"。楚昭辅对太宗感恩戴德，可以想见。太宗即位，楚昭辅以前朝旧臣升任枢密使，恐怕也正是因为他此时早已成为太宗亲信。

石熙载是太宗朝唯一的一个文资枢密使，李焘特别强调说："用文资正官充枢密使，自熙载始也。"[1]淳熙十一年（1184）六月，周必大屡次上表求免枢密使之拜，孝宗在其第二表后有批答说："国家建右府以总戎，昭命儒臣而崇使领，盖自太平兴国以来成宪具在，迄于今兹必以宏才硕学

---

[1] 《长编》卷二二"太平兴国六年九月辛亥"条，第502页。

见闻殚洽者任之，岂非兼文武之用、明政事之体乎？"①太宗以石熙载为枢密使被抬高到"祖宗成宪"的高度。实际上，石熙载以文官充任枢密使，是太宗朝唯一的一例。就太宗朝来看，这并没有什么特别的含义，它远没有揭示出"文臣掌枢密"的前景。太宗之任用石熙载，主要的原因在于他是自己的亲信幕僚，而不在于他是文臣或进士出身。石熙载是后周显德年间进士，在太祖时期先后辅佐太宗为掌书记、开封府推官等近密职务，是太宗潜邸时期最重要的也是不多的文臣幕僚之一②。石熙载"事君之心可谓纯正无他"，③正如以后石熙载因病罢枢密使制中所说，"早在初潜，实预宾佐"，"金石之诚，夷险如一"④。

石熙载病休之后，王显作为唯一的枢密使独任达八年之久，是太宗时期唯一独任枢密使者。王显最初为殿前司小吏，"太宗居藩，尝给事左右"⑤。王显为殿前司小吏，应在建隆元年（960）正月至二年七月间，即赵光义任殿前都虞候期内。当时正是太宗幕府萌芽时期，因而王显实际上也是太宗幕府最早的成员之一。据李焘《长编》所言，他之所以蒙太宗重用，是因为"性谨介，不狎同辈，不践酒食之肆，上爱之"⑥。更主要的原因还是在于他的亲随性质，王显拜枢密使制书中说他"尝事藩邸，备极公忠"⑦。罢枢密使制中亦言其是"早自中涓，亟升近列；一掌枢务，十年于兹"⑧。

太宗提拔的第三位枢密院长官是张逊。张逊亦是太宗旧人。太宗在晋邸时，召隶帐下⑨，"早在初潜，备观勤荩。寻迁近列，尝总利权"⑩。王

① 〔宋〕周必大：《文忠集》卷一二七《辞免枢密第二表》，四库全书本，1148册，第417页。
② 《隆平集》卷九，第92页；《宋史》卷二六三《石熙载传》，第9102页。
③ 〔宋〕钱若水等：《太宗皇帝实录》卷二八"太平兴国九年正月戊午"条，四部丛刊三编本，页二上。
④ 《宋宰辅编年录校补》卷二"太平兴国八年八月庚戌"条，第40页。
⑤ 《宋史》卷二六八《王显传》，第9230页。
⑥ 《长编》卷二四"太平兴国八年正月己卯"条，第538页。
⑦ 《宋宰辅编年录校补》卷二"太平兴国八年六月己亥"条，第38页。
⑧ 《宋宰辅编年录校补》卷二"淳化二年九月己卯"条，第61页。
⑨ 《宋史》卷二六八《张逊传》，第9222页。
⑩ 《宋宰辅编年录校补》卷二"淳化四年六月壬申"条，第63页。

显罢后，张逊为知枢密院事掌枢府。

以告秦王廷美谋反起家的柴禹锡、赵镕也都做到了枢密院正职，在张逊之后先后入知枢密院事。柴禹锡，大名人，太宗居晋邸时，"以善应对，获给事焉"。在其入枢府之前，太宗便以其为藩府旧僚，"多召访外事"①。其罢知枢密院制亦称他是"早自中涓升于近侍，载承求旧之宠，骤居宥密之任"②。赵镕，沧州人，自少涉猎文史，长于文翰，"以刀笔事太宗于晋邸"③，奉太宗勤谨。赵镕本名容，太宗为之改为镕④，可见其受太宗眷顾之深。

不难看出，太宗时期所亲擢的6位枢密院长官，无一例外都是太宗亲信或藩邸旧僚。除此之外，太宗时期对枢密使的选任，至少还有两个特点：一是他们在出任正职之前，都有过做副职的经历；二是除了石熙载这唯一的特例外，其他的皆系武资。太宗朝曾任枢密副使或同知枢密院事的18人中，武资出身者7人，文资出身者11人。其中武资出身者7人中，有5人最终做到枢密院正职。7位武资枢密副使中未能做到正职者两人，即弥德超与杨守一。弥德超，沧州清池人，受李符、李琪之荐，给事太宗晋邸⑤。杨守一，稍通《周易》及《左氏春秋》⑥，乃太宗"晋邸涓人"，原名守素，太宗改名守一⑦。弥德超在枢副的位子上不满四个月便因"诟詈同列，指斥朕躬"而罢⑧；杨守一质直勤谨，但在枢府仅七月而卒⑨。可以想象，如果不是因为意外，弥德超与杨守一两人皆有可能做到枢密使。与此成鲜明对照的是，文资11人中，除第一任枢密副使石熙载外，其他10

① 《宋史》卷二六八《柴禹锡传》，第9221页。
② 《太宗皇帝实录》卷三四"雍熙二年十二月丙辰"条，页十一上。
③ 《宋宰辅编年录校补》卷二"淳化四年十月辛未"条，第68页。
④ 《宋史》卷二六八《赵镕传》，第9225—9226页。
⑤ 《宋史》卷四七〇《弥德超传》，第13678页。
⑥ 《宋史》卷二六八《杨守一传》，第9224页。
⑦ 《太宗皇帝实录》卷四五"端拱元年九月乙酉朔"条，页九下。
⑧ 《宋宰辅编年录校补》卷二"太平兴国八年四月丁亥"条，第37页。
⑨ 《宋宰辅编年录校补》卷二"端拱元年二月庚子"条，第51页。

人终太宗朝无一做到枢密使。其中寇准、向敏中二人后来被宋人看作是真宗朝枢密长贰群体中最杰出者，在太宗朝却无任何机会出任枢密使一职。太宗不愿意使对枢密院的掌控离诸亲随以行其私欲，又不得不任用外廷朝臣以济其能力上的缺陷，这使得太宗朝枢密院长贰选任表现出典型的武正文副的特点。由此，我们可以得出如下推论：太宗朝枢密院正职的一般迁入途径为在任或前任的武资枢密副职。凡是太宗朝之武资枢密副职皆有出任正职之可能，而以武资出任副使者，则必是太宗亲信或藩邸旧人。

总之，太宗时期，真正能够掌控枢密院者，必为太宗亲信或藩邸旧僚。太宗得位不正，心中预设诸种假想敌，充满对奸邪致患的恐惧，又担心权力之失，故而一方面日理万机，事必躬亲，同时又势必大量重用亲信。权、势不可假于人，在"尊君卑臣"的原则之下，皇帝只有用出身卑微的身边亲信，才能保证君权不致旁落。于是还没有完全摆脱其内朝机构性质、正处在外朝化过程中的枢密院成为太宗亲信的麇集之处，成为晋邸幕府的专有品[1]。太宗赋予枢密院一些新的内容，他希望枢密院能够成为察奸邪、防内患的得力机构，于是有侦伺之需，晋邸旧人因之进用。有学者认为太宗重用亲信，是太宗为了裁抑宰相权势，削夺中书事权而有意加强枢密院的权势[2]。正如前文所论，太宗事必躬亲，以独裁为自得，不论中书还是枢密乃至于有司之权均遭削弱，非独中书。就枢密院之发展而言，太宗朝枢密使之选任原则不在于才能，亦不在于资历，而重在亲疏，已经是枢密院选官上的倒退，而枢密院以最高军政机关、西府之尊，行刺探、告密等阴事，与其说是加强了枢密院的职能，不如说是降低了枢密院之地位，不啻是一种更大的倒退。

指出宋太宗时期枢密院职能和人选上所存在的一种倒退倾向，并不意味着该时期的枢密院制度演进就是有退无进，实际上太宗朝枢密院人选可

---

[1] 蒋复璁：《宋太宗晋邸幕府考》，《大陆杂志》30卷第3期，收入《宋史研究集》第3辑，台北编译馆1966年版，第170页。

[2] 张其凡：《宋初政治探研》，第28—29页；同氏著《宋太宗》，吉林文史出版社1997年版，第73页。

以概括为一退一进。宋太祖和太宗在枢密院长贰选任上都是重用亲信，都是文武参用。其间差别在于太祖用亲信幕僚，所重在能力，只不过在不同的时期有所侧重，观太祖所用多一时之选。太宗所重则在"亲"，所用多委琐小人。太祖文武并进，所用之"文臣"多吏能突出之文吏型人物；而太宗则立武正文副之局，所用之"文臣"多文学优长之"文士"。这后一点正是太宗朝枢密院长贰选任之"一进"。太宗时期的文资枢密使只有1人，文资枢密副使却有11人。11人中进士出身者又高达10人，而整个五代、宋太祖时期，进士出身的枢密使、副使也不过3人！这是枢密院制度发展过程中，长官人选方面的又一新进展。可以说尽管宋太宗时期文臣们尚难以进身枢密使，但已经使文臣在枢密院这一长期由武人与文吏所控制的"右府总戎"之地彻底站稳了脚跟，为后来仁宗时期"以文制武"原则的确立和文臣全面接管枢密院奠定基础。

历唐、五代至北宋前期，枢密院的职能从内廷宣传诏命、掌机要，进而备顾问、参谋议，到外朝掌军政，一路演进，回头看，已经是形神俱变。其人选，从宦官独占，经历文吏、文士与武吏、武将的杂糅竞进，到文臣独揽，其间人群之升降、荣辱，适为社会变迁之反照。日本学者曾经首先用"侧近性"来描述五代时期枢密使与君主的关系①，实际在相当长的时间内，不管是用宦官，还是用幕僚，都表现出一定的侧近性，其所重都是在亲、在忠、在谨密。对侧近性的过分强调，使枢密使个人过于依附于君主，反而导致其地位与权力的不固定，纵然有崇高的地位与傲人的权力，却仍不免自视为"老奴""私臣"②，免不了被"蓄养"的命运③。如

---

① 飞永久：《五代枢密使的侧近性》，《长大史学》1958年第1号，第49—57页。
② 敬翔，"虽名宰相，实朱氏老奴耳"，参见《旧五代史》卷一八《敬翔传》，第249页；李愚语梁末帝："陛下以家人礼见，（李）振等私臣也。臣居朝列，与王无素。"见《旧五代史》卷六七《李愚传》，第892页。
③ 明宗以山南东道节度使朱弘昭为枢密使、同平章事。制下，弘昭复辞，上叱之曰："汝辈皆不欲在吾侧，吾蓄养汝辈何为！"见《资治通鉴》卷二七八"长兴四年九月戊戌"条，第9089页。

此看来，随着人选侧近性的逐渐减弱，枢密使人选从内廷走向外朝，从宦官到文臣，无疑是一个巨大的进步。客观的政治、军事形势和社会的变迁推动着枢密院职能的不断发展和人选的变化，而主要是由于君主们的现实考虑，又制约和决定了其演变的程度和方向。如果从能力方面着眼，尽管枢密使人选的能力因素在不同的时期会有不同程度的强调，总的来说，枢密院的职能演变进程与其人选所需要的能力、素质之间的距离并不见得缩小，从敬翔、桑维翰之类从战火和社会底层中崛起的新文吏向太宗之后科举新势力之文官集团的演进，其得失之际正未可易言。

（选自荣新江主编《唐研究》第11卷，北京大学出版社2005年版）

唐宋时期的中枢秘书官

张东光

古代中枢秘书官是指中央起草文书诏命的官员。北宋类书《册府元龟》归之于"词臣部"，清季政书《六典通考》系之于"历代复逆之官"。它以"代王言""发演丝纶"为职任，是君主的喉舌和耳目，始终处于国家政务活动的中心。历代君主在标榜"朕即国家"的同时，总是企图实现朕即政府，从而包揽政府的行政事务。而实现这一企图的重要步骤，就是在行政系统之外组建内朝，以新的秘书班子牵制以宰相为首的外朝官的政务活动。于是就有了君权与相权的矛盾，就有了相职的演变，也就有了秘书官合二而一和一分为二的变化。在周，有内史和外史，掌书内命和四方之命。在汉，有御史大夫作为皇帝的秘书长，有丞相长史作为相府的秘书长；武帝以后，组建内朝，培植尚书作为皇帝的亲信和喉舌，但执政臣僚往往通过"领尚书事""录尚书事"的形式与皇帝争夺对秘书官的领导权。魏晋以降，皇帝又以中书取代尚书的出令权，中书监、中书令和中书侍郎，成了新的内朝秘书官，但这些职务作为中书省的长官秩高位重，往往与尚书省的长官处于共同执政的地位，因而不宜专司命词出令之任。南北朝以后，又起用品低资浅的中书舍人掌司纶命。中书舍人在行政系统上是中书令、中书侍郎的属官，而在实际地位上又是皇帝的亲信，因而是秘书官的最佳人选，是割据时代君权相权矛盾达成暂时妥协的产物。到了唐代，天下统一，君主不再满足于和宰相共同拥有一套秘书机构，任何政务都要通过宰相才能施行，于是不断延引亲信臣僚，商讨政事，撰制文诰。终于，在玄宗开元二十六年（738）设置了学士院，广招贤俊充任翰林学士，与中书舍人共同撰制文书诏命。而后，唐、宋两代一直是两套秘书班子并存。翰林学士撰制皇帝以国家的名义发布的文书，称为"内制"，中书舍人撰制通过宰相以政府的名义发布的文书，称为"外制"，合称"两制"。两制是新形势下君权、相权争夺对秘书官领导权的产物，是古代中枢秘书制度发展的重要阶段，它们从不同角度出纳王命，把皇帝的意志用正式公文的形式肯定下来，从而具有法律效力；同时凭借特殊的身份和地位对皇帝的决策施加影响，有时还代表皇帝和政府处理各种临时事务，因而具有秘书、参谋、顾问和钦差多重身份，在中央官僚机构中处于承上启下的地位，对国家的政治生活和文化建设都有重要影响。因而，考察两制官的发展、演变和执掌，对于认识君权、相权的矛盾运动和相职演变的历史轨迹，对于认识唐宋时期的国家政体以及秘书制度、人事制度和决策制度，都不失为一个重要的视角。

一、两制的历史演变

唐宋时期两制官的发展演变过程，大致可分五个阶段。

第一阶段，唐朝前期，即从唐初到玄宗开元二十六年（738），为两制的萌芽阶段。

唐初，沿前代旧制，草诏出令权在中书舍人。中书舍人为"文士之极任，朝廷之盛选"，膺其职者皆硕学鸿儒，唐初名臣多历其任。但是，中书舍人毕竟是行政系统之内的外朝官，其政务活动要听命于宰相，处理文书的工作实际上是"佐宰臣判案"，因而有"宰相判官"①之称。此种地位正处于君权、相权矛盾的焦点。从唐初开始，皇帝就有意识地分割中书舍人的草诏出令之权。太宗为秦王时，就有"十八学士"常常被延入卧内，访以政事。继位后，一些亲近大臣如温大雅、魏徵、李百药、岑文本、褚遂良、许敬宗、上官仪等"时召草制，未有名号"。高宗乾封以后，又召"北门学士"，入禁中修撰，参决朝廷疑义及百司奏疏，"以分宰相之

① 佚名：《翰苑新书·前集》卷八《中书舍人》。

权"①。玄宗又以"中书务剧"为借口，设置翰林待诏及翰林供奉，执掌"四方表疏批答，应和文章"，它们已初步具有内朝出令官的性质。

唐代的学士官，有两个发展方向。一是行政系统之内的文化机构，其主要职能是征集校理图书典籍，撰述文字，教授生徒，作用是弘扬和传播文化遗产，为朝廷典章礼仪制度提供佐证和依据，培养各方面统治人才。而参政、议政，执掌内朝出令权是其兼职，随着正式内朝秘书官翰林学士的出现，此种职能便不复存在了。如唐代的弘文馆学士、集贤院学士等。学士官的另一发展方向是行政系统之外的临时差遣，其主要职能是侍从皇帝，以备顾问，并逐步分割中书舍人的草诏出令之权。如太宗的十八学士、高宗时的北门学士，玄宗时的翰林待诏、翰林供奉等。后者显然是翰林学士的直接职官渊源，两制中的内制也正是由此孕育出来的。

第二阶段，唐代中期，即从玄宗开元二十六年（738）到宪宗元和元年（806），为两制的草创阶段。

开元二十六年（738）始建学士院，改翰林供奉为学士，此举标志着内制的正式诞生，也是中枢秘书官区分两制的正式开始。但是，玄宗还没有来得及对这一新生事物加以完善和补充，便爆发了安史之乱，致使这一制度的草创经历了肃、代、德、顺、宪五朝，才得以逐步纳入正轨。第一，班序有了规定。学士院是独立于行政系统之外的临时机构，翰林学士也是在外朝职事官中选拔的临时差遣。为了在行政系统中找到它的位置，德宗兴元元年（784）下诏，"令翰林学士朝服班序宜准诸司知制诰例"②。这表明翰林学士已与原官"绝曹"，而按原中枢秘书官确定它的位置。"诸司知制诰"是指代理中书舍人命词的其他人员，其地位相当于试用期间的中书舍人③。第二，员额有了规定。德宗时，依中书舍人例，确定翰林学士员额为六人。第三，出现了学士院院长——承旨学士，执掌机密重大政

---

① 〔后晋〕刘昫等：《旧唐书·元万顷传》。
② 〔唐〕李肇：《翰林志》。
③ 张东光：《唐宋的知制诰》，《文史知识》1993年第1期。

令的谋划与起草。自宪宗时郑絪为承旨至懿宗共有承旨52人，其中30人拜相，占总数的58%①，足见其地位的重要。

随内制翰林学士的出现及各项制度的草创，作为外制的中书舍人则渐趋衰落。最突出的表现是员额经常不满。中书舍人六人，高宗时长期只用一人为中书舍人②。至玄宗天宝以后，安史乱起，天子播迁，百官不能依常规差除，以致出现无员的情况。德宗建中四年至贞元二年间（783—786），中书舍人始终处于独员状态。贞元中权德舆"居西掖八年，其间独掌者数岁"③。因中书舍人缺员，中书书诏填委，无法正常流通，只好选品低资浅的官员加知制诰衔代中书舍人命词。中书舍人员额的减少与品秩的降低使其参政议政的决策职能大为削弱。

第三阶段，唐朝后期，即从宪宗元和元年（806）到唐末，为两制的定型阶段。这一阶段，两制官选授、迁转的范围和方式基本确定下来，由此决定的两制官的概念也明确下来。

（一）两制的选授

1.内制的选授范围及选授方式。唐代内制官的选授有范围广、品秩低两个特点。翰林学士"皆以它官充，下自校书郎上及诸曹尚书皆为之"④。自玄宗至懿宗入院学士180人次，入院时本官品秩在正五品以下者占85%以上⑤。其选授方式至为严格，既须考试，又须试用。入院的基本条件是"词艺学识"，而且还要才思敏捷，因为充职者要在限定的时间内根据所承词头撰拟出正规文书，学识寻常、才思愚钝者不堪其任。因之，翰林学士一般要先试而后除。学士之试，始于德宗，完善于宪宗。如白居易于元和二年（807）十一月充翰林学士，即试制诰等五首⑥。学士经考试合格入院

---

① 岑仲勉：《郎官石柱题名新考订》（外三种），上海古籍出版社1984年版，第483页。
② 《旧唐书·孙处约传》。
③ 〔宋〕王溥：《唐会要》卷五五《省号下·中书舍人》。
④ 《翰林志》。
⑤ 据岑仲勉《翰林学士壁记注补》统计，载《郎官石柱题名新考订》（外三种）。
⑥ 〔唐〕白居易：《白氏长庆集》卷三〇《试策问制诰》。

后，还须有一定时间的试用期。试用期满后，加知制诰衔，然后得作文书，试用期间，仅备顾问。试用期的长短，依本官资序而定，一般官至前行郎中，方加知制诰衔，掌司内命。只有本官为中书舍人，才可不加知制诰三字。

2.外制的选授范围和选授方式。唐后期，官员一般不得直接被任命为中书舍人，而多是选拔正五品以下的外朝职事官加知制诰衔代行中书舍人之职，然后循资迁授中书舍人。穆宗时规定了诸官知制诰迁授中书舍人的资序和年限。计有卑官（如监察御史、拾遗、补阙等），尚书省诸司员外郎、郎中，谏议大夫、给事中、翰林学士为外制的选授范围，一般都在正五品以下。知制诰依本官资序而确定的试用期限为：卑官二周年转员外郎，员外郎二周年转郎中，郎中二周年正除中书舍人。其中，员外郎、郎中应依后行、中行、前行的资序迁转；前行郎中知制诰，是正除中书舍人的最后资序，试用期为一年。谏议大夫同前行郎中，给事中与翰林学士可以正授中书舍人，不须试用①。

就两制官选授的范围和方式而言，其同者，都有范围广、品秩低的特点，都有须经试用的要求。其异者，两制试用性质不同，外制试用期间得作文书，内制试用期间不作文书，内制须经考试而外制不须考试，其中内制严于外制的基本精神是不言而喻的。

（二）两制的迁转

两制官是通过对中书舍人事权的分割确立起来的，因而从品秩上说，中书舍人是其标尺或参照系。在院供职其间的两制官，都以中书舍人为迁途。唐代后期的中书舍人，有职事官和寄禄官两种情况。据考此时中书舍人共264人，其中98人是充任翰林学士的中书舍人，其性质为寄禄官②。其余166人才是职事官，而这166人也多是由诸官知制诰循资迁授的。

对两制官出院以后的迁途，我们只能以中书舍人和翰林学士这两个官

---

① 《唐会要》卷五五《省号下·中书舍人》。
② 张连城：《唐后期中书舍人草诏权考述》，《文献》1992年第2期。

员群体为依据加以考察。唐代中书舍人迁途在前期和后期没有明显变化，都以迁六部侍郎为主途。两《唐书》列传人物曾任中书舍人者279例，其中迁六部侍郎者165例，占60%左右[1]。翰林学士出院后一迁入相与再迁入相的情况较为普遍，德宗、顺宗两朝出院学士23人，其中7人拜相，占30%；宪宗至懿宗出院学士131人，其中46人拜相，约占35%[2]。翰林学士寄禄官一般低于或等于中书舍人，但出院一迁、再迁之后却高于中书舍人，这是唐代重内制轻外制的明证。

（三）两制概念试释

对唐代两制官的表述，或云"翰林学士和中书舍人"，此说忽略了诸官知制诰也掌命词的事实；或云"翰林学士、中书舍人和知制诰"，此说混淆了翰林学士有知制诰与未知制诰之别、中书舍人有职事官与寄禄官之别。因之，要准确理解两制概念必须弄清三个关系。（1）知制诰与两制的关系。试用期间的中书舍人加知制诰，试用期满的翰林学士加知制诰，凡知制诰者都作文书，都是正式两制官。（2）中书舍人与两制的关系。作为职事官的中书舍人视草外制，作为寄禄官的中书舍人可视草内制，凡中书舍人都作文书，都是正式两制官。（3）翰林学士与两制的关系。加知制诰的翰林学士草内制，寄禄官为中书舍人的翰林学士也可草内制，而试用期间的翰林学士仅备顾问。要之，唐后期的两制有广狭二义：广义的两制是翰林学士、中书舍人和知制诰，而狭义的两制是作为职事官的中书舍人、加知制诰衔代中书舍人命词的其他官员为外制，加知制诰衔的翰林学士和寄禄官为中书舍人的翰林学士为内制。

第四阶段，即北宋元丰改官制之前，是两制的鼎盛阶段。

这一时期的两制官在选授上，表现出许多与唐代不同的特点。首先，在任用资格上，比唐代更为严格。宋代两制官要求必经科第出身，还要有文字工作的经历。两宋翰林学士可考者397人，其中350人有进士出身，

---

[1] 张国刚：《唐代官制》，三秦出版社1987年版，第29页。
[2] 见《翰林学士壁记注补》。

占88%①。外制知制诰要求有修起居注或史馆修撰的资历,内制翰林学士一般要求有知制诰的经历。其次,在任命形式上,停止了试用,出现了权摄。北宋前期中书舍人完成了从职事官到寄禄官的转化,不再履行命词之任,而知制诰成了起草外制的正式官员。实际起草诏命的翰林学士,除了寄禄官为中书舍人者之外,仍要加知制诰衔。知制诰的全面"转正"即宣告了两制试用制度的废止。这是因为文字工作的经历事实上已解决了试用的问题。而没有文字工作经历的或官序未者代理内外命词则采用了权摄的形式。于是,"直舍人院""直学士院"便应运而生了。二职相当于代理知制诰、代理翰林学士。如正官不缺,权官"即令罢"。第三,对两制官的考试制度作了改革,由唐代的试内制变成试外制。北宋前期,出任知制诰除了少数有文学资望的人之外,都要经过考试,其考试方法相当于唐代翰林学士的考试。考试制度由内制而外制的变化,反映了两制官官阶的此升彼降和实际地位的此消彼长。唐代学士官阶低于舍人而实际地位高于舍人,宋代学士官阶高于舍人而实际地位却是两制并重的。北宋前期两制官选任上的若干变化,都反映了这一基本精神,那就是对唐代"扬内抑外"的偏向加以矫正,使这两套秘书班子在新的形势下达到新的和谐。

两制并重局面的出现,是君权、相权矛盾运动在秘书官制上的重要表现。唐后期以来,翰林学士的崛起和枢密使、神策中尉等宦官的擅权,使相权大为削弱。宋代正是有惩于此,才在事实上强化相权的。旧制每游宴,只翰林学士得以赴召。太祖时,始令中书舍人"从游宴"②。舍人从游宴看似小事,其实际意义是,中书舍人已从唐代后期"但知命词"的外朝秘书官变为亲信侍从官了。更应引起注意的是,舍人地位升降的背后是相权的沉浮。

北宋前期的两制之盛,还表现在兼领或别领省府职任上。唐代未知制诰的翰林学士仅备顾问,而此时未知制诰的翰林学士则可别领省府职任,

---

① 杨果:《宋翰林学士人员结构考述》,《武汉大学学报(社会科学版)》1988年第6期。
② 〔宋〕苏易简:《续翰林志》。

知制诰的学士亦可兼领省府职任。"其带知制诰即厘本院职事,其别领省府职任,即不带知制诰"①。如冯京为翰林学士知开封府,叶清臣为翰林学士权三司使②等,即"不复归院供视草之职"③。又淳化二年(991)命"翰林学士苏易简、贾黄中同勾当差遣院,李沆同判吏部流内铨"④,即未离学士院职事而兼领省府职任。一般由翰林学士兼领或别领的都是新生的重要部门的职事,事繁者出院专典,事简者在院兼之。如王旦"为翰林学士兼知审刑院"⑤,兼知者,意即不离本院职事。又王珪草胡宿侍读学士制:"翰林学士知制诰知审刑院胡宿可兼侍读学士"⑥。胡宿知审刑院衔内仍带知制诰者,以其仍掌命词之故。准此,北宋前期的翰林学士有三种情况:一是加知制诰衔专司内命的,二是加知制诰衔既掌内命又领外司职任的,三是不加知制诰衔出院别领省府职任的。

北宋前期的外制知制诰,也有两种情况。一种是在院供职的,一种是别领外司的。如真宗时"刑部员外郎王随为工部郎中知制诰知扬州"⑦,可知脱离舍人院出领"外藩"的王随,结衔仍带知制诰。上述脱离本司职任的两制官员,仍在舍人院、学士院保留编制,衔内所带知制诰与翰林学士为文官帖职,相当于杂学士和待制。这是北宋前期官、职、差遣分授的特色在秘书官制上的反映。

第五阶段,即元丰改制后到南宋,为两制的嬗变时期。这一时期的两制官员额、选任、执掌和性质,都发生了变化。

第一,两制官员额均由六员裁至二员。第二,不再兼领或别领省府职任,而专以行命令、为制词为职事。第三,确定了正式品级,中书舍人为正四品,翰林学士为正三品。第四,不必再加知制诰衔,中书舍人"始正

---

① 〔宋〕黄履翁:《古今源流至论·别集》卷三,《本朝官制》上。
② 〔元〕脱脱等:《宋史》卷三一七《冯京传》、卷二九五《叶清臣传》。
③ 〔宋〕徐度:《却扫编》卷下。
④ 〔清〕徐松辑:《宋会要辑稿》职官六之四七。
⑤ 《宋史》卷二八二《王旦传》。
⑥ 〔宋〕王珪:《华阳集》卷三五《外制》。
⑦ 〔宋〕李焘:《续资治通鉴长编》(以下简称《长编》)卷八七"大中祥符九年八月乙亥"。

官名"，外制加知制诰自然停止；翰林学士仍有加之者，完全是因袭旧习，"徒成赘尔"①。第五，任用形式上，权摄更为普遍，"直舍人院""直学士院""舍人院权直""学士院权直"成了主要的任用形式，新除者以带"兼权"为多。第六，任用前的考试制度流于形式。修注官除中书舍人，如曾"权行词"即视为已试，不必再试了。而未经修注可以"兼权"入院，亦复免试。词臣先试后命的成规，"自渡江以来，废而不举"②。

两制官的上述变化表明，它已从差遣转化为正官，由于员额的减少，执掌又仅限于命词出令，其政治作用业已式微。特别是翰林学士，已从行政系统之外纳入行政系统之内，"天子私人""内相"的地位逐渐丧失。南宋权相的屡出，也从一个侧面说明了这一点。

综观两制官的发展变化和彼此消长的过程，不难看出：君权、相权的矛盾运动是其发展演变此消彼长的内在动因；翰林学士从行政系统之外向行政系统之内转化，是内朝秘书官发展变化的自身规律；外制官从职事官到差遣，再从差遣到职事官的变化，是其发展的基本特征。

二、两制的执掌

（一）撰述王命的喉舌之官

1.两制草诏权的分工。两制既为中枢秘书官，其主要职能就是撰述制、敕、诏、令。依其"天子私人"和"宰相判官"的不同身份，所行文书各有侧重。

翰林制诏即属于内制翰林学士所行文书，大体可分为五类：（1）人事方面。立后、建储、册妃主、封亲王、郡王、拜免三公将相以及上述人员兼职、加官、加封等任免文书。（2）号令方面。大赦、曲赦、布大政令、号令征伐、诫励百官、晓喻军民、减免租税、劳问臣下等具有法令、法规性质的文书。（3）批答方面。主要是对高级官员表疏所作的批示，是对一

---

① 〔宋〕费衮：《梁溪漫志》卷二《学士带知制诰》。
② 《梁溪漫志》卷二《北门西掖不以科第进》。

些具体问题的处理意见和对上疏人诚励劳问等文辞。（4）"藩书"方面。这是予境内其他政权或境外政权的书信，有关外事活动的文书。（5）应用文辞方面。这是朝廷举行典礼、朝会或重大的祭祀活动、宗教活动时，临时应命撰制的文词。上述五类，以人事方面和号令方面最为重要，一般以白麻纸为书写材料，称为"白麻"内制。

中书制诰即属于外制中书舍人（或知制诰）所行文书，主要可分三类：（1）将相以下百官的任免；（2）将相以下百官的黜徙、加勋、加阶、封爵等文书；（3）高级官员的亲属和命妇的封赠等文书。此类文书的突出特点，是几乎全部与人事有关，一般以黄麻纸为书写材料，称为"黄麻"外制。

外制命官文书的任免对象，上限可以确定在将相以下（不含将相），但下限却依其供职部门的系统不同和所任职务的性质不同变动很大。据笔者初步考察，其下限应确定在：尚书省自诸司员外郎以上，中书、门下省自左右拾遗（宋为左右正言）以上，御史台自监察御史（含里行）以上，秘书省自正字以上，诸监、寺自丞（宋含太常寺博士，国子监学正、学录）以上，东宫官自庶子以上，内命妇自掌记以上，地方藩镇、节镇、知州自掌记以上。宋代侍从官自待制以上，带职官自直秘阁以上，寄禄官（阶官）自中散大夫以上①。

2.两制草诏权分工的阶段性。上述两制草诏权的分工，并非从来就是泾渭分明的，不同时期其宽严弛张也大不相同。

（1）两制萌芽阶段草诏权主要在中书舍人。处于萌芽状态的内朝秘书官如北门学士、翰林待诏、翰林供奉则"止于唱和文章，批答表疏，其于枢密，辄不预知"②。因而尚无真正意义的分工。

（2）两制草创时期的草诏权分工仍不严格。学士院虽创始于玄宗，但玄宗朝的翰林学士如韩翃、阎伯玙、孟匡朝、陈兼、蒋镇、李白等"但假

---

① 据《宋会要辑稿》职官三之三，参之《文苑英华》《全唐文》、唐宋词臣文集的制诰部分。
② 《翰林志》。

其名而无所职"。肃宗在灵武继位后，事多草创，权宜济急，翰林之中，始掌书诏。但肃、代两朝翰林学士并未专擅拜免将相一类的"白麻"内制，此类文书或由中书舍人掌之。如贾至、常衮、杨炎等都曾在中书舍人任上行"白麻"内制①。德宗朝翰林学士草诏权逐渐加强，两制分工也渐趋明确。贞元中任中书舍人时间最长、最受德宗赏识的权德舆也承认"德音宥秘皆出自中禁，西掖所掌止于命官"②。现存权氏所行制书仅贞元十六年（800）九月撰《齐抗平章事制》③为"白麻"内制，其余均为中书制诰。德宗还对"白麻"的使用范围作了进一步界定，"天子封建或用宰相，以'白麻'署制，付中书门下"，并"罢统军用麻"④。

（3）两制定型时期草诏权分工基本明确。宪宗"元和初，学士院别置书诏印。凡赦书、德音、立后、建储、大诛讨、拜免三公将相曰制，百官班于宣政殿而听之。赐与、征召、宣索处分之诏、慰抚军旅之书、祠饷道释之文、陵寝荐献之表、答奏疏、赐军号，皆学士院主之，余则中书舍人主之。其翰林学士、中书舍人分为两制，各置六员"⑤。这是官方首次把两制概念明确下来，同时也把其草诏权分工明确下来。元和五年（810），又重申"凡将相出入，皆翰林草制，谓之'白麻'"，并"罢中书草制"⑥。至此，中书舍人行内制，原则上已被停止了。但是，终唐之世，两制草诏权的分工都不是很严格的。一方面，在外制缺员或无员的情况下，翰林学士加知制诰衔代行中书制诰是很常见的；另一方面，即使在唐朝后期，中书舍人行内制的情况也是存在的，如宣宗大中时，崔玙、沈洵

---

① 《全唐文》卷三六六、三六七载贾至所行"白麻"内制11件，《文苑英华》卷四三三《翰林制诏·杂赦书》载大量常衮所行"白麻"内制，《大唐诏令集》卷五二、《全唐文》卷四二一载杨炎所行"白麻"内制2件。

② 〔宋〕姚铉编：《唐文粹》卷八一《答杨湖南书》。

③ 〔宋〕宋敏求编：《唐大诏令集》卷四六《命相三》。

④ 〔宋〕欧阳修、宋祁：《新唐书·郑细传》，德宗曾置六统军比六尚书，除制以"白麻"付外。

⑤ 〔宋〕王钦若等编：《册府元龟》卷五五〇《词臣部·总序》。

⑥ 《唐会要》卷五七《翰林院》。

均在中书舍人任上草命相制①。

（4）两制鼎盛时期的草诏权分工最为严格。有关这一时期的两制分工情况，下文将专门讨论，这里仅谈一下兼代的问题。唐代两制兼代是"互兼"，即内制可兼外制，外制也可兼内制。而北宋前期则是"顺兼"，即内制可兼外制，外制兼内制则甚为罕见。此时知制诰六员，常除四员，如因故无员当值则由翰林学士暂代命词。如天圣四年（1026）五月丁丑"以知制诰蔡齐、章得象并为翰林学士，时舍人院无知制诰，特召翰林学士夏竦草词"。景祐元年（1034）正月己卯，"命翰林学士石中立、张观权行舍人院制词，以知制诰郑向、胥偃、李淑等并权同知贡举也"。而外制代行内制，则被认为是非正常的。如天禧四年（1020）十一月戊辰，丁谓、李迪罢相，"事颇迫剧，其制词，舍人院所草也"。又乾兴元年（1022）六月庚申，丁谓再度罢相，"时亟欲行，止召当直舍人草词"②。可见，外制只有在事"迫剧"或"亟欲行"的非正常情况下才代行内制，且止于免职文书，命相文书为外制所代者，迄未发现。

（5）两制嬗变时期的草诏权渐趋合一。两制员额的减少和翰林学士"内相"地位的丧失，在草诏权上出现"两制互代""一人兼掌"的情形。第一，两制一方无员当值，另一方即可代行。"近岁翰苑止双员。淳熙五年学士周洪道为御试详定官，直院范致能除参知政事，本院缺官，得旨，遇有撰述文字依例权送中书舍人。十四年，学士洪景庐知贡举，直院李献之出使，主待制诰孔目官李植请于朝，遂用五年例云。"③第二，两院都有员当值，但因当草诏书的任免对象或批答对象与当值者有亲旧、恩怨关系时，可"引嫌"不草制。于是出现"都司行制词""阁下草批答"④的现象。第三，朝廷明令特许一人兼掌内外制。洪适于"乾道元年五月迁翰林

---

① 见前引张连城文。

② 以上均见《长编》卷一〇四、一一四、九六、九八。

③ 〔宋〕李心传：《建炎以来朝野杂记·甲集》卷九《舍人草内制》。

④ 《建炎以来朝野杂记·甲集》卷九《舍人引嫌不草制》。

学士，仍兼中书舍人"①，吕居仁"赐出身，兼掌内外制"②，陈傅良"既居西掖，又直北扉"③。身兼内外制的胡寅说："自来学士院缺官，多是西掖词臣权摄，事体为顺。"④渡江以来，内制缺官，任命中书舍人为直学士院，身兼两制，甚为普遍。这是向金元时期两制合一转化的中间环节。

3.两制草诏权分工的性质。依上所述，两制草诏权分工最严格的是北宋前期。下面以此为对象，分析一下其草诏权分工的性质。

（1）应从封建政体和秘书工作原则上考察两制的分工。中枢秘书官区分两制实际上确立了皇帝的国家元首、宰相的政府首脑地位。如宣战、媾和、布赦书、降德音、与外国书信往来等，应由皇帝出面，以国家名义行文；立后、建储、册妃主、封亲王等既是帝王家事，又事关"国本"，宰相虽得参议，拍板当由皇帝。而拜免三公将相事关宰相个人荣辱，应由皇帝裁断，以国家名义行文，宰相理当回避。批答高级官员的表疏，是君臣单独议政的书面表现形式，学士仅可代劳，宰相不得与闻。因此，皇帝以个人或国家的名义发布的文书，应由内制翰林学士起草，而皇帝通过宰相以政府的名义发布的文书，应由外制中书舍人起草。在秘书制度的原则上，应有明确的发文机关和承文机关，发自内廷的、代表皇帝或国家的文书，中书只是承文机关；而发自中书代表政府的文书，政府各部门都是承文机关，而内廷只是抄报机关。这种文书流通的程序不能颠倒。如建储、命相等重大政令，学士一定要面奉圣旨，才得命词，即便是宰相传达的圣命，学士也不执行。仁宗嘉祐七年（1062）八月丁丑，宰相韩琦召翰林学士王珪草英宗建储诏，王珪曰："此大事也，必面禀得旨。"至仁宗亲自召见王珪，说明立皇太子出于己意，王珪才肯草诏⑤。真宗病危之际，神志不清，罢职宰相丁谓赖内臣雷允恭之力假传圣旨，令己复相，亲往学士院

① 《宋史》卷三七三《洪皓传附洪适传》。
② 《梁溪漫志》卷二《北门西掖不以科第进》。
③ 〔宋〕陈傅良：《止斋集》卷二六《辞免直学士院状》。
④ 〔宋〕胡寅：《斐然集》卷一一《辞免直学士院札子》。
⑤ 《宋会要辑稿》职官六之五〇。

命翰林学士刘筠草复相麻。"筠曰：'命相必面得旨，今日必有宣召，麻乃可为也。'谓无如之何。"①建储、命相必"面得旨"深刻揭示了两制分工的基本原则，那就是，内制文书必须是皇帝发出的。熙宁初，"中书议定改宗室条制，召学士王禹玉草制，禹玉辞曰：'学士，天子私人也，若降诏付中书施行，则当草之。今中书已议定宗室事，则当就舍人院草敕尔。学士非所预，不敢失职也。'"②由皇帝下达的、"付中书施行"的文书，是学士所当草的；而由"中书议定"的，则应由舍人院行文。这是国家政体的客观要求，也是秘书制度原则的具体表现。

（2）应从人事管理权限上，考察两制的分工。任免管理权限属于国家或皇帝的官员，文书当出于内制；任免管理权限属于宰相或政府的官员，文书当出于外制。除免对象决定出令机构，这在北宋前期是不能含糊的。"参知政事，舍人草制，枢密使、同平章事，学士草制。"③如真宗天禧四年（1020）七月戊辰，欲任命冯拯为吏部尚书、参知政事，召学士杨亿草制，"亿曰：'此舍人职也。'上曰：'学士所职何官？'亿曰：'若枢密使、同平章事，则制书乃学士所当草也。'"④显然，两府正长官除拜，由学士院降麻，即便是枢密副使、参知政事，也仅舍人院出制。其实，宋代将相的任免权限还有更为严格的区分：宰相兼职、带职均须降麻，如兼修国史、加馆殿大学士、兼领宫观使等；枢密使罢职降麻不降麻无定制，如带平章事则降麻；节度使罢职降麻不降麻无定制，如系使相则降麻⑤。如"丁晋公（谓）自保信军节度使知江宁府召为参知政事，中书以丁节度使召学士草麻。时盛文肃（度）为学士，以参知政事合用舍人草制，遂以制除，丁甚恨之"⑥。丁谓任职文书是个饶有兴味的问题，如作参政任职论，

---

① 〔宋〕苏辙：《龙川别志》卷上。

② 〔宋〕叶梦得：《石林燕语》卷九。

③ 〔宋〕陈均：《皇朝编年纲目备要》卷八"天禧四年七月"。

④ 《长编》卷九六。

⑤ 《石林燕语》卷七、《石林燕语辩》四〇、《旧闻证误》卷一、《宋朝事实类苑》卷二六。

⑥ 〔宋〕欧阳修：《归田录》卷一。

则不必降麻，如以节度使纳节论，则可降麻，也可不降麻。所以丁谓虽对舍人草制"甚恨之"，也无可奈何。两制在起草人事任免方面文书的分工，以官员的人事管理权限为原则，"学士院具员，文臣待制以上，武臣正任防御使以上。盖防御使有超除节度使之理，故皆入具员"①，即有资格除拜将相的官员，都要在学士院建立简易的人事档案，以便行文时参考。

长期以来，我们多用诏书的重要程度与机密程度来表述两制的分工。现在，把这种分工与封建政体，与秘书制度、人事制度结合起来认识，结论显然更为深刻。《词林典故》说："古以学士为内制，谓事不由中书而出自上意者。"②已触及其边缘。

（二）参决帷幄的决策之官

两制在把王命变成文书并取得法律效力的过程中，可以发表自己的意见，以各种方式对皇帝的决策施加影响。按两制消长的特点，其影响决策在不同时期主要通过以下形式：第一，唐代前期，中书舍人以"分押六曹""五花判事"的形式直接参与决策；第二，唐代中后期，翰林学士以谏言议政的形式间接影响决策；第三，北宋前期，两制作为特定的官员群体为决策提供咨询；第四，北宋中期以后，中书舍人以"缴词头"的形式直接修改决策。

1. "分押六曹"与"五花判事"。唐朝前期中书舍人在中枢决策圈中发挥重要作用，这是南朝以来舍人权重的继续和发展。所谓"分押六曹"，是指中书舍人六人，分别负责对尚书省六部的章奏文书提出具体处理意见，然后上呈皇帝定夺。所谓"五花判事"，是指遇有军国大政，除负责该曹文书的中书舍人之外，其余现任中书舍人也要分别在文书上加具自己的意见，并在意见下签署姓名，以便皇帝决策时参考。太宗贞观三年（629）四月，曾重申此制，对"唯睹顺从，不闻违异"的情况表示不满，鼓励中书舍人直陈己见。这一制度，是让秘书工作人员在处理文书的过程

---

① 〔宋〕李心传：《旧闻证误》卷四引《逸史》。
② 〔清〕张廷玉：《词林典故》卷三《职掌》。

中直接参与决策，使皇帝能兼听各种意见，促进决策的科学化，"由是鲜有败事"①。但是，在唐朝前期，中书舍人对文书的处理意见是直接上呈皇帝的，宰相不得"平处可否"。因为在翰林学士出现之前，中书舍人身兼宰相助手和皇帝顾问双重角色，起着君权、相权矛盾"调节器"的作用，所以其决策职能的弛张伸缩要受君权、相权矛盾的制约。开元二年（714），宰相姚崇上奏，以舍人"五花判事"时"状语交互，恐烦圣思"②为借口，提出舍人对政务的意见要先经宰相裁处后再上呈皇帝，实际上变相剥夺了中书舍人的决策权，"因是舍人唯知撰制，不复分知机务"③。天宝、至德以后，"兵兴急于权变，政去台阁，决遣专出宰相"，因而"舍人不复押六曹之奏"④。德宗以后，不断有宰相奏请恢复中书舍人的决策职权，但均未能奏效。一方面，舍人员额不满，无员去"分押六曹"，另一方面，重大政令的谋划与起草已归学士院，舍人也无事可"判"了。

2.翰林学士的谏言与议政。谏言与议政是学士官在取得内朝出令权以前便已具备的职能。但在德宗以前，学士对中枢决策的影响还远比不上中书舍人。德宗至穆宗朝，是翰林学士政治作用最为突出的时期。如参决大政于内署的韦绶，以"谠言正论闻于时"的崔群，谏言坦诚、无所回避、使皇帝畏惮的钱徽，都名重一时⑤。甚至连立嫡、建储等重大政令，也赖翰林学士参决。如卫次公、郑纲等倡立顺宗，郑纲主立宪宗，崔群正位穆宗⑥等等。但是，穆宗以后，内侍宦官在中枢决策圈中往往起决定作用，穆宗至昭宗八帝中有七帝为宦官所立就是明证。学士的参政权因而受到严重冲击。

3.两制共同为决策提供咨询。北宋前期，两制在中央官僚机构中，总

---

① 〔宋〕司马光：《资治通鉴》卷一九三。
② 《唐会要》卷五五《省号下·中书舍人》。
③ 〔宋〕孙逢吉：《职官分记》卷七《舍人知制诰》。
④ 《新唐书·百官二》。
⑤ 《旧唐书》韦贯之传附韦绶传、崔群传、钱徽传。
⑥ 分别见《唐会要》卷五五《翰林院》、《国史补》卷中《郑纲草诏事》、《册府元龟》卷五五〇《词臣部·器识》。

是作为一个特定的官员群体出现的。与二府、两省、台谏、馆阁等其他官员群体相提并论。而且两制还是其中最为活跃的集团，每逢朝廷的政务疑难、制度厘革、礼仪确定，都要征求两制的意见。在北宋文献中，"诏下两制议""下两制详定"的字样屡见不鲜。这时两制官要从以往的典章故实中为现实的礼仪制度提供佐证，寻找依据，为疑难政务提供决策咨询。一般翰林学士、知制诰有时甚至包括杂学士、待制都有权发表意见。当然，翰林学士"地势清切"，往往在其中发挥更重要的作用。太祖时改元"乾德"，不知后蜀时已有此年号，事后询及学士陶谷、窦仪，才知决策失误。太祖从中吸取了教训，"自是大重儒臣"①。学士有时甚至参断宰相人选，真宗时丁谓、曹利用等拜相，"皆用（翰林学士钱）惟演所言也"②。

4. "缴词头"。两制官对当草诏书的决策特别是对人事安排有不同意见，封还原命不与命词称为"缴词头"。即秘书官在造令、出令过程中有对决策的修正权。唐代内制、外制都有封还词头的情况，但还只是偶尔为之。宋代从仁宗朝开始，中书舍人缴词，成为定制。"词头"一般是宰相记录下来的皇帝对政务的决策意见，是中书舍人撰拟正规文书的依据。知制诰封还词头始于富弼，成于胡宿，直至南宋，经久不衰。尽管封驳未必都能奏效，甚至反遭贬谪，但正直耿介的中书舍人还是义无反顾地履行这一职责。

舍人缴词事实上分割了给事中的封驳之权。北宋前期，权停给事中封驳，而以其事隶通进银台封驳司，其知司事二人多以两制兼充。而且中书制诰常不由该司而使之形同虚设。改官制之后，给事中虽正官名，但其封驳权仍不如中书舍人直接。南宋以后，两省合一，舍人封驳权仍在给事中之上。

两制官除了草拟文书、参与决策之外，还临时应命充任各种差遣。如知贡举，知选事，出使外国，任外使"馆伴"使，主持或参与编纂类书、

---

① 《旧闻证误》卷一。
② 《长编》卷九六"天禧四年七月庚午"。

实录、国史等重大文化建设，参酌刑狱，举荐官员，磨勘治绩，主持祭祀等等。一方面，他们是皇帝私臣、宰相助手，见信于当朝；另一方面，他们是文士之极任，朝廷之盛选，才气和名望都堪充其任。所有这些都表明，两制官在唐宋政治舞台上是异常活跃的角色。

三、两制的地位与作用

1.协调君权与相权的关系

中国古代专制政体的立法精神与国家政务的运行机制存在根本分歧：前者要求国家实行一元集权化政治，君主与国家不分，国家与政府不分，不允许任何独立于君权之外的权力主体的存在。而后者则要求国家政务必须由一个相对独立的权力实体——中央政府贯彻执行，而中央政府客观上需要它的首脑——宰相来保证其正常运转。基于这一分歧，政治制度史上一场规模空前又旷日持久的角逐——君权与相权的角逐持续了两千多年。这场角逐的结果是：君权强化的执着和相职生命力的旺盛几乎平分秋色，二者不分胜负。这一结果告诉人们，君权与相权之间相互斗争的因素与彼此依存的因素比起来，后者重于前者。因为，这对矛盾相处的情况正常与否对国家的兴衰、社会的治乱关系至为重大。本文所讨论的就是直接影响这一矛盾相处状况的特殊政治力量——中枢秘书官。

中枢秘书官总是扮演着君权、相权矛盾的调节器和中介物的角色，所以如此是由它特殊的职责和地位决定的。第一，秘书官以草诏出令、处理文书为职任，而诏令文书正是君主行使权力、国家机构履行职责的工具，它能否畅通，是国家机器能否正常运转的必要条件。谁掌握了它，谁就事实上掌握了对国家的统治权。所以，历代君主无不"重纳言"而"贵喉舌"[1]。牢牢控制中枢秘书官，掌握出令权，是君主御臣下、总万务的重要手段。第二，中书秘书官职亲地禁，参与机要，这一特殊地位也有别于包括宰相在内的外朝臣僚。历代秘书机构总是设在禁中或距禁中最近之

---

① 〔南朝〕刘勰：《文心雕龙·诏策》。

处，以便随时应召，草拟文书，承宣诏命。而且中枢秘书官总是除了宦官之外君主最亲近的人。其近密程度如汉代年老口臭的尚书郎要口含"鸡舌香"奏事，君臣间耳鬓厮磨之态可见一斑。唐宋时翰林学士侍从皇帝，经常有一人值宿内廷，朝夕不离左右。倚重近臣、疏远外廷是专制政治的普遍规律。凡重大机密政务皇帝总是退与近臣议定。汉代领尚书事大臣经常秘密入内廷与皇帝议政，待政令发出后还要佯作不知，去相府询问。唐宋时期草命相麻的翰林学士要单独宣召，当晚锁院，在除命发出前与外界隔绝。内朝秘书因接近君主而获得的荣宠实为宰相所不及，专制制度下的权力分配往往不依官位的高低而依与君主关系的远近。先秦时依血缘为准绳，秦汉以后则以"地势"为原则。"王疑冢宰则内史重，疑内史则宦官重"①，可见宰臣、内朝秘书、宦官这三种政治势力的升降沉浮往往由"地势"的远近来决定。

中枢秘书官与宰相的关系是非常微妙的。不独君主行使权力需要中枢秘书官，宰相管理国家同样需要它。丧失了中枢出令权，或是丧失了对中枢秘书官领导权的宰相，也事实上丧失了宰相地位。"出纳王言，发挥纶翰，宰臣之任"②，因而历代宰相，不是自身就拥有出令权，就是拥有对秘书官的领导权。这是相权与中枢出令权的一致性。中枢秘书的综合性职能，也表明它与相权是十分接近的。发布天下诏令、承纳诸司章奏、批答百官表疏的秘书官与"总庶务""长百僚"的宰相仅有一步之遥。历代皇帝秘书长的位置总是与相职纠缠不清。秦汉时期，御史大夫被称为"丞相之贰"；汉武帝以后的领尚书事、录尚书事、尚书令与魏晋时期的中书监、中书令等被称为"真宰相"；唐宋时期翰林学士称为"内相"；明清时期的内阁大学士也称为"辅臣"或"中堂"。相职既是秘书官现实的迁途，又是秘书官未来的发展方向。如西汉时共有丞相56人，其中22人为御史大夫升任；唐宋时期翰林学士特别是承旨学士"多迁为相"，已如上述。历

① 〔明〕王应电：《周礼图说》卷上《古今纳言论》。
② 《册府元龟》卷三三三《宰辅部·罢免二》。

代君主总是起用品低资浅的亲信臣僚组成内朝，让他们起草诏命、参议大政，以牵制以宰相为首的外朝官的政务活动。但是，君主始料不及的是，新的宠信者总是向外朝官转化，成为新的宰相，变成新的对手，而后再有一批内朝秘书来取代它。尚书取代三公、中书取代尚书、内阁取代中书，莫不如此。唐宋时期的学士院，正是内阁取代中书的中间环节。中枢秘书官是君权强化的工具，又是相职再生的契机，它基于君权相权的矛盾而产生，又转过来为协调这一矛盾发挥了作用。

唐宋时期，中枢秘书官区分两制，是协调君权相权矛盾的最佳方案。秦汉以来，"辞令在尚书郎则尚书重，在中书舍人则中书重"①。君权、相权对中枢出令权的角逐造成了相职的频繁变化。这一变化造成的中央行政机构的连锁震动既不利于国家政令的实施，而且从本质上说也不利于君权的强化。唐代三省制的确立标志新的宰相制度的出现。而维护这一制度不在短期内发生动摇，就要对中枢秘书制度加以厘革。因而，在内朝秘书机构学士院建立后，外朝秘书机构中书舍人院得以保留下来，使皇帝和宰相各自拥有自己的出令渠道。这样，以争夺中枢出令权为核心内容的君权与相权的矛盾，便得以缓和下来，保持了一段相当长时间的彼此均衡态势。在这一时间内，则以两制彼此消长的形式，保持君权、相权的相对和谐。

应该指出的是，重用中枢秘书官削弱相权，是以君主胜任与勤政为前提的。一旦君主幼弱或疏于政事，宰相失权，品低资浅的内朝秘书还没有成长为新的相职，因而无法全面履行相权，这就为宦官和其他政治势力干政提供了契机，从而使专制集权的初衷走向反面。

2.明确君权、相权的职责

唐宋时期，社会经济的全面高涨导致了上层建筑的空前成熟。中央权力机构实行三省制、中枢秘书机构实行双轨制乃是其成熟的显著标志。前者把国家出令、审令和执行之权区分开来，而后者则把君权、相权的职责区分开来。古代的君权和相权不是两个相互平行的权力主体，而更多地表

---

① 〔清〕阎镇珩：《六典通考》卷九《设官考・复逆之官》。

现为"决"与"治"、"断"与"行"的相互关系。君权主决、主断，相权主治、主行。但是决与治、断与行是权力行使过程中无法截然分开的两个阶段，独断者往往专行，这是众所周知的。因此，长期以来，君权、相权并无判然之界划。依据政治形势的不同、当职者个人素质的不同，君权、相权此消彼长，变动很大。有时，"天下事无大小皆决于上"，公卿百官领命受成而已；有时相与君同坐龙床而"共天下"；也有时强臣压主，置君主于掌股之中。造成此种局面的原因固然复杂，但没有从制度上对君权、相权给以起码界定，是其中不容忽略的原因。而唐宋时期两制的区分，正是从文书流通的程序上把国家和政府区分开来，从文书的性质上和人事管理权限上把皇帝和宰相的职责区分开来，从而对君权相权给以初步界定。尽管这种界定还是粗线条的，还是以决与治、断与行的传统分工为原则的，但是毕竟有章可循，比起因时而变、因人而变的随心所欲的分工，是个历史的进步。在两制分工相对明确的唐代后期和北宋前期，既无专断之君又无擅权之相（宦官专权与武将跋扈另当别论）的事实是耐人寻味的。

中枢秘书制度的双轨制，以其独特的政治作用给后世以深远影响。明清两代，事实上也存在中书出令的双轨制：明代有主司"票拟"的阁僚和代君行令的秉笔太监；清代内阁、军机处并存，皇帝还亲自动手，以"朱批"行令。这种中枢出令渠道的双轨制乃至多轨制，正是唐宋两制的嗣音余绪。

3. 促进文化昌盛与政治清明

唐宋时期两制官的选任之精、礼遇之隆和升迁之速，都是"它官莫比"的，因而是士大夫们向往和追逐的目标。宋代称入舍人院为"登龙门"，入学士院为"凤飞玉堂"。如果说科举制度把读书与入仕联系起来，那么秘书官的选拔和升迁则把读书入仕与跻身卿相联系起来，从这个意义上说，后者是前者的发展和深化。由社会对词臣的尊重营建起来的尚文之风，不仅有利于整个地主阶级文化素质的提高，同时也有利于全社会文化的昌盛。唐宋时期许多文化名人都有词臣的经历，如颜师古、李百药、陆贽、李白、白居易、元稹、韩愈、欧阳修、苏轼、苏辙、司马光、曾巩、王安石等等，便是很好的说明。明清时期的内阁继承了唐宋词臣的政治功能，而翰林院继承了它的学术文化功能和储才功能，翰林出身成了出任各级要员的重要资历。士大夫对翰林的追逐与唐宋时期对词臣的追逐具有同样的社会效应。

另外，词臣参政实质上是学者政治对专制政治必要的制约和补充。无论是"分押六曹"、"五花判事"、谏言议政还是封还词头，对避免决策失误、保证政治相对清明，都有一定作用。

（选自《历史研究》1995 年第 4 期）

宋代台谏言事制度

虞云国

宋真宗颁布的整顿台谏的天禧诏书规定："其或诏令不允，官曹涉私，措置失宜，刑赏逾制，诛求无节，冤滥未伸，并仰谏官奏论，宪臣弹举。"表明宋代台谏对上自人君下至百官的阙失，都堂堂正正地享有谏诤论列的言事权。宋代对台谏言事也建立了相对完善的程序和制度。

一、台谏言事的法令依据

早在淳化年间，宋太宗就命御史台将"合行故事并条奏以闻"。[1]宋代台谏系统据以运作的敕令格式未能完整地保存至今，但钩稽史料，仍可以由鳞爪而窥全貌。

台谏藉以监察言事的法律凭依是海行敕令格式和各类一司条法的录副、类编或节文。熙宁二年（1069），"诏三馆、秘阁借《会要》付御史台誊录"，[2]应该是指将前代通行或专门的制度条文、敕令格式录副备查。绍兴三年（1133），御史台上言："隶察官司自来各将一司见行条法及续降指挥编类成册，赴台以备检照。比年条册散失，诸处官司亦不复供检。伏望许从本台移文，应隶台察官司将见一司条法及续降指挥重别编类，赴台照用。今后如有续降指挥，亦乞依此关报施行。"[3]高宗批准了这一请求。这

---

① 〔元〕脱脱等：《宋史》卷二八七《李昌龄传》。

② 〔清〕徐松辑：《宋会要辑稿》职官五五之九。

③ 《宋会要辑稿》职官一七之一九、二〇。

也反映了各部门官署将各自现行的一司条法与续颁指挥类编成册，及时供台谏系统监察言事之用，已成为一种制度。《包孝肃奏议》卷六《论李绶冒国亲事》所提及的"检会御史台编敕节文"，则应是录副或类编的敕令格式的节本。绍熙五年（1194），有实录院官员上奏曰："御史台、谏院、后省逐时将章奏、指挥等编类成册，最为详备。"表明不仅仅是御史台，谏院也同样备有敕令汇编或类编，作为其论谏的法令根据，连实录院"亦合关借"。①

此外，台谏系统还有其自身组织、运作的条例格目。宣和六年（1124），御史台奏："每被诏旨令觉察弹奏，有牒言官之文，有揭榜长贰厅之法。阅岁寖久，被受滋多，而无成书可以总括，诏旨遂成虚文。乞令台臣搜阅，修成格目，以备稽考。"②而御史言事也不时援引"御史台令"和"御史台格"。③这些台令格目应是御史台运作的专门法规，有时也择编为《台令节文》，大体包括"总例节文"、④细则节文等。有关御史台的其他专门法，还有《御史台仪制》《六察台格》和《弹奏格》等。其中，《御史台仪制》在北宋时期曾多次编定，⑤虽是御史台建设的法规，但似也应有关于言事的规制在内。《六察台格》应是六察按事的法规细则，故宋人盛称其"条目详备"。⑥关于《弹奏格》，在政和四年（1114）修定《官制格目》时，御史台就编成《弹奏》三卷，政和七年又"将本台前后所奉御笔令觉察弹奏事专为一书，每殿中侍御史以上即抄录一本给付"。⑦南宋淳熙四年（1177）颁行《重修淳熙编类御史台弹奏格》一卷，分为前司、六

---

① 《宋会要辑稿》职官一八作之七二。
② 《宋会要辑稿》职官五五之一六。
③ 〔宋〕楼钥：《攻媿集》卷九四《周公神道碑》曰："御史台令：殿中阙，具察官姓名取旨差权"；《建炎以来系年要录》（以下简称《要录》）卷七〇绍兴三年十一月乙丑曰："御史台格：吏察三馆、秘阁，礼察阁门、客省、四方馆，兵察皇城司。"
④ 《宋会要辑稿》职官一七之三三、三四。
⑤ 据《续资治通鉴长编》（以下简称《长编》）卷八二大中祥符七年五月癸卯、《宋史》卷二八七《陈彭年传》、卷二〇四《艺文三》，王随、陈彭年、张知白都分别编修过。
⑥ 《宋会要辑稿》职官五五之二六。
⑦ 《宋会要辑稿》职官五五之一三。

察通用及吏、兵、刑、户、工、察共八门，凡305条。绍熙元年（1190），御史刘光祖搞了个20条的摘编本，"付下报行，令知谨恪"，内容"关于中外臣僚、握兵将帅、后戚内侍与夫礼乐讹杂、风俗奢僭之事"。①

关于谏院的条例格目的名称、内容，现存史料罕见记载，但元丰八年（1085）谏议大夫孙觉引据《官制格目》论谏官职责，并"乞依此以修举职事"②，则可推断元丰中修纂《官制格目》时，也应该包括谏院法在内。而《弹奏格》对谏官言事劾人，无疑也应该是适用的。

宋人张端义在其《贵耳集》卷下指出："本朝治天下，尚法令议论。"中国君主官僚制度发展到宋代，各种制度法令渐趋完备，故而宋代台谏系统在论谏、弹劾的言事过程中，也已完善地制定了相应的法规条例以供援据。与前代相比，这显然是其具有重大进步的标志之一。

二、独立言事原则的全面确立

台谏作为中央监察系统，其监察权独立的程度是衡量台谏制度成熟与否的重要基准，而独立言事原则则是监察独立的基本内容之一。③宋代台谏制度在这一方面体现出长足的进步。

其一，对相权的独立言事原则。

鉴于唐代台谏弹劾言事颇受宰相左右的教训，宋代尤其强调台谏对相权的监察独立。"台谏不可承宰相风旨"，④成为宋代言官公认的言事准则。真宗还多次颁诏申明：御史台勘事"不得求升殿取旨及诣中书咨禀"，⑤台

---

① 《宋会要辑稿》职官五五之二五，《玉海》卷一二一《台省》，《宋史全文》卷二八。《建炎以来朝野杂记》乙集卷一一《御史台弹奏格》以为《弹奏格》"旧无有"，或是指南宋未有新修，倘通指宋代则显然不确。

② 《宋史》卷一六一《职官一》。

③ 监察独立的内容还应包括台谏的选任、升黜、调动、考绩等方面，对这些问题本书（《宋代台谏制度研究》）相关章节分别有所论述。有必要从总体上指出：与独立言事原则相比，其他方面的独立性受君权、相权的掣肘远为严重。因而从根本上说，宋代台谏制度中监察独立原则是有限的、不彻底的。

④ 〔宋〕谢采伯：《密斋笔记》卷一。

⑤ 《长编》卷四四咸平二年四月辛酉，卷五二咸平五年六月丙戌参见。

谏言事自然也是如此。

宋代还规定，除奉旨荐人外，言官在谏诤弹劾时，"不当荐某人为某官"，尤其不能"上言指名升黜两府大臣"，也就是说，台谏"虽可以论大臣之贤不肖，然不当云以某代某"①，因为这样当上的宰执就与台谏有一种说不清剪不断的关系。整个宋代，台谏因荐宰执而被降官免职，是不乏其例的。例如，熙宁元年（1068），"右正言、直集贤院、同知谏院孙觉降太子中允，依前供职，坐上言指名升黜两府大臣故也"。②这样做的目的固然出于"进用宰相，人主之任，臣下不宜有所指陈"的考虑，③以防范两者结党、威胁君权，但在客观上却对台谏监察权独立于宰相行政权的进程起了一定的促进作用。

其二，对君权的独立言事原则。

上引真宗诏书同时规定：御史受诏推劾也"不得求升殿取旨"，表明宋代台谏对君权也实行监察独立的原则。因而包括台谏官在内的宋代士大夫都达成共识：台谏"非特不可承宰相风旨，亦不可承人主风旨"；倘若那样，"是奉天子者也，非谏天子者也"。④正是基于对君权的独立言事原则，两宋台谏敢于以堂堂正气一再向君权抗衡。北宋谏官傅尧俞在英宗示意他弹劾蔡襄时，理直气壮地拒绝道："臣身为谏官，使臣受旨言事，臣不敢。"⑤直到南宋后期，针对理宗"谕止"台谏官言事，高斯得仍敢于愤然诘问道："陛下以此官为何官耶？盖明目张胆立于殿陛，以与天子争是非可否者也！顾可谕止之乎？谕之其可止乎？"⑥与此成为对照，谏官孙觉因听到神宗对枢密副使邵亢有所不满，退班后即上弹劾邵亢的奏章，被神宗认为希旨言事，夺去言职。

---

① 《要录》卷三七建炎四年九月壬戌，《宋会要辑稿》职官六五之二九，《国朝诸臣奏议》卷五二《上神宗论谏官贬秩不当再举其职》。

② 《宋会要辑稿》职官六五之二九。

③ 〔宋〕朱熹：《五朝名臣言行录》卷九之九。

④ 《密斋笔记》卷一，《栟榈集》卷一二《辞免右正言第十三札子》。

⑤ 《宋史》卷三四一《傅尧俞传》。

⑥ 〔宋〕高斯得：《耻堂存稿》卷一《应诏上封事》。

与这一原则相关的，就是台谏言事不为君主纳用，即应主动请求解职，已被宋代正直的台谏官奉为"言官之份，职业之守"。①这是因为台谏以言为责，言而人君不用，便应视为失职。这一准则虽可追溯到"三谏不从遂去之"的古老传说，但成为台谏言事规则却在宋代，此即黄度所谓"本朝故事，有言责者，不得其言，当去"。②御史中丞王举正言而不用，便自请解除言职，仁宗还"称其得风宪体"。③这一原则的具体做法就是刘安世所说，"伏寻故事，盖尝有留百官班廷诤及阁门待罪自求贬降之例"。④所谓待罪，就是台谏在言不见纳的情况下，不入御史台、谏院供职，甚至把任命告身也缴纳上去，关门家居，求罢言职，采取"以去为谏"的论谏方式。这种待罪而谏的举动，前代并不多见，而在两宋则史不绝书：北宋谏官范镇"待罪几百日，须发为白"；南宋后期，御史台还实行过"全台待罪"。⑤对"待罪"的台谏官，君主一般先"降旨不允，或宣召入台，至于再三，确辞，然后听去，所以重风宪之任，宠耳目之官，礼貌直臣，以厉其节"。⑥

"待罪"是台谏以强硬措施来行使其正当言事权的最后一举，也是维护台谏言事不屈从于君权的制度保证。在君主制下，君命历来是无法违逆、不能异议的；即使在宋代，其他官员也没有这种自行去职的权力。而台谏在言事为君主否决、拒绝的情况下，却享有这一特权，这正是宋代台谏监察权开始摆脱君权绝对支配的一种历史性的重大进步。

其三，对台谏长官及同僚的独立言事原则。

唐代前期，御史台一度实行过"台中无长官，论事不须关白"的独立

---

① 《长编》卷三六六元祐元年二月甲戌。
② 〔战国〕公羊高：《春秋公羊传》庄公二十四年，〔宋〕袁燮：《絜斋集》卷一三《黄公行状》。
③ 《宋史》卷二六六《王举正传》。
④ 〔宋〕刘安世：《尽言集》卷四《论胡宗愈除右丞不当第十四》。
⑤ 《长编》卷一八四嘉祐元年十一月辛巳，〔宋〕刘克庄：《后村大全集》卷一九四《刘公行状》。
⑥ 〔清〕黄以周等辑：《续资治通鉴长编拾补》卷一治平四年四月己巳。

言事原则，其后，宰相以御史权限过重，仍命"弹奏先白中丞、大夫"。①宋初蹈袭晚唐之制。欧阳修指出："御史台故事，三院御史言事必先白中丞。自刘子仪（筠）为中丞，始榜台中：'今后御史有所言，不须先白中丞、杂端。'至今如此。"②刘筠任御史中丞乃乾兴元年（1022），自此以后，宋代正式确立了台谏对其长官的言事独立原则。台谏官论谏弹奏"不由官长可否"，③始终被奉为典制。

不仅如此，宋代"台谏官之制，平居未尝相见，论事不相为谋"，④表明独立言事原则不但适用于普通台谏官对其长官之间，而且推广落实到每个台谏官之间。因而，谏官有言，台臣不知，台官谓可，谏臣曰非，在两宋是司空见惯的现象。例如，仁宗时，台官弹击大臣陈执中，谏官范镇却上奏不以为然；哲宗时，谏官论劾蔡确，台臣却都缄默不言。不但台官与谏臣之间，即使是同为御史或俱是谏官，也是实行"自来言事官有所闻见，各得论列"的独立言事原则。⑤

赋予每个台谏官以独立言事的权力，并对长官及其他言事官都实行监察独立的原则，这对制止台谏长官倚势弄权，预防台谏系统成为一个独立封闭的官僚圈而结党营私，对构织台谏官相互制约的自我监控网络，对最高统治者广采博取不同意见，都是颇见成效的措施。

总之，宋代台谏系统确立的独立于君权、相权、长官及同僚的言事原则，促进了中国封建政治制度中分权制衡机制的进一步完善，堪称中国古代监察制度史上的一大进步。

---

① 〔宋〕赵汝愚辑：《国朝诸臣奏议》卷五三《上哲宗乞令台谏专对》，〔宋〕欧阳修、宋祁：《新唐书》卷一二三《萧至忠传》，〔宋〕章如愚：《山堂群书考索续集》卷三六《台谏》。

② 〔宋〕欧阳修：《归田录》卷一。

③ 《长编》卷四七一元祐七年三月庚寅。

④ 〔宋〕魏了翁：《鹤山集》卷一八《应诏封事》。

⑤ 《长编》卷四七一元祐七年三月庚寅。

三、言事信息的输入渠道

台谏监察言事的全过程，实际上可以视为一个完整的信息处理过程。只有及时准确地了解臣僚、官署等监察对象的情况，台谏系统才能适时有效地行使其职责；而监察信息的输入，无疑是决定其能否发挥监察功能的关键的第一步。宋代台谏言事信息的输入渠道，除了与前朝并无多大差异的出巡采访，①主要还有风闻言事、公文关报、取索公事、台参辞谢等。

1.风闻言事

据洪迈《容斋随笔·四笔》卷一一《御史风闻》，自晋以后，御史即已拥有这一特权。宋代因循袭用，所谓"台谏许以风闻，祖宗自有典故"。②元丰六察法推行后，在制度上规定"风闻弹劾即不属于六察"，虽然在实际执行中未必完全如此；乾道八年（1172），"六察可许随事弹奏"，则监察御史又享有风闻言事的特权了。③

台谏既许风闻言事，而其所言之事又多为君相重视采纳，一般官吏"便谓凡百事状，不计行与未行，台谏皆得以专之，乃有白事于朝而更以状干台司者"，④朝廷屡禁而不止。孝宗以后，内外臣僚纷纷"纳短卷于台谏"，而台谏私受短卷则成为其风闻言事的主要消息来源之一，有的台谏官甚至认为，"若不受短卷，即自涂台谏耳目"。⑤难怪洪迈在上引《御史风闻》条札记中称："然则向之所行，今日之短卷是也。"因而自孝宗朝以至理宗朝，对纳受短卷，亦是累禁而无效。

台谏除了在官场交际和私交场合中获得言事信息（包括私受短卷），还有一种风闻的方式，即据官民诉状，略去姓名，托以风闻，据以言事。

---

① 据《宋会要辑稿》选举二七之一一，真宗时即颁诏规定，台谏官"凡出使回，并须采访所至及经历邻近群官治迹善恶以闻"。这点因与前代雷同，故略去不论。

② 〔宋〕姚勉：《雪坡舍人集》卷七《廷对策》。

③ 〔宋〕留正：《皇宋中兴两朝圣政》卷五一。

④ 《长编》卷一九四嘉祐六年七月丁亥，〔宋〕谢深甫等：《庆元条法事类》卷一六《文书门·行移》。

⑤ 《皇宋中兴两朝圣政》卷四六，《左史谏草》附《左史家传》。

属于谏院的登闻鼓院与登闻检院专门收受官吏士民论朝政得失、公私利害、理雪冤滥等"无例通进"的章疏；元丰六察法实行后，御史台亦有权"承受诸色论诉"，其中冤滥沉屈者，御史中丞还可以亲自引问。①这些都成了台谏通达下情的窗口与风闻言事的渠道。

风闻言事既是宋代台谏监察信息的重要来源，也是宋代台谏监察原则之一，赋予言事官以很大特权。其表现之一，即使君主也无权诘问风闻出处，台谏官也有权断然拒绝君主的追查。这类事例在宋代是屡见不鲜的，例如御史里行彭汝砺针对神宗的究诘，就直截了当地声称："臣宁自刻，不敢奉明诏。"②其表现之二，即使风闻失实，君相也不应对言事官追究治罪。对此，王安石秉政时也重申道："许风闻言事者，不问其言所从来，又不责言之必实。若他人言不实，即得诬告及上书诈不实之罪。谏官御史则虽失实亦不加罪，此是许风闻言事。"③实行这一原则的用意，一是"欲广采纳以补阙政"，一是"防奸雄隐伏不测之变"。④

风闻言事原则固然有助于提高台谏的权威和地位，但也容易造成其权力过重，臣僚进退毁誉悉系于台谏论劾的局面。或鉴于此，仁宗曾经在皇祐元年（1049）颁诏明确规定："台谏官凡有朝廷得失、民间利害，或闻有异谋及不忠、不正、不孝、不义之人，知得迹状，并许风闻弹奏。除此外，其余罪自有人论诉，并逐处各有官司觉察，更不在风闻弹奏之限。如违，当行勘劾。"⑤然而，不忠、不正、不孝、不义的规定，本身就具有很大的弹性，其后也未见严格执行这一诏令。因此，一旦相权左右台谏时，风闻言事就往往成为台谏徇私击人的借口和手段。

2.公文关报

宋代公文以下呈上称申报，平级官署间称关移，往往通称为关报。为

---

① 《宋史》卷一六一《职官一》，《宋会要辑稿》职官一七之一九。
② 《国朝诸臣奏议》卷五三《上神宗论台谏言事不当问得之何人》。
③ 《长编》卷二一〇熙宁三年四月壬午。
④ 《宋史》卷三二一《吕诲传》，〔宋〕杨万里：《诚斋集》卷六二《旱暵应诏上言》。
⑤ 《国朝诸臣奏议》卷五一《上仁宗论台谏不许风闻言人过失是非》题注所引。

使台谏能及时知晓重大朝政更革与人事变动，宋代制定了对台谏机构的公文关报制度。早在仁宗庆历时，即已置有进奏官，逐日向御史台报状。据《欧阳文忠公文集》卷九八《论谏院宜知外事札子》，谏官欧阳修建议对谏院亦应参照御史台例，选差进奏官向谏院关报当日公文。欧阳修的提议是否即被采纳，尚无史料可以印证，但元丰三年（1080）神宗诏令规定："应差除及更改事件到封驳司，限当日抄录，关报御史台、谏院。"①则表明朝廷大政、重要差除的关报制度在元丰改制以前业已健全。由于当日关报，台谏能够做到"成命未下，先事裨补，而朝廷亦易于施行"。②

元丰改制后，封驳司归门下省，改为封驳房，便以内省无关报外省之例，自元丰五年（1082）起一度取消对台谏机构的关报。元祐更化初颁诏曰："应差除并更改事件，令六曹限画黄录到，画时关报御史台并门下、中书后省谏官案。"③关报者由封驳机构改为省曹执行部门，而关报的都是已经付行之事，原先关报制所具有的"先事裨补"的优点丧失殆尽。这一制度变化所带来的严重影响是显而易见的。对此，御史中丞刘挚指出：

> 自此已来，臣僚差遣，政事更革，台谏不复闻知。朝省之上，禁赏严重，无敢传者。直至敕命已到诸司，诸司奉行讫，方随行遣关报。其间若有未安，理合论列，则往往事已在数十日之后。臣下回已行之命固非易，朝廷为反汗之令亦必难。④

但元祐期间似始终奉行这一做法，直到元符元年（1098），才规定对御史台关报"并依元丰四年以前指挥"，而对谏院似仍用元祐关报之制。这一区别使得御史台预闻的朝政信息远比谏院来得直接快捷，徽宗以后直至南宋，御史在言事方面呈现出比谏官活跃的倾向，这似乎是一个原因。⑤

---

① 《长编》卷三二六元丰五年五月丁亥。
② 《长编》卷三六〇元丰八年十月庚寅。
③ 《长编》卷三七二元祐元年三月乙亥。
④ 《长编》卷三七〇元祐元年闰二月乙卯。
⑤ 《长编》卷五〇一元符元年八月庚辰。元符元年对关报的新规定，现存记载颇为含糊。《长

　　宋代规定，主管铨选的吏部等机构必须"旬具注拟人脚色"关报台谏部门，如有违反规定选注官员，台谏官就能"随除目弹奏"；①吏部每半年将官吏的考课项目造册关报台院，考绩磨勘时，"如人吏受赂，及故违条限"，台谏即可纠举弹劾。②当然，向御史台、谏院关报公文的不仅仅是封驳机构和尚书六曹，其他在京官署到地方的路府州县都有责任关报台院，而关报的公文也不仅仅限于上述的政令差除。例如，检、鼓两院所进奏状，见诸施行的，就由尚书省"札下谏院"，而具体承办机关则必须在限期内"具结绝因依备申谏院"。③至于地方州郡，连小到集市的废罢都要向御史台申报照会。④对于每一个官员的资料，御史台则有班簿记录在案。宋代要求京朝官及时"以职位、名氏报台，庶班簿整齐"；班簿著录的范围相当广泛，包括姓名、乡贯、出身、历任、家状、除授、替移、停叙、丁忧、假告等项目及其变化情况。⑤这样，御史台便通过班簿掌握了全体京朝官的人事资料，不仅成为其监察的档案依据，还成为其言事的信息来源。《宋会要辑稿》职官五五之二七指出："本台所置簿书无不详备，事无大小，有报必录，如人户之词讼，百官之脚也〔色〕，以至台谏之言章，

（接上页）编》卷五○二元符元年九月壬子，右正言邹浩奏称："谏官比之台官，除省曹依条合行关报事件外，其余并不预闻。……御史台昨因奏乞在京官司被受朝旨并依元丰四年以前指挥关报本台，至元符元年八月五日奏，圣旨依所奏立法施行。伏望睿慈特赐详酌，令在京官司今后被受一司续降条贯及一时指挥，亦依关报御史台法，关报门下、中书后省谏官案。"李焘在邹浩此奏下注曰"从违待考"。我们认为未被采纳，因为直到建中靖国元年（1101）仍是"除改事件及差除，许令六曹报谏官案"（《宋会要辑稿》职官三之五五），则元符元年关报制的更改仅对御史台恢复了元丰改制前的旧法，而同一诏令中依例关报谏院的部分却并不适用了。这里所说"元丰四年以前指挥"云云，应即上文所引的元丰三年诏旨。至于所谓"在京官司被受朝旨"，当然包括封驳房收受的重要差除与政令更改的诏书在内，因而御史台获得的信息就远较谏院为多为快为要，故其后御史似较谏官活跃。

① 《要录》卷一○七绍兴六年十二月戊午，《宋会要辑稿》职官一之四四。
② 《要录》卷一九九绍兴三十二年四月甲戌，《宋会要辑稿》职官五五之一七。
③ 《宋会要辑稿》职官三之七四、刑法三之三九。
④ 〔宋〕真德秀：《真文忠公文集》卷七《申御史台并户部照会罢黄池镇行铺状》。
⑤ 〔宋〕王应麟：《玉海》卷一一九《官制·官名》，《宋会要辑稿》职官八之一、二，五五之二、四、六、一七，五九之三。

给舍之缴驳，监司守臣之按劾。凡命自上出，事由下达，片纸到台，皆有拘籍。"所说的虽指御史台，但也大体反映了台谏所受关报的概况。凭借公文关报这一信息渠道，台谏得以及时全面地了解官僚系统的总体与局部情况，有效地发挥其言事职能。

3.取索公事

元丰六察法实行时，即规定察案御史有权点检取索三省诸房及六曹、百司的簿书文字、案卷公事。建中靖国元年（1101），又允许两省谏官关牒台察后向内外官署取索应知事件的卷宗。次年，臣僚上言对谏官关牒台察后才有权取索公事提出异议："切以谏官所论，所以献纳天子也，今来未达天子先报台属，其不可一也。有事干急速而遂或留滞，其不可二也。有理合周密而遂成漏泄，其不可三也。"这一上言，不仅旨在保证言事信息尽快地送达谏官，而且强调了谏官对六察御史的独立言事的权力，故而君主也只能表示赞同，规定："今后谏官应有合知事件，更不关牒台察，并许直于诸处取索，量行照会。其被受官司仍须画时供报，不得隐匿漏落。"①公文取索是对公文关报的补充，进一步扩大了台谏言事的信息来源，也有利于提高言事的准确程度。

4.台参辞谢

台参辞谢制既是宋代御史台树立朝威、考察官吏的重要手段，又是御史台取得监察信息的来源之一。北宋原先规定：除两省、侍从以外的朝官，除授升迁"皆赴台谢"；自政和六年（1116）起，命在京职事官与外任按察官，虽非朝官也赴台参辞谢；绍兴三年（1133），进一步规定两省侍从官、南班宗室及堂除官都必须台参。②南宋时，台参更成为台谏系统考察官员的必不可少的环节。凡外任官到京，"必先令赴台，视其言辞仪架，验其能否盛衰"，然后"出给关子，付之以凭参部"；"所有在京除授

---

① 《宋会要辑稿》职官三之五五。
② 《要录》卷六三绍兴三年二月庚子，《宋会要辑稿》职官五五之一三。〔宋〕李心传：《建炎以来朝野杂记》甲集卷九《南班宗室及堂除官台参事始》。

及转官，合赴台谢，或赴外任，亦合台辞，并照例给关子付本官照应"；如有过失，御史台有权"未与放参，铨曹注拟亦视台关为准"。①总之，在台参辞谢时，官吏必须先赴三院御史幕次，再赴御史中丞幕次对拜，御史台得以当面观察其人是否老病昏懦，以决定是否论奏弹劾。在这点上，御史台比谏院多了一个信息渠道。

台谏通过各种途径取得监察信息后，参照敕令格式等法令根据，确定言事的内容与对象，便向君主或中书论奏，发表自己的监察意见。《宋史·职官志》论御史监察方式曰："大事则廷辩，小事则奏弹"；述谏官监察方式亦曰："大则廷议，小则上封。"表明上疏与廷奏是台谏言事的两种主要方式，有必要予以分别论述。

四、章疏：台谏言事方式之一

宋初，台谏上疏颇受宰相控制，必须通过中书，再诣阁门书状，申明不敢妄陈利便，希图恩荣。时人斥责这种现象是"大弱台谏之风""尤失风宪之体"。②这一陋规直到天禧元年（1017）真宗整顿台谏制度时始获革除，台谏章奏改由通进银台司直呈君主。自此以后，言事官上疏才不受相权掣肘，而且减少了传递环节。③台谏章奏例须亲书，"应干刑狱机宜候朝旨者，即实封通进；常程文状，止得通封"。④全体台官"如有合奏文字，许用本台印行使"，⑤谏官合奏文状的封弥应当也参照此例。

台谏章奏进呈君主审阅后，君主区别情况，作出留中不出或付外施行

---

① 《宋会要辑稿》职官五五之二八，《后村大全集》卷八三《玉牒初草》。
② 〔宋〕文莹：《玉壶清话》卷四，〔宋〕王辟之：《渑水燕谈录》卷一《谠论》。以上两书均以为命台谏赴阁门书状，乃赵普为相时所为；《长编》卷二二太平兴国六年九月壬寅则指为卢多逊。卢自太平兴国元年至六年前始终在相位，而赵则太平兴国六年九月辛亥才复相，当从《长编》。
③ 据《宋史》卷一六一《职官一》："通进司掌受银台司所领天下章奏案牍，及阁门在京百司奏牍、文武近臣表疏以进御。"则原先由阁门收受的台谏章奏仍须汇总至通进银台司。
④ 《宋会要辑稿》职官五五之四。
⑤ 《宋会要辑稿》职官一七之七。

的不同处理。对论劾大臣的章疏，如君主也倾向该大臣宜去位，便内批或面告其本人，由其自请罢政，体面离职，这是留中不出的特殊处理方法。据《长编》卷四二三元祐四年（1089）三月己卯条，言官刘安世连劾尚书右丞胡宗愈二十状，当时垂帘听政的宣仁高太后便对胡宗愈说："刘某有章疏言右丞，知否？"宗愈对："不知言臣何事？"宣仁曰："章疏更不降出，右丞自为去就。"遂罢政事。就属于这种情况。

付外施行有两种形式。一是君主批示上处理意见，直接交付给宰执执行。绍兴七年（1137），高宗内降台谏论劾张浚的弹章，批张浚谪授散官，岭南安置，就属这种例证。一是君主把台谏章奏降付宰执，由他们提出处理意见，再进呈取旨，付外执行。据《续资治通鉴长编拾补》卷一一绍圣元年（1094）十一月乙丑条，哲宗将左司谏张商英论工部侍郎吴安持的言章"付枢密院与三省同进呈"，即属此例。即使在这种情况下，宰执也"只宜酌度是非，而后行之与否决于圣断"。①两种付外施行方式，都"须有（台谏）章疏及所得圣语文字，俱合过门下省"，②经过封驳才能交付有关执行部门。

台谏章奏无论留中不出，还是付外施行，一般都通知台谏本人。这从《司马文正公传家集》卷二〇所载司马光任台谏时所上的《陈三德上殿札子》《言御臣上殿札子》《言拣兵上殿札子》下分别注有"得旨留中""得旨送中书""得旨送密院"，可以证明。直到南宋时，仍是"凡言官所论，或朝廷已有措置，或所闻不审，札下某人照会"，而言事官亦有权要求朝廷"请以所论事行否札下照会"。③

台谏章疏也有申呈中书的，其情况却有所不同。其一是台谏将言章直呈中书。《要录》卷三八建炎四年（1130）十月癸酉条载："执政进呈谏官论疏，上览之甚悦。"表明高宗在此前并未审阅过这些谏官章疏。其二是台谏

① 〔宋〕蔡襄：《端明集》卷二六《乞不令中书出谏疏宣示札子》。
② 〔宋〕曾敏行：《独醒杂志》卷二。
③ 《要录》卷三五建炎四年七月壬戌。

在将章奏进呈人君的同时，也录副申呈中书。早在仁宗时，知谏院包拯在奏弹张尧佐的同时，就将弹劾札子抄送中书；熙宁时，范纯仁也将所上神宗章疏"尽录申中书"。①台谏申呈中书的奏札，宰执仍须进呈给君主。而台谏抄送章疏于中书的目的，正在于使宰执也了解其论谏内容，并在进呈时表达意见，影响人君，从而克服君主留中不出所可能出现的独断和偏颇。

台谏弹击大臣的章奏，如君主感到未便采纳，留中不出，而被劾者因不知被论劾而依然在位，便无以显示其监察效应。副本与露章就是神宗以后台谏为了补救上述偏失而在言事过程中形成的特殊的章奏形式。

副本，亦称副疏，是由台谏章奏录副申呈中书的形式衍变而成的，即台谏官将弹章录副直送被劾者本人，迫使其离职待罪，从而敦促君主作出无法回避的明确处置。副本最早使用的年代应在徽宗即位之初。②李纲拜相时收到御史中丞颜歧的副本，"封以御史台印"，③则台谏副本缄封时须加盖御史台印或谏院印。直到宁宗嘉定元年（1208），御史中丞章良能弹击参知政事卫泾时，犹"用台吏语，缄副疏以示"，④表明南宋后期仍沿用副本这一形式。据《后村大全集》卷一四五《林侍郎神道碑》，临安府尹被弹劾而恋位，御史林彬之录弹章以示，敦促其去职，则副本也用于宰执以外的其他臣僚。

---

① 〔宋〕包拯：《包孝肃奏议》卷六《中书札子第一道》，《宋史》卷三一四《范纯仁传》。

② 对宋代副本的缘起，南宋前期学者程大昌在《考古编》卷九《台谏纳副本》中已说"不知示副起自何时"，据其考证："元符三年（1100），正言陈瓘论左丞蔡卞，言愿以臣章示卞，使卞自为去就"，"是皆无纳副本事"。蔡卞因台谏累疏而罢政是元符三年五月，此前尚无副本是可以肯定的。王明清在《挥麈录·后录》中认为：崇宁元年（1102）六月，御史钱遹将副本交给宰相曾布，"台谏纳副本始于此"。但据《皇朝编年纲目备要》卷二六，崇宁元年五月左司谏吴材、右正言王能甫已将劾状申宰相韩忠彦。岳珂《愧郯录》卷五《副本缘起》引此事作崇宁元年四月，并认为："布之罢，后忠彦两阅月，材、能甫之所由遂为事始矣。"岳珂据此推翻王明清之说，是无可置疑的；但认为韩忠彦所遭遇的即为事始，则失之武断。《皇朝编年纲目备要》与《愧郯录》都还说："忠彦得状，惊曰：又似李邦直矣。径归，具札子避位。"可证李邦直为相时已经发生过副本的先例。李邦直即李清臣，据《宋史·宰辅表》，元符三年至崇宁元年间，他仅在建中靖国元年（1101）十月罢政。故副本应始于此。

③ 〔宋〕李纲：《梁溪集》卷一七四《建炎进退志总叙》上之上。

④ 〔宋〕叶绍翁：《四朝闻见录》甲集《卫魁廷尉》。

露章，作为荐人奏章的方式，西汉已经使用。《汉书》卷八六《何武传》曰："迁扬州刺史，所举奏二千石长吏必先露章。"《宋史》卷三八七《黄洽传》载，御史中丞黄洽曾奏道："或果知其人，露章以荐，亦何不可。"则露章荐人的方式宋代仍在袭用。①但用作弹劾手段、发挥监察功能的台谏露章则始于宋代。其年代较早的记载见于《宋宰辅编年录》卷七，熙宁二年（1069），"御史刘琦、钱颢等奏劾（王）安石及其他大臣，并落御史被贬，范纯仁（引按：时同知谏院）亦露章显奏琦、颢指安石及在位大臣，又尽录前奏申中书，于是，执政大臣俱列名露章求罢"。元符三年（1100），谏官陈瓘论劾蔡京时称："臣露章所言，未甚仔细，复以此章干渎圣听。"②则露章劾人已成惯例。值得注意的是，其时蔡京并不是宰执，可见露章也并不限于宰执大臣。据《钱塘遗事》卷七《贬贾似道》，贾似道丧师误国后，"合台露章未已"，表明露章在南宋末年仍为台谏所使用。

副本与露章虽然并不仅仅用于宰执，但主要却是台谏劾罢宰执大臣的特殊言事手段。它们既是宋代台谏言事权独立于君权的一种表征，又是台谏监察权对行政权（尤其是相权）制衡力的有力体现。宋代惯例，大小臣僚一旦知道自己被台谏论劾，就必须去位待罪，因而副本、露章容易导致台谏监察权的畸重，尤其在相权与台谏勾结的情势下，更容易被相权用来作为排除异己、打击政敌的手段。绍兴年间，秦桧专政，台谏党附，"欲窜逐诸贤，则使之露章而论其罪"，③便是明显的例证。南宋末年，副本、露章与台牒的合用，更加剧了这种趋势。④

① 〔宋〕彭百川：《太平治迹统类》卷一八亦曰："司马光欲露章举文彦博自代。"
② 《国朝诸臣奏议》卷三五《上徽宗论蔡京交接外戚》。
③ 《要录》卷一五一绍兴十四年五月乙丑条注引吕中《大事记》。
④ 台牒原是御史台的文移，可用以向有关机构发布监察性指令，但御史个人在弹劾臣僚时却无权用来作为强制性文移迫逐被劾官员去位。理宗以后御史始以台牒驱使被弹对象离职，这是御史将御史台所拥有的司法权和其个人所拥有的监察权混淆使用，虽与御史台兼有监察权和司法权的制度缺陷有关，却是台谏系统被破坏的表现。据《后村大全集》卷一四五《林侍郎神道碑》，淳祐十二年（1252），殿中侍御史林彬之奏劾临安府尹，被劾者毫无去意，林便"录弹文，以台牒趣之，上（指理宗）疑非旧典，或为上言：绍定间，袁韶以执政尹京，为台牒攻去。上释然"。可证台牒逐人绍定间已开先例。其后，据《宋季三朝政要》卷二，宝祐四

五、廷奏：台谏言事方式之二

廷奏，是台谏向君主表达监察意向的最直接的方式。宋初台谏廷奏之制已难详考，《东轩笔录》卷一四载："赵中令普当国，每臣僚上殿，先于中书供状不敢诋斥时政，方许登对。"所言虽不专指台谏廷奏，却也反映出宋初相权对台谏廷对的干预。台谏廷奏制的改革与健全，当也始自宋真宗天禧元年（1017）整顿台谏制度之际。天禧诏书指出："别置谏官、御史各六员"，"每月须一员奏事；或有急务，听非时入对"，表明廷奏分为非紧急公务的常规入对与紧急公务的非时入对。

在非时入对上，台官和谏臣又有程序上的不同。谏官是直牒阁门，只要上殿班次有阙，即可入对。庆历五年（1045），右正言钱明逸上言称："阁门仪制，每日上殿不得过三班，缘三司、开封府日有公事上殿外，只有审刑院或大两省班次，即其余并皆隔下。且谏臣职在谏争，大抵言朝政得失、诏令赏罚，稍稽顷刻，则事涉已行，随而更张，国体非便。"于是，仁宗规定，"今后谏臣有本职事求对，虽已有三班外，亦听上殿敷奏"。[1]

台官则不同，"故事：三院御史论事，皆先申中书，得札子而后始登对"。[2]但尚须再牒阁门，阁门尚"须索申状，仍要出身文状两本，比至引对，已经七日"。[3]后来虽许御史"免供家状"，但廷奏仍"必奏候朝旨，既许上殿，伺候班次，动经旬日。倘遇朝廷政或阙失，及外事有关系于机速，不容后时者，如此稽迟，则已无所及。况使往复待报，必由中书，万一事干政府，则或致阻抑"。[4]总的说来，在神宗以前，台官在非时入对的程序上要远比谏官繁复。因而御史中不时有人上言："台谏之职，言责既

（接上页）年（1256），御史丁大全劾论丞相董槐，弹章未下，即先"以台牒驱迫出之"，更是监察权的恶性膨胀。

[1] 《长编》卷一五四庆历五年二月乙巳。
[2] 〔宋〕叶梦得：《石林燕语》卷九。
[3] 《长编》卷一五二庆历四年九月庚午。
[4] 《国朝诸臣奏议》卷七七《上神宗乞察官依谏臣例登对》。

均，则进见之期，理无殊别。何独宪臣隔绝疏异？欲乞朝廷推原天禧书诏之意，使依谏官例，牒阁门即许登对。或所言急速，仍乞先次上殿。"①但直到熙宁二年（1069），对御史的非时入对，"始诏依谏官例，听直牒阁门请对"，②台谏在这一方面才取得同等待遇。至于非紧急公务的常规入对，则无论台谏"必豫告阁门，得班然后入"。③不过既然有非时入对的特许，这种限制也就无所谓了。

南宋时台谏的两种入对仍沿袭北宋后期的程序。绍兴二年（1132）规定：台谏"凡遇有合奏禀事，并不拘早晚及假日请对"；隆兴元年（1163）著令：凡上殿班次排定而台谏请对，即令其他面对官隔下，首先保证台谏的及时入对。④对非紧急公务的奏对，仍有班次的限制，但台谏往往借用非时入对的利便，将欲对之事"每作急速公事奏禀"。⑤

宋代台谏廷奏，在奏对时限、入对班次等方面，都享有优于一般臣僚的待遇。一般臣僚奏对，如超过时限，则命具状进呈或后殿引对，台谏官则不受此限制。嘉祐时还规定，即使廷对时限将终，其他待对臣僚皆隔下以等候次日上殿，但仍须留一班次以保证台谏官能当日入对。据《司马文正公传家集》卷二二《论臣僚上殿屏人札子》，"自先帝以来，应两府、台谏官等上殿奏事，左右侍臣悉皆屏退"。⑥司马光所说的左右侍臣，一是指随侍君侧不离左右的宦官，哲宗初年，谏官孙觉、苏辙进对，即"有旨：俟帘下，内臣尽出，方得敷奏"；一是指站立君侧记注起居的史官，黄履在哲宗亲政时建请道：台谏面奏，事关机密，史臣"难令旁立，仍依先朝故事"。⑦总之，台谏入对时其言事的机密程度与两府宰执大臣属于同一

① 《国朝诸臣奏议》卷七七《上神宗乞察官依谏臣例登对》。
② 《石林燕语》卷九，年份参证《宋史》卷一四《神宗一》。
③ 《长编》卷三三八元丰六年八月甲午。
④ 《宋会要辑稿》职官三之五六、六〇之一一、一四。乾道二年（1166）改为"台谏官有本职公事，许次日具奏引对"。
⑤ 〔宋〕卫泾：《后乐集》卷一一《乞御史台及两省台谏官挑班上殿札子》。
⑥ 《长编》卷二〇〇治平元年正月甲寅条载有同知谏院吕诲类似内容的上言。
⑦ 《长编》卷三六八元祐元年闰二月甲申，《宋史》卷一六一《职官一》。

等级。

　　为了确保廷奏机密，也为了使台谏官各尽其言，宋代"久来故事，台谏官只令一人上殿"，而其他官员在通常情况下多是同对，即王岩叟所说，"有司之事皆有定法，所以官长与属官同奏对"。①实行元丰六察法后，也仅限于六察事宜令御史中丞、知杂御史同本察官上殿奏对，其他场合则仍实行独对之制。元祐元年（1086），始一改台谏独对旧制，规定御史中丞同侍御史或殿中侍御史、监察御史一员，谏官则不论同省还是别省，谏议大夫同司谏或正言一员，即台府或谏院长吏与其属官两人同上殿入对。同对制立即招来种种反对。王岩叟援据台谏官对长官与同僚的言事独立原则，上疏道："故事：台谏官论事不相通议，亦不关白官长。盖欲以各尽其忠，岂可上殿却使两人同也？""若有怀私意、持异见者，如何与之共论于上前？"②然而，他的上疏不仅未被采纳，时隔仅数日，因台府和谏院长贰时有阙员，反进而下诏："御史台不限御史中丞、侍御史、殿中、监察御史，谏官不限同省、别省，谏议大夫、司谏、正言，并许二人同上殿。"③即是说，纵使没有台长与谏长加入，只要是两名御史或两名谏官就可以同对。到元祐七年则更进一步，即便是谏官独员，亦许"与台官同对"。④同对制因有悖于获得普遍认同的台谏独立言事原则，故而遭到台谏官的不断反对。元祐年间反对台谏同对制的议论在《续资治通鉴长编》《国朝诸臣奏议》以及同时代人文集中时有记载，而绍圣绍述后这方面的史料却迄未发现，故有理由推断，台谏同对制仅行于元祐年间，绍圣绍述以后则又恢复了台谏独对制。

　　台谏通过章奏和廷对等正常言事方式，所论之事仍未得到君主正确及时的处理，则又有特殊的廷奏方式：合班、留班与伏阁。

---

① 《长编》卷三六五元祐元年二月壬戌。

② 《长编》卷三六五元祐元年二月壬戌。

③ 《长编》卷三六七元祐元年二月丁亥。

④ 《宋史》卷一六一《职官一》曰："后又从司谏虞策之请，如独员，许与台官同对。"其年代参证《长编》卷四七五元祐七年七月乙巳。

其一，合班。准确地定义，合班应指全体御史和谏官共同论事或劾人。《长编》卷一七〇皇祐三年（1051）二月戊申条所说"执政患言事官旅进论议上前不肯止，遂诏凡欲合班上殿者皆禀中书俟旨"，即指这种情况。光宗时，御史黄度"与台谏官合班对延和殿，弹中官"，[①]表明南宋仍奉合班论谏为台谏言事之典故。但有时全体御史共同论奏亦称为合班，例如，史载绍圣元年（1094）御史台曾"合班弹奏尚书右丞郑雍"，[②]这种合班实际上应称作合台。《朝野类要》卷五《降免》解释"合台"曰："自长官以下各入一奏以言人罪。"这一解释并不全面，因为合台还可采取全台联名上奏及全台上殿论列的形式。对全台联名上奏的形式，已在上文论述章奏这一台谏言事方式时涉及。至于合台上殿论奏，皇祐三年殿中侍御史里行唐介论劾外戚张尧佐时"请全台上殿"，[③]即属此例。合班、合台等廷奏方式，旨在表达言事官的集体意志，以期加重言事的分量，引起君主的重视。

其二，留班。《尽言集》卷四《论胡宗愈除右丞不当第十四》指出："伏寻故事，盖尝有留百官班廷净。"可见留班是宋代台谏制度所允许的特殊廷争方式。留班一般由台长出面，在退朝之际留住百官班列与台谏官共同上殿论谏。仁宗皇祐中，御史中丞王举正留班，廷谏外戚张尧佐一日连除四使事，便是著名的例证。南宋初年，苗刘之变胁迫高宗逊位，太后听政，御史中丞郑毂也"欲留百官班论之"。[④]留班是台谏借助百官舆论来向君主集体谏争的手段，其言事分量更重于合班。

其三，伏阁。仁宗前期，台官段少连曾上疏诘问道："伏阁上疏，岂非故事"，[⑤]说明宋代对前代伏阁故事仍视为典制。伏阁是在各种言事渠道

① 〔宋〕叶适：《水心文集》卷二〇《黄公墓志铭》。
② 《续资治通鉴长编拾补》卷一二绍圣二年十月甲子。
③ 《长编》卷一七一皇祐三年十月丁酉。同书卷一七六至和元年七月己巳，有御史中丞孙抃"全台上殿论列"宰臣梁适的记载，卷一八一至和二年十月己亥又有御史中丞张昪等"全台上殿奏事"。
④ 《要录》卷二一建炎三年三月癸卯。
⑤ 《长编》卷一一三明道二年十二月丙辰。

都被堵绝的情况下，台谏官候立在殿门外请求君主面对的诤谏方式。这一方式毕竟不是"太平美事"，故极少运用。宋代仅见的一例，就是明道二年（1033）权御史中丞孔道辅与谏官范仲淹、殿中侍御史段少连等十余名台谏伏阁谏止仁宗废黜郭皇后事。

合班、留班、伏阁等，是对一般廷奏程序的特定补救措施，旨在促使台谏的监察意向与君主的抉择决断之间形成多次反馈，并通过这些较极端的方式敦请君主更审慎地对待与处理台谏的论奏，充分体现出宋代台谏言事程序的相对健全和完善。

综上所述，宋代为了强化台谏监察权对君权与相权的相对制衡机制，以巩固自身的封建统治，在台谏言事制度及其相关的程序、方式上，较之前代有着长足的进步，表现出一定程度上的制度合理性。

（选自虞云国《宋代台谏制度研究》第四章，上海人民出版社2021年版）

第三编

中央与地方的联系

　　宋朝的疆域不算大，但对疆域内部的控制却十分有效，所谓"制置郡县最得其道"。这有赖于地方行政建置，更有赖于中央与地方之间的信息联结。原则上宋代实行州、县两级制，但在州之上又有帅(安抚)、漕(转运)、宪(提刑)、仓(常平)四个路级机构。余蔚《完整制与分离制：宋代地方行政权力的转移》从宏观上把握了北宋到南宋行政地理格局的变迁：北宋的复合式路制使得地方高层政区权力被分割、中央行政幅度大增，从而有利于中央控制地方；南宋为了应对金、蒙威胁，加强各战区独自应对挑战的能力，在路之上又设置了军政合一的几大制置使，从而一改北宋的分离制而复归完整制。

　　曹家齐和邓小南文章的关键词是"信息"。信息通过哪些渠道在中央和地方之间流动？中央通过何种手段掌握地方的动向以维系统治？曹文梳理了宦官主掌的入内内侍省与外朝的进奏院－通进银台司两条联通禁中与外廷、中央与地方的文书渠道，可使读者对宋朝"以文书御天下"的脉络有整体把握。邓文关注的是中央如何经营多种信息渠道以掌握地方治理状况——宋代深入地方的统治就是由这一套考察、督励机制所支撑的。此外，编者还希望读者能从这两文体会下面这个问题的答案：何以在看似严密的中央集权体制下，伴随着无时不在的行政疏放性、无效性？

完整制与分离制：宋代地方行政权力的转移[①]

余　蔚

宋初承袭晚唐、五代"藩镇—支郡—县"的政区统辖模式，藩镇长官节度使是事实上的高层政区首脑，整个地方行政组织体制是传统的"完整制"的模式。从北宋初年开始，地方行政组织体制经历了渐进的改革：废节镇而置路，使节度使虚置，而代之以监司（转运司、提点刑狱司、提举常平司）和帅司（安抚司）。监司和帅司同为地方高层行政长官，导致全国各个统县行政组织（府、州、军、监）同时受多个上级机构及多个上级首长指挥、控制和监督。由此，中国开始了一个高层政区有多个行政组织、一个组织有多个长官并立且分权的"分离制"时代。[②]

出于应对外患的目的，南宋建立了制置司和总领所等新的地方机构，[③]这些机构逐渐演变为中央政府与路之间的半正式的行政组织，加之名义上仍然并立存在的多个高层行政组织在实质上有明显的合并趋势，使南宋时行政权力的流向不同于北宋，地方政区的"分离制"似乎又有向

---

① "完整制"和"分离制"，是行政学上依据同一层次上的各个行政组织所受上级指挥和控制的异同来划分的一对概念。同一层次的各行政组织或同一行政组织各机构，如果只受同一上级组织或同一首长的统一指挥、控制与监督，这种组织体制就称为"完整制"，如受两个以上上级机关或首长的指挥，则称为"分离制"。参见竺乾威：《公共行政学》，复旦大学出版社2000年版，第37页。

② 在五代之前，只有北魏曾尝试过一州三刺史、一郡三太守、一县三令长的制度，但这种"分离制"只是一种雏形，尚未跨出在同一个高层政区建立多个同等地位的机构这最重要的一步。

③ 制置司和总领所负责辖区内的军事与后勤。这些机构管辖的区域往往在两路以上，并且挟军事、财政上的权力，逐渐取得了辖区内部分行政事务的决定权，确立起对监、帅司的领导地位，故下文称之为"跨高层准行政组织"。

"完整制"演变的趋势。与此相适应，北宋时期日渐增强的中央集权，南宋时却渐趋于弱。宋代地方行政组织体制在完整制与分离制之间的周折，实为分析宋代政治制度的关键所在。

一、北宋地方行政机构的重建与分离制

太平兴国二年（977），宋太祖着手削减藩镇的支郡。[1]八月，知怀州高保寅、虢州刺史许昌裔各诉其所属之节度使。以此为契机，太宗遂削去所有藩镇之支郡。[2]此后，所有统县政区都直属中央。宋政权进入无普设高层政区的时期。

然而，自东汉末刺史部演变为高层政区之后，历代政区及行政组织体制，基本是以高层（州）、统县（郡）、县级的三级制为主。虽然隋代及唐前期曾实行两级制，但到唐中期以后，兵、民、财政合一的节度使辖区又普遍建置，事实上又回复到三级制。自汉以后，统县政区的数目大致呈增长趋势，从百余个郡，增加到北宋以后的三百个府、州、军、监。中央政府直接领导数以百计的统县政区，并实行有效监督是非常困难的。因此，长期稳定地实行两级制已经不大可能，高层政区与行政组织的复置势在必行。

北宋重置高层政区，并非一步到位，而是一个渐进的过程。具体说来，是先有具备成为高层行政组织条件的机构，然后在已有机构的基础上

---

[1] 参见聂崇岐：《论宋太祖收兵权》，原载《燕京学报》第34期，收入《宋史丛考》，中华书局1980年版；余蔚：《唐至宋节度、观察、防御、团练、刺史体系的演变》，《中华文史论丛》总第71辑，上海古籍出版社2003年版。太祖朝所削支郡，见于记载的有：乾德元年，荆南，潭、朗州；五年二月，庆州、商州；开宝二年，归州、峡州；三年，泽州、通远军。资料散见〔宋〕李焘：《续资治通鉴长编》卷八、十、一一、一八，中华书局；〔清〕徐松辑：《宋会要辑稿》职官三八之一，中华书局1957年版。

[2] 《宋会要辑稿》职官三八之一。

设置高层政区。这一机构便是转运司。①

转运司，又称漕司，始置于唐代，其职能是财政，即转输东南之财谷至京师，而其行使职能之范围则为东南数十州。宋开国伊始，四处用兵，皆置随军转运使，掌行军供馈，且为临时设置，与行政并无关系。乾德元年（963），遣沈义伦、韩彦卿分别为京西、淮南转运使。②转运使始以地域系衔。按郑世刚之分析，至乾德四年，转运使已在"诸道"普遍设置。③然而，设置转运司这一机构，并不意味着它立即具备了地方行政组织的基本职能。开宝九年（976），宋太祖下诏，令诸转运使"察部内知州、通判、监临物务京朝官，以三科第其能否"，④至此，转运使开始行使监察权。如司马光所言，转运使所具备的是"汉部刺史之职"，⑤成为高层监察机构。

转运使集监察与转输于一身，具有干预州县行政事务的便利。太平兴国六年（981），江南西路转运副使张齐贤请求"非正犯者具报转运使详酌情理"，获朝廷允从。⑥自此，转运使开始介入地方的行政事务，只是对于它的权限仍未有明确规定。淳化二年（991），朝廷遣十人充"诸路转运司提点刑狱公事"，稽察管内刑狱，⑦转运司因其下属官员的职能，具备了干涉地方司法的权力。而其长官转运使、副获此权力，则要由淳化三年"案部所至州县，先录问刑禁"一纸诏书来确认，并在次年罢提点刑狱公事之

---

① 必须说明的是，在宋代，虽然"使"偏重"人"——官员，"司"偏重机构。但"使"与"司"往往可以互称，只是"司"的应用范围更大。比如，宋代"转运司"可指称转运使、转运副使、判官的其中之一，也可指他们全体，甚至包括其属官。不管一路共有转运使、副、判官几人，皆可用"转运司"称之。而"提点刑狱公事""提举买茶卖马公事"等，并无"使"名，亦可以"司"称之。

② 〔宋〕王应麟：《玉海》卷一八二《食货·漕运》，文渊阁四库全书本。

③ 郑世刚：《北宋的转运使》，载邓广铭、郦家驹编：《宋史研究论文集》，河南人民出版社1984年版。

④ 《续资治通鉴长编》卷一七，开宝九年十一月庚午。

⑤ 〔宋〕司马光：《温国文正公文集》卷二二《谨习疏》，四部丛刊初编本。

⑥ 《续资治通鉴长编》卷二二，太平兴国六年。

⑦ 〔宋〕梁克家：《淳熙三山志》卷七，文渊阁四库全书本。

后，接替其职能而获得进一步加强。①至此，转运使不但行使行政监察职能，而且可全面、直接干预辖区内之行政事务，作为高层行政组织长官之地位已经确立。

自太平兴国二年（977）罢藩镇领支郡，至淳化二年（991）转运司正式具备高层行政组织的性质，其间高层行政组织只有十五年的缺位。两者一进一退的反向运动，在太祖末年和太宗初年是同步进行的，或能反映宋初二帝事先已有长期的规划。而普遍、稳定的高层政区之设置，更比高层行政组织建立晚了六年。如前所引，乾德四年（966）已提到"诸道转运使"，同时又提到"诸路转运使"，说明转运使按"道"还是按"路"称，尚未确定。②当时转运使之监察、行政职能尚未确立，"道"或"路"还只是转运使之财政区划。太平兴国三年四月，分京西转运为二司，又令淮南路、荆湖南路、京西北路、河北路、陕府西河北路、京东路等"诸道置转运判官"，五年，置两浙西南路转运判官。③至道元年（995），又选十数人分往诸路，"同勾当转运司事"，辅助转运使。④此时，高层政区已普遍设置，不过仍以道、路通称，而且"分合未有定制"，尚未达到成熟阶段。直到至道三年，终于分全国为十五路，成为定制。⑤政区体制回复到三级制的过程终于完成。

"路"的普遍建置和转运司发展为行政组织，意味着宋代重新进入政区与地方行政组织的三级制时期。但对于宋代地方行政改革来说，层级调整的完成只是第一步，此后推行分离制才是意义重大的举措。景德四年（1007），各路设置主管刑狱的提点刑狱司（宪司），与转运司同为一路之行政长官，并各自向中央政府负责，分离制轮廓初现。进而，神宗熙宁二

---

① 《续资治通鉴长编》卷三三，淳化三年五月。
② 参见周振鹤：《地方行政制度志》，《中华文化通志·制度文化》第4典，上海人民出版社1998年版，第170页。
③ 《宋会要辑稿》食货四九之四。
④ 《宋会要辑稿》食货四九之八。
⑤ 《续资治通鉴长编》卷四二，至道三年十二月。

年（1069），又于全国各路置提举常平司（仓司），分转运司之财权并主管
赈济等事务。而主管军政、兼管民事的安抚司，自北宋初至南宋前期，一
直处于探索、改进和推广之中，至南宋乾道六年（1170），潼川路安抚司
建立，在全国各路普遍设置安抚司的过程方告完成。如果从提点刑狱司的
建立算起，分离制的推行经历了大约一个半世纪。

分离制不仅体现为多个机构并存，还在于同一机构设两个以上互不统
辖的官员。以转运司为例，至道三年（997）定十五路漕司时，其中六路
有转运使、副使共两员。①至嘉祐五年（1060），其他各路也增加转运判官
一员。②自该年到北宋末，不断有个别路分增置漕臣（转运使、副使或判
官），导致全国漕臣人数持续增长。大体上从嘉祐五年至北宋末年，一路
转运司一般都有漕臣两员以上。这些官员名义上是长、贰的关系，但相互
之间有一定的独立性，在很多事项上，各自作出决定。如分莅州县察视政
务、审核刑狱，往往要当场独自作出指示和判断；③又如，转运司荐举中、
低级官员的名额，按该司现有漕臣的人数以及职位高低而有区别，并且分
别行使荐举权。④对于本路的少数重大事件，官员需共议决定，转运使作
为名义上的长官，并无压倒性的权威。宪司也有很长时间是文、武并置，
互为同僚而不相统属。⑤转运司或提点刑狱司内部同僚之间的分权，不如

① 〔宋〕孙逢吉：《职官分纪》卷四七《诸路转运使副使判官》，上海古籍出版社1992年版。
② 《续资治通鉴长编》卷一九二，嘉祐五年八月乙酉。
③ 按宋制，监司于巡历所至，当场疏决系囚，像按察官员非法行为这样的重要事务，也"不得
　　送置司处"。见〔宋〕朱熹：《晦庵集》卷一九《按唐仲友第六状》，文渊阁四库全书本。而就
　　转运司而言，使、副、判官，似无同路出巡的例子，故各人必须自作决断。
④ 如《永乐大典》卷一四六二七《吏部条法·荐举门》载《淳祐令》："诸转运司举承直郎以下
　　者，据人数使副均举，判官比使副一员三分举一以上。数不等者，长官就多举。止有使副应
　　举之数者，若差使副一员，其判官所举，减使副二员。"（北京图书馆出版社2003年版）对于
　　荐举额与转运司官人数、职位的关系，有非常详细的规定。
⑤ 从景德四年置宪司，至北宋末的120年间，宪司文臣、武臣并存的时间达55年。参见戴建国：
　　《宋代的提点刑狱司》，《上海师范大学学报（哲学社会科学版）》1989年第2期。总的来说，
　　文臣地位稍高，但两者同为长官，而无统属关系。就宪司所担负的各种职责而言，文臣、武
　　臣各有偏重，比如在司法职责，文臣无疑起主要作用，而武臣则偏重治安。因此在治安稳定
　　时倾向于废罢武臣提刑，在"群盗啸聚"或"溃卒聚为群盗，惊劫县镇"之时，往往又重新

两个机构之间分权之甚，但这种分权现象，毕竟使得宋代各监司内部的人事关系，不同于唐以前历代通用的长官负责制，部分体现了分离制的特点。因此，北宋中期以后可称为"监司"的人数，多出机构数一倍以上，这也间接促成了分离制的贯彻更加深入。

二、分离制下的行政幅度

"行政幅度"又称"行政控制幅度"，是一个层次的行政机构或一位行政领导所能直接、有效控制的下级机构或人员的数目。[①]行政幅度越大，下属机构或人员数目也就越多，行政权力在下一个层级就越分散，上级与下级所掌握权力大小之对比就越明显。因此，增强行政幅度更有利于上级的集权。通过对行政幅度变化状况的解析，可以清楚地观察行政权力的流向。

五代以前，历代王朝地方行政结构的设置相对简单。每一个层级的任一政区，都设置单一的行政组织，如果增加一个层级，则每一层级所控制的下级行政组织、官员数都将减少，行政幅度随之降低，反之亦然。例如，西汉末朝廷直接控制 103 个郡，东汉末虽然增至 105 个郡，但由于朝廷与郡之间增加了一级高层行政组织——刺史（州牧），朝廷直接控制的只是 13 个刺史（州牧），行政幅度自然降低。因此，自秦至五代，地方行政组织的层级数，一直是影响行政幅度的主要因素，"内重外轻"或"外重内轻"，大体上与地方行政体系的二级制或三级制同步变化。[②]地方官员

（接上页）设置。见〔元〕脱脱等：《宋史》卷二二《徽宗四》；〔宋〕李心传：《建炎以来系年要录》卷六，建炎元年六月丙戌，上海古籍出版社 1992 年版。就某些特定的职责而言，文臣、武臣往往存在合作的关系，比如须定期分划辖区巡察，在监察、刑狱等事项上，也就不得不各作判断。北宋中期曾有文、武臣提刑因执意同行，受降职之处分。见《续资治通鉴长编》卷一七二，皇祐四年二月辛巳。

① 参见彭和平：《公共行政管理》，中国人民大学出版社 1995 年版，第 74 页。行政控制幅度的概念最早是英国学者厄威克于 1947 年提出的，他主张，为了进行有效监督，以及协调下属人员之间的关系，控制幅度宜小不宜大。但这一看法受到西蒙·赫伯特等学者的质疑。转引自丁煌：《西方行政学说史》，武汉大学出版社 1999 年版，第 142—143 页。

② 周振鹤在《地方行政制度志》一书中，对于历代所采用的层级制与中央—地方关系有精详的研究。详见该书第 3、8 章。

割据的现象，出现在地方行政实行三级制的东汉末年与中、晚唐时期，而不是在实行二级制的秦、西汉及唐前期，主要是因为在二级制之下，朝廷直接控制的是百余个郡，行政幅度远远大于在三级制之下。中央与地方实力相差悬殊，故后者不敢稍起贰心。这是在完整制下，行政幅度与中央集权之间关系的曲折体现。

北宋行政体制的最大创新，在于打破了历代一直采用的完整制，前所未有地使用了分离制，在每一高层政区建立多个机构，高层行政组织的数目数倍于高层政区数，中央的行政幅度剧增。以北宋熙宁以后为例，全国共二十三转运使路，每路有漕、宪、仓三个机构，则全国高层行政组织数达到七十左右，若计帅司在内，更是超过九十。如果以高层行政组织的长官数来计，假设北宋转运司、提点刑狱司各为两员长官，中央的行政幅度更增至一百四十左右。

北宋行政体制中导致中央政府行政幅度进一步增大的另一特点，就是中央政府注意保持与统县政区的直接联系。州军上书可直达朝廷，因此，常有州军不满监司之决定，而直接要求朝廷重新作出决定的例子，有时还以上书朝廷来威胁监司，来达到自己的目的。①甚至县亦有权在认为本辖区受到不公正待遇之时，向朝廷作出申诉。②这种"越级控制"的现象，在其他朝代是很少见的，其结果必然会增加中央政府的行政幅度。

高层行政组织数倍于高层政区，理论上可以不影响中央的工作量，因为同路不同机构间存在一定程度的分工，针对某一具体的行政事务，中央可以有选择地联系一路之中的监、帅司之一，总数仍是高层政区之数。但

---

① 州军上书中央，其例甚多，如张守《朝奉郎陆虞仲墓志铭》一文载：徽宗时，宣州认为漕司对本州过分征求，知、通联衔上书朝廷。见《毗陵集》卷一二，文渊阁四库全书本。又，淳化五年，转运司调邠州民运粮，知州柳开移书转运使，云："如不罢，开即驰诣阙下，白于上前"，终罢之。见《续资治通鉴长编》卷三五，淳化五年三月。

② 宋初，"转运使及知州通判皆得上书言事，而州县官属则否"，雍熙元年，诏令幕职州县官亦可直接上书言事。通常情况下，县之事务对州、监司负责，但特殊情况下上书中央的例子不少。比如，庆历四年袯县灾，州不欲蠲税，知县"自力为奏"，终得蠲赋。分见《续资治通鉴长编》卷二五，雍熙元年六月壬辰；卷一四八，庆历四年四月己未。

是，就地方行政权力的总体分配状况来看，全国高层政区的行政权力由数倍于己的行政组织分享，分配给每个组织的权力较之完整制之下大幅减弱。此可名之为"分治"之效。并且，中央对地方的控制，还表现在其协调功能上。存在更多的高层行政组织，意味着中央在地方各部门之间搞权力平衡有更大的余地。此可名之为"制衡"之效。两种效果相叠加，推动了地方行政权力向中央的流动。

三、分离制的利与弊

北宋时期创建的这一地方行政体系，达到了进一步集权的目的，使中央政府在整个行政体系中处于更有利的地位，杜绝了地方高层行政组织"尾大不掉"的可能，这无疑是分离制的最大优点。但是，这并非其全部优势之所在，从行政组织行使职责的准确与公正的角度来看，分离制也颇有可取之处。

元丰六年（1083），广西转运司两次奏报本路财政状况，一云"不足"，一云"无阙"，显然自相矛盾。户部调查得知，两奏分别来自转运副使马默与判官许彦先，"彦先、默不协，致所奏异同"，朝廷乃令广西提刑复核。[1]同样，熙宁四年（1071）利州路定助役钱额，转运使李瑜、提点刑狱周约欲聚敛科率以悦当路，亦与转运判官鲜于侁发生争执。在御史台的坚持下，朝廷黜责李瑜"以警诸路"。[2]根据惯常的思维，由这两个例子可以得出"效率低下、矛盾重重"等结论；但换一个角度看，却体现了宋代地方行政的精确性。监司、帅司相互之间因处理日常行政事务发生争执，比提出"唯一"但可能是错误的决定要好得多。

宋代还有许多类似的案例，比如，朝廷对帅司所报本路米价有疑，即令提举司再行调查闻奏。转运使奏报本路无灾伤，而提刑司言本路旱蝗，

---

① 《续资治通鉴长编》卷三四〇，元丰六年十月戊子。
② 《续资治通鉴长编》卷二二七，熙宁四年十月庚申。

朝廷宁信其有，令提刑司准备赈济。①当朝廷需要地方的某些信息时，令监、帅司各自独立向朝廷奏报本路信息，"诣实申奏，不得相关"，似是比较常用的方法。②朝廷根据一路的各个行政组织的独立调查或规划，进行比较核实，说明已经充分认识到分离制的优势。主张"祖宗不可法"的王安石，认为"已令本州、提点刑狱、转运司申奏（灾伤），安抚司自不须奏"。神宗问："安抚司奏何害？"安石答道："朝廷令本州及转运司奏，已是两处奏，亦足矣。更令提点刑狱司奏，诚太多。又恐逐司或有弛慢，故新法约束，若逐司不职，更觉察闻奏。不知何用更令安抚司吏人枉费纸笔，递铺虚负脚力？"③其实"祖宗"之设计是有道理的，分离制固然使行政过程复杂化，多耗人力物力，但如果善加应用，则地方官员的失误所造成的影响，及其惯有的"欺上"之风，自可减低到最小限度，中央与地方之间的信息交流之准确性，亦藉以提高。

再则，在日常工作中，并立的高层行政组织负有互相监督、互相补充、互相纠正的责任。以刑狱审核为例，经州、府审决后呈上的案件，先经由转运司复审，再由提点刑狱司判定，方始备案呈报中央。多经过一个步骤，误判的可能性就降低一分。又如，自北宋中期以后，监、帅司皆有每岁向中央推荐本路官员的义务，荐举人的多元化，增加了才俊之士被发现及拔擢的可能性。故而分离制不仅提高了信息传递时高层行政组织"对上"的准确性，也增加了行使权力时"对下"的公正性。有宋一代之行政成本极高，但治理民事较为成功，境内政局相对稳定，其设计"诸司并立"之模式并充分利用其优势，是主要原因之一。

然而，分离制虽有诸多优势，但在同一层次行政机构中三个或四个组织并立状态之下，朝廷在决策、指挥中的协调困难不可避免。分离制不可能达到像完整制一样的行政秩序，即使同层级各行政组织之间存在非常明

---

① 《续资治通鉴长编》卷三四九，元丰七年十月乙酉，事在京东西路；卷八九，天禧元年二月戊寅，事在河东路。
② 范祖禹元祐六年奏疏，见〔明〕黄淮、杨士奇编：《历代名臣奏议》卷二四五。
③ 《续资治通鉴长编》卷二三六，熙宁五年闰七月丙辰。

确细致的职能划分，也不可避免地要遇到许多综合性的行政事务，需要几个组织共同参与。而行政组织之间意见不一，必然使处理行政事务的效率无形中消耗。例如，帅司名义上是管理本路军事并兼管民政的组织，在地方治安事务中负有重要责任，然而，"平居无事之时，所部州县既不知帅臣之威，一旦有盗贼意外之警，帅臣之权复为宪、漕所夺，调兵赋粟，莫之适从。"①正是实行分离制的高层行政组织，首先遭遇分离制造成的协调难题。

此类难题也随着层级下移而下移。高层政区内的很多日常事务，比如刑狱、赈济等等，是由各高层行政组织共同参与却分别独立处理。这样，决策、指挥不统一的问题，就下放到州、县，使州、县官员举步维艰。高层行政组织的创新所产生的问题，却形成州、县动作迟缓的弊病。行政体系末梢的反应不灵敏，导致整个行政组织的反应迟缓。实行高层行政组织的分离制，其风险正在于此。

指挥不一，运转不灵，这是分离制下难以避免的弊病。宋人也看到了这一点。在北宋后期，就有人提出简省高层行政组织、向完整制回归的建议。徽宗时，周行己认为现行行政制度"权分而势轻"，建议"每路只置转运司一员，使转输财赋，按察使一员，使察廉吏治"；钦宗时晁说之亦以"一诸路监司，员数尚多，无益于事"，倡言"宪、漕之外，有可减者并之，如茶盐常平，自合漕司兼领"。②帅臣之外，一路尚有三司并立，事权分割过甚，故二人皆以为，至少应当将现制与完整制作一折中。还有人认为当依仿古制，恢复纯粹的完整制，如徽宗时毕仲游提出，当下州县权轻，应仿照汉初之制，推行两级制，以郡与王国相杂，由朝廷直接领导。③但是，朝廷早已习惯于高度集权的体制，无心回复完整制，而只是在诸司并立的前提下稍作调整。神宗朝以后，有多名监司因"越职言事"

---

① 〔宋〕吴儆：《论广西帅臣兼知漕计》，《竹洲集》卷二，文渊阁四库全书本。
② 《历代名臣奏议》卷四四、四五。
③ 〔宋〕毕仲游：《西台集》卷四《封建郡县议》，文渊阁四库全书本。

受责，①这说明朝廷也看到了厘清诸司之间权限的必要性，并试图在保持分离制的前提下加快行政过程的速度。

但是，随着神宗朝以后高层行政组织增置和行政事务的增加，它们之间的权限分界日益模糊，刑狱则诸监司皆有处置之权，财赋之征收、管理，则由转运、提刑、提举共同参与，军权又由提刑司与帅司分享，一种事务往往有多个机构参与管理。中央虽有划清权限之意图，却无力扭转权力交错日益严重的趋势，仅凭对"越职"现象的处罚，根本无济于事。退一步说，在分离制之下，即便细致繁杂的职能划分有效，也是治标而不治本，至多只能在加强行政秩序方面有少许成效，但行政权力消耗于并立的行政组织之间的现象，仍然不可避免。至于高层行政组织之"势分权轻""州县之权轻"的现象，以及由此导致的指挥不一、反应迟缓的弊端，若仍然实行分离制，就不可能有明显改变。

总之，实行分离制，不仅中央对地方的控制严密，政局稳定，地方行政体系在渐进的改革中得以长期保持平衡；而且行政过程中的准确性和公平性得到强化，有助于从根源上消除内乱，维持社会稳定。但是，整个行政体系运作迟缓，处理问题速度缓慢，尤其不利于应付突发事件，在外力的突然冲击下必然应付乏力，这是实行过分扩张的行政幅度所不得不承受的后果。实行分离制抑或是完整制，最终就是在"安内"与"攘外"之间作一抉择。北宋统治者选择了前者，绝非昧于治道，而是出于对中唐以来两百年动荡与分裂的深刻印象，形成根深蒂固的"内"重于"外"的政治思维。一百七十年来治国有方而保土无力，是这一思维，同时也是实行分离制的结果。

---

① 如熙宁八年河北西路转运司言边事，元丰二年京西南路提举司治提刑司事，元丰三年京西北路提刑司治提举司事，徽宗时黔中提举司言边事，皆以越职受责，甚则有因此免官者。分见《续资治通鉴长编》卷二六二，熙宁八年四月庚辰；卷二九九，元丰二年八月丁巳；卷三〇二，元丰三年二月壬戌；〔宋〕李纲：《梁溪集》卷一六八《宋故左中奉大夫直秘阁张公墓志铭》，文渊阁四库全书本。

四、向完整制回归的南宋地方行政制度

正如北宋时推行分离制不着形迹，南宋时行政体系的转变也是悄然实施。其表现，一是对高层行政组织进行实质上的省并，二是新的跨高层准行政组织设立，且对高层行政组织有一定的统辖关系。行政幅度因此发生很大变化。

南宋仍实行高层行政组织的分离制，但一路监、帅司长官数目不断减少。简省手段之一，是转运司、提点刑狱司长官各减省至一员。孝宗认为，"（一路）只得一漕足矣，用两漕事不专一"，此论影响深远，自此朝廷逐渐习惯于一路只置一员漕臣。①也是在孝宗朝，废罢武臣提刑之建制。同样重要但不为人注目的，是监、帅司之间的兼职越来越普遍。

建炎元年（1127），废罢监司之一的提举常平司。②绍兴十五年（1145）又复置，但在四川、两广等路，提举常平司职事大多都由转运司或提点刑狱司兼管。而淮南两路及京西路等缘边路分，自南宋初以来，漕、宪、仓司互兼已成制度。如京西路，一直只有一员或两员监司。宁宗朝以后，内地路分也大量出现监、帅司互兼的现象。以两浙东路为例，宁宗嘉定（1208—1224）以后，往往连续两任都由一人兼任宪、仓两司事。另外，宪司或仓司兼帅司的现象在嘉定以后也突然出现，其中绍定元年（1228）十二月至六年九月近五年中连续两任、淳祐八年（1248）七月至宝祐元年（1253）三月的近五年中连续八任，浙东帅司皆由宪司或仓司兼任。甚至还数度出现一人兼任帅、宪、仓者，其中喻珏于嘉定十二年八月至十三年九月兼浙东帅、宪、仓司时逾一年。③其他各路监、帅司互兼的现象频频出现。同是嘉定中，赵崇宪曾以江西提举常平兼权隆兴府及帅、

---

① 《宋会要辑稿》职官四二之五九。据邓小南研究，一路只置漕臣一员之制度，成于孝宗、光宗两朝，施行至南宋末。参见邓小南：《宋代文官选任制度诸层面》，河北教育出版社1993年版，第138页。
② 《建炎以来系年要录》卷七，建炎元年七月己亥。
③ 〔宋〕张淏：《提举题名》，《宝庆会稽续志》卷二，宋元方志丛刊。

漕司事，后迁转运判官，仍兼帅事。①广南西路除了仓司一直由漕司或宪司兼，在南宋后期，漕、宪、帅之间又往往互兼。如董槐自淳祐六年以广西运判兼提刑，八年，升任运副，仍兼提刑，则漕臣兼宪臣至少在两年以上。②次年，李曾伯又以广西经略安抚、知静江府兼转运使，另以丰稷兼宪、仓二职。③宝祐中，姚希得复以经略安抚兼运判；咸淳八年（1272）七月，胡颖以知静江府、广西经略安抚使兼计度转运使。④可见，到了南宋后期，无论是淮南、京西及广西这样的边远路分，还是浙东这样近于朝廷的富庶路分，监、帅司互兼的现象同样常见。

由于省官与兼职现象的交替发展，南宋时高层行政组织长官数目较北宋明显减少，而且越到后期，数目越少。仍以广南西路为例，北宋神宗以后，一般转运司有长官两员、提点刑狱司一至两员，提举常平和安抚司各一员，四个高层行政组织最多达六员长官。至南宋初，有转运司长官两员，提点刑狱司、安抚司各一员，共四员。孝宗朝以后，转运司减至一员长官，提举常平由提点刑狱兼，加经略安抚使共为三员。宁宗朝之后往往少至两员。南宋诸路高层行政组织之间的兼职虽未建为定制，却已成惯例，清晰地显示出分离制收敛的趋势。与北宋情形相比，随着高层行政组织实质上的合并，南宋中央政府的行政幅度相应缩小。以所有高层行政组织的长官数计，若十五个转运司路各为三员，则行政幅度不到五十，若仅两员，则减至三十，与北宋一百四十之数相比，南宋中央集权的弱化迹象极为明显。

不过，高层行政组织或长官的数目变化对地方行政体系的结构之影响，可能还不如整个地方行政体制的层级增减那么明显。建炎三年至绍兴五年间（1129—1135），朝廷在沿江、沿淮和西部设置了三个制置司或宣

① 《宋史》卷三九二《赵崇宪传》。
② 《宋史》卷四一四《董槐传》。
③ 〔宋〕李曾伯：《可斋续稿》后集卷九《回庚递宣谕奏》、卷一二《桂阃文武宾校战守题名记》，文渊阁四库全书本；《宋史》卷四二〇《李曾伯传》。
④ 《宋史》卷四二一《姚希得传》、卷四六《度宗纪》。

抚司，统率北境驻兵。江淮制置（宣抚）司辖区包括淮南东、西路和江东路，京湖制置（宣抚）司领有京西南路和荆湖北路，四川制置（宣抚）司领有成都府、梓州、利州、夔州路。①无论是从辖区面积还是从所领高层政区数来看，三制置（宣抚）司辖区都占南宋疆域的太半。制置、宣抚司自初建之时起，就有权任命和"便宜黜陟"辖区内所有官员，②确立了对监司、帅司的领导地位，绍兴十一年南北和议，取消了"便宜黜陟"和部分任命权，其领导地位有所下降。但到了南宋后期，监司又已"惟阃令是承"，在很大程度上隶属于制置司。③其中四川制置司权限尤大，四路行政事务大多通过制置司与朝廷联系，使四路监、帅司地位下降。这相当于在监、帅司与朝廷之间，又加入了制置司这个跨高层的准行政组织。

任何一个跨高层准行政组织权力渐增、由虚入实，都不是朝廷愿意看到的。制置（宣抚）司辖区广阔，又集军政民事于一身，对中央集权所构成的潜在威胁，超过宋代任何一个行政组织，因此，朝廷对它的防范心理也最重。绍兴初，廷臣指张浚为"僭"，责李纲开"藩镇跋扈之渐"，④都是在此背景下必然会出现的结果。张浚两度在宣抚使任上遭受挫折，郑刚中、余玠长期担任宣抚使，控制四川军、民、财政，皆不得令终，⑤都显

---

① 南宋置宣抚司较少，而以制置司为常设机构。宣抚与制置性质相近，皆为统率多个路分，兼管军政、民事的机构，但宣抚司更偏重军事。在南宋大部分时候宣抚、制置不并置的情况下，宣抚都拥有比制置更大的权力，即便偶有宣、制二司并置之时，"宣抚制其兵，制置共其谋"，宣司的地位亦在制司之上。南宋宣抚多由枢、相出任，亦可见二司地位稍有差别。又，四川、京湖地区的制置（宣抚）司建制比较稳定，但江淮地区在南宋不同时期，变化很大，少则置一江淮制置（宣抚）司，多则共分为淮东、淮西、沿江、沿江副使四大制置司辖区。

② 《宋史》卷二五《高宗二》、卷二六《高宗三》。

③ 李曾伯《京西提举司平籴仓记》云："我岳公共二使事，实参统府。惟元老是式，惟阃令是承。"岳珂以京西提举、提刑兼制置司属官（参谋或参议官），服从京湖制置使之指令。见《可斋续稿》前卷五。

④ 《建炎以来系年要录》卷六一，绍兴二年十二月甲午；卷六五，绍兴三年五月辛巳。

⑤ 张浚于建炎三年至绍兴三年为川陕宣抚处置使，绍兴末隆兴初又为江淮宣抚使，其所为被许多臣僚视为专断一方，朝廷亦甚顾忌，屡下诏约其权，绍兴中遭贬黜，未始不因于此。郑刚中宣抚四川六七年，当时不置总领，刚中集兵民财权于一身，深为朝廷所忌，后贬死岭外。余玠以制、总兼夔路转运守蜀十余年，因朝廷疑忌而自裁。

示了朝廷对于权力统一的跨高层准行政组织的顾虑。南宋时总领所成为与
制置（宣抚）司并立的机构，正是这种心态的产物。

　　建炎三年至绍兴十一年间（1129—1141），置四川、湖广、淮东、淮
西总领所，本意是为宣抚、制置司统兵作战提供后勤保障。①其辖区与制
置（宣抚）辖区亦大部重合，在四川、京湖、江淮三大区形成了初具规模
的跨高层准政区。在绍兴十一年南、北议和之后，制置（宣抚）司军务顿
减，总领所存在的必要性就不大了。绍兴十五年四月，朝廷应四川宣抚司
的请求，罢四川都转运。但是，对于制置司的防范心理，使得朝廷不愿将
四川军、财皆归于宣抚司，同年十一月，又任命赵不弃为四川总领。其职
衔原拟为"四川宣抚司总领财赋"，但告词出时却变为"总领四川财
赋"。②程大昌论曰："是初时使为宣司属官，已而反来总领宣司财赋
也。"③一语道破了朝廷藉以"制衡"宣抚司的目的。淮东、淮西、湖广三
总领受命"与闻军政，不独职馈饷"，④更是直接体现了朝廷使制置、总领
之间达到权力平衡的努力。犹如北宋朝廷对于监、帅司之间关系的态度，
在南宋前期高宗、孝宗两朝，朝廷坚持制（宣）、总"二司抗衡"的格局，
使之"不相管摄，亦不相下"。⑤至南宋后期，制置、总领的矛盾日益突
出。宝祐元年（1253），姚勉论制置、总领之关系云："今之兵、赋，体统
乖异。制阃则曰食少，总饷则曰兵多；制阃则曰乏粮，总饷则曰虚籍。"⑥
说明分权导致了指挥不一，制、总之间互为掣肘。但这种互"不相下"、
互相监督的局面，正是朝廷双置制总的目的。

---

① 《建炎以来系年要录》卷二八，建炎三年十月辛丑；卷六二，绍兴三年正月甲子；卷九五，
　　绍兴五年十一月乙酉；卷九八，绍兴六年二月己未；卷一四〇，绍兴十一年五月辛丑。其中
　　四川总领所在绍兴五年改为四川都转运使。
② 《建炎以来系年要录》卷一五三，绍兴十五年四月庚子；卷一五四，十五年十一月庚子。
③ 〔宋〕程大昌：《演繁露续集》卷二《"四川总领财赋"结"总领"在"四川"上》，文渊阁
　　四库全书本。按郑刚中之枉死，亦与此总领之设置有直接关系。
④ 《建炎以来系年要录》卷一四〇，绍兴十一年五月辛丑。
⑤ 〔宋〕史浩：《鄮峰真隐漫录》卷九《临陛辞日进内修八事札子》，文渊阁四库全书本。
⑥ 〔宋〕姚勉：《雪坡集》卷七《癸丑廷对》，文渊阁四库全书本。

　　然而，朝廷的目的并未完全达到。由于南宋时用兵不断，在分权制衡的表象之下，地方军事长官制置（或宣抚）使与财政长官总领的关系，一直是前者居于主导地位。据李心传言，至嘉定年间，四川宣抚、总领之间若有龃龉，一般是宣司占上风。[①]至绍定六年（1233）后，制司兼总领的现象多次出现，如沿江制置（由江淮制置分出）兼淮西总领、京湖制置兼湖广总领、四川制置兼总领屡见不鲜。至景定二年（1261），诏："制置、总领合为一，以沿江制置大使马光祖兼淮西总领。"此后一司独大，或者二司归一，几乎已成为未见于明文的定制。如四川，自景定二年直至咸淳十年（1261—1274），皆由制置使兼总领。[②]淳祐中方岳致沿江制置使吴渊的贺启中有"制梱号小朝廷"之语。[③]随着军事形势日趋紧张，原拟起到制衡作用的总领所形同虚置，跨高层准政区的各种权力向军事长官集中的进程，不断向前发展。

　　跨高层准行政组织对监、帅司领导地位的确立，意味着在朝廷与监、帅司之间，发展出一个新的层级。以四川为例，共四路，每路监、帅司三人，共约十二人。插入跨高层准行政组织后，朝廷只能直接控制制置、总领二人，其行政幅度势必大减。至南宋末，制置、总领常由一人兼任，则朝廷的行政幅度进一步下降。当然，在宋亡以前，这个新层级的发展过程还处在未完成状态，朝廷仍保留与监、帅司直接联系的权力，形成朝廷与制置、总领共同管理监、帅司的局面，但由于空间的阻隔，朝廷的控制强度不如制置、总领，中央的集权程度势必减弱。跨高层准行政组织的实化，也就是高层行政组织逐渐沦为其下属分支机构的过程，从而也就是中央的行政幅度削减、中央集权弱化的过程。

① 〔宋〕李心传：《建炎以来朝野杂记》乙集卷一六《财赋·四川宣总司抗衡》。
② 〔宋〕周应合：《景定建康志》卷二六；《宋史》卷四四、四五《理宗纪》，卷四六《度宗纪》，卷四二一《姚希得传》。
③ 〔宋〕方岳：《秋崖集》卷二二《代贺吴尚书》，文渊阁四库全书本。

五、"中级机关无意义化"质疑

关于地方行政权力的转移方向，美国学者 Robert M.Hartwell 断言，从宋到明，中国史上的主流，是将地方行政的中轴由府州移换到县，路与州府等中间、中级的政府机关则转向"无意义化"，[①]就是说，权力是从中间（高层行政组织、统县行政组织）向两头（中央、县级行政组织）转移。日本学者寺地遵将这一观点进一步发挥，认为"自北宋瓦解到南宋再建的这段政治过程"，其契机就在于"原为国家末端机构的县之重要性渐增，以及县机能的活泼化"。其论据之一是："经界法之实施，皆是以知县为其主体，当其实施之时，已明言其实施要项在于：'今来措置经界，全借县令、丞用心干当。'如果没有知县为主体的支持与襄助，单凭中央单方面的指示，是不可能完成经界法的。"其二，南宋初年指定四十大邑的制度，也可以由国家与县越过路、州直接相连的方向来思考。这些事实都表现出"在中央—路、府、州—县三级中，中间的中级地方统治机构支配力后退的趋势"。[②]

笔者认为，寺地先生在得出这些推论的过程中，没有注意到一些相反的论据。"强县"说及"中级机关无意义化"的观点，似可商榷。

其一，县级行政组织贯彻上级指令是其日常工作，与"县机能的活泼化"无干。行政事务最终是要推行贯彻到底层的，以处于行政体系终端的知县为执行主体是必然的，北宋对知县（县令）的"四善三最"的考核内容，就包含了极为繁复的要求，又何尝要等到南宋初，知县才负有众多的行政任务？北宋时，几乎任何行政事务，都会有类似"全借知县（县令）"的鼓励性的文字出现，又何尝止于一时一事，要县官"用心干当"？如北宋宣和三年（1121），"江浙州县经贼去处，整葺事务，全借守、令得人，方可办治"，元祐元年（1086）灾伤州县"所以能使民不流移者，全

① Robert M.Hartwell，"Demographic，Political，and Social Transformations of China，750—1550，" *Harvard Journal of Asiatic Studies*，Vol.42，No.2，1982，pp.394—396.

② ［日］寺地遵：《南宋初期政治史研究》，刘静贞译，稻禾出版社1995年版，第374—375页。

在本县令、佐得人"，①等等，不胜枚举。由一个"用心干当"，得出县级政区的官员重要性在其他层级之上的结论，这一推断无法成立，当然也无法看出县在南宋初"活泼化"的趋势。

其二，知县的"堂除"与"吏部铨"，同属于中央铨选，不能由任命途径的改变而得出中央与县"直接相连"的结论。绍兴中"堂除"四十知县，自然是体现了朝廷对县一级的重视。但使用"堂除"这种任命途径，只是为了改变"吏部铨"选人不精，以致县官素质低下，普遍对行政事务不负责任的现象，而并不意味着县一级行政组织与朝廷的关系有所改变。而具体案例反映的情况，也与寺地先生的推论相反。北宋还有个别县保留了直接与朝廷联系的权力，如三泉县，"不隶州郡"而直隶朝廷，若申奏公事，表章直达朝廷。②西县在乾德三年至至道二年（965—996）间也是如此。③在南宋却未见类似例子。这或许是由于跨高层准行政组织的普遍设置与逐渐成熟，使朝廷与县之间又多了一个层级，使行政体系的最上端与最下端的直接联系更为困难。寺地先生将"堂除"所体现的朝廷对县的"重视"，理解为朝廷越过路、州与县"直接相连"，在行政事务上县摆脱州、路、制置、总领的控制而直接向朝廷负责的观点，似乎不能成立。

中国历代的行政体制，向来是"权""责"分离，宋代尤为如此，自县至路，权力是层层上收，而责任是层层下压。南宋前期就有人指出，"监司之职权重而事简，郡守之任责重而事繁"，④"职权"与"责任"并没有被混为一谈，而所谓的"中级机关"——路之"监司"与府、州之"郡守"，没有被视作一个整体。县所负担的大量行政任务，在"责任重"这一点上与州极为相似，但并未因此改变州"责任重"的现象。尽管州、县所承担的行政"责任"可以罗列出许多，却无以改变它们"权轻"之共

---

① 《宋会要辑稿》职官四七之一九；《续资治通鉴长编》卷三七四，元祐元年四月辛卯。
② 〔宋〕乐史：《太平寰宇记》卷一三三；《续资治通鉴长编》卷八，乾德五年五月庚寅；《宋史》卷八九《地理五》。
③ 《宋会要辑稿》方域七之八。
④ 孝宗朝袁说友奏疏，《历代名臣奏议》卷一六二。

性。它们都很少拥有决策权，其职权受到高层行政组织和跨高层准行政组织的随意干涉，从北宋到南宋，这一点未曾有改变的迹象，只有愈演愈烈之趋势，"郡、县太轻于下"①的事实一直没有改变。

因此，从行政责任之重以及行政权力之轻这个角度看，府、州一级与县之间的共性，要远远大于由路和府、州构成的所谓"中级机关"内部的共性。这样一来，"中级机关"这一提法似乎没有存在的必要。"中级机关""无意义化"或者"支配力后退"之类的观点，与中央到县的各个行政层级之间的权力转移过程也是不相符合的。

上文已经分析了在北宋的分离制模式下，中央政府的行政幅度随着高层行政组织和长官数目的增加而扩大的事实。此外，由于中央频频越过高层行政组织，与府、州直接联系，参与分享了对统县行政组织的控制，这就使中央的行政幅度进一步增大。无疑，在贯彻分离制的过程中，中央政府的行政权力是绝对增强的。而遭受到权力损失的高层行政组织，通过长官或属官直接处理统县政区的政务的方式，攫取了统县行政组织的部分权力。同样，统县行政组织也可以派遣幕职官、吏人下县，直接干预属县行政事务。②中央、高层行政组织、统县行政组织各自越过本层级与下一层级的权力分界，依次夺取下级行政组织的权力，使得行政权力在整个行政体系内由下而上，发生单向的流动。随着分离制的推广深入，行政权力经由县—府、州—路这一途径传递到中央政府，最终的结果是加强了中央集权。

在南宋，跨高层准行政组织的总数在十个左右，除了制置司、总领所之外，尚有东南地区的提点坑冶铸钱司和四川的茶马司。此外，南宋的监、帅司数目较北宋少得多，中央政府的行政幅度还是有明显下降。加上朝廷对于监、帅司的直接控制权，已有部分让渡给跨高层准行政组织，总体上集权程度已不如北宋。而制置司和总领所不仅得到了原属中央政府的

---

① 〔宋〕陈亮：《陈亮集》卷一《上孝宗皇帝第一书》，中华书局1974年版。
② 在宋代普遍存在监司差专人下州、州、军差专人下县，打破层级间的行政秩序，干涉下级行政组织的本职工作的现象，可称之为"差下"。"差下"的主要目的是直接征取属下政区的财赋，在南宋远较北宋严重。

部分行政权力，也承接了原属于监、帅司的部分权力。并且，它们也像北宋中央政府一样，往往越过下级，试图直接控制更下一级的统县政区，扩大本机构的行政幅度。这两方面都导致了南宋监、帅司的实际行政权力的下降。而统县行政组织行政权力之微薄，在南宋更是毫无改观。孝宗朝江东路共有六个高层或跨高层组织，长官共九人，"有两总领、两运使、两提刑，又有安抚、提点（坑冶铸钱）、提举各一员，是则一人守郡，临之者九人，十羊九牧，犹未足以况也"。①监、帅司动辄越俎代庖，府、州所受掣肘日甚一日，直至南宋末亦未有改善。县级行政组织更是一直处于权轻势微、动辄得咎的地位，"不得以一事自专"。②府、州以上各级行政组织所拥有的举、按、考核及任命下属官员之权，县级行政组织一概没有，这是它在行政体系内部管理层面上权微力弱之主要表征。美国学者Winston W.Lo.认为，县的长官对本政区内的其他官员不具有权威性，因此，"县不是一个人事单位"。③确乎如此。再从南宋县级行政组织缺乏对本政区内的财政管理权之事实看，④在层级之间权力分配过程中，县处于绝对弱势，自不待言。

可见，在南宋地方行政制度向完整制的回归过程中，权力仍然通过县—府、州—路这一途径向上转移。但权力也同时从朝廷下移，转移的终点是制置司、总领所等跨高层准行政组织。南宋时期权力的转移呈现两头流向中间的趋势，与北宋时行政权力自下往上单向流动的大致趋势形成对比。

综上所述，在北宋建立分离制之后，南宋朝廷以简省高层行政官员及设置跨高层准行政组织，体现回归完整制的趋势。对于统县、县级行政组织而言，行政权力向上流动的趋势在两宋时期一以贯之，但在行政体系的

---

① 孝宗朝王师愈奏疏，《历代名臣奏议》卷一四五。
② 〔宋〕陈亮：《上孝宗皇帝第一书》。
③ Winston W.Lo., *An Introduction to the Civil Service of Sung China*, Honolulu: University of Hawaii Press, 1987, pp.39—40.
④ 在南宋时期，"民输财者，皆在州矣"。南宋后期，更是"竭一县财粟，尽输之州，通天下之县皆然"。分见光宗朝彭龟年奏疏，《历代名臣奏议》卷二五九；〔宋〕刘克庄：《后村先生大全集》卷八八《华亭县建平籴仓记》，四部丛刊初编本。

上层，权力分配格局却发生明显的变化。地方行政权力扩大的主体，由北宋的中央政府变为南宋的跨高层准行政组织。这一结果，是两宋时期政治形势发生变化的必然反映。在北宋朝廷的记忆之中，前代最大的败笔是中晚唐及五代的藩镇割据，尾大不掉，因此政策的重心在于集中央之权而分地方之势。而对于南宋政府来说，最为痛心疾首的是北宋末年地方权轻，一经外患即土崩瓦解，因此希望能在部分保留祖宗之制的前提下，改造出一个有快速反应能力的行政体制。出发点不同，使得中央—地方之间权力转移也随之发生逆转，由北宋的集权而变为南宋的放权。

宋亡之后，元、明、清三代王朝的地方行政体制吸收了宋代分离制的经验，但推行的广度在各个时代有明显不同。元代的高层政区（行省）不存在多个机构的并立，但却由左丞相、平章、左丞、右丞、参知政事等六七名官员分掌各类行政事务，实行群官负责和圆署会议制，尤其是军事、财赋二柄不得集于一人。[①]在这种"众建其官"的措施下，部分达到了权力分散的效果，但不如宋代彻底的分离制那么明显。明初重新调整行政体制后，布政司、按察司、都指挥司的相互关系，大致等同于北宋的监、帅司。但在明代中期以及清代，总督、巡抚的建置，使得权力再度集中，督、抚与布政司、按察司的关系，可与南宋时制置、总领和监、帅司的关系相比，分离制的实施范围再度收缩。不过，尽管清代督、抚之间一直存在着引人注目的种种冲突，大多数行省仍然长期处于两者的共同管理之下。显而易见，中央政府对于这种较低程度的分离制的效果还是比较满意的。由这些现象来看，或许可以说元、明、清三代，中央—地方之间的权力天平明显向前者倾斜，这一历史性变迁的基础，早在北宋推行分离制之时就已奠定。

（选自《历史研究》2005年第4期）

---

① 李治安：《元代政治制度研究》，人民出版社2003年版，第82页。

宋朝皇帝与朝臣的信息博弈

——围绕入内内侍省与进奏院传递诏奏之考察

曹家齐

秦汉以降，中国历代王朝中央政权结构一直是皇帝和以宰相（或相当于宰相身份的人）为首的文武百官组成的集合体。由于中国历史发展的独特原因，皇帝始终未能彻底完成象征化，而多是作为政府首脑，位于政务处理的前台。[①]因此，皇帝和以宰相为首的百官在整个权力结构中分属于不同的部分，既相互合作、彼此依存，又相互制约、常起冲突。皇帝和以宰相为首的外廷官僚之间的矛盾，是中国历史上长期存在的问题。双方之矛盾与冲突，不仅表现在政务决断权之争夺上，亦表现在对信息获取之博弈，尤其是对沟通朝廷和地方的主要信息诏奏传递之控制，而这正是政务决策和运行的前提。当然，这种博弈并非时刻表现为针锋相对的竞争与制胜，而更多表现为权力结构上的对立与制衡。

无论研究者对中国王朝政治的演变阶段及其特征如何表述，宋朝之政治特征已与前代有所不同却基本已成共识。其政治运作中信息沟通所呈现的新面相，不仅是研究者关注的问题，亦是考察和理解宋代政治特征的重要途径，相关研究成果堪称丰富。[②]其中涉及朝廷和地方诏奏传递控制的

---

① 关于中国皇权特征的论述，可参见王瑞来：《宰相故事——士大夫政治下的权力场》之《皇权论综述》，中华书局2010年版，第295—379页。

② 近年关于宋代信息沟通的研究成果，集中见于邓小南主编：《政绩考察与信息渠道：以宋代为重心》，北京大学出版社2008年版；邓小南、曹家齐、平田茂树主编：《文书·政令·信息沟通：以唐宋时期为主》，北京大学出版社2012年版。其余单篇论文将随文出注。

代表性成果有：梅原郁《进奏院——宋代的文书传达制度》、李全德《文
书运行体制中的宋代通进银台司》、王化雨《宋朝宦官与章奏通进》和拙
文《威权、速度与军政绩效：宋代金字牌递新探》等。①几篇论文或是系
统考察进奏院与通进银台司这一诏奏传递渠道及其政治功能，或是揭示这
一渠道之外的宦官机构入内内侍省通进信息之特殊功能及政治影响，对宋
朝诏奏等信息传递问题皆有较深层面之讨论。但综合来看，几篇论文不仅
在讨论诏奏传递通进渠道方面各重一端，彼此互不关照，且具体问题仍有
深入讨论之空间。若将两条文书传递渠道结合来看，入内内侍省与进奏
院、通进银台司两条诏奏传递渠道的存在与运行，实际体现出宋朝皇帝和
朝臣对以诏奏为主的信息之博弈，而这一现象亦能深度折射出宋朝中央权
力之间的竞逐与政治运作特征，故不揣浅陋，再撰文申论之。

一、进奏院之隶属体现出的微妙

就中央层面而言，北宋前期，在制度上承担上传下达之信息沟通任务
的机构主要有阁门、通进银台司、登闻鼓院、登闻检院和进奏院等。如皇
祐四年（1052）仁宗谓辅臣曰：

> 比日上封言政事得失者少，岂非言路壅塞所致乎？其下阁门、通
> 进银台司、登闻理检院、进奏院，自今州县奏请及臣僚表疏，毋得辄
> 有阻留。②

这段话揭示出宋廷正常获取信息的主要途径，即所谓"言路"。按此时同

---

① ［日］梅原郁：《进奏院をめぐって——宋代の文書伝达制度》，《就实女子大学史学论集》第
15号，就实女子大学史学科2000年版，第69—130页；李全德：《文书运行体制中的宋代通进
银台司》，邓小南主编：《政绩考察与信息渠道：以宋代为重心》，第291—328页；王化雨：
《宋朝宦官与章奏通进》，《历史研究》2008年第3期；曹家齐：《威权、速度与军政绩效：宋
代金字牌递新探》，《汉学研究》2009年第2期，后收入邓小南、曹家齐、平田茂树主编：《文
书·政令·信息沟通：以唐宋时期为主》，第551—584页。
② ［宋］李焘：《续资治通鉴长编》（以下简称《长编》）卷一七三"皇祐四年十月庚寅"条，
中华书局2004年版，第4176页。

时存在登闻鼓院、登闻检院和理检院，故"登闻理检院"当包括这三个机构。但在整个信息传递系统中，登闻机构主要接受无例由进奏院和阁门进纳建言官民的章奏和申诉，[①]不是诏奏传递的主要途径。以诏奏为主要形式的信息传递渠道则是阁门、进奏院和通进银台司，其中在京"百司奏牍、文武近臣表疏"由阁门投进，[②]京城之外章奏、案牍则由进奏院收受投进，而经由阁门和进奏院之章奏又皆须送达通进银台司（元丰改制后为通进司）；[③]朝廷颁下诏令则分别由通进司和进奏院发付在京百司和京外官司。但进奏院之隶属却体现出微妙。

《宋史·职官志》载：

> 进奏院隶给事中，掌受诏敕及三省、枢密院宣札，六曹、寺监百司符牒，颁于诸路。凡［州府军监天下］章奏至，则具事目上门下省。若案牍及申禀文书，则分纳诸官司。凡奏牍违戾法式者，贴说以进。[④]

此言进奏院之隶属及其执掌虽为元丰改制后整体状况，但实际上并不尽然。至于改制前进奏院之归属，看似简单，亦给人扑朔迷离之感。皆须仔细辨明。

进奏院始置于唐，五代因之，宋初仍旧制。其具体情况，《长编》概述曰：

---

① 龚延明：《宋代官制辞典》"登闻检院"条，中华书局1997年版，第167页。另可参见黄纯艳：《下情上达的唐宋登闻鼓制度》，邓小南主编：《政绩考察与信息渠道：以宋代为重心》，第213—234页。

② 〔清〕徐松辑：《宋会要辑稿》（以下简称《宋会要》）职官二之二六，中华书局1957年版，第2384页。另参见赵冬梅：《试论通进视角中的唐宋阁门司》，邓小南主编：《政绩考察与信息渠道：以宋代为重心》，第193—212页。

③ 《宋会要》职官二之二六、二之四四，第2384、2393页。另可参见拙文：《宋代文书传递制度论述》，邓小南主编：《政绩考察与信息渠道：以宋代为重心》，第341—378页。

④ 〔元〕脱脱等：《宋史》卷一六一《职官一》，中华书局1977年版，第3781页。补入文字参据龚延明：《宋史职官志补正》，中华书局2009年版，第27页。

唐藩镇皆置邸京师，以大将领之，谓之"上都留后"，后改为"上都知进奏院"。五代以来，支郡不隶藩镇者，听自置邸，隶藩镇者，则兼领焉。国初缘旧制，皆本州镇署人为进奏官；其军监场务，转运使则差知后官或副知掌之。及支郡不复隶藩镇，遂各置邸。而外州将吏多不愿久住京师，故长吏募京师人或以亲信为之，晨集右掖门外廊，受制敕及诸司符牒，将午，则各还私居，事颇稽缓泄漏。①

针对宋初诸州在京师自置进奏官的弊端，太宗太平兴国八年（983），"命供奉官张文璨、王礼就相国寺行香院集进奏知后官二百余人"，进行遴选。张文璨等以州郡稍多，选150人为进奏官，每人管二三州军，罢知后官之名。②张文璨任提辖诸道进奏院，又设进奏院监官，以京朝官及三班使臣充。③"进奏院"全称为"都进奏院"，太平兴国八年十月，诏置院于大内侧近，逾年以石熙载旧宅充院，"其诸州各置院者，悉以舍屋隶三司"。④关于进奏院最初承传文字的情况，张文璨等于九年（雍熙元年，984）十二月言："准中书发敕院、枢密承旨院告报，进奏官日赴院承受宣敕，虑多妨滞，许送至臣处给付。""诏本院专遣进奏官入内承受文字。"⑤

进奏院最初的设置及承传文字的状况，透露出其隶属关系。初任提辖诸道进奏院的张文璨是内廷供奉官身份，无论其为内廷宦侍，还是小使臣，皆属"天子家臣"身份的"内职"。而从太平兴国九年（984）诏书中令"本院专遣进奏官入内"到张文璨处承受文字来看，张文璨处所显然是在内廷，其身份很有可能是宦官。"其诸州各置院者，悉以舍屋隶三司"则说明，进奏院虽不在禁中，却与宋初"内庭诸司，中外管库，悉隶三

① 《长编》卷二三"太平兴国七年十月己卯"条，第529页。
② 《宋会要》职官二之四四，第2393页。按：关于命张文璨等拣选进奏官事，《长编》卷二三系于太平兴国七年，《文献通考》卷六〇《职官考十四·进奏院》系于太平兴国六年，而《宋会要》记为太平兴国八年。今暂从《宋会要》。
③ 〔元〕马端临：《文献通考》卷六〇《职官考十四·进奏院》，浙江古籍出版社1988年版，第549页。
④ 《宋会要》职官二之四四，第2393页。
⑤ 《宋会要》职官二之四四，第2393页。

司"①的制度框架相符合，亦属于为宫廷和官府提供服务的"司""务""所""院"等机构群。原来这些事务机构在晚唐五代属于诸使机构，直属皇帝，由"陛下家臣"——诸使负责管理。入宋后，它们虽然大多在名义上成为三司的下属单位，但实际上仍然在不同程度上由皇帝直接控制。②进奏院在唐五代虽不属于这一机构群，但宋初设置后，应是被纳入这一范围，属于由皇帝直接控制的诸司之一，由内臣直接提辖。其监官则是由京朝官和三班使臣充任。参照熙宁四年（1071）诏令中有"勾当进奏院官，令枢密院选差京朝官二员，替见任官年满阙，今后更不差三班使臣，臣僚之家不得仍乞子弟勾当"之语，③可知最初之进奏院监官亦当由枢密院选差。由此可见，北宋初期进奏院是由皇帝委派内臣与枢密院共同监管之机构。

进奏院在承传文书过程中，一方面收接京外通过递铺系统传来的文书，另一方面又将御前及在京百司给地方之文书入递。其与禁中之文书传递，尚须通过银台司和通进司，与银台司、通进司属于同一条传递途径中的不同环节。彼此在隶属和监管机制上关联甚密，故通过考察银台司和通进司之隶属与监管，便可更充分认识进奏院的相关情况。《宋会要》载：

> 通进司在垂拱殿门内，掌受银台司所领天下章奏、案牍，阁门、〔在〕京百司、文武近臣表疏进御，复颁布之。内侍二人领之。又有枢密院令史四人。④

根据李全德的研究，此段记载所反映的是淳化四年（993）以前通进、银台司的情况。此时通进、银台司一方面由内侍主掌，另一方面其吏员又全部来自于枢密院，吏员有缺，亦是枢密院补，实际上又成为枢密院的下属

---

① 《宋史》卷一六一《职官一 · 总序》，第3768页。

② 参见赵冬梅：《文武之间：北宋武选官研究》，北京大学出版社2010年版，第168—169页。

③ 《宋会要》职官二之四六，第2394页。

④ 《宋会要》职官二之二六，第2384页。

机构。①与进奏院初设置时一致。

淳化四年（993），通进司与银台司的隶属和执掌官员的身份发生了变化。《长编》淳化四年记事云：

> 通进、银台司旧隶枢密院，凡内外奏覆文字必关二司，然后进御，外则内官及枢密院吏掌之，内则尚书内省籍其数以下有司，或行或否，得缘而为奸，禁中莫知，外司无纠举之职。枢密直学士向敏中初自岭南召还，即上言："通进、银台司受远方疏多不报，恐失事几。请别置局署，命官专莅，较其簿籍，以防壅遏。"上嘉纳之。癸酉，诏以宣徽北院厅事为通进、银台司，命敏中及张咏同知二司公事，凡内外章奏案牍，谨视其出入而勾稽焉，月一奏课，事无大小不敢有所留滞矣。发敕司旧隶中书，寻令银台司兼领之。②

从此记载看，因通进、银台司由宦官左右，因缘为奸，影响了章奏等文书通进。向敏中等朝臣上章陈请"别置局署，命官专莅"，故促成通进、银台司权力格局发生变化：不仅地点由原来的垂拱殿门内和银台门侧移至中书门下附近，而且知司官亦由宦官改为士人。此一做法，虽是针对宦官弄权，但客观上亦是朝臣在信息传递制度上与皇帝博弈的胜利。可以说，淳化四年起，通进银台司实际上成为一个由"知通进银台司兼门下封驳事"统一领导下的，由通进司、银台司、发敕司、封驳司等四司组成的一个主管文书运行的组合性机构。③

如果说向敏中、张咏同知二司时身份是枢密直学士，④还与枢密院在名义上有所关联，那么其后的知司官便不尽然了。咸平四年（1001），陈

① 参见李全德：《文书运行体制中的宋代通进银台司》，邓小南主编：《政绩考察与信息渠道：以宋代为重心》，第296—297页。
② 《长编》卷三四"淳化四年八月癸酉"条，第752页。
③ 参见李全德：《文书运行体制中的宋代通进银台司》，邓小南主编：《政绩考察与信息渠道：以宋代为重心》，第298—299页。
④ 参见《宋会要》职官二之二六，第2384页。

恕以吏部侍郎知通进银台封驳司,通进银台司的独立性显然相对增强了。既然通进银台司由士人身份的朝臣接管,作为其下线机构的进奏院自然亦会置于朝臣的监督与控制之下。淳化四年(993)后,内臣提辖进奏院的状况是否存在虽未可知,但通进银台司对进奏院的制约则是可见的。如淳化四年九月,便有"诏进奏院日差进奏官一人承领敕文,于监院使臣当面(折)〔拆〕封、点数入递。应奏状日具都目纳银台司"。①

外廷臣僚在逐渐介入进奏院、通进司系统的过程中,亦不断表现出对通过内廷宦官传递章奏做法的不满与批评。如庆历三年(1043)九月,谏官欧阳修就上言抨击吕夷简"乞于御药院暗入文字",称:"凡事即合公言,令外廷见当国政之臣,共拟可否,岂可暗入文书,眩惑天听?"②嘉祐五年(1060)五月,又有侍御史陈经上言指责前宰相刘沆子刘瑾"所奏状并于内东门进入"。尽管外廷臣僚未敢直接否定内廷宦官传递信息渠道存在的合理性,而是批评个别人通过宦官机构上奏之不当,但对宦官机构介入章奏通进之不认同,则是显而易见的。亦正是因为臣僚对宦官机构通进章奏之批评,仁宗便于继陈经上言后,"诏今后臣僚乞于入内内侍省御药院、内东门投进文字者,令逐处申中书,再取旨",③即是让以宰相为代表的外廷臣僚对宦官机构通进章奏这一渠道进行控制和监督。与此同时,外廷对进奏院、通进司这一渠道的控制亦渐成增强之势。

前揭神宗熙宁四年(1071)诏令在言"其勾当进奏院官,令枢密院选差京朝官二员,替见任官年满阙"前,便是明令"诸道进奏院自令以知银台司官提举"。④自此,进奏院被置于知通进银台司与枢密院的双重管理之下,且其具体主管官员的身份亦完全定位为京朝官,独立性或许有所降低,但地位显然比以前有所提高。

---

① 《宋会要》职官二之四五,第2394页。
② 《长编》卷一四三"庆历三年九月丁酉"条,第3446页。
③ 《长编》卷一九一"嘉祐五年五月戊子"条,第4622页。
④ 《宋会要》职官二之四六,第2394页。

元丰官制改革后，进奏院与通进司归入门下省，皆隶给事中，[①]银台司则于元丰五年（1082）废罢。表面上看，元丰改制既由神宗本人主导，其利用改制之机，正可将进奏院和通进司这一信息渠道置于皇权的直接控制之下。但若从整个改制的动因和具体做法的实质来看，元丰改制是在真宗、仁宗以来臣僚"正名"的呼声下，以恢复唐三省六部制之职能为主旨的中央行政体制改革。[②]尽管在具体运作中未尽是"正实"，[③]但其基本形式则是仿唐三省制。故诏命承发与章奏通进之职是按唐代门下省掌"出纳帝命""下之通上"之制，[④]归入门下省之后省，隶给事中。况且进奏院与通进司这一信息渠道，自太宗淳化以后由外廷臣僚执掌亦有 80 余年，无法骤然改变，归入门下省、继续由外廷臣僚掌握最是顺理成章之事。

元丰改制后，进奏院隶门下给事中虽无大的反复，却亦屡有波折。北宋末年，有义乌人王庆长（庆长乃其字）曾任"提辖诸道进奏院"，此人显非内臣。[⑤]南宋初年，进奏院设"进奏院监官"，似乎脱离门下省又置专官。但从建炎元年（1127）进奏院有"都承受到诸处投下文字，并开具次日申门下省"，及给事中刘珏言进奏院事来看，[⑥]进奏院并未脱离门下省的统辖。其设专官，应是和北宋末南宋初的特殊形势有关。

北宋末到南宋初，不仅邮传衰敝严重，[⑦]中央行政体制亦屡经更作。南宋建立之初，政尚权宜，制度因陋就简，大致继行元丰改制以来的三省制。但因是从新立国，且无旧班底之束缚，南宋亦得以对中央行政体制进

① 参见《宋会要》职官二之四六，第 2394 页；《宋史》卷一六一《职官一·通进司》，第 3781 页。

② 《宋史》卷一六一《职官一·总序》，第 3769 页。

③ 参见刘后滨：《"正名"与"正实"——从元丰改制看宋人的三省制理念》，《北京大学学报（哲学社会科学版）》2011 年第 2 期。

④ 〔唐〕李林甫等：《唐六典》卷八，中华书局 1992 年版，第 241 页。

⑤ 〔宋〕刘一止：《苕溪集》卷五〇《宋故左中奉大夫致仕文安县开国男食邑三百户王公墓志铭》，《景印文渊阁四库全书》，台湾商务印书馆 1986 年版，第 1132 册，第 255 页。

⑥ 《宋会要》职官二之四七，第 2395 页。

⑦ 参见拙文：《南宋对邮传之整饬与更张述论——兼谈朝廷与岳飞军前诏奏往来问题》，《中山大学学报（社会科学版）》2003 年第 6 期。

行调整。建炎三年（1129）四月，在宰相吕颐浩的倡议和主持下，按照司马光等在元祐时所上《乞合两省为一》奏议中的理念和方案对三省制进行了改革，史称自此"始合三省为一"。①这一改革切实表现为三省实际行政长贰的合一、给舍列衔同奏等行政程序简化，以及具体办事机构和吏员裁减等诸多方面。但这一制度改革不是一蹴而就的，而是从建炎到绍兴经历了数年而完成，之后又不断调整。从具体过程来看，南宋建立之初，设有三省，但并无门下、中书后省。门下、中书后省之设是在建炎三年七月以后，而给事中为门下后省长官。大约是绍兴元年（1131），门下、中书两省又并为中书门下省。②在此背景中，进奏院虽隶门下省，但门下省对其直接管控力度可想而知。因此，到绍兴四年，又有门下后省言："进奏院屡经移跸，事务废弛。乞正除朝奉郎卢坤监都进奏院。"③

绍兴三年（1133），吏部围绕进奏官有犯是依崇宁法申提辖官司，还是由吏部从本部径送所属断遣的问题，对进奏院的隶属曾有争夺。朝廷从吏部所请，一度断归吏部。但诸道进奏官纷纷向门下后省倾诉，朝廷又于该年九月十七日下诏改依旧制。四年五月，吏部侍郎刘岑又和门下后省相争，朝廷以"甚虑隳废旧典"为由，再诏"进奏院依祖宗法隶给事中"。④

乾道六年（1170）八月，因"近来进奏官辄于六部等处抄录指挥，又将传闻不实之事便行传报"，中书门下省建议"令左右司将六曹刺报状内合报行事写录定本，呈宰执讫，发赴进奏院，方许报行"。孝宗予以批准。尚书省左右司一度侵夺了进奏院部分权力。但到了九年三月，在臣僚的反对下，孝宗又"诏进奏院依旧隶门下后省，合传报事令本省录合报事件付本院报行，余依已降指挥"。⑤之后未见进奏院隶属之变更。

---

① 〔宋〕李心传：《建炎以来系年要录》（以下简称《要录》）卷二二"建炎三年四月庚申"条，上海古籍出版社1992年版，第367页；《宋史》卷三七五《张守传》，第11612页。

② 以上参见拙文：《南宋"三省合一"问题补议》，龚延明主编：《宋学研究（创刊号）》，浙江大学出版社2016年版，第50—59页。

③ 《宋会要》职官二之四八，第2395页。

④ 《宋会要》职官二之四八至四九，第2395—2396页。

⑤ 《宋会要》职官二之五一，第2397页。

从制度上看，元丰改制后，进奏院与通进司这条联通禁中与在京百司及地方的信息渠道，已经完全掌控在外廷臣僚手中。从理论上言，一切诏奏的传递与出纳皆置于以宰相为首的外廷官员监控之下，而皇帝对此直接操作的空间则越来越小。在此背景下，皇帝若要在执政前台独断专行，唯有在体制之外别寻他路，入内内侍省在神宗以后深度介入机要文字传递便是此结果。其中重要做法是创立金字牌递。

二、入内内侍省承传机要诏奏文字

事实上，神宗通过入内内侍省传递金字牌文书的做法，在元丰改制前就已经开始。而利用内廷宦官机构通传信息，在神宗之前乃至前代亦屡有其例，神宗不过是发扬光大而已。

在宋朝行政体制内，内侍及其机构名义上并无诏奏传递之职责，但实际上，因内侍机构"密迩禁中"，而内侍又有"非时出入禁中"之特权，故在常规文书渠道之外，无疑会形成一条既便捷且具较高保密性的信息传递途径；其御药院、内东门司、入内内侍省一直发挥着体制之外的章奏通进作用。①如景德四年（1007），"诏皇城司，今后雄州递直赴内东门进下，每旬具数报枢密院"。②景祐末，国子监直讲林瑀在仁宗的授意下，就五行灾异之事"由御药院关说于上"。③又，前揭嘉祐五年（1060）诏令"今后臣僚乞于入内内侍省御药院、内东门投进文字者，令逐处申中书，再取旨"，亦反映出这一事实。尽管如此，神宗之前，除内东门司"承接机密实封奏牍、内外功德疏"外，④内侍机构似乎尚未正式介入专门诏令的下发程序。内侍机构正式介入下发专门诏令，应是从神宗朝开始，而其所下发的专门文书就是通过金字牌递传递的御前文字。

---

① 参见王化雨：《宋朝宦官与章奏通进》，《历史研究》2008年第3期。
② 《宋会要》职官三四之一九，第3048页。
③ 〔宋〕司马光：《涑水记闻》卷四《林瑀以术数侍（太）〔仁〕宗》，中华书局1989年版，第64页。
④ 《宋会要》职官三六之二八引《两朝国史志》，第3085页。

关于入内内侍省承传金字牌递，拙文《威权、速度与军政绩效：宋代金字牌递新探》虽有论及，但对其执行始末及承传文书之程序则未深究，故此处仍须细述，以明本文之主旨。

宋代史籍中，明确记述金字牌递乃内侍机构承传的是李心传《建炎以来朝野杂记》。其"金字牌"条目云："近岁邮置之最速者，莫若金字牌递，凡赦书及军机要务则用之，仍自内侍省遣拨。"①可见金字牌递应自始便由内侍省下发。《宋史》亦有如是言。②但《朝野杂记》完成于宁宗时，其"金字牌"条主要记述孝宗以后事，而高宗绍兴三十年（1160）九月已"罢内侍省，以其事归入内内侍省"，③所以《朝野杂记》所记显然不确，或系后世转抄致误。《宋史》亦当如此。负责金字牌递承传的内侍机构，实际上是入内内侍省。《朝野杂记》"内侍两省"条便有正确记载，其中云：

> 内侍省、入内内侍省，皆宦官职也，旧号前、后省。绍兴三十年九月，以前省无职事，遂废之。今入内内侍省，旧后省也。吏额三十五人，分五房，所掌内殿引对群臣、发金字（号）［递］、收接边奏、赐臣僚到阙茶药……④

关于入内内侍省承发金字牌递，旁证亦多，如元丰八年（1085）司马光《谢御前札子催赴阙状》称：

> 右臣今月十五日平明，准入内内侍省递到太皇太后御前札子一道，令臣早至阙庭者……⑤

---

① 〔宋〕李心传：《建炎以来朝野杂记》（以下简称《朝野杂记》）乙集卷九，徐规点校，中华书局2000年版，第650页。
② 《宋史》卷一五四《舆服六》，第3597页。
③ 《要录》卷一八六"绍兴三十年九月丁酉"条，第651页。
④ 《朝野杂记》甲集卷一〇《内侍两省》，第210页。
⑤ 〔宋〕司马光：《司马光奏议》卷三二，山西人民出版社1986年版，第351页。

北宋末，王安中《大获胜捷札子》云：

> 臣于今月六日，准入内内侍省递到御前金字牌子递角一道，伏奉
> 御笔手诏，以臣遣发军马讨荡奚贼，大获胜捷，特赐奖谕。①

又绍兴五年（1135）吕颐浩《上边事善后十策》云：

> 臣今月十七日，准入内内侍省递到金字牌，降付臣诏书一道，臣
> 已望阙祗受外……②

尽管在李纲奏议中曾有言"准内侍省发到金字牌御前实封文字"，③但
亦很可能是后世传抄和刊刻之误，因为李纲其他奏议皆言"入内内侍省"
承传金字牌文书。④

在外官员收到金字牌发下的文书，亦可用金字牌递回奏状，甚至会有
留存一到两面金字牌以备申奏紧急文字。如李纲《与秦相公第八书别
副》称：

> 已具奏乞留飞，且于本路驻札，措置盗贼，将来沿江有警，自可
> 顺流应援，一举而两得，未奉俞音。今再因金字牌递角附奏，论之颇
> 详。心之精微，尽于此矣。⑤

乾道六年（1170）正月十二日，入内内侍省言：

> 奉圣旨，已降金字牌一面付四川宣抚使王炎，附发边防文字。其

① 〔宋〕王安中：《初寮集》卷三，《景印文渊阁四库全书》，第1127册，第46页。
② 〔宋〕吕颐浩：《忠穆集》卷二《奏议》，《景印文渊阁四库全书》，第1131册，第267页。按
吕颐浩上《上边事善后十策》的时间，参见刘云军：《吕颐浩年谱》，河北大学出版社2011年
版，第302页。
③ 〔宋〕李纲：《梁溪集》卷六九《乞拨还韩京等及胡友等两项军马奏状》，《景印文渊阁四库全
书》，第1126册，第48页。
④ 参见《梁溪集》卷九六《准省札催诸州军起发大军米奏状》（《景印文渊阁四库全书》，第
1126册，第227页）等。
⑤ 《梁溪集》卷一一八，《景印文渊阁四库全书》，第1126册，第402页。

四川安抚制置使司见存留金字牌二面，令本司缴行入内内侍省进纳。检注绍兴十八年九月二十一日四川安抚制置使李璆申：宣抚司昨奏请，许权留御前发来金字牌子二个，附发合奏边防机速文字。今来见存相字号金字牌子一个，未发回间，承朝旨，宣抚司罢。欲乞将未发回金字牌一个存留，应副制置司附发申奏机速文字。如后来制置司有承受发来御前金字牌子，亦乞依宣抚司奏请到指挥，许权留二个，准备附发机速文字。①

孝宗批准了这一奏请。在外官员用金字牌递回之文书，自然亦应是由入内内侍省接收。除上文"其四川安抚制置使司见存留金字牌二面，令本司缴行入内内侍省进纳"可为旁证之外，又如李纲《乞差内使一员承受发来文字奏状》云：

> 窃缘荆湖、广南见今军兴，招捕盗贼，朝廷札降指挥与本司奏请文字，皆系军期急速。荆湖南北、广南东西四路，去行在道里最远，虽入急递，例多稽迟，实封奏状赴都进奏院、通进司投进，经隔官司，伺候时刻，亦有留滞。窃虑申奏事宜，等待报应，坐费时月，有失机会，伏望圣慈特降睿旨，许臣申奏，如系事干军期急速，听径赴内侍省投进，差入内内侍省一员，专一承受所有朝廷札降圣旨指挥，并用金字牌入急脚递，不得入铺，星夜传送前来，庶几报应疾速，不致误事。②

此奏状虽未明言递回之文书是用金字牌，但从前后文意应可得见，入内内侍省传递金字牌文书不经进奏院。而不经进奏院，亦正是金字牌递创行的实质所在，因为神宗创置金字牌递的用意及实际执行关键，在于"军前机

---

① 《宋会要》兵二九之二二至二三，第7303—7304页。
② 《梁溪集》卷六七，《景印文渊阁四库全书》，第1126册，第27页。

速处分，则自御前发下，三省、枢密院莫得与也"。①元丰改制后，进奏院隶属于三省中的门下省，金字牌递本意就是自御前发下，不经三省、枢密院的，故无论其发下还是传回，皆不能经进奏院。

金字牌递之雏形出现于熙宁十年（1077），正式确立在元丰六年（1083）。②尽管金字牌递一开始是由入内内侍省承发，但实际上，入内内侍省承发文字，在之前就发生过。如熙宁时章惇"招谕梅山蛮猺"，"言恐进奏院漏泄所奏事"，神宗"令入内内侍省下文字"。③但在金字牌递创置之前，入内内侍省承发文字应属于个别现象，亦未完全指明文书的性质。金字牌递设立以后，不仅入内内侍省所承发文字亦以"御前文字"、紧急军期等重要文字为主，而且外地官员由入内内侍省投进文字的记载亦普遍见于文献。兹略举几例如下：

　　［元丰八年九月］辛丑，诏吕大防曰："卿镇蜀日久，西南生民疾苦利害，或新法有于民未便者，想多闻见。卿未到阙间，宜先以所见条析，入急递奏来，于入内内侍省投进，无有所隐。"④

　　［大观四年］六月十四日，诏："常平、免役岁终造账之法，分门立项，丛剉汗漫，倦于详阅。令修成旁通格法，可令逐路提举常平司每岁终将实管见在依此体式编类，限次年春首附递，（径）［经］入内内侍省投进。仍自大观五年（者）［春］为始。"⑤

　　［绍兴五年］十二月二日，成都府潼川府夔州利州等路安抚制置大使兼知成都府席益言："应奏禀探报急速事，乞特许赴入内内侍省投进。"从之。⑥

---

① 〔宋〕沈括撰，胡道静校注：《新校正梦溪笔谈》卷一一《官政一》，中华书局1963年版，第125页。

② 参见拙文：《金字牌递创设时间小考》，《江海学刊》1998年第5期，第128页。

③ 《长编》卷二四〇"熙宁五年十一月庚申"条，第5830页。

④ 《长编》卷三五九"元丰八年九月辛丑"条，第8595页。

⑤ 《宋会要》食货一四之一五，第5045页。

⑥ 《宋会要》仪制七之二八，第1963页。

［乾道三年六月十八日，］虞允文言："蒙恩除四川宣抚使，所有本司合行事件，条具下项：一、合用印，照得昨来枢密叶义问出使，有铸到'枢密行府印'一面，今乞关出行使。所有行移，并依三省枢密院体式施行，仍入诸军摆铺递转，内奏报文字，直入［入］内内侍省投进。……"①

以上所言文字未必尽是金字牌递文书，但金字牌递的设立及入内内侍省深度介入重要文书的承传，无疑是神宗皇帝通过信息控制与外廷臣僚竞逐之产物。文献记载中这一事实的普遍存在与历时之久，说明这一做法被后来帝王继承和仿效，其中以徽宗时期最为突出，居然出现了"入内内侍省递"之称。《宋会要》载：

［政和八年］六月八日，诏两浙路："自今夏霖雨连绵，淹没田不少，平江尤甚。已差赵霖依旧两浙提举常平，如有合行奏禀事件，附入内内侍省递以闻，仍一面多方措置护救民田……"②

宣和四年（1122），赵通《上徽宗乞抚存北虏》云：

臣伏准今月十三日枢密院札子，奉御笔："虏界为女真所侵，兵势瓦解，切虑奔溃侵轶，逼犯边境。仰河北诸路帅司，依已降指挥，团结兵马，编排器甲，准备不测勾抽上边使唤。仍先具知委奏闻。"除已具知委，及逐时探到北界事，节次附入内内侍省递奏闻去讫。③

那么，自神宗以后至南宋灭亡，入内内侍省是不是长期不断地介入文书传递呢？前所举例，基本上涉及神宗至孝宗诸时期。而理宗时，亦见嘉

① 《宋会要》职官四一之三八，第3185页。
② 《宋会要》食货五九之一一，第5844页。
③ ［宋］赵汝愚编：《宋朝诸臣奏议》卷一四○《边防门》，中华书局1999年版，第1588页。此内容又见［宋］徐梦莘：《三朝北盟会编》卷五《政宣上帙五》"宣和四年三月"条，上海古籍出版社1987年版，第34—35页。

熙时陆续有"入内内侍省递到御前金字牌"之例。①又，宝祐至开庆时，李曾伯出任荆湖南路安抚大使兼广南制置大使，筹措广西防务，与朝廷间往还文书甚多，其中朝廷发下文书，多是由"阁长"（中等内侍别称）发出之"圣旨""御笔"，或枢密院札子、尚书省札子，②由入内内侍省经手无疑。唯有光宗、宁宗和度宗以后较为少见。

经入内内侍省发下的金字牌递文书往往被称为"御前文字"。这些"御前文字"除有御笔手诏与御札外，还包括尚书省札子、枢密院札子、三省枢密院札子、赦书、官告和类省试特别指挥等。显而易见的是，部分尚书省札子和枢密院札子不再经进奏院，而经入内内侍省，用御宝封装，以金字牌递发下，一方面说明这些文书权威性之增重，在一定程度上具有"御前文字"之性质；另一方面亦反映出皇帝对三省（主要是尚书省）、枢密院下发文书之直接掌控与干预。③这不能不说是皇权进一步膨胀或强化在控制信息渠道方面之表现。

内侍机构除负责收发金字牌递外，还不时插手进奏院和通进司事务。如《宋会要》载：

> ［绍兴］十一年五月十九日，臣僚言："臣闻纲纪正则朝廷尊，朝廷尊则中外服，此必然之理也。向者两淮湖北宣抚司奏报军期文字，进奏院不以时进，故各置承受文字官者，权一时之宜也。今韩世忠、张（浚）［俊］、岳飞既除枢密使副，各已治事。稽之典故，朝廷大臣投进文字，自有通进司，而承受文字官未罢。臣恐纲纪不正，失朝廷之尊，中外有所不服也。望减罢承受文字官，则纲纪正、朝廷尊，而中外服矣。"从之。④

---

① 详见〔宋〕方万里、罗濬纂：《宝庆四明志》卷一《郡守》，《宋元方志丛刊》，中华书局1990年版，第5007页。

② 详见〔宋〕李曾伯：《可斋杂稿·续稿》后卷五至九，《景印文渊阁四库全书》，第1179册，第636—790页。

③ 参见拙文：《威权、速度与军政绩效：宋代金字牌递新探》。

④ 《宋会要》职官二之三一至三二，第2387页。

此条奏议透露出的信息是，两淮湖北宣抚司设置后，与朝廷之间的军期文字是由进奏院传递，因进奏院有所耽误，才各置承受文字官，代替进奏院或进入进奏院专门负责宣抚司军期文字传递。按淮东宣抚司置于绍兴五年（1135），湖北京西路宣抚司置于绍兴七年，则专门置承受文字官应在绍兴五年或七年之后。又按承受文字官的身份为宦者，①则此时进奏院很可能改由宦官或入内内侍省监管。

战争时期专设的承受文字官，当不在少数。上揭请废罢韩、张、岳三人承受文字官的奏议被批准，并不能说明其他承受文字官亦全部废罢，应该还有承受文字官存在，或其后战时又有设置。如绍兴三十年（1160）十月二日诏曰：

> 昨依故事，差内侍官承受内外诸军奏报文字，虑恐稽滞，可尽罢承受官。今后诸军奏状、札子，并实封于通进司投进，三衙有公事，即时上殿奏禀。②

此条诏令显示，承受文字的内侍官罢去以后，诸军奏状、札子径入通进司，而非进奏院，说明之前承受文字之内侍官发挥之作用正是进奏院原来之职能；此时废罢承受文字官，诸军奏状、札子入通进司，又说明进奏院本应承担的任务部分并入通进司。但若从隶属关系上看，此时的通进司亦似乎不尽归给事中掌控，而是在相当长时期内设有内侍监官。如绍兴二十七年五月，武德郎、权寄班祗候任褒贤便是因任监通进司三年无遗阙而特授武功郎。③绍兴三十一年起，通进司监官又改由入内内侍省差内侍两员分轮在司值日。④入内内侍省直接插手进奏院、通进司传递系统，说明皇

---

① 《要录》载："罢三枢密府承受文字宦者员，以御史中丞何铸言韩世忠等既已除枢密使副，稽之典故，大臣投进文字，自有通进司，欲望减罢承受文字官。故有是命。"（卷一四〇"绍兴十一年五月丙辰"条，第875页）

② 《宋会要》职官二之三二，第2387页。

③ 参见《宋会要》职官二之三二，第2387页。

④ 参见《宋会要》职官二之三三，第2388页。

帝权力对信息渠道的进一步延伸和控制。

言至于此，似乎可以得出从神宗朝直至南宋后期入内内侍省一直深度介入文书传递的结论，但其实并不尽然。进奏院这一机构以及朝臣们不时展现出与入内内侍省之间的竞争和张力。

三、元丰后进奏院承传重要文书作用之显现

神宗朝入内内侍省深度介入重要诏奏承传之后，文献中所见对这一做法的改变是在钦宗时期。《宋会要》载：

> 靖康元年二月十七日，诏诸路监司、帅守等，应投进文字，不得请降指挥径赴入内内侍省投进，并依自来条法递赴进奏院施行。[1]

此诏因何原因而发，未见明载，不知是否与之前内侍暗留金字牌文字不发有关。宣和七年（1125）冬天，金军两路南下，其东路军于次年（靖康元年，1126）正月渡过黄河，逼近开封。北宋"朝廷发金字牌勾兵陇西，内侍官暗留不遣"。正月下旬，鄜延张俊、环庆韩时中、泾原马千等率军到开封，"皆云不见金字牌，但闻京城危，急来赴难，由是发觉"，于是"斩内侍官匿金牌者三人"。[2]皇帝最为倚信的内侍居然在关键时刻暗留金字牌不发，不能不令朝廷震惊而寻求解决之法，故二月诏诸路监司、帅守不得请将指挥赴入内内侍省投进文字，或许与此不无关系。但靖康元年二月诏书亦只是限定诸路监司、帅守赴入内内侍省投进文字，并非限制所有在外官员；且亦未明确说金字牌递不再由入内内侍省发下，而改由进奏院承发。故仍令人疑惑。但不管怎样，此时入内内侍省在承传机要文字方面应是受到了一定遏制，进奏院被侵夺的职能部分得到恢复。

不管靖康元年（1126）诏书是否包含限制入内内侍省对金字牌之承发，其对入内内侍省承传文书的约束都是有限且较为短暂的。一是北宋政

---

① 《宋会要》职官二之四七，第2395页。
② 《三朝北盟会编》卷三二《靖康中帙七》"靖康元年正月"条，第235页。

权很快倾覆，使得这道诏令的权威和效果难以持续；二是新建立的南宋政权否定钦宗之政而继行了徽宗以前之做法。前揭绍兴五年（1135）成都府潼川府夔州利州等路安抚制置大使兼知成都府席益乞奏禀探报急速文字，特许赴入内内侍省投进之事，虽未能充分说明诸路监司等已恢复经入内内侍省投进文字之例，但可以得见，南宋建立仅数年，入内内侍省便又深度地介入机要文书的传递。除此例外，尚有绍兴五年入内内侍省都知梁邦彦、押班陈永锡各进遥郡一官事，二人进官的理由是自绍兴四年九月至次年二月，本省计发金字牌文字1023封而无稽滞。①

但从文献记载看，南宋时金字牌递亦并非全由入内内侍省承传，进奏院传送之例亦有可见。如孝宗隆兴二年（1164）三月十六日，兵部言：

> "自今诸军摆铺，止许承传尚书省、枢院、都督府、沿边州军等所遣发军期、钱粮要切文字，余闲缓处不许辄入，并依条入斥堠、急、马、步递。若拆递官司点检非合入摆铺名色，从本处举察取旨。官吏并依绍兴六年十月制旨断罪施行。进奏院所发递筒，除承受金字牌合入摆铺斥堠传送，余文字合分别要慢入斥堠、急、马、步递遣发。"从之。②

其中清楚表明金字牌递是经进奏院传递，但若与同时期相关记载对照，则不能不产生疑问。绍兴三十一年（1161），由知枢密院事差充督视江淮荆襄军马的叶义问乞"行移并依枢密院体式施行，入诸军摆铺（傅）[传]发，所有奏报文字，直发入内内侍省投进"，被高宗批准。③隆兴元年十一月十五日，入内内侍省奏："自朝廷调发大军，节次承发过御前降下军期机速金字牌文字共二千余封，并无稽误。"诏："官吏委是勤劳，可各特转一官资，内碍（正）[止]法人依条回授；白身人吏候有名目，或出职日

---

① 参见《要录》卷八六"绍兴五年闰二月戊辰"条，第215页。
② 《宋会要》方域一一之一七，第7508页。
③ 《宋会要》职官三九之一二，第3152页。

作一官资收使，如不愿转资人，支绢二十匹。"①隆兴二年汪应辰《辞免四川安抚制置使奏状》又有云："右臣准行在入内内侍省降到御前金字牌御宝封送下三省枢密院札子。"②由此看来，到高宗绍兴末和孝宗即位后，入内内侍省仍深度介入机要文字的承发，何以会在此间出现进奏院承发金字牌之例？

汪应辰除四川安抚制置使在隆兴二年（1164）五月一日，③则上《辞免四川安抚制置使奏状》当在这一时间之后，说明隆兴二年五月后仍有入内内侍省承传金字牌之例。但前揭兵部言进奏院承传金字牌文书事则在同年三月。若两者所记无误，则可有两种解释：一是孝宗即位之初，曾有令进奏院承传金字牌之举，但很快又改由入内内侍省承传；二是孝宗即位后曾有进奏院与入内内侍省共同承传金字牌，或入内内侍省承传之金字牌经进奏院入递。当然，亦存在两者系年错误的可能性。但不管怎样，文献对孝宗朝文书传递情况之记载值得注意，那就是进奏院在传递机要文字方面作用变得较为突出。除参与金字牌传递外，进奏院还负责传递与金字牌相当的其他檄牌——黑漆白粉牌、雌黄青字牌之文字。如《宋会要》载：

[乾道三年]三月五日，臣僚言："近（指）[诣]诸路州军，斥堠铺兵选拣健卒谨审铺兵拨充摆铺，走传军期要急文字，尚虑无以区别。欲乞将沿边州军并诸军[都]统制司各给降黑（膝）[漆]白粉牌，内建康、镇江府、池州驻扎御前都统制，盱眙军、光、濠州、寿春府，各给牌五；鄂州、荆南、金州、兴元府驻扎御前都统制，襄阳府、四川制置司，各给牌十，专一申奏军期切紧，寻常不许辄用。申发文字并填寔日；递铺走传，日行三百五十里。到行在令进奏院具承受日时发回。朝廷降付诸处（乞）[急]切文字，亦乞置雌黄（膝）[漆]青字牌五十，以备给发。候到，却将牌即时缴回。若住滞时刻，

---

① 《宋会要》职官三六之二七，第3085页。

② 〔宋〕汪应辰：《文定集》卷六，《景印文渊阁四库全书》，第1138册，第636页。

③ 参见《宋会要》选举三四之一四，第4782页。

使臣、铺兵并重作施行。"从之。①

[淳熙八年三月] 二十三日，四川茶马王渥言："本司至行在六千余里，常程递角大段稽违，自出本部界即难督责。望下所属给降黑漆字牌二十面，付本司入摆铺，至进奏院往来使用。仍乞行下沿路提举马递铺官常切驱磨，如有违慢，重作施行。"诏所属降黑漆白字牌十面。②

[淳熙九年] 十一月七日，知成都府留正言："乞下所属，给降黑漆白字牌二十面，付本司发递进奏院，许入摆铺往来使用。"从之。③

无论黑漆白粉牌还是雌黄青字牌，俱是专发朝廷与诸处往来要急文字，皆由进奏院承传，而不见经入内内侍省，则可说明进奏院此时在传递机要文书方面，已部分分割了入内内侍省的权力。

孝宗之后的光宗绍熙至理宗端平时期，较少见到入内内侍省承传机要文字之记载。虽不能说明这一阶段入内内侍省没有介入机要文字之传递，但若参照相关记载，则可看出，进奏院在机要文字传递中仍发挥突出作用。如《舆地纪胜》载：

摆铺递，绍熙三年制置（邱）[丘]公崇所置也。自成都至行在凡四千二百余里。公谓边防军政事体甚重，军期摆递，事多稽迟，恐缓急之际有误机会。于是奏摆铺三。自成都至万州，以四日二时五刻，从铺兵递传。自万州至应城县九日，应城至行在十四日，则以制司承局承传。回程如之。惟应城回至万州又加四日。每月初三、十八日，两次排发。若有急切军期，即不拘此。行在都进奏院排发亦如之。④

① 《宋会要》方域一一之一九至二〇，第7509—7510页。
② 《宋会要》方域一一之二九，第7514页。
③ 《宋会要》方域一一之三〇，第7515页。
④ 〔宋〕王象之：《舆地纪胜》卷一七七《万州·古迹》，中华书局1992年版，第4599页。

按南宋之摆铺原是取代斥堠铺"专一承传御前金字牌，以至尚书省、枢密院行下，及在外奏报并申发尚书省、枢密院紧急文字"，①其文字本应由入内内侍省承发，而此处言绍熙时则由"行在都进奏院排发"。又如《续编两朝纲目备要》载：

> 韩侂胄用事十四年，威行宫省，权震天下。初以预闻内禅为己功，窃取大权，中则大行窜逐，以张其势。……凡除擢要臣，选用兵帅，皆取决于厮役苏师旦之口。己所欲为，不复奏禀，径作御笔批出。军事既兴，又置机速房于私第。应御前金字牌悉留其家，凡所遣发，未尝关白。②

从此情形来看，开禧以前，韩侂胄擅政，宁宗沦为傀儡，韩侂胄在私第置机速房，并由门客苏师旦遣发金字牌递。其金字牌等机要诏奏当不再经入内内侍省承传，而直接将金字牌文字入递并承接送往韩宅之机速房的，则应是进奏院。

韩侂胄之后，史弥远擅权，一直到端平之前。此段时间由入内内侍省承传机要之诏奏的可能性应不大，而文献中亦未见直接记载。此时承传文字之职能很有可能尽归进奏院。之后，较为集中所见入内内侍省承传金字牌的文字，是在嘉熙至开庆时，而此阶段正是理宗亲政、贾似道专权尚未形成之时。由此似可看出，入内内侍省承传机要诏奏，皇权便处于强势之时；进奏院承传机要诏奏或职能未被侵夺，便是外廷臣僚较为强势之时。皇帝与臣僚间的信息博弈昭然可见。当然，权臣擅政期间，虽不依靠入内内侍省，而可能是依靠进奏院，但其对信息渠道把控之实质，则与皇帝之做法无异。

---

① 〔明〕解缙等：《永乐大典》卷一四五七五引《汪玉山集》，中华书局1986年版，第6458页。另可参见前揭拙文《南宋对邮传之整饬与更张述论——兼谈朝廷与岳飞军前诏奏往来问题》，《中山大学学报（社会科学版）》2003年第6期。

② 佚名：《续编两朝纲目备要》卷一〇"开禧三年十一月甲戌"条，中华书局1995年版，第186页。

结语

整体来看，宋朝有多条信息渠道，连通着禁中与外廷、中央与地方，其中承传诏奏、沟通中央与地方联系的，一是制度规定的进奏院和通进司，二是非制度规定的入内内侍省。从形式上看，两条途径是并存的。但若从纵向观察两宋中央与地方信息沟通机制的演变过程，则可发现，其中并存的两条途径呈现不断交错、此强彼弱之状态。

宋朝建立后，承前代进奏院旧制，重新整合，使进奏院在初期具有内外诸司的性质，由充当皇帝手臂的内臣提辖，京朝官与三班使臣监管其事。这无疑显示出皇帝在掌控信息渠道中的优势。随着宦官弄权之弊的滋生，以及外廷臣僚的自觉与抗争，进奏院的设置地点外移至近于外廷的地方，且渐渐掌握在朝臣之手，最终在元丰时期归入门下省。这一制度性变化，可以说是外廷臣僚或士大夫在与皇帝争夺信息渠道控制权的胜利，抑或是士大夫与皇帝"共治天下"理想局面的显现。然而亦正因为这一变化，意欲独裁的皇帝便须另觅他途以掌控信息之传递，尤其是重要诏奏之承传。于是入内内侍省便变成了皇帝掌控机要诏奏传递，并进而绕开外廷臣僚独断朝政的重要工具。既不经进奏院承传金字牌文书，又直接收纳外地臣僚传来的机要奏章，形成了一条被称为"入内内侍省递"的信息渠道。由于这一信息渠道便捷、机密，甚至一些地方军政大员也接受并愿意依此与皇帝直接沟通。"入内内侍省递"由神宗创始，后世皇帝相继行之，北宋时以徽宗时期最为突出，南宋时则以高宗、孝宗和理宗亲政阶段较为明显。这一信息渠道的存在，无疑在很大程度上干预和剥夺了进奏院制度内的传递职能。然而进奏院毕竟是宋朝制度内的传递机构，其职能健全与否，必然影响朝政的运作，因此亦成为皇帝与臣僚争夺的阵地。在双方的争夺下，进奏院的作用在元丰改制后时隐时现，其隶属关系更是扑朔迷离，最终在邮传弊端严重的情况下，经朝臣的争取，才于孝宗乾道后至理宗端平时期在承传机要文字方面发挥重要功能。

若把宋朝中央政权看成一个整体性的权力集合体，则进奏院与入内内侍省这两条信息渠道，在维持政权稳定和日常政务运作方面，呈现出合作与互补的关系；但如果将皇帝和以宰相为首的外廷臣僚分别看作权力结构内部的两个部分或制衡力量，则进奏院与入内内侍省在承传机要文字中的交错与张力，无疑是两者之间信息博弈的重要表现。皇帝先后对进奏院之掌控和对入内内侍省之利用，亦无疑显示出君主独裁政治的特征。而这一特征又在士大夫的抵制与抗争下，时显时隐，展现出有宋一代生动的政治形态。另外，若将宋代政治置于唐后期以来的历史脉络中观察，则可发现，在唐代皇帝周围形成的内外诸司所发挥的功能及政治特点，在宋代仍然较为突出。唐代诸司，特别是内诸司的出现，在很大程度上侵夺了外廷机构的权力和功能，使皇帝将重要的事务都置于自己的掌控之下，在与外朝抗衡中处于绝对之优势。宋朝立国后，内诸司控制的朝廷事务虽部分归还外廷，其机构亦大有萎缩，但依靠内诸司充当手臂牵制外朝的政治经验，仍在宋朝皇帝身上有浓重之保留。用内侍掌控进奏院和通进司，特别是依靠入内内侍省承传紧要文字，则正是这一政治经验的体现。关于宋代是否存在内朝的问题，学界向存争议；但若考察入内内侍省、内东门司、御药院、阁门、四方馆、客省等禁中机构群的监领机制及其在日常行政中的作用，则有宋一代内朝的影子似乎亦隐约可见。

*原载《历史研究》2017年第1期

（选自曹家齐《宋史研究杂陈》，中华书局2018年版）

多途考察与宋代的信息处理机制：
以对地方政绩的核查为重点

邓小南

中央与地方的沟通与互动，在不同的历史阶段中呈现着不同的态势。讨论特定时期内中央与地方的关系，无法回避的，是当时连接双方的信息渠道问题。在中央与地方显然存在着利益差异与冲突的根本性前提之下，对于信息占有的非均衡状态，由于不同的时间地域、由于多种因素的互动，而呈现出复杂波动的情势。是否能够及时掌握充足可靠的地方官员政绩讯息，了解基层动向，是否能够及时下达朝廷意向、保证政令畅通，直接关系到中央集权体制的效能，关系到是否有可能自上而下把握住国家的统治命脉，无疑至关重要。

在中国历史上，宋代所完成的，并不是广阔范围内的统一；然而，其统治所达到的纵深层面，却是前朝难以比拟的。这正与宋廷对于地方政绩的多途考察、对于信息渠道的着意经营有直接的关系。在国家事务中，宋廷始终致力于疏通信息来源，建立信息网络，减少信息被垄断的可能性。正如魏了翁所说：

> 所谓宰辅宣召，侍从论思，经筵留身，翰苑夜对，二史直前，群臣召归，百官转对轮对，监司帅守见辞，三馆封章，小臣特引，臣民扣匦，太学生伏阙，外臣附驿，京局发马递铺……盖无一日而不可

对，无一人而不可言。①

　　近些年间，朱瑞熙先生在《中国政治制度通史·宋代》有关中央决策体制的内容中，虞云国先生在《宋代台谏制度研究》有关台谏言事的内容中，曾经对于宋代的信息传递渠道问题有所讨论。但总体上讲，学界对于类似问题的研究尚不够充分。本文着重讨论宋代中央考察地方政绩的信息来源及处理机制，希望能够对于相关研究有所贡献。

一、纳言：宋廷了解地方政绩的重要渠道

　　宋代的文职地方官，就其责任范围而言，主要分为亲民、厘务两类。亲民官指负责民政的各级行政长官，厘务官则是派驻各地专管财务（如茶盐酒税、冶铸等事）的官员。由工作性质决定，亲民官在国家整体统治系列中更加受到重视。宋代对地方官员考察的重点，是自路级监司（转运使副、提点刑狱、提举常平等）、州郡知州、通判至基层知县、县令诸层次亲民官。

　　为保证对于地方政绩的了解，宋代以行政、监察机构为主，具体业务部门投入，建立了多层多途错落纵横而又各自相对独立的沟通渠道。中央亦有针对性地予以监控，随时调动制度外的手段，作为已有信息来源的补充，并且不时将其加以整理，纳入正规信息渠道。

　　宋代的决策集团，把防范弊端、保证统治稳定作为设范立制的出发点。与之相应，征集信息的范围比较广，所注重的信息具有明显的选择性取向，诸如地方官员的非常规甚至违法行为、民间舆论的动向等等，都是朝廷特别关注的方面。

　　长期以来，基于"防范壅蔽"的考虑，赵宋朝廷着力建设一些固定的纳言渠道，不仅是历来称作"言路"的台谏，诸多进言方式都构成为了解地方政绩的重要途径。例如——

---

① 〔宋〕魏了翁：《鹤山先生大全文集》卷十八《应诏封事》，四部丛刊本。

群臣奏事：其中包括在朝百官直接面见皇帝奏事或向政事堂（都堂）奏事，也包括内外官员经通进司或阁门呈章疏奏事。除宰执、侍从、台谏等官员的经常性进奏外，其他官员也可以通过轮对、请对、召对等方式向皇帝进奏，经筵官也有与皇帝交谈进言的机会。比较固定的奏对者，有在京任职或有待任命的文武升朝官，有委派为地方长官准备辞别者，有自外卸任赴京述职者，也有作为朝廷特使衔命出京者。凡有关时政得失、措置利弊、军机要事等，都可以进奏。官员们所能了解到的地方政务、基层动向乃至社情民意，也是朝廷所关注的内容。

就皇帝直接纳言的途径而言，自真宗初年的理政日程中可以窥见一斑：

> 崇政殿视事，至午而罢。上自即位，每旦御前殿，中书、枢密院、三司、开封府、审刑院及请对官以次奏事，至辰后还宫进食。少时复出，御后殿视诸司事，或阅军士校试武艺，日中而罢。夜则召儒臣询问得失，或至夜分还宫。其后率以为常。①

所谓"视事""奏事""询问得失"，实际上都是通过接触不同等次、不同部门、不同职任的臣僚，借以了解多方讯息。

对于中下层官员来说，当面奏对的机会通常需要申请。熙宁前期，时任监察御史里行的程颢曾经数被召见，而"每退，（神宗）必曰：'频求对，欲常常见卿。'"②朱熹也曾说到他淳熙十五年（1188）请祠期间应召入对的经过："六月四日，周揆令人谕意云：上（孝宗）问'朱某到已数日，何不请对'？遂诣阁门通进榜子。有旨初七日后殿班引。"③可见即便帝王有意召见，通常也还需要官员自行奏请。

诏求直言：在宋代，新皇帝登基后，照例要大赦天下，同时号召群臣

---

① 〔宋〕李焘：《续资治通鉴长编》（以下简称《长编》）卷四三"咸平元年十月己酉"条，中华书局标点本。

② 〔元〕脱脱等：《宋史》卷四二七《道学一·程颢传》，中华书局标点本。

③ 〔宋〕黎靖德编：《朱子语类》卷一百七《孝宗朝》，中华书局标点本。

进言；遇到灾害天变，或是朝廷政策调整之际，也经常广求"直言"。这些"直言"大体上不外乎两类：一是呈报消息，一是呈进建议。宋太宗曾经说：

> 自古帝王未有不任用贤良致宗社延永。皆是自己昧于知人，不能分别善恶，为奸邪蔽惑，以至颠覆。①

尽管史籍中向来不乏对于圣贤君主"兼听则明"的赞誉，但从政治统治术的角度观察，防范"奸邪蔽惑"，实际上是促使统治者纳谏的主要动力。宋代的一些帝王，对此心领神会。据司马光说，咸平、景德间，群臣应诏上书言事者，日不下百余封，真宗每戒敕阁门令疾速进入，且委派专人详定以闻。②

臣僚赐对或进入章奏文字，都构成为通向帝王的信息渠道之重要环节，构成为"防壅蔽"的要素。庆历时，丁度曾经提醒宋仁宗：

> 旧制，转运使及藩镇之臣辞谢，皆赐对。上初即位，诏中书、枢密院附奏之。度言："臣下出外，必有所陈。今一切令附奏，非所以防壅蔽也。"③

皇祐四年（1052），仁宗一度感觉"上封言政事得失者少"，立即警惕到"言路壅塞"的可能；④正巧百年之后，绍兴二十二年（1152），高宗也疑惑于"近日绝少文字"的缘故，"虑有邀阻"，宣谕检鼓两院下所属检察。⑤

地方禀报：地方长官赴任后，除向朝廷进呈例行的到任报告、年节贺表外，都须尽速调查辖区情况，及时向中央申报。对于朝廷颁布的诏敕政

① 〔宋〕罗从彦：《豫章文集》卷三，《遵尧录》二《太宗皇帝》，影印文渊阁四库全书本。
② 〔宋〕司马光：《司马文正公传家集》卷三六《乞令朝臣转对札子》，影印文渊阁四库全书本。
③ 《长编》卷一四七"庆历四年三月丁亥"条。
④ 《长编》卷一七三"皇祐四年十一月庚寅"条。
⑤ 佚名：《太平宝训政事纪年》卷五"绍兴二十二年六月"，文海出版社影印本。

令，贯彻之后要做出汇报；有异议者，可以根据本地区状况上奏请示。每逢年终，地方机构照例须就本地财政收支、户口增损、农桑垦殖等情形进行统计，并将帐历呈报中央有关部门勘验；官员当年政绩，亦须总结书考，待官员离任时呈监司复核、吏部审查。

与了解政绩相关，中央经常要求地方长吏"条具民间利病以闻"。朱熹知南康军时，曾经向孝宗进奏说：

> 臣伏睹进奏院报，三月九日臣僚奏乞申敕监司郡守条具民间利病，悉以上闻，无有所隐，奉圣旨"依奏"者。臣以非材，误叨郡寄，窃见管内民间利病，有合奏闻事件，顾其间有事干机密、不宜宣露者，谨昧万死，具疏壹通，准式实封，随状投进。

> 贴黄：乞至御前开拆，庶几千虑之得，有以仰副陛下求言愿治之意。干冒天威，臣无任局蹐俟罪之至。谨录奏闻，伏候敕旨。①

这是一份地方长官随奏报"民间利病"的章疏递进的完整文状。

登闻鼓院、登闻检院、理检院，是宋廷受理吏民词讼的专门机构。北宋前期致仕官员、选人及民庶都经由登闻鼓院上书。除去审理冤屈之外，来自下层的诉状，事实上为朝廷提供了不可多得的信息来源。②太平兴国八年（983）四月，判颍州事曹翰被削夺了在身官爵，事发原因是他知颍州时部内不治，汝阴县令孙崇望进京诣阙击登闻鼓，控告了曹翰的不法事端；太宗遣使鞫讯得实，故予以惩罚。淳化三年（992），陈州知州田锡、通判郭渭因为"断狱不实"而受到黜责，也是由于州内百姓有人击登闻鼓鸣冤。诸如此类下层官吏及民众远诣台省经鼓检院控诉的事例还有很多，所诉事件原则上要经由宋廷派官核查。③

---

① 〔宋〕朱熹：《晦庵先生朱文公文集》卷十一《缴进奏疏状》，四部丛刊本。
② 〔清〕徐松辑：《宋会要辑稿·职官》二之二七、二九，中华书局影印本。
③ 《宋会要辑稿·职官》六四之九、六九之一九；《宋史》卷一六一《职官志》一。

二、纵横结合的常规考察

官僚制度中的许多措施，实质上是为应付"信息分布的非均衡状态"而设立的。从某种意义上说，政绩考察制度的重要性即在于存在"信息的非对称性"；而考察制度是否行之有效，成败关键亦在于对信息的掌握程度如何。

宋代对地方官的考察，是通过多种途径进行的。

对于比较重要的外任亲民官，在他们就任之前，要进行一系列考察：帝王接见，视其履历、观其举止；宰相执政官在政事堂当面审查，听其谈吐，并且置备专门的簿籍，记录其平时功过；御史台也要参与观察审验。《宋大诏令集》卷一六〇载宋太宗太平兴国八年（983）八月《亲选擢官吏中书审勘别听进止诏》，其中说：

> 朕选用群财，分领众职，虽九品之贱、一命之微，未尝专望于有司，必须召对于便殿，亲与之语，以观其能。倘敷纳而可观，必越次而茂赏。恩或由于侥幸，理未至于澄清。自今应亲临选擢官吏，并送中书更审勘履历，别听进止。

一方面是"未尝专望于有司"，一方面担心"恩或由于侥幸"，帝王的"亲临选擢"和中书门下的"审勘履历"相结合，构成为考察亲民官员的第一组程序。

对于在任官员，由官方常设机构进行的纵向常规考察，主要的渠道有两条：

一是由地方逐级申报、中央人事主管部门负责综汇的常规考核。这既包括定期的日常考课，又包括不定期的经常性按察。

宋代的日常考课，总起来讲，地方上由知州、通判考课县令，监司考课知州、通判，类聚审覆有关材料，上报中央。不同层级的中央人事业务，在北宋前期先后由差遣院、磨勘院、考课院、审官院及吏部流内铨分别掌管；宋神宗元丰年间改革官制后，由吏部四选及考功司负责。课绩定等主要的材料依据，是诸路监司、诸州长吏根据基层申报的"考帐"和巡查访闻结果而批书的印纸历子。考帐由地方汇总后呈交吏部考功司，官员离任时也携带"随身历"，到部核定考第、决定黜陟。①

经常性的按察，也是逐级进行的。《宋会要辑稿·职官》四二之五八载：

> 大中祥符二年十一月，诏论监司失察罪：分天下为郡县，总郡县为一道，而又总诸道于朝廷；委郡县于守令，总守令于监司，而又察监司于近臣——此我朝内外之纪纲也。

诏令中的这段话，基本概括了宋代中央考察地方的几个层次。

元祐元年（1086），入朝执政的司马光曾经向太皇太后高氏和哲宗皇帝建议说：按察应该区分层次，有条不紊地进行。监司专一负责按察知州军、通判、路分都监以上，知州军、通判专掌按察在州官吏及诸知县，知县专门按察主簿、县尉及县界内的其他官吏。如果有苛酷、昏懦、贪暴者，本县调查（"体量"）后申州，本州调查后申监司，本路监司调查后申报朝廷，朝廷了解核实后，决定处理。②司马光的这段话，事实上是重申了大中祥符年间的诏令精神。

监司担负着考察地方政绩的基本性工作，摘发赃吏、举荐贤能，是他们最主要的考察方式。每岁终都要将考察成果报告中央。③《庆元条法事类》卷七《监司知通按举》中说：

> 诸监司每岁分上下半年巡按州县，具平反冤讼、搜访利害，及荐举循吏、按劾奸赃以闻。

我们自朱熹、陈傅良、真德秀等许多宋人文集中，可以看到他们当年

---

① 《长编》卷五七，《宋史》卷一六三《职官志》三，《宋会要辑稿·职官》五九之一一、六五之二四。

② 《司马文正公传家集》卷五七《乞令监司州县各举按所部官吏白札子》。

③ 〔宋〕谢深甫：《庆元条法事类》卷七《职制令》，燕京大学图书馆藏版刊本。

担任监司时的纠刺和荐举章奏。例如《真西山集》卷十二《举刺》中，有真德秀在江东转运副使任内弹劾知宁国府张忠恕、新知徽州林琰、太平州通判韩楚卿以及知太平州当涂县谢汤中、前知建康府溧阳县王棠等人以及某些司户、县丞、主簿与监当官员的文状；也有举荐知信州丁黼、转运司属官洪彦华等人的奏状。在其《荐本路十知县政绩状》中，称于江东一道四十三县之中，"采诸物论"，"有能于煎熬之中少施宽裕之政，不专以催科为急，而以字民为心"者十人，"须至奏闻者"。

当然，"监司不按吏"①的情形也很常见。孝宗时，王庭珪曾经说到江西的情形：

> 一路数千里之间，未闻荐举一人奉法爱民能推行宽恤之诏者，其所荐举者必苛刻险悍之夫，号为能集事者。相帅成风，争为剥下媚上以图宠擢，而廉介自守者无所容于时，今皆相率而去矣。②

监司对于地方政绩的考察方式，除核验材料外，亦须亲自巡历。淳熙年间朱熹任提举浙东常平茶盐事，

> 日与僚属寓公钩访民隐，至废寝食。分画既定，按行所部，穷山长谷，靡所不到，拊问存恤，所活不可胜计。每出皆乘单车、屏徒从，所历虽广而人不知。郡县官吏惮其风采，仓皇惊惧，常若使者压其境，至有自引去者。由是所部肃然。③

但是，不能恪勤职事的监司亦为数不少。熙宁七年（1074）检正中书刑房公事沈括曾经说，根据他对两浙路察访的经验来看，巡历不遍的情形相当严重，结果一方面是"文移旁午，指挥不一"，另一方面却是"州县事废

---

① 〔宋〕李心传：《建炎以来系年要录》卷一九六"绍兴三十二年正月庚辰"条，上海古籍出版社影印本。
② 〔宋〕王庭珪：《卢溪文集》卷二七《与宣谕刘御史书》，影印文渊阁四库全书本。
③ 〔宋〕黄榦：《勉斋集》卷三六《朱先生行状》，影印文渊阁四库全书本。

弛无人点检"。①从两浙到他路，从北宋到南宋，这种状况相当普遍。

各路诸司并立，在形成为多种信息来源的同时，也带来了突出的问题。据王庭珪说：

> 前年宗祀赦书悉放建炎四年积久应宽恤事，专委提刑司，德意甚厚也。至今提刑司出榜放，转运司出榜催，两司争为空文，俱挂墙壁。②

伴随政出多门而来的这种状况，给基层政务运作及百姓生活造成的困扰是显而易见的。

另一条纵向常规考察渠道，是中央业务部门对于地方相应机构（主要是诸路转运、提点刑狱、提举常平等司）的考核。例如刑部考察诸路提点刑狱，三司或户部考察诸路转运使副、提举常平，等等。

元丰二年（1079）三月，河北东路转运副使、判官被罚，原因是三司统计该路熙宁十年（1077）收支钱帛数，比原来奏报的数目少了73万余缗；元丰七年正月，尚书省户部奏报说，京西南路提举常平官叶康弼被登记"上簿"的过犯，多于其他路分的同类官员，叶某因而被替罢。哲宗后期制订的《元符考课令》重申，监司的功过以及在任措置带来的利害，由户部进行登记，岁终考校，分为三等。根据崇宁四年（1105）九月户部奏闻的事件，可以看出，当年户部对诸路提举官考核定等的依据，基本上是诸路转运司供报的内容。③

南宋绍兴年间，为了应办军马钱粮，宋廷在四川、淮东、淮西、湖广设立了总领司，负责措置财用；总领司每年比较诸州交纳钱粮数目的盈亏，向朝廷报告，据以决定对于地方官的赏罚。乾道四年（1168）淮东总领所乞"逐路州军应有总领所钱米去处，量立殿最之法"④；到绍熙三年

---

① 《长编》卷二五二"熙宁七年四月壬辰"条。
② 《卢溪文集》卷二七《与宣谕刘御史书》。
③ 《宋会要辑稿 · 职官》六六之五、二五，五九之一三。
④ 《宋会要辑稿 · 职官》四一之六二。

（1192），宋廷应淮西总领所请求，制定了"知州、通判展减磨勘法"，由总领所负责检察按治，中央刑部、大理寺复核。①

上述种种，在当时都构成为纵向常规考察的方式。

所谓横向的常规考察，主要是指诸州、诸司之间的互察互申。这既包括同路的帅（安抚司）漕（转运司）宪（提刑司）仓（常平司）等常设机构之间的相互考察、彼此申报，也包括同州知州、通判对于彼此任内表现的"共书"互察，例如大中祥符五年（1012）镇州通判东方庆曾经列状指责前知州边肃，②嘉祐三年（1058）兖州通判马预也曾向朝廷诉讼知州王逵。③

在宋代，普遍存在同一职位的后任官员对于前任官员绩效的检验。宋真宗咸平二年（999）二月，朝廷颁布了一道诏书，说是自今以后，新任州县长官到职后，在与前任官员交接管内户籍时，罢任者要在印纸历子上将新旧逃户数目一一写清：本任在何年何月何日招到原逃移户多少，何时得以缴纳税收，又于某年月日逃亡人户多少、损失夏秋赋税若干，等等，由新官责成与各类事务相关的部门验实批书，交给罢任者随身携带。到京城后，把印纸历子呈交给有关人事部门，再由该司负责发给中央的有关机构"点勘"，并且"会问"负责财政事宜的三司。④

前任官员离任后，他在任内发生的各类问题，无疑比较容易暴露。胡宿知湖州，到任后，曾经督促以往与前知州滕宗谅共事多年的通判、僚属，为其批书历纸，肯定滕宗谅兴办学校的功劳。然而，并不是所有后任者都如此宽厚豁达。而且，新到任者发现、揭露原有弊政，也是其自身职任的要求。明道二年（1033），夔州路转运使萧律上疏，劾奏前任转运使张正中"苛察"，就是这方面的一个例子。⑤在前任者差失明显的情形下，

① 《宋史》卷一六七《职官志》七；《宋会要辑稿·职官》四一之六二。
② 《宋会要辑稿·职官》六四之二二。
③ 《宋会要辑稿·职官》六五之一七。
④ 《宋会要辑稿·职官》五九之五。
⑤ 《宋会要辑稿·职官》六四之三二。

后任者更不情愿替其前任承担不良后果。

正因为如此，地方官员虚报的课绩，常常是通过前后帐籍的核对，通过后任官、他司官揭发出来的。绍兴二十四年（1154），原来担任京西路转运判官的魏安行被罢免。他主要的罪过是：在过去知滁州任内，"妄奏开耕荒田"2200余顷，如今他离任后，本州向朝廷报告，说当时实际开耕的数目只及400余顷。①目前所见宋代处分谎报治绩官员的记载，不少发生在该官已经离开本任之后。这从一个侧面说明，官员的异岗、异地流动，对于中央掌握地方实际情况、冲破信息封锁，有明显的益处。

对于地方官的考察，实际上是多向的、网络式的：在地方上，同区域的发运使司、宣抚司，同路内的帅漕宪仓诸司，各路、各州都可以相互监督，各自向中央呈报。

对于职在考察、"操制州郡"的监司，宋廷显然并非专一倚信，不仅为其设置了诸多限制，而且颇为重视对于监司的考察。叶适曾经在其《监司》一文中说：

> 今也上之操制监司，反甚于监司之操制州郡，紧紧恐其擅权而自用：或非时不得巡历，或巡历不得过三日；所从之吏卒，所批之券食，所受之礼馈，皆有明禁。②

监司考察部内知州，而其本身又由置司所在州批书殿最，部内的知州也可以按发监司的过犯。《宋会要辑稿·食货》四九之七有淳化三年（992）二月的一道诏敕：

> 今后转运使副如规画得本处场务课利增盈，或更改公私不便之事，及除去民间弊病，或躬亲按问雪活冤狱，或边上就水陆利便般运粮草，不扰于民者，宜令诸道州府军监候年终件析以闻。若止是点检寻常钱谷公事，别无制置事件，亦仰具状开说，当议比较在任劳绩。

---

① 《宋会要辑稿·职官》七〇之三九。
② 〔宋〕叶适：《水心别集》卷一四，中华书局标点本。

两年后，太宗又曾下诏，宣布"给诸路转运使御前印纸，令部内知州通判批书殿最，每岁上审官院考校黜陟之"①。距此时百余年后，徽宗政和六年（1116）十一月，梓州路转运副使卢知原上奏说，"自来监司考任当满或改除差遣之类，并只于置司所在州批书印纸"②。这说明，北宋基本上实行着监司与置司州知州通判互考的办法。卢知原进而建议订立"监司考课互申法"，也受到了朝廷的肯定。

监司与部内知州通判不仅"互查互申"在任劳绩，监司任内有违法行为，部内知州也有权揭发。真宗时，两浙转运使姚铉在任贩鬻白银多占便宜、托湖州等地长吏购进丝绸不纳税、擅自增修官舍、买卖部内子女，诸多不法事件于景德三年（1006）被知杭州薛映检举。③

在中央，人事部门考察监司、郡守治状时，要"会问"负责钱谷、刑狱事务的相关部门，而主管业务部门对于各路的成绩又有独立的审核。官员晋升阶秩，或是迁改他职之际，都面临着对其以往业绩的考察。掌管朝廷中枢机要的中书舍人、给事中乃至其他官员进奏纠弹的事例，不胜枚举。

在纵横交错的常规考察渠道之外，值得注意的是活跃严密的监督覆验渠道。几乎无处不在的磨勘勾检体制、号称"言路"的台谏监察机构，在宋代对于地方官员的考察工作中有着超越前代的重要性；此外，受纳士民申诉的机构也成为了解地方吏治的另一渠道。④

"多创司分以谨关防"⑤，是宋代业务考察的明显特征。磨勘、勾检、审计，都在这一时期有了长足的发展。早有学者指出，在财物粮草的管理审核方面，北宋设有诸司诸军专勾司，南宋则有诸司诸军审计司（院）。⑥

---

① 《宋会要辑稿·职官》五九之五。
② 《宋会要辑稿·职官》五九之一六。
③ 《宋会要辑稿·食货》四九之八、《职官》五九之一六、六四之二〇。
④ 有关受纳吏民申诉的渠道，请参看本论集《下情上通的唐宋登闻鼓制度》。
⑤ 《长编》卷四〇"至道二年闰七月辛未"条。
⑥ 方宝璋：《宋代审计院考析》，《中国经济史研究》1995年第3期，147页。

宋代各司各部各级的磨勘勾检系统，在对于官员职任的日常考察中，作用不容忽视。"磨勘"是指查验、推究；"勾检"主要是指覆核。磨勘勾检官员在当时的主要职责，是在本司业务范围内检核差失、督促稽违，事实上承担着部分审计责任。元丰改制之前，在中书门下有检正官，枢密院有检详官；三司各部有勾院、都磨勘司，又有三司推勘公事；都凭由司、理欠司、勾凿司、催驱司，都不同程度地介入对于财务簿籍的覆核；还阶段性地设立过一些临时机构，覆校清查账目。其中，三部勾院与都磨勘司主要负责监督各级各部财政及行政长官。淳化三年（992），前盐铁使李惟清亏损官钱 14000 余贯，就是被勾院吏卢守仁揭发出来的。①元丰以后，门下省、中书省有催驱房、点检房，尚书都省有左、右司。户部有都拘辖司、推勘检法官；刑部中的比部司，专门负责"勾覆"中央和地方的帐籍：凡是官家场务、仓库所出纳的物品，都要逐月统计、每季核对、按年汇总，各路监司将经过检察的会计数字上报到比部；由比部审覆其多寡登耗之数，有陷失，则应及时处理。②

在宋代考察制度中作用突出的另一系统，是专司监察的台谏。宋代台谏官名义上为"天子耳目"，可以"风闻言事"。他们的言行，往往与朝廷的政治动向、党派间的倾轧斗争有着相当密切的关系；他们对于地方官员的督察，也难免受到这类因素影响。在国家政策变更转折之际，这种倾向更为突出。

御史台有六察，"分察六曹及百司之事"；此外，非常注意地方整肃吏治等问题。监察机构关注的重点，是对于地方官劣迹弊政（诸如贪赃营私、科扰暴虐、苟官无状、按举不公，等等）的纠正与查劾。从《宋会要辑稿·职官·黜降门》所载地方监司、郡守等官员被责降的情况来看，参与"论列"的"言者"，大多是台谏官。淳熙八年（1181）冬，辛弃疾因为"言者论列"他在湖南安抚任内"凶暴"而受到落职罢任的处分，而这

---

① 《宋会要辑稿·职官》六四之九。
② 《宋史》卷一六三《职官志》三。

位"言者"就是当时的监察御史王蔺。被台谏官弹劾的地方官员，通常面临着惩黜、去职等处分。

据《宋史》卷一六〇《选举志》六记载，赵宋统治者曾经反复重申，由御史台监督课绩制度的施行状况。在当时试图纠正课绩不实的诸多诏令中，几乎次次强调令"御史台觉察"。南宋宁宗时，更在御史台内专门设立了考课司，让监察官员直接插手地方官的课绩事务。每到岁终，御史台将地方官员的"能否之实"报告朝廷，以便决定赏罚升黜。

对于地方官吏操守、业绩的考察，理想的状态应该是既有人事系统的独立运作，又有业务系统的统计参考，加以监察系统的督核；既有逐级逐层的常规考核，又有因时因事的巡视访察。在此基础之上形成的考察网络，有其不可替代的积极作用；而由于协调机制不畅带来的龃龉掣肘，又发生着不容忽视的负面影响。

三、朝廷派专使进行的考察

一般来讲，行政系统在运行过程中，上下级之间必定具有信息交换的功能；但朝廷往往希望能够建立并控制更为直接径捷的信息渠道；在某些特殊场合下，甚至会绕开常规信息渠道另辟蹊径，以获取平常状态下难以得到的讯息。长期以来，除常规考察途径之外，宋廷亦采用唐代以来行之有效的办法，时常派遣专人充任采访使、按察使、察访使等，分行诸路，观望民情，廉察官吏清浊能否。这些特派专使的使命，通常被概括为"究民利害，察吏善恶"①。其主要特点表现为：专门性，即针对某一具体目的而被派遣；临时性，即"因事而设，事已则罢"；跨科层性，特派专使打破了原有的层级式行政职能分配方式，通常被赋予上通下彻的多方面权力。②这正像王安石所说："衔命出使，自监司以下皆得按举，固宜为人所

---

① 〔宋〕蔡襄：《端明集》卷二五《乞遣使广南福建状》，影印文渊阁四库全书本；《长编》卷一〇四。
② 参见谭星宇《北宋中期特派专使研究》，北京大学2001年硕士学位论文。

畏也。"①

宋太宗即位不久，即"分命亲信于诸道廉官吏善恶密以闻"；雍熙二年（985）八月，"遣使按问两浙、荆湖、福建、江南东西路、淮南诸州刑狱，仍察官吏勤惰以闻"。②淳化四年（993）再度"分遣近臣巡抚诸道"，按察不称职官吏。此后直至至道，屡曾遣使察访按问。真宗景德三年（1006）四月间，一次派出屯田员外郎谢涛等六人，巡抚比较边远的益、利、梓、夔、福建等路分，"察官吏能否、民间利害"；谢涛从自益、利路返回朝廷后，上报所考察的官员三十余人，一一陈述了他们的治状。同月，度支郎中裴庄等六人巡抚江浙，裴庄自两浙归来，"奏能吏二十人、慢官五人，多所升黜"③。

《宋史》卷一六〇《选举志》六，说到宋神宗熙宁五年（1072）撤除考课院后，不时派遣特使出巡察访，所至州县，都要调查官吏课绩，逐条上报中央。凡是知州、通判的课绩情况都报到中书（政事堂），县令的课绩报到司农寺，各部门都要及时记录到有关的簿籍上，"以相参考"。

此外，在一定时期中，宋廷还经常派出重点察验专项法令执行状况的专使，熙宁变法期间，中央派出察访使检察诸路对于常平、农田水利、义勇保甲等新法的执行情况；其中不少由中书检正官担任，例如检正中书刑房公事李承之、沈括，检正户房公事熊本、蒲宗孟等等。政和年间，尚书省曾经差官往某些路分按察盐茶事。而这些专使并非仅只察验专项法令，"州县、监司职事并许按察"。南宋初年，兵荒马乱，宋高宗专门设立了抚谕使"慰安存问"士庶民众，"且令按察官吏，伸民冤抑"。④

自绍兴后期开始，原本只负责"宣谕德意"而不干预其他地方事务的宣谕使，也"许按察官吏"。隆兴二年（1164），淮西宣谕使王之望劾奏濠州长官刘光时假托有病不到任治事，淮东宣谕使钱端礼劾奏秀州知州俞召

① 《长编》卷二三六"熙宁五年闰七月庚戌"条。
② 《宋史》卷五《太宗纪》二。
③ 《长编》卷一九、六二；《宋史》卷五《太宗纪》二。
④ 《宋会要辑稿·职官》四二之六二、四五之八；《宋史》卷一六七《职官志》七。

虎"妄支官钱，侵盗入己"。被劾者都被停罢了职任。①

由三班使臣或者原应在皇帝身边供职的内侍充当的诸路走马承受公事，本来隶属于经略安抚总管司，最初设在河北、河东、陕西及川峡数路，其使命是替皇帝了解探察各地的"物情人事"。北宋后期，不仅在诸路普遍设立，而且职任明显扩张。政和七年（1117）改称廉访使者，"一路事无巨细，皆所按刺；朝廷耳目之任，寄委非轻"。他们虽然不能直接干预地方事务，却受命按察监司，并且享有径直快捷向皇帝禀报消息的权力。②

巡察地方的使者，往往位望不高。帝王有时会赋予他们某种临时权威，以保证按察的顺利。在这里，我们且举最为突出的两件事例：北宋初年，京西诸州钱帛亏欠，开宝五年（972）八月，宋太祖命大理正李符知京西南面转运事，并且亲自书写了"李符到处，似朕亲行"八字，赐予李符，让他揭于大旗之上，常以自随。南宋建炎中，朝奉郎张元幹充抚谕使，高宗赐给他一面金牌，上面也写有八个字，即："虽无銮驾，如朕亲行。"③

对于朝廷派遣特使出外巡察的举措，宋代的官僚士大夫们反应不一。赞成者认为这是帝王体恤下情、布扬德政的必要方式，劝阻者认为使者过多，难免繁滥，最好持重行事。但是，不管哪一派意见，都很清楚朝廷派出特使的用意，即：天下如此之大，人情各异，国家大政方针贯彻的情况，帝王难以周知，因此希望通过特使来"宣布上泽，考正法度；讲求民瘼，推行美利；击奸暴，振淹滞；甄别贤才，澄清风俗"④。

特使巡行，在有可能了解到官情民隐的同时，也有可能产生许多其他的负面效应。庆历五年（1045），山东出现了民众起义等事件，仁宗派遣

① 《宋史》卷一六七《职官志》七；《宋会要辑稿·职官》七一之六、七。
② 《宋会要辑稿·职官》四一之一二〇、一三一。
③ 《长编》卷一三，万历重修《永泰张氏宗谱》；参见王兆鹏《张元幹年谱》，南京出版社1989年版。
④ 《宋朝诸臣奏议》卷六六《上神宗乞重使者之任》，上海古籍出版社校点本。

"中使"（即由内侍充任使者）前往按视。中使回京后，向皇帝报告说：
"山东的'盗贼'不足顾虑。而兖州知州杜衍、郓州知州富弼，受到山东
人的尊爱，这倒是值得忧虑的事。"当时正值"庆历新政"被否定后不久，
仁宗对于"新政"的推行者（包括杜衍、富弼等人）心存疑忌，听到中使
汇报，颇有同感，于是决定将二人调往淮南。参知政事吴育闻知此事，挺
身而出，制止道："'盗贼'确实不足顾虑，而小人趁机倾陷大臣，祸患
不浅！"中使的密报，不仅反映其个人的狭隘，更可怕的是，它正迎合了
帝王对于地方要员的戒备心理。这种褊狭猜忌的状况，事实上威胁着赵宋
统治的安定。①这正如司马光在其《体要疏》中所批评的：

> 今朝廷每有一事，不委之将帅、监司、守宰，使之自为方略，责
> 以成效而施其刑赏，常好别遣使者衔命奔走，旁午于道，所至徒有烦
> 扰之弊，而于事未必有益，不若勿遣之为愈也。②

宋代的地方官员们，在上级或是朝廷特使的考察面前，有着强烈的
"自我保护"意识。他们中的一些人坦然接受考察，另一些人则针对朝廷
的考察网络，精心编织自己的关系网络。除去血缘、姻亲、同乡、同年、
同僚等固有关系外，有些地方官还利用书信逢迎、年节拜望、馈赠礼品等
多种方式，努力结交新的关系。朝廷派到各处的特使，往往受到当地官员
的盛情款待。特使尚未露面，本地的官吏、军员、妓乐已在城外迎候。这
套手法确实经常收到预期的效果。包拯知谏院时曾经说，凡是增饰使者居
住的馆舍、高规格迎送使人的，往往得到美誉，号为"称职"；而照章办
事的，则会引来纷纭谤议，甚至有可能受到降黜。熙宁九年（1076）六
月，高赋曾经上疏批评这种现象，并且要求朝廷重申：依据原有的法令，
转运使等巡行到属下州县，本地官员不得远迎。③但是，上有政策，下有

---

① 《宋史》卷二九一《吴育传》；〔宋〕徐度：《却扫编》卷中，丛书集成初编本。
② 《司马文正公传家集》卷四三《上体要疏》。
③ 〔宋〕包拯：《包拯集》卷三《请选河北知州》，中华书局本；《宋会要辑稿·刑法》二之
三四。

对策。这类问题，不是仅靠"重申"一两条规定就能解决的。

宋廷对特使们亦存有戒备之心。熙宁末年，朝廷曾经下诏说，在出外察访体量公事的特使中，如果有人任意违法，允许被巡察路分的监司"觉察闻奏"①。这反映出宋廷"使用"与"防范"并举，不专任某一系统、不专信某一按察官员的做法。多途访察，信息互核，正是这一原则指导下的安排。

随着政治形势的变化，有些特派使职倏忽消逝，有些地方性使职则被纳入了原有体制之内，成为固定的差遣（例如熙丰新法期间的提举常平）；而随着新的政治经济问题与朝廷重大举措的出现，又可能产生新的特派专使。中央政策变更，与地方关系调整的阶段，通常特使派遣频繁；中央与地方关系处于相对平稳状态时，则特派专使较少。因而有研究者将特使的派遣视为"衡量中央与地方关系的风向标"②。

四、对于地方士民的询访

宋代的中央使臣、监察官员在考察地方官政绩时，非常注意当地"耆老"百姓的态度。搜集民庶反应，成为当时条件下可能的信息反馈途径之一。朝廷对于地方官治绩的了解，除基层报至主管部门、有据可查的帐籍、印历外，不少是通过监司巡行、台谏等各类官司的"廉访""访闻"得来的。同时，宋代士大夫群体中的不少人，以天下为己任，既关注时事，也关注地方吏治；他们经常有意识地收集地方民众的议论，并且向朝廷反映。

《徂徕石先生文集》卷五，有石介的《记永康军老人说》一篇，文中具体记录了老人对于曾经担任过永康军判官的刘随之的称颂与怀念。永康远处西陲，距朝廷路途迢远。刘随在当地不仅注意兴教化、去淫祠，率领民众凿山通井、设防拦江，而且能安抚孤老、明辨枉狱、惩治豪强。刘随

---

① 〔宋〕赵汝愚编：《宋朝诸臣奏议》卷六六《上神宗乞重使者之任》。
② 谭星宇：《北宋中期特派专使研究》。

因人诬陷而去职后，当本路转运使和提点刑狱相继至永康察访民俗时，有数千名周边少数民族的群众拦马质问，要求"还我刘父"。这一情形被报告到中央，洗雪了刘随所受的冤屈。

宋仁宗时，在建州浦城县主簿任内的陈襄，曾经致信给当时的福建转运使，其中谈到转运使职责之重，并且提出了他自己的见解："欲任官贤材，莫若赏罚善恶；欲考吏治，莫若询诸民言。"在写给侯官知县的一封信中，陈襄说，自己到浦城上任后，对于周围情况的了解，主要是通过"与士大夫相识，书辞往还"；并说到黄知县能够力行善政，成就记在百姓心中，"将来所收民言，宜如何多少哉！"①

当时，在各州县，都有很多乡居缙绅。他们之中，有退休或待任寄居的准官僚，也有长期以来活跃于地方、耕读于乡里的士人。他们往往能够左右当地舆论，形成为有影响力的区域性士人群体。他们谈论世事、关注吏治，与各级朝廷大员有着千丝万缕的关系，他们正是陈襄所说的"贤人君子""士大夫"，是朝廷使者调查地方治绩、"采谣谚"的主要对象。

嘉祐年间，知河清县王元规将要任满，县内进士、僧道联名奏举他，请求朝廷允许他留任。京西转运司考察其治绩，向朝廷汇报说：

> 本司体量得，本官到任，军民歌咏有"十奇"：第一奇，民吏不识知县儿；第二奇，塌却曹司旧肚皮；第三奇，买物价利不曾欺；第四奇，处断明白尽绝私；第五奇，街里不见凶顽儿；第六奇，蝗虫不入境内飞；第七奇，不敢赌钱怕官知；第八奇，不仁不孝不敢为；第九奇，乡村不被公人欺；第十奇，百姓纳税不勾追。如此之类，甚得民情。

转运司采访到的歌谣，颂扬了王元规严戢子弟与胥吏、处断明白、教化施行、纳税公平等诸多"德政"，这些问题关系到士庶民众的切身利益，显

---

① 〔宋〕陈襄：《古灵集》卷一四《与福建运使安度支书》《答黄殿丞书》，影印文渊阁四库全书本。

然会是人们平时议论的焦点。仁宗见到报告后，令审官院"上簿"，记录下他的姓名。神宗熙宁四年（1071），王元规被派遣知滑州，负责治理常年水患的黄河。①

也是在这一时期中，司马光曾经为惩劝均税官吏事，上过一道奏状，其中说到德州通判秦植，"均五县税，皆得平允"。而他得出这个结论的依据，则是在秦植均税过程中，德州境内"并无人户辞讼"②。看起来，是否引惹了民众的诉讼，是朝廷判断政策执行情况的尺度之一。

有一件反面的事例，也值得引起我们注意。在《赵清献公集》卷三，有赵抃向仁宗奏进的一篇文状，说到荆南府进士、僧道、公人、百姓等百余人，不远千里来到开封，举留转运使王逵。王逵为性暴虐，素无善政，可以说是朝野周知，他在荆南，还曾激成与山民之间的严重冲突。包拯、司马光等人曾经先后上疏弹劾过他。③之所以会有人跋履艰阻来称颂他，赵抃推测说，很可能是王逵示意，甚至胁迫他们来的。任职于地方的王逵们之所以如此煞费苦心，正从另一个角度提醒我们，民间舆论对于地方官员的仕途具有重要意义。

元丰年间，长期居于乡里的苏州著名士人朱长文"名称蔼然，一邦向服"。他的园宅号称"乐圃"，人们因而尊称他为"乐圃先生"。米芾作朱长文《墓表》说，当时就任于两浙、苏州的"郡守、监司莫不造请，谋政所急；士大夫过者必奔走乐圃，以后为耻。名动京师，公卿荐以自代者众"。在两浙路做过监司的张景修也说："当是时也，使东南者以不荐先生为耻，游吴郡者以不见先生为恨。"④从朱长文的《乐圃余稿》中可以看出，包括晏知止、章岵、林希在内的几任苏州郡守都与他关系密切；晏知止任内两年，曾经八度亲至乐圃访谈。

---

① 〔宋〕孙逢吉：《职官分纪》卷四二《知县事》，四库珍本初集；《长编》卷二二六。
② 《司马文正公传家集》卷二三《乞惩劝均税官吏状》。
③ 参见《包拯集》卷一《弹王逵（一一七）》，《司马文正公传家集》卷二六《言王逵札子》。
④ 〔宋〕米芾：《宝晋英光集》卷七《乐圃先生墓表》；〔宋〕朱长文：《乐圃余稿》附录《墓志铭》，影印文渊阁四库全书本。

像朱长文这类受到地方上格外尊重的士人并非绝无仅有。朱长文的挚友、侨寓同郡的方惟深，文采出众，深得王安石的赏识。他和乐圃先生一样，都受到时人敬仰。每当朝廷使者下来巡视，或是监司知州等新官员到任，一定会到他家中访问。①朱长文、方惟深等人，作为具有一定代表性的地方缙绅，其意见，事实上反映着当时当地士人群体的见解。

南宋孝宗朝，赵汝愚出任四川制置使兼知成都府，他向皇帝奏报当地民情时，为证明所汇报的材料真实可靠，特意提到了消息的来源：除入川沿途亲眼所见之外，"比至成都，日与士大夫相接，及受接人户词状"，了解到诸多情况。②

从南宋《名公书判清明集·官吏门》的有关篇目中，我们也可以看出当时监司察访州县官员、知州察访属县长吏的主要途径。例如，该书卷一有真德秀知泉州时所作的一篇劝诫文书，题为《劝谕事件于后》，其中开门见山就说：

> 当职入境以来，延访父老；交印之后，引受民词。田野利病、县政臧否，颇闻一二。

真德秀在这篇文告内申谕的事，有一些是通过各县呈报了解到的；但大多数情况是通过"访闻"，包括"士友投书"得知的。

蔡戡在其《臧否守臣奏状》中，也反复强调其材料来源是"访问民士，参酌向来所闻"③，以及"亲往巡历，采之僚属与夫士民"。可见，访问地方士民，是当时获得有关基层吏治状况讯息的重要途径之一。

民间舆论的褒贬，通常观点鲜明。包拯知开封府，人称"关节不到，有阎罗包老"；王觌知苏州，"民歌咏其政，有'吏行冰上，人在镜心'之语"；孔端中绍兴间为淳安县令，时誉翕然，以至于酒家为自己的产品作

---

① 〔宋〕龚明之：《中吴纪闻》卷三《方子通》，上海古籍出版社校点本。
② 《历代名臣奏议》卷一六九，上海古籍出版社影印本。
③ 〔宋〕蔡戡：《定斋集》卷二，影印文渊阁四库全书本。

广告说:"酒似淳安知县彻底清。"而与之相反,陕西转运使李稷与李察皆以苛暴著称,时人传云"宁逢黑杀,莫逢稷察"①。

通过各种途径流传到京城的民间风谣,其内容有时会引起朝廷注意,成为了解官员任内表现的佐证。北宋徽宗时期,身任知州的田登,强令州内吏民避其名讳,凡不小心说出"登"字的吏卒,常常受到责打。在上元节前夕,按照惯例要宣布节日期间"放灯",也就是张灯结彩,于是,吏人在街市中心张贴出大榜,上面赫然写道:"本州依例放火三日。"后人因而有了"只许州官放火,不许百姓点灯"的说法。田登后来曾经被任命为知河中府,正是由于有朝官进言,说他"守郡轻脱,人所嗤鄙",使他被免了任。②

五、"多途"之间的沟通与隔阂

宋代的诸多信息搜集传递系统是相对独立运作的。中央与地方之间的信息往来,既有经由逐级常设机构传达者,又有得自不定期的经常性巡访按察者。各类官员各种形式的御前进对及进呈的章奏,是君主了解外事的重要途径。中央业务部门对于地方相应机构进行专业性检核审计,各司各部各级的磨勘勾检系统,提供了又一条活跃而严密的渠道。专司监察的台谏系统,直接参与并且积极监督着信息传递的运行过程。受理吏民词讼的登闻鼓院、登闻检院、理检院,也成为朝廷查访地方吏治的途径。

多途信息渠道的最高协调机构,主要是执掌中央政务权力的政事堂,即当时宰相执政官的办公会议。中国历史上的宰相,不仅拥有议政权,同时还拥有督核百官的权力。宋代的宰相,号称"佐天子,总百官,平庶政,事无不统"③;在其职责之中,人事方面的考察权,显然具有突出的意义。他们对于官僚督核权的实现,有赖于对多途考察结果进行的综汇;

---

① 〔清〕杜文澜辑:《古谣谚》卷一三,中华书局校点本;〔宋〕曾敏行:《独醒杂志》卷六,上海古籍出版社校点本。
② 〔宋〕陆游:《老学庵笔记》卷五,中华书局标点本;《宋会要辑稿·职官》六九之一〇。
③ 《宋史》卷一六一《职官志》一。

而多途考察的进行，又有赖于中央最高层的决策意向与安排中的纵横捭阖。

不过，帝制时代的君相关系，决定宰相的办公会议不可能大权独握。御史台的纠核按察，直接向皇帝负责。皇城司"周流民间，密行伺察"。左右亲信包括"中使"也作为帝王耳目四出搜讨讯息。在各类特使中，有一些任务重要者，衔命出京，复命归朝，得以直接面见皇帝奏事。政和年间，按察专使的奏报文字受到格外重视，允许经由入内内侍省投进。诸路走马承受公事，没有特殊事件时，每年赴朝廷进奏一次；如果有机密急速事件，需要立即报告的，马上"驰传以闻"，到京都之后，可以直奔皇帝所在的殿庭禀奏。①

赵宋王朝的这种安排，自然有其深意。信息搜集的最终会聚点，只能是君主所在的"御前"；对于国家大事最终的处断裁决，也应该出自于皇帝。这恰恰是宋代防范周至的"祖宗之法"所要求的。太祖开宝时，宰相赵普正是由于企图垄断来自"中外表疏"中的讯息，遭致批评而至去职。②

宋代的各类文书，是互通情报与交流思想、传播意念的主要媒介；官方文件的形成与传递颁布，更是政府行为的重要构成部分。当时，各级政府对于诸多事项的管理主要依靠文书条令、案牍簿籍；中央与地方的沟通，也大量倚仗于文书资料的运行。中央政令，通过诏敕批答等书面形式下达到地方；地方层级之间，通过移文布置推行指令；对于基层民庶，通过张贴榜文告示于通衢，晓谕政令。地方向朝廷的汇报，以文书为载体源源而来：户口财赋的统计，记载为帐籍材料；官员治绩的总结，凝聚为印纸历子；地方所不能决断的事务，更需书面文字呈报。各种有法式事、无法式事，都以不同类型的文书体式，通过不同的呈进渠道奏报上来。

对案牍档案资料的充分重视，一方面使得主管部门头绪繁多的工作有

① 《宋史》卷一六四《职官志》四；《宋会要辑稿·职官》四一、四五。
② 《长编》卷一四"开宝六年八月"。

所依凭，另一方面也使得查阅处理不堪其烦。据《文昌杂录》卷二载，元丰官制初行时期，尚书省六曹诸司五、六两个月内，收纳文书总计123500余件。如此巨量的公务文书，决策者显然不可能躬亲处置，即便全体省司官员也力不胜任；须靠各部胥吏逐一登记、分拣、筛选归类，进行初步技术处理。在信息综合的交汇点、中转集散的衔接点上，存在着信息流失乃至事权分散的可能空间。

我们可以找到诸多例证，说明在宋代的行政运行程序中，如何注重"计程驱磨"立定时限；但是，即便是在制度规定的正常状态之下，限于当时可能的技术手段，加以决策层主观上强调相互制约的考虑，信息传递及政令批转之层级过多，造成的信息时效性减弱、政事处理稽滞等问题，仍然是相当突出的。《宋会要辑稿·职官》二之三九记载，熙宁三年（1070）五月，看详银台司文字所上言说，进奏院每日投至银台司的诸路州军文状不下四五百件，而这些"奏状自来住滞六日，方始投进发放了当"：其中包括贴写奏状事宜、抄写奏目及发放文历、进入内中用印点检分配，然后发送合属去处；该所建议，"自今并限四日内须贴写投进发放了绝"。仅银台一司经办登录手续即需四至六日，则从全国各地经驿递呈报上来的材料（非机速文书），周转效率可想而知。南宋理宗端平二年（1235），真德秀在其《乙未正月丙辰经筵奏己见札子（二）》中也说，当时朝廷尽管有进言之号召，然而"群言繁多，无所决择，文书盈几，何由遍观"，结果是"贤材满朝而治效不立，议论盈庭而弊事不修"。①

北宋中期，苏轼曾经说，"今之患正在于任文太过"②。所谓"任文太过"，实际上是指过分拘执于条文成法，过分倚信于字面材料。事实上，文书种类与数量激增，是伴随官僚制充分发展而产生的自然现象，也是理性行政之必备要素导致的结果之一。在传统社会中，对于"度"与分寸的准确均衡把握，显然非常困难；而信息处理手段与目标的不适应，亦格外

---

① 〔宋〕真德秀：《西山先生真文忠公文集》卷一四，四部丛刊本。
② 〔宋〕苏轼：《苏轼文集》卷八《策别课百官二》，中华书局标点本。

凸显出来。面对制度发展本身带来的问题，宋廷感到了两难的困惑。而从另一角度看，"任文太过"，也是宋廷恪守以"事为之防，曲为之制"为核心的祖宗法度的必然结果。

就"任文太过"的负面影响而言，它既造成了文件积压、政务稽缓，又促成了逐级虚应故事的文饰风气。这正如绍兴年间枢密院编修郑刚中所说：

> 朝廷施行一事，付之监司，监司付郡守，郡守付县令。各了一司文移之具，不问其有无实惠及民。……美意一颁，天下知其为虚设尔。盖欺罔诞谩之弊，至今不革，广设文具，应办目前，仿佛近似，以报其上。[①]

宋廷应付此类问题的思路，经常是颁布更加详尽的文件法规，使基层的转旋活动余地尽量狭窄，以图减少"欺罔诞谩"的可能。这就将事情引入了一重重怪圈：中央本为求得相互验证而尽可能搜集大量材料，在行政程序方面大费周章，"以文件落实文件"；而以消磨创造性活力为代价换得的，却是基层供报材料形式上的完满严密、内容相当程度的塞责失实，上层反由于材料众多而更加无暇普遍核查。

各个系统的多种机构参与信息征集，却缺乏有力的综合协调，带来的问题是显而易见的：一方面重复搜寻，使得基层无所适从，反而促使地方官员设法应付；另一方面缺乏统一高效的信息处理机制，又使得已经获取的官方及民间资料得不到充分利用。途径多元化带来的益处未能发挥，徒劳无功；而与政出多门、众说纷纭相应的反馈处理机制阙失，则为两宋统治涂抹了一层暗色。

谈到信息的征集，我们不得不考虑这样一个问题，即：在当时，究竟有谁真正关心所汇集的信息是否准确？申报材料者往往有趋利避害的现实考虑；负责资料汇总等具体事务的官员乃至执掌技术环节的胥吏，担负着

---

① 《历代名臣奏议》卷一七二《考课》。

核实勘验的重任，而他们实际上关心的，主要是诸多表格材料中是否存在空缺与"不圆"之处，而不是填报内容的来源以及是否属实；身在朝廷的决策人物，包括帝王在内，理应关心信息的可靠程度，而他们显然也难以摆脱一己私利之缠绕，强烈地希望听到顺遂之言。既从整体上认识到真实信息的重要性，却又设置主观导向，挑拣筛选，这种矛盾的做法，从根本上限制了信息充分而准确的可能性。

显然，信息问题并非纯粹的技术问题。对于信息的掌握与处理，事实上是与政治运作密切相关的。我们很难认为宋代的决策者们全然不了解地方上的实际情形——面对来自下级的不实禀报，在很大程度上，他们宁愿选择默认，而避免以体制形式上的安稳以及自身地位的稳定为代价，去落实那些无人乐意知道的负面消息。从这个角度来看，正是这些政策的主持制定者们，纵容着政策执行过程中的偏离，以认同欺瞒谎报等方式，使他们参与制定颁行的"良法美意"终致落空。

*原稿题为《多面的な政治业绩と调查宋代の情报处理システム》，载《宋代社会の空间とコミユニケーション》（东京）汲古书院，2006年

（选自邓小南主编《政绩考察与信息渠道：以宋代为重心》，
北京大学出版社2008年版）

第四编
官员管理制度

　　品位和职位是官员管理的两大抓手。根据品位序列的不同，大体可以把宋代的官员分成文官、武官、军职三类，其中军职(军校)不在本集的关注范围内。

　　文官由低级的选人和中高级的京朝官构成。论及宋代文官体制，必然会涉及北宋前期官与差遣并行的独特现象。该现象不仅是指品位、职位的并行，更是指表示品位的本官阶采用了本应是职位序列的职事官名号。其根源在于中唐以降长期"设官以经之，置使以纬之"，导致使职体系抽空了职事官体系。但破坏不是终点，更重要的是唐到宋代的统治集团如何整理失控的官员队伍与阙次，中央如何收夺选官之权，最终形成了将原职事官固定为阶官系统、与差遣实职彻底分离的务实之制，这是选入邓小南《试论北宋前期任官制度的形成》的原因。

　　宋代武官体制的复杂性远高于文官。就"阶"而论，在北宋政和二年(1112)前，最高级武阶是所谓"正任"(节度使至刺史6阶)，次为"横行"10阶，再下为"诸司使副"42阶、"使臣"10阶。赵冬梅《"武选官"——在文官与军职之外》是其专著《文武之间》的序论，主要讨论"正任"以外的"横行""诸司使副""使臣"三类武阶，即史料中所谓的"武选"。武选的前身是服侍内廷的使职，特别是唐代的宦官内诸司使，到宋代成为品阶符号，因而也普遍存在着使名与职事不符的现象，比如染院使和染坊无关。被授予武选官阶的官员，实际职事可能与军事相关，也可能和军事毫无干系，宦官也会被授予武选官阶。作者把宦官以外的武选官归为一类，认为是文官、禁军将校之外的第三种官僚。赵文也提示读者，这"第三类"的内部差异远甚于其他两类。

"冗官"是宋代官僚体系的一大特色。"冗官"一是指官员绝对数量的多少，更是指官员与阙次之间的比率问题。苗书梅《选官制度与冗官问题》可使读者对宋代"冗官"的成因、后果有较为全面的把握。

试论北宋前期任官制度的形成

邓小南

　　讨论宋代的任官制度，必定会牵涉到两个重要问题：一是官、职、差遣（特别是官与差遣）的分离及其制度化，二是人事任用权力问题。

　　围绕相关问题，近年来已有不少文章面世，从不同角度予以阐发、说明，惟追溯源流、论述制度变更过程似嫌不足。本文拟就此谈些个人看法，以求正于方家。

　　就官与差遣的分离而言，仅做静止状态下的勾画绝对不够，还需要在历史发展的长期曲折过程中寻其形成脉络，从而真正准确、深刻地认识它。宋代富有特色的设官分职制度，很难仅仅归结为宋太祖、太宗等一二代帝王及其谋臣的精明措置。在他们之前，晚唐五代的精英人物们，已在艰难地摸索解脱困境的出路，无数经验教训的累积，使得调整变革的思路渐趋明晰。宋初政治领袖们对于任官制度的贡献，与其说是创建了一套全新的制度，不如说是在强化中央集权的大背景下，对于两百年间不断变更的任官制度加以整理、改造；而且，当时的设官分职，绝非先规划出蓝图，再广泛推行，恰好相反，是在"摸着石头过河"的过程中，陆续完成了这样一套体制。要真正理解其形成，必须将我们的研究视野拓得更宽，以王朝之废立划为断限的方法，至少在这类问题的研究中是不合宜的。正如王赓武教授所说，中国历史上很多重大的课题，往往被传统的以王朝为单位的研究方式遮蔽模糊了①。

一、"官"与"差遣"分离制度溯源

我国古代曾经存在着两种类型的"官":一种是职事官,一般来说,"亲职事者谓之职事官",其名衔与所掌事任直接相连;另一类是标志品位、阶秩的阶官。阶官在历史上有过不同的形式和内容,仅就从隋到宋而言,隋唐时期为文武散官,北宋元丰以后为寄禄官;而宋代前期的情况似乎比较特殊,一方面"文昌会府废为闲所",另一方面阶官却偏偏采取了三省六部职事官的名称。

《宋史·职官志》总序部分,在讲到宋代设官分职之制时,说:

> 台省寺监官,无定员,无专职,悉皆出入分莅庶务。故三省六曹二十四司类以他官主判,虽有正官,非别敕不治本司事,事之所寄,十亡二三……其官人受授之别,则有官、有职、有差遣。官以寓禄秩、叙位著,职以待文学之选,而别为差遣以治内外之事。②

是为北宋前期官、职、差遣分离制度之大概。

这种设官分职的方式,突出地将"正官"与其职事区分开来,虽然名称紊乱混淆,治事系统却明确集中。从实践中看,务实应变的色彩很强。

官员品位与事任的分离、并立,绝非始于北宋,这点自无疑问。而说到官与差遣的分离,通常是指身居"职事官",却又与"本任"分离而另领他事。那么,这一制度是如何形成的呢?

在中国封建社会中,名义上皇帝握有一切权力,臣僚领受其旨意,作为其代理人去实施统治及管理的职能;而事实上,在施行过程中,势必部分地拥有自行决定的权力。从这个意义上说,君主"绝对集权"是不可能

---

① Wang Gungwu, *The Structure of Power in North China during the Five Dynasties*, Stanford University Press, 1967, p.2.

② 〔元〕脱脱等:《宋史》卷一六一《职官志一》,中华书局1985年版,第3768页。

的。因此，帝王对于臣僚既有任用的一面，又有防范的一面。在官僚群中，在承认帝王人事大权的同时，亦要求自身的基本权益、地位有所保障。双方利益冲突、折中的结果，使君主往往不直接触动在任官员的原有地位，转而临时任用一些身份相对低微者及左右亲从，或委以伺察群僚之事，或委以掌管机要之任，或委以参议政事之权。早在西汉时，即产生出"秩卑而命之尊，官小而权之重"①的刺史制度。"秩"与"命"分离、"官"与"权"不侔，使最高统治者便于驾驭，亦促成了上下内外百官庶僚相互维系的机制。可以说，这种"分离"状况的不断出现与陆续调整，从一个侧面反映出封建官僚任用制度的逐渐成熟。

具体地说，隋唐以来，职事官系统与散官系统的并行，从制度上明确了治事系统与品阶系统的分立。而在此基础之上，职事官体系内部，又发生着进一步的复杂变化，从而产生了以"职事官"与"差遣"相分离为特征的设官分职方式。如孙国栋先生在《宋代官制紊乱在唐制的根源》中所说，促成这种变化的主要原因有三：一是由于政治局面转变，旧的官制不能应付新环境，以致不少旧职事官职权堕落；二是旧官制既不能切合新事机，重要公务只得另派"使""职"负责，而带本官衔（或加以职事官衔），职事官逐渐变为不任事之空衔；三是原用以叙品阶的散官，由于授受太滥（特别肃、代、德宗三朝），不为人所重，不得不以中央职事官（尤其不负实际责任而又"地高望崇"者）作为赏功勋、叙位望的空资格。

唐代职事官之滥，有两大"高潮"阶段。一是武后为扩大政权基础，大设试官以甄别能否，广置员外而宠以禄位，"殊不知名实混淆、品秩贸乱之弊，亦起于是矣"②。二是中晚唐时期"兵革不息，财力屈竭，勋官不足以劝武功，府库不足以募战士，遂并职事官通用为赏"③。职官之赏，使职事官队伍的成分及其性质发生了严重变化，冗滥猥杂而无法正常运

---

① 〔清〕顾炎武撰，黄汝成集释：《日知录集释》卷九《部刺史》。
② 《宋史》卷一六一《职官志一》，第3768页。
③ 〔宋〕司马光：《温国文正司马公文集》卷六五《百官表总序》，四部丛刊初编本。

作。这无疑大大加深了职事官队伍的分化程度——其中既有治本司事者，又有带本官充他职者，更有坐领俸禄者，同时，也加速了所谓"职事官阶官化"的过程。这成为宋代以职事官为阶官、以差遣任实职的直接原因。

前两条原因相互关联，是与制度本身直接相涉的、更为深刻的原因。职事官与其职事的分离，是在以用人权力为关键的冲突中，在旧制度与新事机的矛盾运动中，随着"带本官充他职"现象的普遍化而发展起来的。对此，有必要做稍为详细的说明。

（一）以他官居宰相职

唐承隋制，本以三省长官为宰相之职。而如胡三省注《资治通鉴》时所说：

> 其品位既崇，不欲轻以授人，故常以他官居宰相职而假以他名。如杜淹以吏部尚书参议朝政，魏徵以秘书监参预朝政，或曰参议得失、参知政事之类，其名非一，皆宰相职也。[①]（按：着重号系笔者所加。）

以这种办法，或借重于功臣元勋的经验，或吸收资格较浅者参政。长此以往，势必带来原居职事官与其实际职位的分离。不过，开元以前，这种性质的分离尚不彻底，带本官任相职者，"午前议政于朝堂，午后理务于本司"[②]，并未完全脱离本司事务。

（二）检校、摄、判、知

早在唐代前期，已有由中央特授的检校、摄、判、知等名目。例如贞观年间杜如晦检校侍中、摄吏部尚书，民部侍郎兼检校兵部侍郎卢承庆知五品选事等[③]。这些职任在当时多系特命，资格方面限制较宽，运用灵活。

---

① 〔宋〕司马光：《资治通鉴》卷一九二"贞观元年七月壬子"条胡注，中华书局1956年版，第6036页。

② 〔唐〕杜佑：《通典》卷二三《职官五·吏部尚书》，中华书局1988年版，第632页。

③ 〔唐〕刘肃撰，许德楠、李鼎霞点校：《大唐新语》卷八，中华书局1984年版，第123、124页；〔宋〕欧阳修、宋祁：《新唐书》卷九六《杜如晦传》，中华书局1975年版，第3859页，卷一〇六《卢承庆传》，第4047页。

不仅任职者的品位与所委事任间多有差距，而且所"摄""知"的事务皆
非其本官之职（尽管亦有仍理本官事者），用卢承庆的话说，是"越局"
"出位"掌他职。就其性质而言，即属于临时差遣官之类。帝王经常以此
表示对于某人的倚重或对于某事的重视。

《新唐书·百官志一》说：

> 初，太宗省内外官，定制为七百三十员（按：据《通典·职官典
> 一》，贞观时"大省内官，凡文武定员六百四十有三而已"。该说近
> 是。）……然是时已有员外置，其后又有特置，同正员。至于检校、
> 兼、守、判、知之类，皆非本制。①

可见，几乎在定制的同时，朝廷即已开始突破"本制"约束，而在规定之
外另设权宜职任了。唐代的官制，与其他任何制度一样，是在施行过程中
不断调整的，只有在变动之中，才能认清其实际面貌。或许可以说，前期
所谓"官制的特别运用"，与其后的"变制""乱制"有着内在的联系，有
时甚至很难将二者断然区分开来。

至于"行""守"之类说法（"凡注官，阶卑而拟高则曰守，阶高而
拟卑则曰行"②），主要用以表示职事官与其本品（散阶）之间的高下差
异，而不是指职事官与其差遣事务的分离。

（三）使职差遣普遍化，尚书六部渐失职守

使职，本"因事而设，事已则罢"，如监考使、校考使之类。凡任使
职者，都带着自己原有的职事官衔，却不再经管原职任内的事务，所居职
事官成为其地位、待遇等次的一种标志。正像职事官的散品为其"本品"
一样，此时的职事官成了受差遣者的"本官"。

唐玄宗时期，"设官以经之，置使以纬之"的做法，形成为"一代之

---

① 《新唐书》卷四六《百官志一》，第1181页。
② 〔唐〕李林甫等：《唐六典》卷二，中华书局1992年版，第28页。

制"①，以本官充职的做法已经十分普遍。"安史之乱"后，节度、观察、防御、团练诸使各辟僚属，开府治事。

《旧唐书·职官志三》在讲到节度使及其属官时，注云"检讨未见品秩"。针对该注，钱大昕《廿二史考异》卷五八加案语说：

> 节度、采访、观察、防御、团练、经略、招讨诸使皆无品秩，故常带省台寺监长官衔，以寄官资之崇卑。其僚属或出朝命、或自辟举，亦皆差遣无品秩。如使有迁代，则幕僚亦随而罢，非若刺史、县令之有定员有定品也。……

节度等使如此，其他如盐铁、转运等使莫不如是。不仅使职如此，其他如内廷备顾问的翰林学士、外朝理政事的同平章事，都由于是差遣职任而非在《官品令》中规定了阶次的"官"，因此皆无品秩，必须"假以它官，有官则有品，官有迁转，而供职如故也"。这里的职事官衔皆脱离了原有职事，显然只用来"以第叙常秩"②了。

以往权宜设置的使职差遣之普遍化，使尚书省六部所辖职任在很大程度上被抽空了。

《文苑英华》卷六〇一，载于邵大历初年所撰《为赵侍郎陈情表》，其中说到尚书省当时的情形：

> 属师旅之后，庶政从权，会府旧章多所旷废。惟礼部、兵部、度支职务尚存，颇同往昔；余曹空闲，案牍全稀，一饭而归，竟日无事。

贞元中，陆长源《上宰相书》更指出：

> 尚书六司，天下之理本。兵部无戎帐，户部无版图，虞水不管山川，金仓不司钱谷；光禄不供酒，卫尉不供幕，秘书不校勘，著作不

① 〔唐〕杜佑：《通典》卷一九《职官一·历代官制总序》，第473页。
② 〔唐〕元稹：《元稹集》卷四八《王沂河南府永宁县令等（制）》，四部丛刊初编本。

修撰。官曹虚设，禄俸枉请，计考者假而为资，养声者藉而为地。一隅如是，诸司悉然。①

据此，职事官系统失其职任的现象已经十分明显。原职事官设置、名衔虽仍保留不变，却已不预实事，只剩下据以请俸禄、叙资考的作用了。这无疑从根本上破坏了原有的整套设官分职制度，而开启了通往宋代"官以寓禄秩、序位著"的门径。

上述诸因素、诸过程的交互运动，使得唐代后期的"官"与差遣之"职"成为明显区分的两个系统。白居易在《有唐善人（李建）墓碑》中说：

> 公官历校书郎、左拾遗、詹府司直、殿中侍御史、比部·兵部·吏部员外郎、兵部·吏部郎中、京兆少尹、澧州刺史、太常少卿、礼部·刑部侍郎、工部尚书；职历容州招讨判官、翰林学士、郿州防御副使、转运判官、知制诰、〔知〕吏部选事；阶中大夫；勋上柱国；爵陇西县开国男。②

五代时期，在冯道《长乐老自叙》中，也把自己的经历分为阶、职、官诸项，分别罗列出来。

可以看出，在当时，依制度令文之规定设立、依次正式除授者即为"官"；应局势需要，因事而设、临时差委者即为"职"。值得注意的是，当时，在职事官体系之内，存在着分化不一的状况：有些职务实莅其事，有些则已不领实职了。受差遣者原居之本官，尚未完全演变为纯粹代表身份的标志，待卸去差遣职任后，往往仍回本司视事。即以李建为例，他中进士后，首试校秘书郎，以该身份判容州招讨事，后来调为本官；又以殿中侍御史衔，出任郿州防御副使，不久"归为殿中侍御史"③。

---

① 〔宋〕姚铉编：《唐文粹》卷七九，四部丛刊初编本。
② 〔唐〕白居易：《白氏长庆集》卷二四，四部丛刊初编本。
③ 参见《元稹集》卷五四《李公墓志铭》。

职事官体系与使职体系交叉，带职事官而理差遣事任，出则任差遣，归则复本任，这种办法的普遍行用，很容易造成官员管理中的混乱与不便。诸如带本官者与其"本曹"的关系，以及是否应按"在朝叙职、入省叙官"的原则排列次第等敏感问题，自唐至宋争论不休①。

中晚唐时期，既是以种种权宜措置破坏原有官制的过程，又是尝试对设官分职之制进行整理，力求建立能够相对稳定运转的官僚机制的过程。

这一阶段中，职事官队伍已经改变了性质，而差遣体制尚未发育成熟。反映在任官制度中，实际上出现了"双轨制"的局面：一方面，"官"有员额有品秩，却不一定有事权；另一方面，拥有事权的差遣"职"，却由于本属权宜设置，任命不经有司，既无品秩又无员额。

这种状况引起了士大夫们广泛的关注和议论。当时整理任官制度的努力，归结起来，是希望恢复（而非另建一套）以职事官为中心，把官称、员阙、品秩、事任联系在一起的设官分职方式。

早在武后时期，李峤为吏部尚书，许员外官厘务，"至与正官争事相殴"，于是用"停员外官厘务"②的办法，把他们与正员官加以区别，维护了职事官的正常工作秩序。中宗、韦后时期过后，宋璟、姚元之主持铨选，一改逆用数年员阙以迁就选人的做法，以"量阙留人"为方针，尽力保证治事队伍的效能。直到德宗时期，陆贽提出注拟时"计阙集人"的原则，进一步明确了铨选中以职事官"阙"为本位的政策与思路。面对官员总额剧增陡涨的形势，朝廷中的有识之士逐渐把限制冗滥的着眼点转移到直接选授任职的"阙"额方面。于是，不仅有正员官与员外官的区分，又有了"厘务"与不厘务、"视职"与不视职、"占阙"与不占阙的类别③。

不过，事实上，当时铨司面临的困境，并不仅仅是由于官额多溢造成的。此时的任事官僚，既有由君相直接任命者，又有归诸道使府、诸差遣

①〔宋〕李攸：《宋朝事实》卷九，丛书集成初编本，中华书局1985年版，第140页。
②《新唐书》卷四五《选举志（下）》，第1176页。
③《通典》卷一九《职官一·历代官制总序》，第474页。

使职自行辟署者；与大量"《令》外阙次"相比，中央人事部门（吏部）能够掌管的，已属十分有限。而且，即使按规定应归吏部注拟的职任，即所谓"系部阙员"，如州县系统地方官之类窠阙，亦有不少被方镇侵夺去了。这样，"争阙"即构成中晚唐争夺人事权力的主要内容之一。吏部乃至中书门下反复论诉，朝廷三令五申，企图保住铨司员阙，却终于收效甚微。另外，更由于官与差遣的脱节，在册之阙与其实际事权发生了分离。以往铨司主要靠"注官填阙"来实施其人事任用权，此时，即便能够控制在册阙次，也不可能再借此实施对于整个实际任事的官僚队伍之管理了。

二、北宋初期对于任官制度的整理

北宋初期对于任官制度的整理，是上承前代之尝试而来的。

《朱子语类》卷一二七《本朝一》，记载了朱熹与弟子们一番耐人寻味的对话：

> 或言太祖受命，尽除五代弊法，用能易乱为治。曰：不然。只是去其甚者，其它法令条目，多仍其旧。大凡做事底人，多是先其大纲，其它节目可因则因，此方是英雄手段。

宋初帝王及其谋臣充分注意到了前代中央与诸道斗争中，双方采用过的有效方法，对于以往的权宜措置，抓住适宜时机，一一加以清理整顿：有的予以摒弃，有的加以限制，有的大体上继承不变，有的则在调整之后固定下来，最终形成为影响久远的一代之制。

（一）从限制使府辟署，到"幕职悉由铨授"

唐代后期以来，藩镇使府辟署制度在社会政治生活中起着相当重要的作用。入幕任事者之"职"，全由方镇府主确定；而其"官"，则奏请中央授予。这种授予幕职的"官"，一般是标志其身份及迁转资历的检校官或宪衔。

按照制度，州县系统的职任，不同于使府幕职，应该由中央吏部负责依阙除授。但唐代后期，藩镇往往擅自派僚属摄知其辖区内的州县职事，而不向中央申阙。代宗时曾在一定限度内承认了这种局面，诏"诸州府录事参军及县令，其有带职、兼官、判、试、权、知、检校等官者，自今以后，吏部不在用缺之限"①。号称"中兴"的宪宗元和年间，呈半独立状态的魏博，管内州县官253员，163员由藩镇差人假摄，90员报经有司注拟②；淄青镇向不申阙，李师道被诛讨之后，郓曹濮等十二州州县官员阙才归吏部注拟③。武宗、宣宗时，承认了藩镇选荐县令、录事等"当府充职"的权力④。这种藩镇径自差人假摄，或匿阙不申，或"所奏悉行"的状况，使得格式司无从掌握地方官署置实情，吏部铨选无阙可注，中央人事权力被严重朘削了。

与上述过程同时，亦有多次企图限制诸道州府用人权力的努力。这些尝试，主要不是针对各种差遣职任，而是集中在争夺州县正员官阙方面。此类规定，不外乎限制诸道奏报人数、被奏者的身份（白衣、前资抑或现任）等等。尽管如此，亦难以奏效。这首先是由中央与地方的力量对比态势造成的；其次，吏部拘泥案牍的铨选方式，也远不及当时诸藩用人方式之注重实际、灵活而有生气。

五代时期，在空前规模割据混战的同时，亦出现了由乱向治转化的端倪。当时，各府州县邑的治事权，很大程度上掌握于武夫悍将之手，或系武人视职，或经藩镇辟署。中央政权深知其中利害，因而倚军事实力为后盾，不懈地进行着集中权力的斗争。

后梁开国后，战事尚未平戢，原系强藩节帅的梁太祖朱温就开始着手削夺诸道藩镇的用人权力。开平四年（910）四月，"敕天下镇使，官秩无高卑，位在邑令下"。六月，魏博节度使罗绍威卒，朱温一面表示哀恸，一面却加紧动作，于九月内宣布，魏博管内诸州，并依河南诸州例，刺史

---

① 〔宋〕王溥：《唐会要》卷六九，上海古籍出版社2006年版，第1441页。
② 《唐会要》卷七五，第1615页。
③ 〔宋〕王钦若等：《册府元龟》卷六三一。
④ 《册府元龟》卷六三二。

得以专达朝廷，而不许由节度委派的曹官越权摄事①。

后唐除依前代办法，限制节度、防御诸使奏荐人数外，进而争取直接控制更多的阙额。同光二年（924）三月规定，"州县官任三考满，即具阙申送吏部格式，候敕除铨注。其本道不得擅差摄官，辄替正授者"②。天成三年（928），更要求将府州僚佐与使府幕职区别开来，录事参军不得由幕职兼任③。

这些规定中贯穿的共同趋势是，力图把州县职事官系统与使府幕职系统明确加以区分；增重、提高州县系统在治理地方事务中的权力和地位；州县官员由中央任命，向中央负责，而不许诸道自行摄署。这些措施，自然在中央政府与诸道藩镇的力量对比已经发生变化的前提下才有可能施行；而即便只是部分的实施，也在长期过程中进一步改变着中央与诸道的力量对比。

后周在收缴地方人事权力方面做得更为坚决。据《五代会要》卷二四《诸使杂录》，

> 广顺元年五月敕：今后诸州府不得奏荐无前资及无官并无出身人。如有奇才异行，亦许具名以闻，便可随表赴阙，当令有司考试，朕当亲览。

除去依旧从身份上予以限制之外，这一规定最关键之处，在于要求州府奏荐者赴阙，并要经中央有关部门考试，皇帝亲自裁决；而不再是泛泛地要求诸州府奏荐"前资正官"，亦不再像唐代后期"有奏皆署"了。就解决州府擅自辟署造成的弊端而言，这无疑是一果断的措置，朝向"幕职铨授"迈出了重要的一步。

有不少迹象表明，大批基层州县官员陆续归到铨司参选。由于当时政

---

① 〔宋〕薛居正：《旧五代史》卷五《梁书·太祖纪（五）》，中华书局1975年版，第83、86页。
② 〔宋〕王溥：《五代会要》卷一九《刺史》，丛书集成初编本，中华书局1985年版，第243页。
③ 《五代会要》卷一九《县令上（录事参军附）》，第244页。

权变动频仍，甄别这些人的身份、资格，成为困扰铨司的一大问题。对于正官告敕、解由、历子、考牒等文解的磨勘，失坠者的处理办法，对于摄试官换出身、改正员的规定，逐朝逐代都在讨论、修订、重申①。

与上述过程同时，是铨司权力的趋于集中。后唐天成四年（929）规定，吏部三铨官员共同商量注拟，三铨公事只署"吏部尚书铨"印；后周广顺元年（951），更指出毋须将员阙及选人分三处除授，明令"三铨公事并为一处"，从而提高了注拟效率②。

宋朝建立后，总结了前代"方镇太强、君权太弱"的教训，致力于进一步削夺藩镇权力，强化中央集权。在这个大气候之下，继续进行任官制度的整顿。

太祖赵匡胤首先着手加强铨司职能。建隆三年（962）冬至乾德二年（964）春，两次详定《循资格》、定《四时参选条件》，并且重申了前代有关州县官赴铨除官的诏令。而此时的藩镇，经过五代数十年间的激烈较量，加以宋初种种防范、制御措施，已不再具有同中央颉颃抗衡的实力。

在这种情况下，乾德二年（964）三月，以吏部尚书张昭致仕为契机，铨司掌管的事务有了一番调整与变革。《续资治通鉴长编》卷五"乾德二年三月乙酉"条：

> 昭为吏部尚书领选事，凡京官七品以下犹属铨。及昭致仕，始用它官权判，颇更旧制：京官以上无选，并中书门下特除；使府不许召署，幕职悉由铨授矣。

变更的内容大体上是三方面：一是原属偶然的"他官判铨司"形成为制度。二是此后京官以上不再到铨司参选，而归中书门下直接除注（即所谓"堂除"），吏部铨司负责的只是幕职州县官了。这一做法持续到太宗时期，京朝官差遣院、磨勘院及其后取代两院的审官院之设立，使除授工

---

① 《五代会要》卷一七，第215—216页；卷二一，第261—268页。

② 《五代会要》卷二二，第274页。

作分成了三大层次：紧要员阙、清望官员的特除归中书门下，一般京朝官归审官院，幕职州县官归吏部流内铨。元丰五年（1082），经苏颂建议，文职京朝官归吏部尚书左选，幕职州县官归侍郎左选。

第三个方面，是不许藩镇使府自行辟署官员，即使原归属于使府系统的幕职官（包括两使职官与初等职官）此时亦须经由铨司除授了。中央派遣的使府僚佐，自然倾向于与中央维持良好关系，很难再成为诸节度割据独立的谋士与助手。

这时，《少尹幕职官参选条件》应运而生。这一《条件》，规定了自初等职官至两使职官的四个迁转阶次，明确了幕职官的参选方式及其在整个选人序列中的位置。中唐至此，铨选中情势迥异：中央成功地收夺了藩镇人事权力，不仅州县官一般不再由幕职、亲将兼摄，还继而集中了对幕职官的任用权。此后，使府系统与州县系统的分立虽然痕迹仍存，使府幕职与州县僚佐却不再分归两类不同部门除授了。事实上，此后节度使已渐无职权事任，因此，幕职官一般是直接服务于州府长官的。这正如马端临所说，"盖虽冒以节度推官、观察推官、判官、书记、支使等名，而实则郡僚耳"①。幕职官与州县官合并为四等七阶上下有序的一大系统，归属分明，次第清楚，"自是铨选渐有伦矣"②。

不过，在宋代，幕职铨授虽已成为定制，但由地方长官奏辟僚属的情形始终存在。苏辙就曾被南京留守张方平辟为签书应天府判官。《文献通考》卷一九《选举考一二》中，对奏辟之制有大段文字叙述，此处不赘。

（二）京朝官"知军州事"与"知县事"制度的形成

北宋官与差遣分离之固定化，与"尚书、郎曹、寺官出领外寄"即知州、知县，有直接关系。

知州，全称"知军州事"，其设立，通常被认为是宋太祖"坐销外重

---

① 〔元〕马端临：《文献通考》卷六二《职官考一六》。
② 〔宋〕李焘：《续资治通鉴长编》（以下简称《长编》）卷五"乾德二年七月庚寅"条，中华书局2004年版，第130页。

分裂之势"①的一大发明。《文献通考》卷六三《职官考一七》中有一段记载：

> 宋太祖开基，革五季之患，召诸镇会于京师，赐第以留之，分命朝臣出守列郡，号"权知军州事"。军谓兵，州谓民政焉。其后文武官参为知州军事。

"命朝臣出守列郡"以对付藩镇的做法，唐代元和初年就曾经采用过。但当时只是"出郎吏十余人为刺史"，并非以朝臣身份"知"外任事。

知军州事制度之形成，在历史上是经过了一个漫长、曲折的过程的。仅仅围绕北宋初期情况来讲，难以真正了解其原委。从晚唐由诸道辟署的幕职、武将"权知军州事"，到五代中央开始派朝官出知军州事，又经过北宋初期的多年努力，才形成了以朝官（主要是文臣）知军州事的一套做法。这一措施，是在中央政府加强集权的斗争中成熟起来的，而唐代后期竭力向中央争夺州县治事权的藩镇，在促使该制形成方面，曾起过不容忽视的作用。

如前所述，自唐以来，检校、判、知一类职衔日益增多，"皆是诏除而非正命"。其中，"知者，云知某官事"。宋太宗初年，李昉曾解释说："唐朝……或官卑则言知某官事，或未即真则言权知某官事，或言检校某官事。"②这些做法的特点之一，在于其所居之官与所任之事的分离。在内官系统中，带本官知他司事者屡见不鲜。如宪宗时许孟容以兵部侍郎知礼部贡举、穆宗时元稹以祠部郎中知制诰等是。外官系统则尤为突出。武则天时，就曾选派凤阁侍郎韦嗣立、御史大夫杨再思等二十人外任，"以本官检校刺史"③。

知州事，起初并不是作为固定官衔出现的。非经正式选补而临时委派

---

① 〔宋〕林駉：《古今源流至论·续集》卷五《六部》，影印文渊阁四库全书本。
② 《长编》卷一八"太平兴国二年四月乙卯"条，第403页。
③ 〔后晋〕刘昫等：《旧唐书》卷一五四《许孟容传》，中华书局1975年版，第4102页；《元稹集》卷四〇《制诰（序）》；《通典》卷三三《职官十五·郡太守》，第909页。

视事者，常用此名目。唐代前期即有不少以诸州上佐等官"知州事"的例子。中期以后，有了"知府事""知州事"入衔的情况，这在河朔等地比较多见。例如德宗贞元时有"知恒府事"王士真、文宗大和初有"权知瀛州事"李振等等。大约同时，在中央正式除授职任的制诰中，出现了"权知京兆尹""权知绛州刺史""权知华阴县令"一类名衔，以"知"字冠于原官称之前，形式略有不同①。

当时，诸道使府不仅自辟僚佐，对于州县长吏等职任亦不放过，利用中央无力控御之机，自除官员摄事，有的且委以专门名义。由于这些藩镇与中央朝廷维持着一种若即若离的关系，"须借朝廷威命以安军情"，因此，他们举奏委派的州郡长官，只称之为"摄某州事"或"权知某州军州事"，而不正式称为刺史。

僖宗时，服务于淮南节度高骈麾下的崔致远，主行文书事务，在《桂苑笔耕集》中，有他当时起草的奏状及除授墨敕等等。其中，卷四载"奏杨行敏知庐州军州事"状，卷一三有"授高霸权知江州军州事"墨敕牒词。这些被任用为权知军州事者，多是立有战功的军将。

五代十国时期，"权知军州事"等职任，已经十分普遍，而且绝不限于五代相继统治的中原地区，在诸国控制下的南方，亦很常见。除知州事外，有知军监、知县事，甚至有知高丽国事，等等。但当时相当数量的知军州者仍属于武夫悍将之类，有时甚至是由将吏们临时推立的。

据《旧五代史·梁书·太祖纪四》，开平三年（909）七月，"商州刺史李稠弃郡西奔，本州将吏以都牙校李玫（玖？）权知州事"。由于李玫（玖？）并未获得正式名衔，故《通鉴》取《实录》说法，称之为"权主州事"。又据《太祖纪六》，乾化元年（911）二月，蔡州将吏奉顺化军指挥使王存俨为主，朱温绥抚其众，即命存俨以"权知军州事"之职。

---

① 参见《唐会要》卷六八《刺史上》、卷六九《刺史下》；《全唐文》卷二一四《唐故朝议大夫梓州长史杨府君碑铭》；《旧唐书》卷一三《德宗纪下》，第379、380页；《房山石经题记汇编》三，书目文献出版社1987年版；《元稹集》卷四六、四七；《权载之文集》卷一六，四部丛刊初编本。

五代各中央政权惩诸道武夫专横之弊，在加强集权的过程中，渐以朝臣（特别是文臣）带本官出典州郡，并制订政策，鼓励朝臣外任[1]。后晋司徒诩历知许、齐、亳三州事[2]；开运元年（944），给事中边光范权知郑州，后周广顺初又知陈州[3]；嗣后，如将作监李琼先后知亳州、陕州军州事，显德中昝居润历知青州、凤翔、河中与开封府事[4]等等，不一而足。

"权知军州事"等类名衔，本用来表示属于过渡性质的临时职务；这一职务逐渐演变为相对固定的差遣职任，即如顾炎武所说，"以权设之名为经常之任"[5]，用了从晚唐到宋初百余年的时间。

广顺三年（953），赏武平军留后刘言、节度副使王逵等攻收湖南之功，将王逵"权知潭州军州事"职衔进改为"行潭州刺史"[6]。这时，显然仍认为刺史地位稍高，是"即真"后的一种正式职衔。显德元年（954），以武安军节度副使、知潭州军府事周行逢为鄂州节度使、知潭州军府事，加检校太尉；次年，以左谏议大夫、权知开封府事王朴为左散骑常侍、充端明殿学士，依前权知开封府事[7]。看来，在当时，知军州、军府事之类差遣，开始成为相对稳定的职任，文武任职者迁转之际，有时可以只升陟其职事官或检校官，而继续充职如故。不过，直到北宋开宝五年（972），当太祖赵匡胤与赵普、辛仲甫谈及文臣出领大藩问题时，他心目中的州郡最高长官仍是"刺史"，而非"知军州事"[8]。这恰恰表明，"知军州事"制度不是赵匡胤们预先设计好统一向全国各地推行的，而是在由个别到普遍的实施过程中得到了肯定。他们在委派朝官外任、剥夺藩镇之权的同时，戒备着朝官们分权、渎职的可能，不欲轻授以"牧伯"名位。

① 《五代会要》卷一三《起请杂录》，第166页。

② 《旧五代史》卷一二八《司徒诩传》，第1692页。

③ 《宋史》卷二六二《边光范传》，第9079、9080页。

④ 《宋史》卷二六一《李琼传》，第9032页；卷二六二《昝居润传》，第9056页。

⑤ 《日知录集释》卷九《知州》。

⑥ 《旧五代史》卷一一二《周书·太祖纪三》，第1487页。

⑦ 《旧五代史》卷一一五《周书·世宗纪二》，第1535页。

⑧ 《长编》卷一三"开宝五年"叙事条，第293页。

"知州军事"职衔，正是适应这种需要固定下来的。

五代至宋，中央委派朝官出知州军，主要是针对节镇势力的。当时的节镇，就其与中原朝廷关系而言，有公开对抗和大致顺服两种类型。

对于悖逆类型的藩镇，通常以武力平定，"凡下州郡，即命朝臣领之"①。后周广顺中，平慕容彦超反叛，即命端明殿学士颜衍权知兖州军州事②。北宋建隆元年（960）冬，平淮南节度李重进，即以宣徽北院使李处耘权知扬州③。

在宋初统一过程中，亦采取这种方式。乾德元年（963）春，对荆湖用兵之后，即派户部侍郎吕余庆权知潭州，给事中李昉权知衡州，枢密直学士、户部侍郎薛居正权知朗州，又以王仁赡权知荆南军府事④。当时，荆南、潭州、朗州"管内文武官吏并依旧"，而命刑部郎中贾玭等通判湖南诸州，此后更明确规定"应诸道州府公事，并须长吏、通判签议连书，方得行下"⑤。至开宝年间（968—976），通判已经在各地普遍设立了。

对于基本依从的藩镇，中央主要是采取限制步骤。一方面要求他们向中央申报阙员，而不许自行差摄；另一方面俟其去职，州府出阙，时或继以朝臣权知。后周广顺二年（952）底，符彦卿自青州改天平节度使，即由阁门使、知青州军州事张凝典领州务⑥；符彦卿自天平移镇大名，又以皇城使吴廷祚权知郓州⑦。广顺三年初，延州节度高允权卒，其子绍基欲求继袭，朝廷则派客省使向训知延州军州事⑧。北宋建隆元年（960）七

---

① 《宋会要辑稿·职官》四七之三。
② 《旧五代史》卷一一二《周书·太祖纪三》，第1481页；《资治通鉴》卷二九〇"广顺二年五月丁丑"条，第9478页。
③ 《长编》卷一"建隆元年十一月乙丑"条，第29页。
④ 《长编》卷四"乾德元年三月庚午"条，第87页；"四月乙酉"条，第88页；"四月丙午"条，第90页；"六月丁酉"条，第95页。
⑤ 《宋会要辑稿·职官》四七之五八。
⑥ 《旧五代史》卷一一二《周书·太祖纪》，第1486页；《资治通鉴》卷二九一"广顺三年正月丙辰"条，第9488页。
⑦ 《宋史》卷二五七《吴廷祚传》，第8947页。
⑧ 《宋史》卷二五五《向拱传》，第8908页。

月，成德节度使郭崇入朝，以宣徽南院使昝居润权知镇州；四年夏，凤翔节度王景卒，两天后，即派尚书左丞高防权知凤翔府①。

当时，节度使多兼治所州刺史，节度在镇时，该州一般不并设"知军州事"，以避免朝臣与方镇发生直接的争权冲突。比较明显的例证是，"建隆四年，襄州节度慕容延钊征湖南，以〔太常卿边〕光范权知州事……是冬郊祀，召还。会延钊卒，复知襄州"②。同年，"贝州节度使张光翰来朝，遣〔给事中刘〕载权知州事。光翰归镇，载还，知贡举"③。这大致上如李焘在《长编》卷六所说："时方镇阙守帅，稍命文臣权知。"与此同时，支郡亦渐以朝官权知。这种从节度使兼领刺史制向朝官出知州军制转变的方式，使得权力过渡比较平稳。

经过十数年的经营，太祖末年，诸道之内，京朝官知州、通判已经普遍设立。太宗即位，监司受命"以三科第其能否"，以便大行诛赏④。此时，罢天下节镇领州郡的时机已经成熟。于是，太平兴国二年（977），太宗采纳李瀚建议，

> 诏邠宁泾原鄜坊延丹陕虢襄均房复邓唐澶濮宋亳郓济沧德曹单青淄兖沂贝冀滑卫镇深赵定祁等州并直属京。天下节镇无复领支郡者矣。⑤

事实上，此处列举的39州中，有近半数是节度所在州，而非严格意义上的"支郡"。而即便在这一措施之后，节度使仍有直接治理本镇驻节州府者。节度使"皆不签书钱谷事""其事务悉归本州知州、通判兼总之"⑥的制度，到真宗时才最终全面确定下来。

---

① 《长编》卷四"乾德元年五月辛酉"条，第91页。

② 《宋史》卷二六二《边光范传》，第9080页。

③ 《宋史》卷二六二《刘载传》，第9081页。

④ 《长编》卷一七"开宝九年十一月庚午"条，第385页。

⑤ 《长编》卷一八"太平兴国二年八月戊辰"条，第411页。

⑥ 《宋会要辑稿·职官》四七之一；《宋史》卷一六六《职官六》，第3946页。

总之，在经过长期乱离之后，统治者在实施"列郡以京官权知"的政策时，是十分审慎的。北宋开国后，第一批被委以"知军州事"的朝官，仍然是一个个被分别派往或用兵地带，或新复区域，或节度调任出阙处的；其后，逐渐普遍于诸州施行，知州军者文武参用，而以文臣为主。对此，宋太祖曾表白自己的意图说："朕今选儒臣干事者百余，分治大藩，纵皆贪浊，亦未及武臣一人也。"①

《宋会要辑稿·职官》四七之一"判知州府军监"条说：

> 周朝州镇有阙，或遣朝官权知。太祖始削外权，牧伯之阙止令文官权知莅。其后文武官参为知州军事。

短短两句话背后，隐藏着无数复杂错综的内容，正是这种种曲折，布成为唐末至宋初百年间政治历史舞台上丰富多彩的场景。

京朝官知县事的制度，也是在北宋初年确立的。据《长编》卷四"乾德元年（963）六月庚戌"，

> 命大理正奚屿知馆陶县，监察御史王祜知魏县，杨应梦知永济县，屯田员外郎于继徽知临清县。常参官知县自屿等始也。时符彦卿久镇大名，专恣不法，属邑颇不治，故特选强干者往莅之。

在这段记载之后，李焘有一段考证文字：

> 诸书皆言京朝官知县自奚屿等始。按《实录》建隆二年十一月己丑，以祠部郎中王景逊为河南令，职方员外郎边珝为洛阳令，左司员外郎段思恭为开封令，驾部员外郎刘涣为浚仪令，代卢辰、张文遂、边玕、宋彦升等。不知何故诸书乃言知县始此。岂"令"与"知县"不同乎？当考。

李焘的推测是有道理的。派朝官出任赤畿及要剧县令的做法前代已有。后

---

① 《长编》卷一三"开宝五年"叙事条，第293页。

唐清泰时，明令两使职官、畿赤令长，选取郎中、员外、补阙、拾遗等官担任①。后汉乾祐时，高防自屯田郎中改浚仪令；后周显德中，董枢以左补阙迁浚仪令②等皆是。这种更迭出入的任官方式，对于沟通中央与地方的联系，有着不可低估的作用。但与此同时，却给铨选工作带来了一些麻烦。这主要是因为，升朝官与州县官，身份高下迥异，职任的内外调易，往往造成其地位、待遇的不同。这个问题如不解决，势必伤害外任官员的治事积极性。

《五代会要》卷二二《吏曹裁制》记载了这样一件事：以前身为升朝官的李批，被派往郓州任卢县令，后唐长兴二年（931）卸任归阙，赴铨参选。对于他是否需要按州县官格例守选，产生了不同意见。分歧的关键在于，衡量他目前身份的基准，究竟应该是其"前任"升朝官，抑或是其"今任"州县官。这种问题必须从制度上予以解决。

"知县"制度的出现，较好地解决了这一问题。"知县事"与"知军州事"一样，都是由京朝官带本职事官赴外任差遣；转迁之际，可以升陟其"官"而不易其任。有时甚至直接加县令以京朝官衔，而知县事。建隆初，侯陟为宛句令，以清干著称，次年擢为左拾遗，仍知县事③；乾德初，以泾城县令段滔为国子博士，知县事如故④。

宋太祖派奚屿等出知剧邑的诏令中，说"特选士于朝行，断自朕心，以重其事"⑤。这时的知县，还是临时委派的，尚未列为差遣系统中的一级资序，亦不经吏部拟任除注。资序系统的形成与相对固定化，主要是宋太宗与真宗时期的事。

唐五代以来，临时差遣职任的增多，使任事者所带官衔与所任职事的分离日益普遍，出现了所谓"职事官系统阶官化"的趋势。这种状况，是

① 《全唐文》卷一一三《选京员为两使判官、畿赤县令诏》。
② 《宋史》卷二七〇《高防传》，第9260页；《董枢传》，第9278页。
③ 《长编》卷二"建隆二年八月甲寅"条，第53页；《宋史》卷二七〇《侯陟传》，第9273页。
④ 《长编》卷四"乾德元年七月壬戌"条，第98页。
⑤ 《宋会要辑稿·职官》四八之二五。

在制度令文不适应现实变化、用人权力分散的情势下发展起来的。而原职事官固定为阶官系统，并与差遣实职更为彻底地分离开来，则是在北宋集中用人权力、加强治事机构效能的努力中实现的。

五代末年，后周的中书舍人窦俨向世宗上疏，建议由宰臣推举辅相，并提出：

> 〔若〕陛下向不知名，或官品未称，则令以本官权知政事……如能兴利除害、献可替否、进贤才、退不肖，则迁其官，加其秩。官高者则受平章事，未高者但循资而转，且令权知。如其非才，即便守本官，罢知政事，让其举主。①

在这段话里，窦俨将高层官员任用中，"本官"所应起的作用表达得十分清楚。

就普通官员而言，窦俨一方面在《陈政事疏》中尖锐批评"今朝廷多士，省寺华资，无事有员，十乃六七，止于计月待奉，计年待迁"，一方面提出了疏导"有员无事者"任职流向，增重外任"益国利民"②的主张。据说周世宗"览而善之"③，却未及全面实行。

应该说，此时的士大夫已经不再局限于唐代后期陆长源等人的认识水平上了。他们开始另寻出路，并且已经意识到充分利用本官（原职事官）的安定作用、调节作用，而另建一套差遣治事系统的可能性与必要性。

北宋初期，大批京朝官外任，"由是内外所授官多非本职，惟以差遣为资历"④。三省六部官员不理本司职事的状况，已被承认下来，并有了进一步的发展，"事之所寄，十亡二三……居其官不知其职者，十常八九"，真所谓"宋承唐制，抑又甚焉"⑤。

① 《全唐文》卷八六《上治道事宜疏》。
② 《宋史》卷二六三《窦俨传》，第9096页。
③ 《通鉴》卷二九三"显德四年九月"条，第9672页。
④ 《宋史》卷一五八《选举志四》，第3695页。
⑤ 《宋史》卷一六一《职官志一》，第3768页。

这恰恰体现出北宋决策人物的高明之处。他们看到隋唐以来的散官系统，至此除"粗系服色"外已很少再有标志身份的意义；三省六部职事官系统被诸多使职抽取了职事，空余序位之官称。他们继承了前代遗留的既成局面，却舍弃了唐代后期以"官"为中心的调整思路，不再把"官复其职"作为整顿的目标；而从原有窠臼中超脱出来，因势利导，以"所任之事"为中心，依事任设阙名，索性以原职事官体现官员待遇及地位，而另建有效能的治事体系，从而形成了"官以寓禄秩、叙位著，职以待文学之选，而别为差遣以治内外之事"的设官分职制度。

宋初在整理任官制度时，体现出浓厚的务实色彩，比较妥帖地解决了眼前矛盾，顺利平稳地实现了用人权力的转移，同时亦使"官"与"差遣"的分离固定下来。当时的本官系统利用了原职事官的称谓头衔，官与差遣的分离，表现为职事官名衔与其职事的分离，因而造成了宋代官制中纷繁复杂、名实不侔的现象，在赵宋统治稳定之后不久，即受到朝野人士的批评。要求"正名"的呼声，终于导致了宋神宗时期以"以阶易官""台省寺监官实典职事"为主要内容的"元丰改制"。唐中叶至此三百余年间，任官制度历经冲击、变更与整理，走过了一个大的"之"字形。

*原载《北京大学学报（哲学社会科学版）》1990年第2期

（选自邓小南《朗润学史丛稿》，中华书局2010年版）

"武选官"
——在文官与军职之外

赵冬梅

　　本文的主题是北宋的武选官。那么，武选官究竟是一些什么样的官员呢？仁宗庆历二年（1042）十一月至三年四月，范仲淹担任陕西四路都部署、经略安抚兼缘边招讨使，负责经制边防，抵御西夏。这期间，他曾经向朝廷奏荐15名"边上得力材武将佐"。这15个人的名单如下：

　　　　第一等：泾原路部署狄青，有度量，勇果，能识机变。
　　　　　　　　鄜延部署王信，忠勇敢战，身先士卒。
　　　　　　　　环庆路权钤辖、知环州种世衡，足机略，善抚驭，得蕃汉人情。
　　　　　　　　环庆路钤辖范全，武力过人，临战有勇。
　　　　第二等：鄜延路都监周美，谙练边情，及有勇武。
　　　　　　　　知保安军刘拯，[①]有机智胆勇，性亦沉审。
　　　　　　　　秦凤路都监谢云行，勇力有机，今之骁将。
　　　　　　　　延州西路巡检使葛宗古，弓马精强，复有胆勇。
　　　　　　　　鄜延路都监谭嘉震，勇而有知，战守可用。
　　　　　　　　泾原路都监黄士宁，刚而有勇，可当一队。
　　　　　　　　鄜延路钤辖任守信，能训练，有机智。

---

① 原文作"知保安州军"，保安为军，州是衍文。刘拯知保安军，见〔宋〕李焘：《续资治通鉴长编》（以下简称《长编》）卷一三八"庆历二年末"，中华书局2004年版，第3330页。

　　泾原路都监许迁，训练严整，能得众情。

　　秦凤路钤辖安俊，勇而有辩，仓卒可使。

　　环庆路都监张建侯，知书戢下，可当军阵。

　　鄜延路都监张宗武，精于训练，可备偏裨①。

泾原、鄜延、环庆、秦凤四路，是宋朝为抵御西夏在陕西所划分的四个战区。路分部署、钤辖、都监和巡检使都是边防军将领。部署、钤辖、都监是简称，全称应当在前面加"驻泊兵马"字样，比如泾原路驻泊兵马部署、鄜延路驻泊兵马钤辖、秦凤路驻泊兵马都监。环州（治今陕西环县）和保安军（治今陕西志丹县）皆是边防战略要地，两处的知州（军）也是边防将领。部署、钤辖、都监、边州知州（军）、缘边巡检等等，构成了北宋王朝赖以抵御外侮、维护国家安全的重要力量，是武选官最重要、最具指标性的职位体系；当然，话又说回来，边防统兵官并非武选官群体职业形象的全部。

　　能够被范仲淹称许为"边上得力材武将佐"的，是武选官中最优秀的那一部分。更多的普通武选官基本无缘进入边防统兵官行列，他们官僚生涯的大部分时间都消磨在"掌茶盐酒税、场务、征输及冶铸之事"②的监当类职位上。比如，卒于庆历元年（1041）的薛塾，恩荫出身，一生做过的职位如下："初监曲沃县酒税"，"又监龙门县清涧木税、绛州盐酒税、河中府浮桥"，"知河池县"，继而"奉使走马承受沧州路公事"，历任通利军和陕、蜀二州的兵马都监。③走马承受于本路人情、军情，"事无巨细，皆得按刺"，是"皇帝特派、身份公开的特务"，可以由宦官担任，也可以由武选官担任。④州的兵马都监，简称"州都监"，掌本城厢军，"专督州

① 〔宋〕范仲淹：《范文正公政府奏议》卷下《奏边上得力材武将佐等第姓名事》，李勇先、王蓉校点《范仲淹全集》，四川大学出版社2002年版，第616—617页。

② 〔元〕脱脱等：《宋史》卷一六七《职官志七》，"监当官"，中华书局1977年版，第3983页。

③ 〔宋〕欧阳修：《文忠集》卷六一《内殿崇班薛君墓志铭》。

④ 龚延明：《宋代官制辞典》，中华书局1997年版，第444—445页。

中奸争火盗"，①地位和重要性与边防诸路的驻泊兵马都监根本无法同日而语。大多数武选官所担任的就是监酒税一类的监当官，以及负责维护地方治安的州都监和内地巡检。

武选官不是禁军将领或者说职业军人，他们用以标志身份的，是一些特殊的阶秩符号序列。范仲淹奏状没有开列诸人的品阶，我们可以试着从其他史料中搜集补充：

（1）庆历二年（1042）十月己酉，狄青自鄜延都监、西上阁门使迁秦州刺史、泾原部署。西上阁门使与秦州刺史是狄青升迁前后的两个品阶。②

（2）同样是在庆历二年十月己酉，王信自鄜延钤辖、西京作坊使·贵州刺史迁保州刺史、鄜延部署。③王信的品阶，前为西京作坊使·贵州刺史，后为保州刺史。

（3）庆历元年，种世衡的职位是知青涧城、鄜延都监，品阶是供备库副使；二年春，在范仲淹的极力推荐下，他改任知环州，品阶迁至洛苑副使。在范仲淹奏状中，种世衡的职位是环庆路权钤辖、知环州。应当就是在得到奏荐之后，他"转正"成为环庆路钤辖，品阶也迁至东染院使。④

（4）庆历二年五月庚申，时任环庆路都巡检使的范全由左骐骥副使迁宫苑副使。十月间，已经升任环庆都监的范全赴京，获得仁宗的亲切接见，"迁礼宾使·荣州刺史、环庆钤辖"。⑤

（5）周美先以供备库使任延州兵马都监，因功迁文思使、改任知保安军，又改（延州）东路巡检使，庆历二年四月，以功迁右骐骥使，后升任鄜延路都监。范仲淹奏状在列举周美功状之后，还有一行小字，是对周美的迁擢意见："其人累有功劳，欲乞特加遥郡刺史。"周美因此得加贺州刺

---

① 〔宋〕穆修：《河南穆先生集》卷三《静胜亭记》，四部丛刊本。
② 《长编》卷一三八，第3310页。
③ 《长编》卷一三八，第3310页。
④ 《长编》卷一三四，第3188、3191页；《宋史》卷三三五《种世衡传》，第10743页。
⑤ 《长编》卷一三六，第3265页；卷一三八，第3310—3311页。

史，他的品阶成为右骐骥使·贺州刺史。①

（6）谭嘉震，庆历二年五月，时任柔远寨主，立大功，品阶由内殿承制迁供备库副使。②

（7）安俊在秦凤路钤辖任上的官阶是礼宾使。③

（8）谢云行在秦凤路都监任上的官阶不详。庆历元年，时任右班殿直、西京等处都巡检使的谢云行获得了阁门祗候的加衔，右班殿直·阁门祗候是他的品位标志。④

上面这些品位标志可以分为四类：第一，右班殿直、内殿承制、供备库副使、洛苑副使、东染院使、供备库使、文思使、右骐骥使、礼宾使、西京作坊使、西上阁门使属于武选官阶，简称"武阶"，是武选官最核心的品位标志符号。第二，阁门祗候，属于"阁职"，是低级武选官的加衔，一般不"单行"，⑤能够带阁职是一种荣誉和肯定，可以加速升迁。第三，右骐骥使·贺州刺史、礼宾使·荣州刺史、西京作坊使·贵州刺史这一类与武阶伴行的刺史，属于"遥郡"。遥郡以刺史为最低阶，向上有团练使、防御使、观察使和节度观察留后，共五阶。遥郡不单行，武选官带遥郡，目的是处资深、增俸禄。第四，"单行"的刺史，比如泾原路部署狄青所

---

① 《宋史》卷三二三《周美传》，第10457—10458页。《长编》卷一三五，第3238页。

② 《长编》卷一三六，第3256页。

③ 《宋史》卷三二三《安俊传》，第10467页。

④ 《长编》卷一三二，第3153页。

⑤ 《长编》卷五二"咸平五年六月丁丑"条（第1137页），有麟州知州、阁门祗候卫居实，壬辰日（第1139页）因功迁供备库使。此阁门祗候，龚延明先生以为是作为武阶单行者。其实不然，根据《长编》卷四五"咸平二年十二月丁卯"条（第971页），卫居实自左侍禁·阁门祗候迁供奉官，按照宋朝迁官的惯例，他应当"依前阁门祗候"。单独出现不等于单行。龚先生做此判断的依据是《宋史》卷一五八《选举志四》（第3701页）"迁秩之制"中的"其内职，自借职以上皆循资而迁，至东头供奉官转阁门祗候，阁门祗候转内殿崇班，崇班转承制……"（龚延明：《宋代官制辞典》，第590页。）这一记载非常明确，但显然与史料中所能观察到的迁转实例不符。笔者大胆推测，这条记载倘若无误，则可能是一时之制，并未久行。《长编》卷九〇，天禧元年（1017），向敏中言阁门祗候"今踰数百而除授未已"，阁门祗候的泛滥不知是否与《选举志》所载制度有关？真宗随即表示"当渐减省之"，可能《选举志》所载制度就此结束？（第2078页）

带之秦州刺史，鄜延部署王信所带保州刺史，属于"正任"，是武选官向上的攀升梯级。正任六阶，刺史之上，还有团练使、防御使、观察使、节度观察留后、节度使。带遥郡武选官"除落阶官"，进入正任武官序列，是身份地位的极大提高。

但是，能不能说"凡用武阶标志身份的官员就是武选官"呢？很遗憾，不能。原因很简单，武阶、遥郡、正任这一系列阶秩标志体系，是武臣与宦官"通用"的。[①]事实上，范仲淹所奏举的这15名"边上得力材武将佐"当中，就至少有一人可以认定为宦官——鄜延路钤辖任守信。欧阳修作有"西京左藏库使、内侍省内侍押班任守信可遥郡刺史，依旧鄜延路驻泊兵马钤辖制"，内侍省押班是毫无疑问的宦官职衔。[②]宋朝的宦官与武选官在职任和品位标志符号上有许多相似之处。[③]在很多场合，如果史料中没有诸如"内侍省押班"这样明确的提示，区分宦官与武选官并不是一件容易的事。关于宦官的品位与职位，需要专门细致的研究，非本书可以承载。本书所能做的，只是提醒读者武阶使用的复杂性，并在必要的时候尽量甄别宦官。甄别的方法，一是查阅《宋史·宦官传》，一是利用电子史料索引的强大功力，力求全面搜集该人履历，寻找明确提示。这是个史料数据化时代的笨办法。将宦官因素考虑在内，或者可以这样说：凡用武阶标志身份的非宦官，就是武选官。

了解了职位特点与品位标志之后，接下来需要考察的，是武选官的入仕途径。让我们再次回到范仲淹奏状所提供的分析样本。15位"边上得力材武将佐"，去掉一个宦官，剩下14名武选官，出身已知者可以分为四类：

---

① 龚延明：《宋代官制总论》，《宋代官制辞典》，第32页。龚先生原文是"武阶为武臣与内侍通用"，此"武阶"概念与本文不同，其范围包括本文所定义的武阶、遥郡和正任。
② 《文忠集》卷七九。
③ 关于宦官统兵，请参柳立言：《以阍为将：宋初君主与士大夫对宦官角色的认定》，宋史座谈会编辑《宋史研究集》第26辑，（台北）编译馆1997年版，第249—305页。关于宦官在中央事务机构中的作用，见本书（即《文武之间：北宋武选官研究》）第七章第一节。

第一，恩荫出身，比如安俊。他的祖父官至高州团练使，"仁宗为皇太子，俊以将家子、谨厚，选为资善堂祗候。及即位，补右班殿直，累迁东头供奉官、阁门祗候，为环州都监"。①像安俊这样出身武臣勋旧家庭，又与皇帝有"潜邸攀附"之旧的，在武选官中虽是少数，但大多能混至上层。当然，欧阳修笔下那位一生混迹监当、州都监的薛塾也是恩荫出身，以荫"补三班借职，九迁内殿崇班"②。

第二，禁军军人选拔换授，比如许迁。康定元年（1040），宋夏边境战事正酣，二月乙巳，"诏选殿前诸般材勇者赴陕西极边任使"。三月乙亥，"擢诸班殿直卫士有材武者二十九人，散直都虞候王逵授宫苑使、昌州刺史，东西班指挥使许迁为供备库使"。③东西班在诸班直中排行第九，是禁军最精锐的骑兵部队之一，属于皇帝近卫。④许迁自"东西班指挥使"改供备库使，其身份和统属关系便从禁军军职系统转换到武选官系统。周美、狄青也是军人出身。⑤

第三，武举出身。张建侯是天圣八年（1030）的武举第一名，后世俗称"武状元"。天圣八年的武举一共就取了8个人。⑥武举的录取规模、"武状元"的风光，都无法与文科举相比。这14人里头能有一名武举出身者，大概只好用"巧合"来形容。

第四，文官换授，比如种世衡。他用叔父种放的荫补将作监主簿，本来是个文官，一直做到卫尉寺丞、签书鄜州判官事，适逢"西边用兵，守备不足"，他建议修筑青涧城，"朝廷从之，命董其役"，青涧城修好了之后，种世衡"迁内殿崇班、知城事"，从文官换到武选官。⑦

综上所述，我们也许可以这样定义武选官：他们是以武阶标志品位的

① 《宋史》卷三二三《安俊传》，第10467页。
② 《文忠集》卷六一《内殿崇班薛君墓志铭》。
③ 《长编》卷一二六，第2978、2987页。
④ 《宋史》卷一八七《兵志一》"诸班直资次相压"，第4578页。
⑤ 《宋史》卷三二三《周美传》，第10457页。狄青事迹，本书第四章第一节有详细考述。
⑥ 〔清〕徐松辑：《宋会要辑稿·选举》一七之六，中华书局1957年影印本。
⑦ 《宋史》卷三三五《种世衡传》，第10742页。

官僚群体，主要分布在边防统兵官、地方治安维护体系以及监当管库等职位上，参与统兵并因此获得武官的身份认同。武阶是武选官最核心的品位标志，获得武阶的途径有恩荫入仕、军班换授、武举以及流外入流、文官换授等等。定义所强调的，是武选官的自身特征。那么，武选官与传统武官之间究竟有什么不同？武选官与文官之间的关系如何？武选官的出现对于宋代官僚群的结构产生了怎样的影响？

一、武选官的"内职"属性

"武选"之称，见《宋史》卷一六九《职官志九》："国朝武选，自内客省至阁门使、副为横班，自皇城至供备库使为诸司正使，副为诸司副使，自内殿承制至三班借职为使臣。元丰未及更。政和二年（1112），乃诏易以新名，正使为大夫，副使为郎，横班十二阶使、副亦然。"同卷又有："武阶旧有横行正使、横行副使，有诸司正使、诸司副使，有使臣。政和易以新名，正使为大夫，副使为郎，横行正、副亦然，于是有郎居大夫之上。至绍兴，始厘正其序。"据此，在宋人的官制概念中，"武阶"与"武选"基本同义。细忖其别，则"武阶"偏指阶秩本身，"武选"泛指以此阶秩升降黜陟之人与事。本文在使用这两个词的时候，将遵循这一界定。

武选官与传统武官之间最显而易见的差别，就体现在武阶名称上。武阶分为横班、诸司使副和"使臣"三段，横班、诸司使副均以使、副使为名，每一使都有相对应的副使，"使臣"则包括内殿承制、内殿崇班、供奉官等名目，其细节构成见附表。"文官郎、大夫，武官将军、校尉，自秦汉以来有之"，[①]而"宋朝武选之称"，用的却是"使""副使""使臣"这一类看上去与金戈铁马毫不相干的名号。倘若要"顾名思义"的话，染院使、副使理应是管理染坊的，宫苑使、副使应当是皇家宫苑的管理者，

---

① 〔宋〕洪迈：《容斋续笔》卷一一，洪迈撰，孔凡礼点校：《容斋随笔》，中华书局2005年版，第352页。

礼宾使、副使自当负责礼宾事务，西京作坊使则应在西京洛阳掌管作坊，内殿承制、崇班倒像是在皇帝跟前跑腿传话儿的人，然而，带着这些头衔的人却是实实在在的边防统兵官，是范仲淹所倚重的"边上得力材武将佐"。

宋朝抛弃历代相承的将军、校尉之号，而以上述官名标志武人阶秩，表面看上去纯属名不副实。可是，相当多的宋朝士大夫却不这样认为。宋神宗改革官制，力图恢复《大唐六典》所描绘的官僚制度，孜孜以正名为念，而"元丰董正官制，如武臣，始议易将军都校尉之号，竟独依旧不复更"。①宋徽宗改正使、副使、"使臣"之称为大夫、郎，冠以"武""卫""忠""义"等美名以志其武官身份，自以为名正言顺，却被南宋的王栐批评为"正名不当"："若武臣横行、正副使之称，与承制、崇班、供奉、侍禁、奉职、借职、差使、借差，非名之不正也。政和乃悉易以大夫、郎之称，此岂被坚执锐、驰骤弓马者之所宜称乎？"②王栐批评政和武官新阶"名不正"，主要是反对以"郎""大夫"之名处武人。南宋洪迈的《容斋随笔》亦持此论。③严格说来，这种批评犯有只知隋唐、不论秦汉的错误，其实，汉代的郎官本来就是卫士的名称。但是，王栐、洪迈认为政和以前的武选旧称"非名之不正"，却自有其道理。

《容斋随笔》又说："政和中……欲以将军、校尉易横行以下诸使至三班借职，而西班用事者嫌其途辙太殊。"④"途辙太殊"一语道破了武选官与传统武官的"出身"差异：唐代前期府兵制下的武职事官，自十六卫大将军以下，都是军队的管理者和指挥者。而宋代的武选官，就其"出身"而言，本来就不是军官，而是皇帝的"家臣"，是"内职"。横班及诸司使副的前身是晚唐至宋初的"诸使"，其中包括唐末宦官"内诸司使"。诸使及其下属机构向皇帝和宫廷提供饮食、医药、礼宾通进、宴会张设等方方

---

① 〔宋〕王得臣：《麈史》卷一"官制"。
② 〔宋〕王栐撰，诚刚点校：《燕翼诒谋录》卷四，中华书局1981年版，第38—39页。
③ 《容斋续笔》卷一一，《容斋随笔》，第353页。
④ 《容斋续笔》卷一一，《容斋随笔》，第353页。

面面的服务。"使臣"则是皇帝身边的低级武人侍从。诸使和"使臣"都属于一个通称"内职"的官僚群体。

"内职"的得名，盖取"在内廷充职"之意，因此又称"廷臣"。内职"任寄腹心，职居近侍"，[①]属于内朝臣僚。当然，诸使和"使臣"并非"内职"的全部。"枢密、宣徽、三司使副、学士、诸司而下，谓之'内职'。"[②]晚唐五代，中央对地方的控制力度减弱，中央政府职能萎缩，皇帝试图直接掌握有限的权力，越过旧有的中央政府机构和决策机制，转而依靠自己身边的谋士和办事人员，直接处理政务军机。这批谋士和办事人员就是内职。诸使和"使臣"在内职中地位最低，其自身职掌无关军国大计，按制度不掌握任何重要的资源和权力。但他们在皇帝身边服务，靠近最高权力，又往往出身于皇帝霸府或者潜邸，深得信任，因此常常受命出外，作为皇权的代表，或传达密命，或监临（进而统领）军队。五代时期，无论是在集合了禁军和藩镇兵的大规模军事行动单位——行营中，还是在为加强地方治安派出的小股军队中，都有诸使与"使臣"的存在。这种存在，既是对包括禁军和藩镇在内的职业军人的监督牵制，也可以对临时组成的武装力量加强领导。而频频活跃在各种临时军事行动单位中的诸使和"使臣"，实际上已参与军队的管理，并因此获得了武官的身份认同；但其统属关系和正式职位都在首都，在皇帝身边；他们的差遣名目也不止统兵一类，所以只能算是"业余的"统兵官。诸使和"使臣"的这一特征为武选官所继承。

宋代的官方用语仍然以"内职"指称武选官。太宗朝，赵普罢相出为西京留守，次子六宅使赵承煦奉诏随侍，"不落班行，仍支俸给"，王禹偁

---

① 佚名：《宋大诏令集》卷九四《责田仁朗诏》"雍熙二年四月"，中华书局1962年校点本，第345页。

② 《宋史》卷一六一《职官志一》"总序"，第3769页。《旧五代史·职官志》以"内职"为总名，载录了枢密使、宣徽使、建昌官使、延资库使、租庸使、三司使以及金銮殿大学士、端明殿学士、翰林学士等官职的设置情况。〔宋〕薛居正等：《旧五代史》卷一四九《职官志》，中华书局1976年校点本，第1994—1998页。

代普作《谢宣旨令次男西京侍疾表》，有"童子何知，奉晨昏而兼内职"语。①田仁朗五代时以父任为西头供奉官，入宋，历染院副使、左藏库使、榷易使、西上阁门使、东上阁门使、判四方馆事等官，端拱二年（989）卒，史称："时内职中咸以仁朗为称首，故死之日人多惜之。"②真宗大中祥符元年（1008）二月壬寅，"三班借职王逊以父母继没，请终丧制。有司言内职居丧百日，即追出就列。上曰：'人子念其亲而愿终制，不必夺也。'"③《宋史》卷一五八《选举志四》载武选官磨勘制度，同样以"内职"代指武选官："其内职，自借职以上皆循资而迁……"至南宋，李心传仍以"内职"指称武选官，《建炎以来朝野杂记》在谈到检校官时，说："凡内职崇班（今修武郎）、武臣副率以上，初除及遇恩皆带。"④

武选官的内职"出身"不仅体现在武阶名称上，还体现在朝会仪制上。礼仪所呈现的，通常是旧秩序。那些曾经存在，但在现实中已经或者正在消亡的关系，往往可以在礼仪中找到证据。比如"武臣自殿直以上皆当赴内朝"的制度，在皇祐元年（1049）被再度重申，尽管当时的实际状况，已经是"日至殿中者无几"。⑤而"使臣""日赴垂拱殿起居"的规定，到熙宁四年（1071）才正式取消。⑥更重要的是，武选官在职任方面也继承了内职的特点——参与统兵，但又不完全是统兵官。首先，按制度，武选官初任，必须经历监当官，通过与统兵风马牛不相及的监当官积累资历，然后才可能进入统兵官的行列。一部《宋史》，几乎所有武选官的列传中都有监当经历。其次，虽然边防统兵官是武选官最具标志性的职位序列，但是武选官最大宗的职位却是监当官。最后，倘若在一个时间点上静态观察武选官的任职分布，那么，大部分人都是在监当管库。这就是武选

---

① 〔宋〕王禹偁：《小畜集》卷二三。
② 《宋史》卷二七五《田仁朗传》，第9381页。
③ 《长编》卷六八，第1526页。
④ 〔宋〕李心传撰，徐规点校：《建炎以来朝野杂记》，中华书局2000年版，第248页。
⑤ 《长编》卷一六六，第3981页。
⑥ 《长编》卷二二五，第5490页。

官的"内职属性"。

二、武选官与军职合而不融

武选官与军职合在一起，就构成了宋代的"武官"群体，[①]军职是传统意义上的武官。北宋的禁军分属于殿前都指挥使司、侍卫马军都指挥使司和侍卫步军都指挥使司（总称"三衙"），"禁军者，天子之卫兵也……其最亲近扈从者，号诸班直；其次，总于御前忠佐军头司、皇城司、骐骥院。余皆以守京师、备征戍"。[②]御前忠佐专门用于安置、储备闲散军官，皇城司负有宫殿宿卫的责任，骐骥院负责国马饲养，其下属军队性质特殊，姑且不论。诸班直以班、直为编制单位；普通禁军则以捧日、天武等嘉名区分军分，下设厢、军、指挥（营）、都等编制单位。[③]各级编制皆设有统兵之官，"军职"是其总名，《宋史·职官志》谓："殿前都校以下，谓之'军职'"，[④]都校是都指挥使的简称。[⑤]军职大者凡八等，除都指挥

---

① 宋人的"武官"概念有多种指称范围：（1）指唐武职事官，如《长编》卷二五"雍熙元年十一月丁卯"条，带鱼袋之制，"亲王、武官、内职、将校皆不带"（第589页）；（2）指武选官，如《长编》卷一七七"至和元年十月辛丑"，刘敞建议官员丁忧"武官自诸司使以上，与给全俸"（第4286页）；（3）指与文官相对的官员群体，如《长编》卷一四〇"庆历三年四月甲辰"，资政殿学士兼翰林侍读学士富弼上疏，反对范仲淹等以外任经略使带枢密副使，"恐他时武官援此为例"（第3363页）。本书用其范围最广者。又，宋人所使用的概念中，与"武官"类似者有"武臣"，然内涵变化极大，故不用。《长编》卷一〇六"天圣六年十月丁丑"，"诏武臣毋得补富民为教练使、衙内知客、子城使"（第2483页）。此武臣指正任，惟正任有奏补教练使等官的特权。《宋史》卷一七一《职官志十一》"武臣奉给"，所载"武臣"为殿前、侍卫马军、侍卫步军三衙自宣武都指挥使以下至厢军牢城副都头（第4117页）。卷一七〇《职官志十》载宋初封爵之制："文臣少监、少卿以上，武臣副率以上，内职崇班以上，有封爵。"此武臣指唐代的武职事官（第4079页）。同卷，载元丰七年致仕之制，"文臣中大夫，武臣诸司使以下致仕，更不加恩"，此武臣当指武选官，不含现任军职（第4093页）。同卷武臣荫补之制所列武臣，以职任论有枢密院长贰，以阶秩论则有正任武官以及武选官（第4097—4098页）。

② 《宋史》卷一八七《兵志一》，第4570页。

③ 王曾瑜：《宋朝兵制初探》，中华书局1983年版，第9—31页。

④ 《宋史》卷一六一《职官志一》，第3769页。

⑤ 如景德初，葛霸任侍卫马军都指挥使，《宋史》卷二八九《高琼传》称其为"马军都校"（第9693页）。

使或不常置外，曰殿前副都指挥使、马军副都指挥使、步军副都指挥使，次各有都虞候，次有捧日天武四厢都指挥使，龙、神卫四厢都指挥使，秩秩有序，若登第然；降此而下，则分营、分厢，各置副都指挥使。①军职又称员僚、军校、军员。

武选官与军职是完全不同的两类官员，其差别有三：一、军职是现役军官，隶军籍；而武选官是普通官员，不隶军籍。庆历六年（1046），有诏："自今引试武艺人，文武臣僚子孙与补班行，若诸军班即听于军籍就迁之。"②"补班行"即授初级武阶，是成为低级武选官；诸军班本隶军籍，"于军籍就迁"则是在禁军内部迁转；可见"班行"与"军籍"为两途。二、武选官以武阶标志品位；军职则是品位与职位合一，既标志身份，又表示职掌。何冠环先生曾经敏锐地观察到各指挥的指挥使以下军职"一般没有其他官衔或差遣"。③三、武选官的迁补由三班院、审官西院等选任机关负责；军职的迁补则直接听命于皇帝，由三衙具体负责，枢密院掌其名籍。据《宋史·职官志》载，殿前司、侍卫马军司、侍卫步军司的都、副指挥使、都虞候，皆掌本司诸指挥之名籍，总其迁补之政令。④军职的迁补称为"转员"，转员每三年举行一次，由皇帝亲自主持，其制始于雍熙元年（984）。其年二月初一，太宗"御崇政殿，亲阅诸军将校"，"自军都指挥使以下、员僚以上，皆按名籍验劳绩而升陟之"。亲阅军校转员，颇费时日。雍熙元年的亲阅，根据《长编》的记载，"凡踰月而毕"，而咸平三年（1000）真宗的首次亲阅，"凡十一日而毕"。⑤

军职不用武阶标志品位。此点常被忽视，即如李焘之赅博，也不无疏忽，记载有时反而不如《宋史》来得准确。比如，《长编》卷一二三，宝

① 《宋史》卷一六六《职官志六》，第3929页。

② 《长编》卷一五八，系于春正月壬申，《宋会要辑稿·职官》三二之三，系于同年五月。

③ 何冠环：《宋初三朝武将的量化分析》，载氏著《北宋武将研究》，中华书局（香港）有限公司2008年再版，第10页。该文原载《食货月刊》复刊第16卷第3、4期合刊，1986年。

④ 《宋史》卷一六六《职官志六》，殿前司职掌，侍卫马、步军司，第3927、3930页。

⑤ 《宋史》卷一九六《兵志十》，第4878页；《长编》卷二五，第573页。《长编》载太宗亲阅的范围为"自都指挥使已下至百夫长"，校以《宋史·兵志》，则"都指挥使"之上漏"军"字。

元二年（1039）三月乙卯，仁宗"阅试卫士武技，擢殿前第一班押班副都知王珪为礼宾副使，行门郝质为西头供奉官"。予人的印象，是王、郝二人只是阶秩上得到了升迁，差遣并未移易，进而使人误以为礼宾副使、西头供奉官是军职的阶秩标志符号。而《宋史》卷三二五《任福传附王珪传》则载："累迁殿前第一班押班，擢礼宾副使、泾州驻泊都监"；卷三四九《郝质传》则载："少从军，挽强为第一。充殿前行门，换供奉官，为府州驻泊都监，主管麟府军马。"据此，王、郝二人在宝元二年的人事变动，不止是升迁，而且是从禁军军职到武选官的身份转换——这种转换，宋人称之为军校"换前班"。再举一个例子，《长编》卷一二八，康定元年（1040）七月癸亥，鄜延钤辖张亢上疏言："又比来诸班、诸军有授诸司使副至侍禁、殿直者，亦有白身试武艺而得官者。"而据《宋史》卷三二四《张亢传》，张亢上疏的准确记载则是："又比来禁卫队长，由年劳换前班者，或为诸司使副；白丁试武技，亦命以官。""禁卫队长"指禁军诸班直的长官，诸司使副、侍禁、殿直属于武选官，从"禁卫队长"到诸司使副、侍禁、殿直，准确的表述方式是"换前班"，而非简单的"授"某官。梁天锡先生《宋枢密院制度》说："诸军校，改授大、小使臣，谓之换官。换官后，为使臣，非军职也"，[1]是非常准确的总结。军校"换前班"有制度可循。转员之际，"或换官，或迁将校，或再任"，[2]换官即其中一途。

武选官也可以换秩为军职。《宋史》卷二七五《刘谦传》载：刘谦"应募从军，补卫士，稍迁内殿直都知"。太宗为太子（即后来的真宗）增补东宫卫士，"授谦西头供奉官、东宫亲卫都知"。"真宗即位，擢授洛苑使"，而"谦起行伍，不乐禁职，求换秩，改殿前左班指挥使，给诸司使奉料"。[3]洛苑使为武选官，月俸二十五千；殿前左班指挥使为军职，月俸二十千。刘谦军人出身，"不乐禁职"，真宗允其回换军职，而以较高的诸

---

① 梁天锡：《宋枢密院制度》，（台北）黎明文化事业公司1981年版，第540页。
② 《宋史》卷一九六《兵志十》，第4886页。
③ 《宋史》卷二七五，第9382页。

司使俸料给之，足见荣宠。就史料所见，从武选官换军职的例子，要远远少于军职换前班的例子。究其原因，是武选官的群体社会地位高于军职。武选官身份的相对尊贵，同样也源于它的"内职"出身——它供职于内廷的"廷臣"地位，以及它作为皇权代表监临、出使的经历。环州蕃部都虞候王延顺"颇知蕃落间事，或有诉讼，辄先诣其居，官吏多询之，然后裁决"，咸平五年（1002），永兴军驻泊副都部署石普等请求授予他"供奉官兼蕃落监押"。真宗不许，理由是："延顺本部民，一旦擢为廷臣，使与本州抗礼，恐难制也。"最终，王延顺只得到了环州马步军都指挥使的头衔。①供奉官属于"廷臣"，是国家命官，可"与本州抗礼"，故真宗不愿授予少数民族首领。环州马步军都指挥使，听起来很威风，其实只是一个厢军都校，地位相当于胥吏。又，神宗时"一降羌除供奉官，即差禁军十人当直，与之控马"，导致军人怨怒。神宗为此感到不安。王安石则大不以为然，说："如此事，恐未为失。盖朝廷既令为供奉官，即应得禁军控马，如何辄敢不平？"②

军职与武选官属于不同的迁转序列，彼此间的人员交流，必经换秩而后行，这是二者分立的一面。但是，它们毕竟都是武官，不能将武选官与军职的分立看得过于僵化。

在高层，武选官与军职殊途同归，在品位和职位上都走向一致，共同构成高级武官集团。在品位方面，武选官与军职同以遥郡为加官，以正任为向上攀升的梯级。遥郡属于加官，它必须和武选官或军职结合起来，才能构成迁转梯级。横班和高阶诸司使，资深者均可加遥郡。军校"转员至军都指挥使，又迁则遥领刺史，又迁为厢都指挥使，遥领团练使"。③加遥郡的意义主要在于增加俸禄，其目的是为了安置资深而一时不获提拔的官员，增其廪禄，使安旧职。正任是独立的迁转梯级。武选官转正任，"其

① 《长编》卷五一，第1121页。
② 《长编》卷二二九，第5580页。
③ 《宋史》卷一九六《兵志十》"迁补之制"，第4877页。

横行、诸司使带遥郡防御使者，年劳至深或边功优异，即落遥郡为正任官”。①军职升迁至军、厢都指挥使后，再向上，如无空阙可补，则脱离军职系统，转为正任，进入边防统兵官序列，所谓“员溢，即从上罢军职，为正团练使、刺史之本任，或（有）[补]他州总管、钤辖”。②

就职位而言，军职最上层的“管军将校”和最高级别的边防统兵官，都需要正任资历。换言之，无论武选官，还是军校，只要获得皇帝的宠信，都有可能升至正任，出任“管军”或者边防“大帅”。“管军”指禁军最高级别的11个军职，包括：殿前都指挥使、马军都指挥使、步军都指挥使、殿前副都指挥使、马军副都指挥使、步军副都指挥使、殿前都虞候、马军都虞候、步军都虞候和殿前捧日天武四厢都指挥使、侍卫马步军龙神卫四厢都指挥使。③其中，北宋中期以后，三衙的都指挥使不常除，副都指挥使以下的管军八位，号称“八杭梯”。④管军的任免属于“事干大计”者，不在定期举行的军职转员范围之内，⑤而是由枢密院会同中书商议，皇帝亲自决定人选。⑥管军必须有正任以上品位，三衙“都指挥使以节度使为之，而副都指挥使、都虞候以刺史以上充”。⑦真宗景德二年（1005）底，管军人选变动，殿前都指挥使高琼、马军都指挥使葛霸因“老疾”解除军职，刘谦被任命为殿前副都指挥使，曹璨被任命为马军副都指挥使。其中，高琼、葛霸、刘谦皆出身军职，而曹璨则出身武选官，

---

① 〔元〕马端临：《文献通考》卷五九，中华书局1986年版，第539页上。
② 《宋史》卷一九六《兵志十》“迁补之制”，第4877页。
③ 殿前捧日天武四厢都指挥使和侍卫马步军龙神卫四厢都指挥使创于太宗端拱元年，亦属于“管军”之列。参见《长编》卷二九，第657页。
④ 《长编》卷一二九引秦兴宗《官制旧典》，第3061页，“杭梯”原作“披梯”，据《古今合璧事类备要》后集卷五四（第193页）、《山堂群书考索》后集卷四〇改。杭，指器物上的横木。《长编》一二九卷末“校勘记”22云“宋本、宋撮要本作‘杭梯’”（第3074页），疑此“杭”即“杭”，当校。
⑤ 转员的上限是厢都指挥使，《宋史》卷一九六《兵志十》，第4877页。
⑥ 《宋史》卷一六二《职官志二》，第3798页。
⑦ 《宋史》卷一六六《职官志六》，第3927页。

以恩荫补供奉官起家。①同样，边防常设统兵官系统中最高级别的武职统兵官，为一路"大帅"之职的都部署、副都部署等职位，②也要求任职者有正任资历。边防大帅又可以带管军职衔，③以增俸给，重身份。④

武选官的底层与禁军诸班直之间，也有着历史与现实的双重联系。就历史渊源而论，"使臣"本来就是皇帝的侍臣，供奉殿廷，以备驱使，其职责与禁军中"最亲近扈从"的殿前诸班直相似。二者甚至有名称相同者，比如，"使臣"有左班殿直、右班殿直，而宋朝的殿前诸班直仍有"内殿直""外殿直"。⑤或者可以这样说，五代宋初的"使臣"本来就是殿前诸班直当中地位较高、较为亲近的一群，彼此间存在身份差异，但并不绝对隔离。只是当武选官阶形成之后，武选官与军职正式成为两途，二者间的界线方始分明。就现实而言，候补武选官三班差使，按惯例皆"隶殿侍班"，而殿侍属于殿前司诸班，⑥时人"以军伍畜之，世禄之家深以为耻"。至神宗熙宁五年（1072），西上阁门使·端州防御使、新知代州李绶"乞今后应臣僚之家奏荐及诸般出职，合授殿侍、三班差使之人，如愿不带殿侍，只补三班差遣"，得到批准，"人称其便"。⑦武选官底层与诸班直间的现实联系又弱了一层。

武选官与军职在高层的殊途同归、武选官底层与禁军诸班直间的现实联系，均指向一个事实——武选官和军职都是武官，它们合在一起才构成完整的宋代武官群体。但是，在群体内部，差异始终存在，不容忽视——

① 《长编》卷六一，第1377—1378页。

② 《建炎以来朝野杂记》甲集卷一一，第228页。

③ 比如，端拱二年（989），高琼以侍卫步军都指挥使、归义军节度使出任并州马步军都部署（《宋史》卷二八九《高琼传》，第9692—9693页）。

④ 〔宋〕文莹撰，郑世刚、杨立扬点校：《续湘山野录》，中华书局1984年版，第72—73页。

⑤ 《宋史》卷一八七《兵志一》，第4585页。

⑥ 殿前司诸班之东西班，"其东第二茶酒及第三、西第四班不带甲，并以诸军员、使臣及没王事者子弟为之"（《宋史》卷一八七《兵志一》，第4585页）。《宋会要辑稿·职官》三二之一引《两朝国史志》载，殿前司有差使磨勘案，专掌"殿侍年满出职，使人到阙差入驿殿侍，诸官院下差抱笏殿侍，并磨勘奏补逐班祗应参班"。

⑦ 《长编》卷二三七，第5782页。

武选官与军职合而不融。

军班出身的武选官常常受到普通武选官的排斥。元丰元年（1078），有京东西路第七副将、供备库副使张永昌"赋性轻率，好胜自专，以将官杨珪出自军班，常凌忽之，凡有公事，不务协和"，最终遭到"降一官，与淮南远处监当"的处分。①即便是在上层，宋人对于武选官出身者和军班出身者的观感也是大不相同的。典型的例子，便是枢密院长贰的人选。军班出身者罕能获此任命，即使获得任命，也会遭到更多猜忌。仁宗时，狄青出身禁军，后换前班，以军功获升彰化军节度使，两度被任命为枢密副使，后至正使。史称其"为人慎密寡言，其计事必审中机会而后发。行师先正部伍，明赏罚，与士同饥寒劳苦，虽敌猝犯之，无一士敢后先者，故其出常有功"，②堪称一代良将。然而狄青之任枢密使，却遭到了舆论的普遍猜忌，比如翰林学士欧阳修就危言耸听地称之为天下"莫大之患"，③狄青也最终因此而罢任。表面上看，狄青是以武人任枢密使而遭猜忌的，但是，严格说来，狄青遭到猜忌的最根本原因还是他的行伍出身，他的"起兵伍登帷幄"。④早在狄青还在陕西守边的时候，就发生过类似事件。狄青因故欲杀董士廉，董大呼，以隐语谓青有谋反意图，"青闻之大惊，不敢诛。盖青起于卒伍而贵，尝有嫌疑之谤，心恶闻此语"。⑤"起于卒伍"一语，一针见血地道破了狄青的心病。曾经遭到与狄青类似命运的，还有王德用，他本来由恩荫起家为武选官，后来换授军职，在军中一步步获得提升，直至桂州观察使、侍卫亲军步军副都指挥使、权马军都指挥使。仁宗用他做同知枢密院事，遭到"人言"的攻讦，被迫去职，"而言者皆尚论公未止也"。⑥相对而言，武选官出身者却在枢密院长贰中占有不

---

① 《长编》卷二八八，第7056页。

② 《宋史》卷二九〇《狄青传》，第9721页。

③ 〔宋〕欧阳修：《上仁宗乞罢狄青枢密之任》，〔宋〕赵汝愚辑：《宋朝诸臣奏议》卷四六，第494页。

④ 《长编》卷一七二。皇祐四年六月丁亥，左司谏贾黯语，第4153页。

⑤ 〔宋〕王铚撰，朱杰人点校：《默记》，中华书局1981年版，第12—13页。

⑥ 〔宋〕王安石：《鲁国公赠太尉中书令王公行状》，《全宋文》卷一四〇九，第33册，第79页。

容忽视的比例，根据《宋史·宰辅年表》粗略统计，太祖朝8位枢密院长贰中，6人出身武选官；太宗朝新任命17位枢密院长贰，有6位是武选官出身；而真宗朝新任命枢密院长贰共20位，有8位出身于武选官。[①]

究其原因，军职是"军人"而非"官僚"，军职，特别是从士兵成长起来的军职与禁军之间存在无法割舍的血肉联系，有着共同的荣辱悲欢，易得禁军爱戴，在军中极具号召力。而宋制，"天下之兵本于枢密，有发兵之权而无握兵之重；京师之兵总于三帅，有握兵之重，而无发兵之权。上下相维，不得专制"。[②]其设官立制的本意就是要分隔握兵与调度两种权力。用军职出身者为枢密使，虽然获得任命的人在当时已经调离禁军，但是，人们却有理由担心，他们在军中的号召力会与枢密使的发兵之权结合起来，构成拥兵自重、推翻朝廷的资本。因此，尽管猜疑多属捕风捉影，军职出身的枢密院长贰也不得不罢职，"去权宠"而"辞盛满"。[③]相比之下，武选官不隶军籍，不在军中服役，是"官僚"而非"军人"，他们虽然参与统兵，甚至可以位及管军，但与军队的关系相对隔膜。因此，武选官出身者可以出任枢密院长贰，舆论不会苛责，他们本人也不必有太大的心理负担。

三、文武：两途与三途

与武官相对应的概念是文官。"良相头上进贤冠，猛将腰间大羽箭"，[④] "军国异容，文武殊用"，[⑤]相与将、文与武的分立由来已久。这种

---

① 所谓"新任命"，不包含上一朝曾经获得任命者。太祖朝6人为吴廷祚、李处耘、李崇矩、王仁赡、楚昭辅、曹彬；太宗朝6人为柴禹锡、王显、弥德超、杨守一、张逊、赵镕；真宗朝7人是周莹、王继英、韩崇训、马知节、曹利用、张旻、曹玮。参见《宋史》诸人本传。陈峰先生的《北宋枢密院长贰出身变化与以文驭武政策》中有枢密院长贰出身表，按朝代编制，资料采撷更为详细（请参看《历史研究》2001年第2期，第29—38页）。

② 〔宋〕范祖禹：《上哲宗论曹诵权马军司有二不可》，《宋朝诸臣奏议》卷六四，第709页。

③ 此余靖所作《宋故狄令公墓铭并序》对狄青罢枢密使原因的解释，用辞委婉而深得其中委屈。《全宋文》卷五七三，巴蜀书社1991年版，第14册第111页。

④ 〔唐〕杜甫：《丹青引赠曹将军霸》。

⑤ 《隋书》卷四《炀帝纪下》，大业八年诏书，第83页。

分立可以析分为三个层面：一是文人与武人在才能、气质方面的差异。文人有较高的文化修养和政策水平，长于治国安民；武人长于战斗，从事军旅之事，适于平祸乱、安边境。二是以职位为本位的文武分立。国家设官分职，以理庶政，有些职位主要为应对军事问题而设，有些职位则重在治民，与军事关系不大。以职位为本位的文武区别在西周已经出现，①它产生于管理国家事务的需要，并随国家机器的发展日渐发达。《旧唐书》卷四二《职官志一》云："职事者，诸统领曹事，供命王命，上下相摄，以持庶绩。近代已来，又分为文武二职，分曹置员，各理所掌。"唐代的职事官明确区分为文职事官和武职事官两类。三省六部及其下属机构的职位均属于文职事官；诸卫大将军以下，诸卫、率、府的统兵官属于武职事官；卫府长史等文职僚佐则仍然被归类为文职事官。三是品位的文武分立，唐代有散官，"不理职务，加官而已"，"贞观年，又分文武，入仕者皆带散位，谓之本品"，②散官明确区分为文散官和武散官两类。但是，唐代的文散官与文职事官、武散官与武职事官之间并未建立相对固定的对应关系，职事官的选任强调的是"随才录用"原则，③"或自军卫而居台省，亦由衣冠而秉节旄"，④"台省军卫，文武参掌"。⑤可以说，唐代的文武分立仍然是以职位本位为主的。

晚唐五代，随着藩镇的崛起和募兵制的展开，武人集团的成分发生变化，文武之间的才质差异演变成两个群体之间的矛盾、冲突和互相排斥。唐人明确记录了这种矛盾与冲突：武官瞧不起文官，"首一戴武弁，嫉文吏如仇雠；足一蹈军门，视农夫如草芥"。⑥文官轻蔑武人，"虽蓝衫鱼简，

① 许倬云：《西周史》（增订本），第七章《西周政府组织》第二节《金文资料中的官职》，生活·读书·新知三联书店1994年版，第206—222页。

② 〔后晋〕刘昫等：《旧唐书》卷四二《职官志一》，中华书局1975年版，第1805页。

③ 《旧唐书》卷四二《职官志一》，第1785页。

④ 〔宋〕宋敏求编：《唐大诏令集》卷一〇一，中华书局2008年版，第516页。

⑤ 《旧唐书》卷一九〇下《文苑刘蕡传》，第5074—5075页。

⑥ 《旧唐书》卷一九〇下《文苑刘蕡传》，第5075页。

当一见而便许升堂；纵拖紫腰金，若非类而无令接席"。①在宋朝士大夫对文武关系的历史回顾中，唐末五代具有划时代的意义："近世以来，文武异道，将相异材，为弊于时久矣……谓儒为文，谓卒为武，苟登之为相矣，则不复寄以军武之任，而曰此文人也，不足语以武。苟拔之为将矣，则不求以儒术之学，而曰此武夫也，不当责以文。时既择将相之具不同，人遂目文武之术为异。时之所以不得其人，人之所以不尽其用，其弊皆出于此乎！"②"朱梁、后唐以马上为治，文武之柄离而为二，文者专治笔砚，耻言军旅之事；武者狃习戈戟，罕有帷幄之谋；交相是非，坐观成败。"③

　　就在文武剧烈冲突的大背景下，文武之间的选任隔离开始形成。唐僖宗广明元年（880），有制云："入仕之门，兵部最滥，全无根本，颇坏纪纲。近者武官多转入文官，依资除授。宜惩僭幸，以辨品流。自今后，武官不得转入文官选改，所冀轮辕各适，秩序区分，其内司不在此限。"④

　　到了北宋，文武分立进一步制度化，形成了相对严格的文武分途："区分文武以官为准，而不以差遣为准。"⑤文官和武官不仅在品位上区别为两个群体，带文阶者为文官，冠武秩者为武官，而且在职位上各有分野，一部分职位只能由文官担任，武官必先换文阶方可出任，一部分职位只能由武官担任，文官必换武阶方可出任。如司马光所言，"国家沿前世故事，分文武百官为二涂，其迁次任使，皆不相参涉，有愿相移易者听之"。⑥在文武分途的制度背景下，文武两个集团之间的关系不再像晚唐五

---

① 《均文武俸料敕》，《全唐文》卷九四，第426页上。
② 〔宋〕穆修：《上大名陈观察书》，《全宋文》卷三二二，巴蜀书社1990年版，第8册第414页。
③ 〔宋〕孙何：《上真宗乞参用儒将》，《宋朝诸臣奏议》卷六四，第710页。
④ 《旧唐书》卷一九下《僖宗本纪》，第705页。
⑤ 王曾瑜：《从岳飞及其部将的仕历看南宋前期武官的升迁资序》，收入氏著《岳飞和南宋前期政治与军事研究》，河南大学出版社2002年版，第298页。原载岳飞研究会编《岳飞研究》第3辑，中华书局1992年版。
⑥ 〔宋〕司马光：《传家集》卷七七《苏骐骥墓碣铭》。

代那样紧张，但是却有了无所不在的高下之分。①

文武之间原则上允许自由换授，这就是司马光所说的"有愿相移易者听之"。文武换授分为两类，一是文官之换武，一是武官之换文。从换授风气的转变，可以察知文官与武官社会地位的升降。

宋初太祖、太宗、真宗三朝，文官换武的情况较为常见。其时，尚武之风犹存，加之烽火未熄，文官要求换武者，多有"男儿何不带吴钩"的慷慨之气。比如雍熙四年（987）五月乙丑，"以侍御史郑宣、司门员外郎刘墀、户部员外郎赵载并为如京使，殿中侍御史柳开为崇仪使，左拾遗刘庆为西京作坊使"。其时，正当宋朝进攻契丹遭遇惨败之后，"时方治兵讲武，急于将帅"，"乃诏文臣中有武略知兵者许换秩"，为内职，授边任。②柳开等俱是"儒业登科"，自愿要求为国戍边，其情可佩。

北宋前三朝的换秩案例，基本遵循自愿原则，但也有被迫换武的个案。例如，陈舜封的父亲曾经做过教坊的伶官，他本人"举进士及第"，通法律，"宰相以补廷尉属"，为大理评事。淳化五年（994），陈舜封"因奏事，言辞颇捷给，举止类倡优"，太宗"问谁之子"，他实话实说。结果太宗以为"此真杂类，岂得任清望官"，而责令其改秩为殿直。③再如，吴

---

① 有关宋代武人群体的研究，近年以来，成果颇多。比如：何冠环先生的论文集《北宋武将研究》（香港中华书局2003年初版，2008年再版）汇集了作者对北宋前三朝武将群体的分类研究，以及对曹利用、刘平、杨文广、高俅、种师道、种师中，狄青部将张玉、贾逵，狄青后嗣狄谘、狄咏等的个案研究。陈峰先生有专著《武士的悲哀——北宋崇文抑武现象透析》（陕西人民教育出版社2000年版）、《北宋武将群体与相关问题研究》（中华书局2004年版）。方震华先生的博士论文则以晚唐至宋初的文武关系为题（Fang, Cheng-hua, "Power Structures and Cultural Identities in Imperial China： Civil and Military Power from Late Tang to Early Song Dynasties（A.D.875—1063）", Ph.D.dissertation, Brown University, 2001）。伍伯常先生有《北宋初年的北方文士与豪侠：以柳开的事功与作风形象为中心》（载《清华学报》2006年第2期，第295—344页）与《北宋初年的文武界线——以出身文官家庭及文士背景的武将为例》（载浙江大学宋学研究中心编：《宋学研究集刊》第一辑，浙江大学出版社2008年版，第32—43页）。以上研究基本上都是在职位与才质差异的层面讨论文武关系与武人群体。在宋代文武关系与武人地位的大节上，笔者与诸位先生并无异议，只是希望通过对武选官制度的实证分析，细节揭示北宋文官—武选官—军职三途分立的实际存在。
② 《长编》卷二八，第637页。
③ 《长编》卷三五，第774—775页。

越钱氏的后裔钱昱，入宋授白州刺史，"昱好学，多聚书"，能著述，求换台省官，"令学士院召试制诰三篇，改秘书监、判尚书都省"。"出知宋州，改工部侍郎，历典寿、泗、宿三州，率无善政。至道中，郊祀（郊祀在二年，996），当进秩，太宗曰：'昱贵家子，无检操，不宜任丞郎。'以为郢州团练使。"①陈舜封、钱昱之被迫换武，表明太宗骨子里视武官为杂类渊薮，也透露出文武地位升沉的先机。

至仁宗朝，换授风气发生转向：第一，仍然有文官主动要求换武，但是，其动机却遭到公开质疑。乾兴元年（1022），仁宗即位未改元，"十二月丙申朔，御史中丞刘筠言'比岁京朝、幕职、州县官乞换右职，皆以父母年高，规免持服，自今须皆亡者乃听。'从之"。②庆历三年（1043）以前，武官遭父母丧，"例不解官"。③文官因为担心丁忧守制影响仕途而谋求换武，实属道德沦丧；朝廷因此规定父母双亡者才可以换武，也算是救弊有方，只是无论如何都有点黑色幽默的味道。天圣四年（1026），翰林学士承旨、兼侍读学士、工部尚书李维本来有望被提拔为枢密副使，为言者所沮，于是转而寻求换官，得相州观察使。观察使的俸禄与枢密副使同为二百千。左正言刘随就批评他"以词臣求换武职，非所以励廉节"。④

第二，恩荫原则的改变引发了低级武选官的换文高潮。仁宗天圣元年（1023）四月癸丑，诏文武官奏荫子弟者各从本资。⑤由此改变了恩荫用官不分文武的传统，确立了文官子弟荫以文资、武官子弟荫以武资的新恩荫原则。新原则颁布之后仅数月，就有下班殿侍张旦的母亲以"家传儒业"为名，为儿子要求换授斋郎。⑥"家传儒业"的要换回来，"举人入班行"的也要换回来，"克遵明诏，不堕素风"成了最冠冕堂皇的换文理由。⑦为

---

① 《宋史》卷四八〇《世家三·吴越钱氏·钱昱》，第13915—13916页。
② 《长编》卷九九，第2305页。
③ 《长编》卷一〇九，第2535页；卷一四二，第3398页。《宋会要辑稿·礼》三六之二。
④ 《长编》卷一〇四，第2403页；《宋史》卷二八二《李维传》，第9542页。
⑤ 《长编》卷一〇〇，第2321页。
⑥ 《宋会要辑稿·职官》六一之七。
⑦ 《长编》卷一〇〇，第2455页；《宋会要辑稿·职官》六一之八。

遏制换文风气，朝廷不得不于天圣七年七月下令："殿直以上，自今不得换文资。"然而，禁换诏令颁布不到一年，便被推翻。天圣八年五月，诏"今后班行委是文资之家骨肉，年二十五以上，特许改授文资"，[1]换文重新合法化了。那些不管出于何种目的换了武资的文官，同样希望子孙能以文资入仕。于是，天圣七年，有诏"文臣换右职者，听任子弟为文资"。[2]世道变了，文官在政治上逐渐成为国家的主导力量，大家都想当文官，包括武臣子弟。这种要求也得到了满足——天圣五年五月，"诏武臣弟侄子孙之习文艺者，听奏文资"。[3]宋代武官社会地位的低落已经成为事实。

第三，庆历二年（1042）文官领袖范仲淹之坚辞换武，开启了文官耻于换武的风气。是年四月，朝廷欲"以枢密直学士、礼部郎中、知秦州韩琦为秦州管内观察使，枢密直学士、右司郎中、知渭州王沿为泾州管内观察使，龙图阁直学士、左司郎中、知庆州范仲淹为邠州管内观察使，龙图阁直学士、吏部郎中、知延州庞籍为鄜州管内观察使"，范仲淹带头坚决抵制，终复旧官。[4]范仲淹的三道《让观察使表》，表达了拒换武资的决绝。第一表所提出的拒换理由冠冕堂皇，所谓"臣倘默然而受，一则失朝廷之重势，二则减议论之风采，三则发将佐之怒，四则鼓军旅之怨，五则取夷狄之轻，六则贻国家之患"。到了第三表，则以身体欠佳为托辞，甚至不惜夸大其辞，以示拒换之决心，曰："况臣懦尪之质，宿患风眩，近加疾毒，复多鼻衄，肤发衰变，精力减竭，岂堪专为武帅，以图矢石之功！此臣量力之所不能也明矣。"[5]更耐人寻味的，是韩琦的态度。"琦初拜观察使，独不辞，曰：'吾君方忧边，岂臣子择官之时乎？'及范仲淹等累辞未听，琦奏乞并罢所受，且言：'恐不知臣者谓他路辞之为得宜，臣

① 《宋会要辑稿·职官》六一之八。
② 《长编》卷一〇七，第2499页。
③ 《长编》卷一〇五，第2440页。
④ 《宋会要辑稿·职官》六一之九。
⑤ 〔宋〕范仲淹：《范文正公文集》卷一七《让观察使三表》，宋刻本。又见《全宋文》卷三六九，第9册第439—443页。

则壮年贪受禄位。'"①

文人不乐换武的风气自此日盛一日。保静军节度使杨重勋的曾孙杨畋，"出于将家"，进士及第，有着出众的军事才能。庆历七年（1047），湖南猺人起兵，朝议以为"今欲殄贼，非畋不可"，乃由太常博士"换东染院使、荆湖南路钤辖"。皇祐元年（1049），"贼平"，杨畋"自陈在岭表捉杀蛮贼，因得瘴雾之疾，愿还文资，知近北一小郡"，得"改尚书屯田员外郎、直史馆、知随州"。②以杨畋的家世和才能，尚且不乐武职、必"还文资"，比之晚唐五代武人之飞扬跋扈，可知世道升降真如沧海桑田。

文武换授的双向通道逐渐转变成为单行道，文官对换授武资表现出淡漠甚至鄙夷，文与武之间开始呈现判若云泥的高下之别。及其末流，更有落魄文人以武举为终南捷径，"甫得赐第，多弃所学，必欲锁试换文，回视兵书戎器，往往耻谈而羞道之"。③又有大将以用文资荫子为光荣，朝廷也把许大将以文资荫子作为奖赏。④晚唐五代以来的文武矛盾最终以文官的大获全胜告终，文官取得了傲视武官的社会地位和心理优势，"赳赳武夫"仍然承担着保家卫国、维护政权稳定的责任，但却已经沦为一个次等官僚群。

上面谈到的文武换官，其实只是武选官与文官之间的一条狭窄通道。文官可以换授武阶，武选官可以换授文阶。军职则只有换前班之制，没有换授文官的制度，文官也没有换授军职的制度。军职与文官完全隔离，互不相通。因此，严格说来，宋代的文武分途其实是文官—武选官—军职三途分立：以文阶标志身份的文官，以武阶标志身份的武选官，职任与品位同一的职业军官——军职。这样一种官僚结构充分体现了分权的精神。

首先，它干脆利落地将职业军人屏蔽在非统兵职位之外。军职之换前

---

① 《长编》卷一三八，第3313页。
② 《长编》卷一六○"正月壬午"，第3859页；卷一六六"三月甲午"，第3991页。《宋史》卷三〇〇《杨畋传》，第9964页。
③ 《宋会要辑稿·选举》一八之一七，嘉定十年（1217）十二月十二日兵部侍郎赵汝述言。
④ 《宋史》卷三六六《刘锜传》，第11406页。

班，所授差遣也以统兵为主。军职出身者，纵然换授了武选官，也被传统和舆论排斥在枢密院长贰职位之外。

其次，它建立一个独立于军队之外的边防统兵官序列。宋惩晚唐藩镇割据之弊，"尽收天下劲兵列营京畿，以备藩卫"，中央禁军成为国家最强大的武装力量和唯一的作战部队。"其边防要郡须兵屯守，即遣自京师，诸镇之兵亦皆戍更"，①禁军以指挥为基本单位轮流出戍，其原有的统属关系被打破。"既然三衙禁军的分驻和更戍是插花式的，故各地不可能按禁军原有的厢、军、指挥等统兵体制，而另外委派'帅臣'，并统当地分属三衙的禁兵各个指挥，负责镇戍、征战等事宜。"②"帅臣"即边防统兵官，它构成了禁军军职之外的另一个统兵官职位体系，其人选主要来自武选官。中国自古不乏以他官监临、统率军队的事例，但是，于军队组织体系之外别设一统兵官体系，则是宋代的独创。"兵权宜分"是宋朝一贯秉承的政治理念。③中央之兵权，既有分两司为三衙之举，又使枢密院与三衙分掌发兵权与握兵权。地方之驻军，又设武选官以为统率，以分禁军军职的握兵之权，其目的不外是杜绝将领与军队胶结，防止掌兵者威胁中央政权。以防弊而论，真可谓周密至极。

最后，三途分立以对武人集团的"有条件隔离"为前提，实现了文官对于国家主干行政职位的垄断。职业军人的迁转限定在一个自给自足的军职体系之内，此不待言。武选官同样受到了隔离，制度赋予武选官的职位类型主要包括边防统兵官、地方治安维护体系中的州都监和巡检、监当官，以及边防地区的知州、知县等等。路的转运使、普通州县的长官等重要的地方性职位，武选官都无缘进入。在中央政府最高级的宰执阶层，武选官唯一可以指望达到的枢密院长贰，到仁宗朝也基本上对他们关上了大

---

① 《文献通考》卷一五二《兵考四》引《两朝国史志》，第1327页。

② 王曾瑜：《宋朝兵制初探》，第61页。

③ 〔宋〕林駉：《古今源流至论》续集卷二《兵权》："天下有二权，兵权宜分不宜专，政权宜专不宜分。政权分则事无统，兵权专则事必变。此善计天下者所宜审处也。"影印文渊阁四库全书本，第942册，第358页。

门——武选官完全丧失了分享高层行政权力的可能。当然，这种"隔离"是有条件的，武人集团获得了经济上的优待以及朝廷对其子孙的关照。

表1 政和改官名前武阶表

使臣	诸司副使	诸司正使		横行使、副使
内殿承制	皇城副使	皇城使		内客省使
内殿崇班	宫苑副使	宫苑使		客省使
东头供奉官	左骐骥副使	左骐骥使		引进使
西头供奉官	右骐骥副使	右骐骥使		四方馆使
左侍禁	内藏库副使	内藏库使		东上阁门使
右侍禁	左藏库副使	左藏库使		西上阁门使
左班殿直	东作坊副使	东作坊使		客省副使
右班殿直	西作坊副使	西作坊使		引进副使
三班奉职	庄宅副使	庄宅使		东上阁门副使
三班借职	六宅副使	六宅使		西上阁门副使
	文思副使	文思使		
	内园副使	内园使		
	洛苑副使	洛苑使		
	如京副使	如京使		
	崇仪副使	崇仪使		
	西京左藏库副使	西京左藏库使		
	西京作坊副使	西京作坊使		
	东染院副使	东染院使		
	西染院副使	西染院使		
	礼宾副使	礼宾使		

续表

使臣	诸司副使	诸司正使		横行使、副使
	供备库副使	供备库使		
以上武阶的基本迁转次序为从下向上、从左到右				

*根据龚延明先生《宋代官制辞典》附表13—17改制,《宋代官制辞典》,第689—692页。

（选自赵冬梅《文武之间：北宋武选官研究》序论，
北京大学出版社2010年版）

选官制度与冗官问题

苗书梅

一、宋代选官制度的发展变化及其影响

宋代选官的途径很多，但其主流是科举考试制度与恩荫任子制度。恩荫补官是宋朝从历史上继承下来的落后的选官制度，虽然这一制度满足了上层官僚维护自身既得利益的需要，但是，每当王朝进行政治改革时，就要对这一选官制度进行限制，庆历新政、王安石变法以及南宋孝宗朝，都曾裁减过恩荫任子的人数。而且，虽然最高统治者为了取得大官僚阶层的支持和拥护，极大地放宽了恩荫的范围与数额，但是，历史已经发展到了轻视门第家世、重视士人才能的时代，宋代在任用官员的过程中，最重视的是进士出身人，任子入仕的官员在注授差遣和升迁等方面都受到了很大限制。他们补官后不能像进士出身人那样直接注授差遣，需要经过吏部铨试或呈试才可以取得差遣，所得阙位也以地方低级基层官职为主，很少有升任高官者。因此，通过恩荫选拔的官员虽然比进士出身人多，但列名《宋史》列传者仅有231人，占该书所载宋代入仕总人数的16.54%。据统计，唐朝369名宰相中，有125名出身士族，占总数的33%。在士族出身的宰相中，科举出身者59名，占47%；门荫入仕者25人，占20%。在庶族出身的宰相中，科举出身者占55%，门荫入仕者占10%，其余是由其他途径入官的。[①]说明恩荫入仕的官员在唐朝高级官僚队伍中还占较大比例。宋代则与此大不相同。在北宋72名宰相中，恩荫入仕者仅有沈义伦、吕

---

① 乌廷玉：《唐代士族地主和庶族地主的历史地位》，《中国史研究》1980年第1期。

端、陈执中三人，而且主要在北宋前期。南宋63名宰相中，恩荫入仕者仅有贾似道一人。

科举制度是一种有助于从更广大的地主阶级知识分子中选拔官员的制度。唐朝时，由于阶级关系的影响，以及科举制度本身的不完备，这一选官制度的优越性还没有充分地发挥出来，科举出身的宰相在唐朝宰相中只占50%左右。由于士族势力还有一定影响，加以"公荐"制度带来的请托等弊病，唐代不乏"或父子相继居相位，或累数世而屡显，或终唐之世不绝"①的家族。如"崔、卢、李、郑及城南韦、杜二家，蝉联圭组，世为显著"②。在唐代400余任宰辅中，崔氏一姓即占32人，杨、杜二姓各占11人，卢氏、郑氏分别占10人和8人。③这些世家长期居高位，垄断仕途。另据统计，科举制度所选人才在新旧《唐书》中仅占列传总人数的35.1%，非官宦家庭出身的普通地主子弟在唐代进士出身总人数中所占的比例更小，仅有15.9%。④以上数字反映出科举制度所选官员在唐代中高级官员中仅占三分之一强，而这些科举出身的官员中又有约85%的人来自于官僚家庭，这反映出唐代官僚制度还带有较重的门阀制度遗风。

及至宋代，科举制度的完备使地主阶级各阶层知识分子乃至上层自耕农的子弟，都有可能在比较公正的考场角逐中，凭借自己的才学跻身于官僚队伍。宋政府对科举入仕人的奖拔、对恩荫入仕人的抑制，遂使科举出身的官员成为宋代官僚队伍的主体。在高级官僚队伍中，如宰相，北宋共拜宰相72名，其中进士出身者63人，占87%强，其余尚有3名太学舍选出身，1名制举出身；南宋共拜宰相63名，其中进士出身者48人，占76%强，其余尚有7名太学舍选出身，1名类省试出身，3名制举出身。⑤可以

---

① 〔宋〕欧阳修、宋祁：《新唐书》卷七一上，《宰相世系表序》。
② 〔宋〕王明清：《挥麈前录》卷二。
③ 王亚南：《中国官僚政治研究》，中国社会科学出版社1981年版，第106页。
④ 参阅何忠礼《科举制度与宋代文化》一文引台湾毛汉光统计数字，载《历史研究》1990年第5期。
⑤ 参考倪士毅《宋代宰相出身和任期的研究》一文，载《杭州大学学报（哲学社会科学版）》1986年第4期。

说，宋代宰相90%以上是通过科考获得出身的官员。据本人统计，在《宋史》列传所载宋朝入仕的官员总数中，科举出身者占总人数的66%以上，若加上太学舍选出身与制举出身，则达70%。而在科举出身的官员中，非官僚家庭出身的士人又占一半以上，官宦子弟不占优势。另"考《宋史》本传及明朱希召《宋历科状元录》载：北宋仁宗一朝的十三榜进士第一人，就有12人出身于平民之家。又南宋理宗宝祐四年（1256）《登科录》所载曾祖、祖、父三代仕履都完整的570名进士中，若依其出身统计，三代皆不仕者达307人，占总数的53.9%。父亲一代有官者（包括宗室）129人，只占总数的22.6%。应当指出，即使在这129人中，绝大部分亦是选人和小使臣一类的初品官，其中从九品的迪功郎和承信郎又占了半数以上"①。可以说，宋代科举出身的官员中，以非官宦家庭和低级官僚家庭出身的士人为主。另据统计，《宋史》所载北宋官员的阶层构成是：高级官僚家庭出身者占25.9%，中级官员家庭出身者占15.32%，低级官僚家庭出身者占3.65%，而非官僚家庭出身者则占55.12%，②这是科举制度高度发展的结果。因为，宋代科举制度实行锁试、别头试、糊名、誊录等法，为平民子弟进入仕途提供了制度保障，于是，涌现出了许许多多出身寒微的名臣贤相。如宋代改革派的先驱王禹偁、庆历新政的领袖范仲淹，或"世家为农"，或"二岁而孤"，贫不继食。另如欧阳修、唐介、吕蒙正、张齐贤、杜衍、王安石、李纲、周必大、文天祥等等，都是普通地主家庭或低级官员家庭出身，通过科举考试被选拔出来的。

二、官僚队伍出身的基本统计

笔者对《宋史》列传（不包括后妃、宗室、列女等传）中所载宋代入仕官员的出身进行了统计和归类，为简明起见特列出下表，从中可以看出

---

① 参考何忠礼《科举制度与宋代文化》一文，载《历史研究》1990年第5期。
② 谢信尧《宋元民权思想研究》一书引陈义彦《从布衣入仕情形分析北宋阶层的社会流动》，原载《思与言》9卷第4期。

宋代各类出身的官员在主要官僚队伍中的比例：

科举				舍选	制举（召试）	恩荫	军班军功	推荐	特召、上书献策	吏职	杂流	不明	合计
进士	诸科	武举	类省试	36	17	231	108	20	16	6	4	32	1397
895	25	3	4										
66.36%				2.58%	1.22%	16.54%	7.73%	2.58%		3%			100%

表中显示，见诸《宋史》列传的宋代入仕的1397人中间，科举出身者共927人，占全部人数的66.36%，其中仅进士一科即有895人，占总数的64.07%。可见，进士出身人不但是宋代宰相等高级官员的主要来源，而且在中层以上官员中占2/3的比例。因为《宋史》传记所载的官员绝大多数是曾任中央要职或至少为地方知州以上中上层官职的人，这些官员以科举出身人为主，科举取士所选的官员又以非官僚家庭出身的士人为主，所以，非官僚家庭出身的官员便成了官僚队伍的主体成分。统计还表明：宋代恩荫入仕的总人数虽然远远多于科举入仕者，但由于统治者对科举出身人的重视，对权贵子弟的限制，使恩荫入仕者进入高级官僚队伍者极少，被列入《宋史》传记的仅有科举出身人的1/4，其余大多数要么禄而不仕，要么重新通过科举考试取得进士出身，要么只能长期在州县担任基层官职，不得显达。因此，宋代选官制度的发展变化呈现出两个明显的趋势：一是选官权的高度集中，从地方和个人手中集中到中央，又从中央集中到皇帝手中；二是官僚队伍的主体更多地来自非官宦家庭，使宋代官僚制度呈现出开放性、非世袭性特征。

三、选官制度变化的根源

专制主义中央集权统治的强化是宋代选官制度变化的政治基础。宋王朝建立于唐末五代割据混战的动乱时期以后，为了革除唐末五代武将专横跋扈、拥兵自重、分裂混战的弊端，避免赵宋政权成为第六个短命王朝，赵匡胤、赵光义兄弟二人一边进行统一战争，一边采取了一系列有力的措施，使专制主义制度得到了高度发展。在行政体制上，收镇将之权归于县，收县之权归于州，收州之权归于监司，收监司之权归于中央。于是，中央对地方的统治"上下相维，轻重相制，如身之使臂，臂之使指，民自徒罪以上，吏自罚金以上，皆出于天子，藩方守臣，统治列城，付以数千里之地，十万之师，单车之使，尺纸之诏，朝召而夕至"①。在各级官府之间分化事权，在各官府内部重用副职，使官员之间互相监督、互相牵制，削弱了各个官僚机构的单独权限，使专制主义皇权得到高度强化。宋初的集权政策被后世君主当成祖宗家法继承下来，使宋朝在300多年的统治过程中保持了国内的安定和统一。故此后中国封建社会各王朝没有再出现大的分裂。

宋代成功地建立了一套专制主义中央集权制度，而专制主义中央集权越发展，就越需要进一步扩大它的统治基础。宋代专制主义政权扩大统治基础的最重要手段就是扩大隋唐以来的科举取士制度。宋代统治者抑制官僚子弟，把科举制度改造成有利于普通地主子弟进入政权的制度，目的就是从社会各阶层甚至被统治阶级的上层中选拔优秀分子加入统治集团，以壮大统治阶级的力量，并使政权获得更广泛的拥护，巩固专制主义集权统治。同时，宋代极力扩大科举取士的名额并使科举制度得到发展，这也是宋朝统治者吸取唐代历史教训的结果。唐代科举中有行卷、公荐、求知己、通关节、觅举、提前通榜等弊端，唐文宗开成时，干脆由皇帝诏令："勋臣子弟有能应进士、明经及通诸科者，有司先加奖引。"②使那些官僚贵戚子弟凭借特权取得官位合法化。由于科举取士人数太少，且考试制度不利于孤寒士子，一些累试不第的举人落榜以后便要么投奔藩镇幕

---

① 〔宋〕范祖禹：《范太史集》卷二二，《转对条上四事状》。
② 〔清〕嵇璜等：《续通典》卷一七，《选举一》。

府，成为地方分裂势力的助手；要么铤而走险，走上反抗道路，唐末农民大起义的领导人黄巢、王仙芝等就是他们的代表。宋代吸取了这一教训，不但从制度上保证各阶层士人能比较平等地竞争，而且对于累试不第的年老举人还以特奏名的形式特恩补授入官，使"士之潦倒不第者皆觊觎一官，老死不止"，"英雄豪杰皆汩没消靡其中而不自觉，故乱不起于中国而起于夷狄，岂非得御天下之要术欤"？①蔡絛也称宋代的特奏名取士是"录潦倒于场屋，以一命之服而收天下士心尔"②。宋代提高进士出身人的政治地位，增加录取比例，使士人为了一官半职而终身耐心等待，遂消除了他们的反抗意志，从而有助于巩固宋王朝的长期统治。

选官制度是政治制度的一个方面，政治制度是社会经济基础的必然反映，它必然随着经济基础的演变而发展、变化。漆侠先生关于宋代社会生产力发展水平处于中国封建社会两个马鞍形中最高点的科学论断已被史学界所公认。正是在这样一个高度发展的物质基础上，宋代社会的上层建筑也随之发生变化。宋代生产力的发展使土地的单位面积产量不断增加，亩产量两倍于唐代，一亩或一亩多土地就能养活一个人，这不但使地主阶级的子弟可以入学求仕，而且使占地30亩以上的自耕农的子弟也有能力通过学习参加科举考试。生产力的发展还为社会创造了更多的物质财富，使政府有足够的财力扩大学校教育，为士人参加科举提供物质保障。如元丰初，"岁赐缗钱至二万五千，又取郡县田租、屋课息钱之类，增为学费"③。元丰三年（1080），太学岁赐钱又增加为36000缗。北宋末年，大力发展学校教育，太学生比元丰三年增加了1/3以上，州县学生则猛增到崇宁三年（1104）的21万人。大观三年（1109），经过压缩，仍多达167600多人。政和六年（1116），全国官办学校的学员又超过20万人。④官府付出的学费随之增加，大观三年，全国年用教育经费达267万贯，粮

---

① 〔宋〕王栐：《燕翼诒谋录》卷一，《进士特奏》。
② 〔宋〕蔡絛：《铁围山丛谈》卷二。
③ 〔元〕脱脱等：《宋史》卷一五七，《选举三》。
④ 袁征：《宋朝学校教育研究》，河北大学1987年博士学位论文打印稿，第6页。

食337000多石。社会生产力的发展还推动了印刷术、造纸术的进步，使书籍的传播越来越广。各阶层士人除了在州县学或太学接受教育外，还可以借书自学。这使宋代应举的人数大量增加，举人的社会阶层日益广泛。

从阶级关系来看，魏晋南北朝时期，世族庄园土地制度下的土地所有权世代相传，稳固的经济基础导致士族特权的世代传袭。唐代，门阀士族势力已严重削弱。但在前期，土地所有权仍比较稳定，重门第、尚家世谱牒风气的影响还很大，科举制度受此影响，难以为普通地主子弟敞开仕途大门。中唐以后，生产力的发展和商品经济的活跃，使土地所有权的转移日益加快，租佃制得到发展，新兴地主阶级不断涌现，经过唐末农民大起义的扫荡，世族势力彻底消失。到了宋代，租佃制在生产关系中已占据主导地位，土地所有权的转移更加迅速。经济地位的不稳定使地主阶级各阶层都希望取得政治特权以保护和扩大已有的经济利益。中小地主和自耕农民占宋代主户阶层的90%以上，他们随着自身经济力量的上升，增强了对政治权力的追求。他们纷纷借助文教事业发展的东风，积极求学，参加科举，试图"以一日之长而决取终身之富贵"①。正如苏辙所说，"凡今农工商贾之家，未有不舍其旧而为士者也"②，这些人没有门第和政治靠山可以依靠，因此他们迫切要求科举考试制度能减少权贵的干扰，实行平等竞争，广大参试人的这种迫切愿望促使宋政府对科举制度进行改革。如实行殿试就是因为落第举人告发主考官录取不公，太祖遂于讲武殿命题复试，以后形成定制的。别头试也是由于端拱元年（988）进士榜公布以后，士人"谤议蜂起，或击登闻鼓求别试"③以后制度化的。该年贡举，礼部本录取进士28人，诸科100人，由于"进士叶齐打鼓论榜，遂再试，复放［进士］三十一人，而诸科因此得官者至七百。一时待士可谓至矣"④。宋

---

① 〔宋〕吕祖谦：《历代制度详说》卷一，《科目》。
② 〔明〕黄淮、杨士奇编：《历代名臣奏议》卷二六七；〔宋〕苏辙：《栾城集》卷二一，《上皇帝书》。
③ 〔宋〕李焘：《续资治通鉴长编》（以下简称《长编》）卷二九，端拱元年闰五月。
④ 〔宋〕洪迈：《容斋续笔》卷一三，《下第再试》。

代科举制度的完备和科举出身人地位的提高正是唐宋之际阶级关系变化推动的结果。宋代阶级关系的新变化还是促进太学取代国子学成为全国最高学府的主要动因。太学的重建和发展、太学生出身限制的取消，不但是统治者加强对教育控制的主观需要，也是宋代非官僚家庭出身的士人力量壮大的结果。因此，宋代选官制度的变化既是生产力发展水平提高的结果，也是宋代阶级关系新变化的反映。

马克思在论述欧洲中世纪的教会统治时指出，教会"不分阶层，不分出身，不分财产，在人民中间挑选出特别优秀的人物，建立其教阶制度，以此作为巩固教会统治和压迫世俗人的一个重要手段。一个统治阶级，越能把被统治阶级中的最杰出的人物吸收过来，它的统治就越巩固、越险恶"[①]。一方面，宋代的选官制度不仅维护了官僚地主阶级的利益，而且大量吸收了非官僚家庭子弟乃至上层农民、工商业者子弟，并使科举出身的非官僚家庭出身的官员成了统治阶级队伍的主流。这极大地扩展了政权的社会基础，巩固了赵宋王朝的专制主义集权统治。另一方面，最大限度地扩大政权基础的结果是形成了庞大的冗官队伍，这不仅是镇压人民的工具，而且巨额的官吏俸禄也加重了对劳动人民的经济剥削。劳动人民承受着无限的经济剥削而又无力组织有效的反抗斗争，这正是宋代专制主义统治"险恶"的一面。

四、选官制度与冗官问题

宋代冗官问题在中国古代人事制度史上是一个非常突出的现象。一般认为，宋代冗官的出现，是北宋初期极力加强专制主义中央集权，实行官与职殊、名与实分的差遣制度带来的后果。事实上，官职分离的差遣制度，只是使官员带着本阶官到有实际职务的部门任职。它本身并不增加官员的总量，它是一种具有很大灵活性的官员除授方式，在一定程度上表现出摆脱旧格局的务实精神。宋朝人批评当时的"名与实分"时，主要是从

---

① ［德］马克思、恩格斯：《马克思恩格斯全集》卷25，人民出版社1974年版，第679页。

力图恢复旧有官僚机构如三省六部、二十四司等的应有职能出发的。当时这些官僚机构形同虚设，其官属成为"寓禄秩、序位著"的阶官。如中书省仅设"判中书省事"一员，一般由中书舍人担任，与属吏十余人负责郊祀、皇帝册文等杂事。门下省只设"判门下省事"一员，一般由给事中担任，负责掌管皇帝宝玺、大朝会设位版等闲杂事务。中书、门下两省与尚书省皆设于皇城外，失去了决策、封驳大权，其职责由设于皇城内的中书门下等新的职能机构取而代之。这样，中书、门下省，与中书门下重复设置，但其长官并未重复设置，即"中书令、侍中、尚书令不预朝政，侍郎、给事不领省职，谏议无言责，起居不记注。……至于仆射、尚书、丞、郎、员外，居其官不知其职者十常八九"①。官员以尚书、丞、郎等为本阶官，而被授命担任其他实职差遣，他们本官所在的官僚机构并未另派专人顶替其阙。如某官以吏部侍郎为本官，担任了参知政事，吏部并没有再派一官员担任吏部侍郎之职。所以，官与差遣分离之制，并不是造成宋代官员冗滥的主要原因。神宗元丰改制时，部分地恢复了六部、二十四司等旧有官僚机构的职能，并使官复其职，建立了新的寄禄官阶体系。但是，改制后冗官问题并未缓解，而是日益严重。宋朝人在议论当朝的冗官之弊和提出裁减冗员的方案时，最大量、最激烈的是对选官太滥、官员闲居者多、闲居时间长等问题的抨击。可以说宋代冗官的突出表现是官员总数直线上升，导致已有官阙容纳不下现有官员，有一大批甚至超过在编官员人数的不在职官员或居闲职白食俸禄的官员无事可做。这一问题可以从以下三个方面来说明。

其一，官员总数直线上升，遂使"员多阙少"的矛盾日益突出，官员"待阙"现象普遍，这是宋代冗官的表现之一。

宋代官员实行定期轮任制，特别是地方官员，每次任期满后，必须回京报到，等待注授新的官职，称为"待次"。注授新差遣后，如果所得官阙是现阙，即无人在位，可当即赴任；如果所得官阙的现任官尚未满任，

---

① 《宋史》卷一六一，《职官一》。

新差官须等待其任满方可赴任，称为"待阙"。北宋初年，官阙多而官员少，官员待次时间不长，并不须待阙。宋太宗统一南北之后，为了"博求俊彦于科场中"[①]，遂广开科举之门，每举进士、诸科，动辄录取八九百人。宋真宗朝又广开荫补之门，并使任子人数常常多于科举取士人数，于是官员多于官位的问题就产生了。景德三年（1006）规定，已替官员"如未有阙，晓示各令待阙"[②]。这里的"待阙"又称"待次"，与后来常称的差注新职以后等待前任官满任的"待阙"不同。但也说明官员已经超过了实际需要的人数，只是表现还不很明显。宋仁宗时，一方面科举入仕者尤其是特奏名入仕者大增，另一方面，恩荫入仕者也日渐增多，冗官问题逐渐突出，有关这一问题的议论随之增多，欧阳修即曾说："自古滥官未有如此之多"，[③] "方今天下凋敝，公私急困，全由官吏冗滥者多"。[④]因此，减少入仕人数已成为有识之士共同关注的热点。范仲淹"庆历新政"的第二条措施"抑侥幸"，就是针对恩荫太滥而制定的。他认为，大臣荫任子孙，"每岁奏荐，积成冗官，假有任学士以上官经二十年者，则一家兄弟子孙出京官二十人，仍接次升朝，此滥进之极也"[⑤]。他提出的裁抑方案因触犯了大官僚阶层的切身利益，不久便告失败，此后，冗官日甚一日。庆历八年（1048），张方平称，他判流内铨时，"在铨选人"，"大约三员守一阙"。[⑥]到仁宗后期，苏轼又有"一官而三人共之"之论。[⑦]即在任者一人，被替代而无新职者一人，已差注新职等待阙次者又一人。嘉祐三年（1058）十月，京朝官因"员多阙少"，有住在京师一二年而无阙可注者，不得不下令允许他们"请假出外，等候缺次"[⑧]。宋神宗时，"常调吏逾年

---

① 《宋史》卷一五五，《选举一》。

② 《长编》卷六二，景德三年二月。

③ 〔宋〕欧阳修：《欧阳修全集·奏议集》卷一三，《论使臣差遣札子》。

④ 《欧阳修全集·奏议集》卷一，《再论按察官吏状》。

⑤ 〔宋〕范仲淹：《政府奏议》卷上，《答手诏条陈十事》。

⑥ 《长编》卷一六三，庆历八年二月甲寅。

⑦ 〔宋〕苏轼：《苏轼文集》卷八，《策别课百官二》；《燕翼诒谋录》卷三，《外官给告浣濯》。

⑧ 〔清〕徐松辑：《宋会要辑稿·职官》一一之四，嘉祐三年十月二十二日。

而受及待二年之阙者比比皆是"①。关于冗官产生的原因，仁宗诏令称，是"仕进多门"造成了"人浮政滥、员多阙少"。宋庠认为，"仕进多门"之弊主要表现在特奏名取士、吏人出官、荫补增多等方面，请求罢特奏名。②包拯在皇祐元年（1049）指出：

> 景德、祥符中，文武官总九千七百八十五员。今内外官属总一万七千三百余员，其未受差遣京官、使臣及守选人不在数内，较之先朝，才四十余年，已逾一倍多矣。

他认为造成官吏"三倍其多"的原因除了"三岁一开贡举，每放榜仅千人"外，"复又台寺之小吏，府监之杂工，荫序之官，进纳之辈，总而计之"，使之然也。③何郯也认为，"文武入流无限"，遂使"审官院、三班院、流内铨皆除注不行"。仁宗曾诏令群臣"博讲利害，以求省官之策"，大臣先后提出的方案有：一是增加选人的改官年限，以减慢其升迁速度，保证京朝官的人数不致太多，从而达到减少待阙人员和恩荫人数的目的；二是减少吏人出职人数；三是裁抑大官僚荫补子弟的人数；四是减少特奏名、吏人入仕、进纳补官的人数。④可见，当时冗官的主要表现是官员人数太多，待次、待阙现象增加，而群臣解决冗官的建议多是从减少入流之数谈起。

宋哲宗朝冗官问题进一步突出。表现在官员总数上，宋真宗时文武官共13000余员，仁宗皇祐时增为20000余员，英宗治平时达到24000员，而元祐时增加到28000余员；表现在官员的待阙方面，一是待阙现象更普遍，二是待阙时间延长。宋神宗以前，待阙者以常调官为主，京朝官特别是堂除的监司、知州等尚无待阙现象。宋哲宗时，监司、知州也开始有待

---

① 〔宋〕赵汝愚辑：《诸臣奏议》卷七二，范百禄《上神宗乞以守长考之上中下而别其善恶》。
② 〔宋〕宋庠：《元宪集》卷三二，《资政殿答手诏》。
③ 《长编》卷一六七，皇祐元年十二月。
④ 《长编》卷一六九，皇祐二年八月；《诸臣奏议》卷七四，何郯、范镇、司马光等奏。

阙者①。元祐元年（1086），选人"员多阙少，至有候一年以上方得差遣，既得差遣，待阙须近三年。七年之间方成一任，居闲之日多而禄仕之日少"②。京朝官也普遍是"待次几一年而得差遣，待阙一年然后就职，五年之间方成一任。……居闲之日常多，而治事之日常少"③。元祐六年五月，吏部常调官待阙者有1700余人，其中"尚书左选一百六十二员，侍郎右选八百余员，并使一年以上至二年两季阙；尚书右选二百八十三员，侍郎左选五百三十七员，并候一年一季已上至二年三季阙"④。甚至于"吏部一官阙，率常五七人守之，争夺纷纭，廉耻道丧"⑤。在探讨官冗的原因及其裁减措施时，士大夫仍以入流太滥为言。上官均指出："臣以为欲郡县之治，在夫才者居职；欲才者居职，在乎使其居闲之日少；欲其居闲之日少，在乎清入仕之原。"清入仕之源首先应罢纳粟得官，其次应裁减特奏名、恩荫入仕、吏职出官，以使进士、武举出身人获得进用。⑥苏轼也指出：

> 每一次科场放进士、诸科及特奏名约八九百人，一次郊礼，奏补子弟约二三百人，而军职转补、杂色入流、皇族外戚之荐不与。自近世以来，取人之多，得官之易，未有如本朝者也。
>
> 自本朝以来，官冗之弊，未有如今日者也。

他建议减特奏名恩例，"减任子以救官冗之弊"⑦。

北宋末年，冗官问题更加突出，官员总数由元祐时的28000余员增至政和二年（1112）的43000余员⑧，宣和元年（1119）又增加为48000余

---

① 《宋会要辑稿·职官》四五之二，元祐八年十一月五日。
② 《长编》卷三八〇，元祐元年六月戊申。
③ 《长编》卷三八六，元祐元年八月辛亥。
④ 〔宋〕庄绰：《鸡肋编》卷下。
⑤ 《苏轼文集》卷二九，《转对条上三事状》。
⑥ 《长编》卷三八六，元祐元年八月辛亥。
⑦ 俱见《苏轼文集》卷二九，《转对条上三事状》。
⑧ 〔宋〕陈均：《九朝编年备要》卷二八，政和二年九月。

员①。宣和末年肯定又远超此数,因为仅侍郎右选小使臣,从大观年间到宣和末年就由23000余员增加到31082员②。宋徽宗朝官员迅速增加的主要原因是恩赏补官太多,南宋时所称的七色非泛补官多起创或推广于此时。此外,蔡京、童贯之流为收买人心,视朝廷官职为私恩,任意补授。如"杨戬、李彦之公田,王黼、朱勔之应奉,童贯、谭稹等西北之师,孟昌龄父子河防之役,与夫夔、蜀、湖南之开疆,关陕河东之改币,吴越山东陂田,宫观、池苑营缮之功,后苑书艺文字库等之赏,淫朋比德,各从其类。又如近习所引、献颂可采、效用宣力、应奉有劳、时赴殿试之流,此皆殃民蠹国,败俗妨贤,奸凶取位,赇贿买官"。于是"吏部充塞,无阙以拟注,版曹空匮,不给于禄廪"③。以侍郎右选为例,宣和七年,小使臣多达31082员,而内外可注之阙仅有7086处,一阙须4人方能差完,如果每人任满3年,则须待阙10余年。

南宋时,官员待阙时间普遍延长,不但州县官普遍待阙,在京官职也出现了待阙现象。

绍兴五年(1135),殿中侍御史谢祖信言:"今官冗之弊视元祐为百倍,而版图陷没,视元祐才十之四;州郡困匮,黎元凋瘵,视元祐无十之一。"④南宋失去了北宋时大约一半的国土,但原有大大小小的官员多数都在金兵追赶下迁居江南。一方面北宋时的任子、进士、吏员出职、军班换授等各种选官途径依旧执行;另一方面,南宋初年虽废除了北宋末年的一些非泛补官法,但却扩大了军功补官的规模,同时还允许诸军将帅和监司郡守以白帖自行借补官资;再加上因财政匮空大量卖官鬻爵,使南宋的冗官比北宋末年有增无减。光宗绍熙二年(1191),四选官员总数为33516员。宁宗庆元二年(1196),四选人数"无虑四万三千员"。四年之间增加了近万员,平均每年以2500员的速度增长,因此,当时的人叹道:"可不

---

① 《容斋续笔》卷四,《宣和冗官》;〔宋〕韩淲:《涧泉日记》卷上。
② 《宋会要辑稿·选举》二五之二三,宣和七年六月十六日。
③ 俱见《宋会要辑稿·选举》二三之一二,靖康元年四月十三日。
④ 〔宋〕李心传:《建炎以来系年要录》卷九一,绍兴五年七月戊子。

为之寒心哉！"①经过裁减，嘉泰元年（1201），四选人数仍在37800人以上②。嘉定时仍有增加。官员人数多而阙位有限，只能使待阙闲居者增加，待阙时间延长。

南宋初年，"诸州通判佳处，见任与待阙者，率常四五人"③，一般州也不下三人。绍兴六年（1136），在任通判150员，待阙通判则有289员，待阙者等于在任人的近两倍。④监司郡守也是"每一阙，待次者三四人"⑤。如绍兴三年，"诸路待阙监司近百人"⑥。可见"一官而五六人共之"⑦是比较普遍的现象。如果京朝官每任按两年计算，则待阙十年左右者已相当多。当时即使是初次差遣，也常须待阙。如"南宋四大家"之一的尤袤，绍兴十八年中进士，初除泰兴县令、注江阴学官，便"需次七年"⑧。宋孝宗即位后，励精图治，试图扭转这一局而，"以官冗恩滥，议革之。欲定制，百官已任子者遇郊恩权免奏荐，开贤良科令中外普荐，而权罢特奏名"，未能得到实行。淳熙三年（1176），常调官"在吏部，大率十余年仅成一任"，后虽对任子人数作了限制，但所减甚微，无助于冗官问题的解决，⑨而且此后荫补人仍然是四选官员中最大的组成部分。光宗朝，"孤寒之士，待七八之次，犹有不得禄者"⑩。宁宗时，"侍左选人用六年阙，侍右小使臣用五年半阙"已成为定势。⑪而初官仍"一阙而三四人共之，需次至八九年之久"⑫。宋理宗时亦然。淳祐七年（1247），马端

---

① 《容斋四笔》卷四，《今日冗官》。
② 〔宋〕李心传：《建炎以来朝野杂记·甲集》卷一二，《天圣至嘉泰四选人数》。
③ 《鸡肋编》卷中。
④ 《建炎以来系年要录》卷九九，绍兴六年三月辛巳。
⑤ 《建炎以来系年要录》卷九二，绍兴五年八月癸丑。
⑥ 《建炎以来系年要录》卷七一，绍兴三年十二月丙午。
⑦ 《燕翼诒谋录》卷三，《外官给告浣濯》。
⑧ 《宋史》卷三八九，《尤袤传》。
⑨ 《建炎以来朝野杂记·甲集》卷五，《孝宗革冗官》；《乙集》卷一五，《孝宗议权免奏荐及罢特奏名》。
⑩ 《宋会要辑稿·职官》七九之七，绍熙元年十月二十七日。
⑪ 《建炎以来朝野杂记·甲集》卷六，《近岁堂部用阙》。
⑫ 《宋会要辑稿·选举》二六之二一，庆元元年十月五日。

临的父亲马廷鸾进士及第，"调池州教授，需次六年"①。甚至还有待阙达
十七八年乃至二十年者。

南宋时，在京官员也有待阙的，这是北宋时所没有的现象。绍兴五年
（1135），有官员上书指出，当时"内外差遣出于堂除者，尤为猥冗，而行
在为甚。寺监丞而下，有一官而除代至四五人者，计其莅官之期，或在十
年之后"②。绍兴六年四月，在京"删定、计议、编修官共十一员，而待
次者至三十余员"③。同年八月，"寺监正丞、博士、司直、评事，六院、
仓场、库务、编修、删定、计议官"，"率三四人守待一阙"，因此下诏
"已除未到人别与差遣"。④但直到绍兴末年，"寺监丞簿、学官、大理司
直、枢密院编修之类谓之职事官"者，仍"皆有待次者"。乾道五年
（1169）秋，曾令在京待阙官都添差一次，"自今须见阙乃得除"，即禁止
提前注授。但由于外任官待阙时间很长，东南郡守多待阙五六年，四川知
州也待阙三四年。"朝士罕肯乞外"⑤，所以不得不预使在京官阙，使"在
京职事官而守待远阙有至八九年者，此诚前所无有"⑥！武官的阁门之职
也出现了待阙者。绍兴十四年，阁门舍人正额为14人，而待阙者常超过
在任之人。于是规定"今后阁门待阙舍人不得过十员"⑦。孝宗淳熙十三
年（1186），阁门舍人、祗候正额为28员，而"先次供职及待阙者"多达
23人。⑧到宁宗时，由于"阁门待阙人数颇多"，不得不扩大编制，把舍
人由14名改为30名。⑨庆元二年（1196），洪迈在惊叹"今日冗官"之多
时，分析其原因是"盖连有覃霈，庆典屡行，而宗室推恩不以服派近远为

① 《宋史》卷四一四，《马廷鸾传》。
② 《建炎以来系年要录》卷八六，绍兴五年闰二月戊辰。
③ 《建炎以来系年要录》卷一〇〇，绍兴六年四月己酉。
④ 《建炎以来系年要录》卷一〇四，绍兴六年八月丙申朔。
⑤ 俱见《建炎以来朝野杂记·甲集》卷六，《近岁堂部用阙》；参见佚名：《中兴圣政》卷四七，
　　乾道五年八月乙未。
⑥ 〔宋〕汪应辰：《文定集》卷三，《论添差员缺》。
⑦ 《宋会要辑稿·职官》三四之七，绍兴十四年五月六日。
⑧ 《中兴圣政》卷六三，淳熙十三年十一月庚午。
⑨ 《宋会要辑稿·职官》三四之一〇，嘉泰二年七月二十七日。

间断，特奏名三举，皆值异恩，虽助教亦出官，归正人每州以数十百"。冗官之弊，真是到了"病在膏肓，正使俞跗、扁鹊持上池良药以救之，亦无及已"①的程度。

其二，添差阙位日益增加，遂使宋代编外闲官越来越多，众多添差官食禄而不预政，这也是宋代冗官的突出表现。

北宋建国之初，官员缺乏，州县官往往互相兼职。到宋仁宗时州县官职基本设置齐备，此后直到北宋末年，州县官编制变化不大，但在京职事官如馆阁、侍读等职则增加很快，如侍读之官，"祖宗以来尤所慎选，居其职者常不过一两人"。仁宗嘉祐三年（1058），"经筵之臣一十四人，而侍读十人，可谓多矣……外人议者皆云：讲筵侍从多无坐处矣"。②北宋末年，冗官问题空前严重，宋政府为解决选人和使臣的待阙问题，不但恢复了元祐时省罢的县丞，而且"参定州县曹椽，量增员额五百余处"，但犹"未足以称事"。当时吏部待注的官员有43000余人，而可注之阙仅有14000多个。③因此，增加的这541个阙位远远解决不了待阙问题，于是一种仅让官员食其禄而不问其职的制度即添差官制就应运而生，并得到了极大推广。

"添差"即在正额官员之外"额外差充"，除少数许厘务外，绝大多数是不许干预政务的。添差官注见阙，不用待阙，而且有相应的俸给，其中厘务者得全俸，不厘务者添支减半，并计考数、理任数即算资历。在待阙时间日益延长、待阙官员逐年增加的情况下，这种办法能使官员减轻待长阙之苦，缓和官员之间对阙位的争夺，以致于被当时人认为是解决冗官的理想办法，"士之未有差遣者多，非如此不足以处之"④。尤其是对于宗室外戚、军功出身、离军使臣、归明归正和其他杂色补官人来讲，差之以添差不厘务官，政府既给他们解决了食禄问题，又不使他们参预政务，堪称

---

① 《容斋四笔》卷四，《今日冗官》。
② 〔宋〕王珪：《华阳集》卷八，《辞侍读学士札子》。
③ 〔宋〕杨仲良：《续资治通鉴长编纪事本末》卷一二五，《官制》；《九朝编年备要》卷二八，政和二年九月。
④ 〔宋〕汪应辰：《文定集》卷三，《论添差员缺》。

是安置他们的好办法。

"添差"法始见于宋神宗时期。最初只是作为一种惩罚手段用来处置获罪的官员。如元丰四年（1081），宋军"攻取灵州无功"，将官受罚。其中，内藏库使、忠州刺史彭孙因"护粮草为贼钞劫，不能御敌，致军食乏，贷死，为东头供奉官、熙河路准备差使，寻添差金州监当，令泾原路差人监伴前去"。①元祐元年（1086），福建路转运副使贾青、王于京因违法增加盐额，分别被"添差衡州在城盐酒税"和"添差监永州在城盐仓兼管酒税务"②。元祐三年，宋政府为免除宗室的待阙之苦，同时也为了给其他士人留下更多的阙位，规定宗室中初次参选合差监当者，"许添差充诸州及万户以上县监当，任满，不差人"③。绍圣三年（1096）二月，又下令"宗室授外官右选者，并不注缘边差遣，令吏部于内地相度添员，候任满，更不差人"④。添差的对象扩及宗室成员，但未形成定制。

宋徽宗时期，在增加编制仍难以容纳日益增多的冗官的情况下，用添差官阙安置冗员遂形成定制。添差的对象由原来的宗室和被黜朝官扩大到归明归朝、军功补授和其他补官人；添差官阙由监当扩大到兵官乃至通判等州县官；添差额数也不断增加，崇宁元年（1102），曾规定："宗室非祖免以下亲，量试出外官者，并各于员阙外添差，每大郡通都属县不得过十人，中郡不得过七人，小郡不得过四人，到任不签书本职公事。"⑤到了北宋末年，有些州的添差官已大大超过10人。仅以兵官为例，东南地区的路分州钤辖、都监、监押等各有常数"旧来不过一二人而已。比岁正额之外，添差兵官有及数倍"者。如：

> 湖州，旧额一员，今乃添七人；平江旧额三员，今乃添五人；江

---

① 《长编》卷三二一，元丰四年十二月丁卯。
② 《宋会要辑稿·职官》六六之三一，元祐元年二月十四日。
③ 《宋会要辑稿·帝系》五之七，元祐三年二月十四日。
④ 《宋会要辑稿·帝系》五之一〇，绍圣三年二月六日。
⑤ 《宋会要辑稿·帝系》五之一七至一八，崇宁元年十一月十二日；参见《宋会要辑稿·职官》五七之五二，崇宁元年十一月十一日。

宁、信德、襄阳、庆源府等处，见任各六七人；下至宣、蔡小垒，亦皆五人，悉有添差之数，若此之类，未易概举。①

这仅是添差兵官之数，其他添差监当、通判等尚不在内。因为那些在吏部长期得不到差遣的流外入仕者千方百计贿赂请求添差，于是宣和末年，"天下州郡，又皆添差，归明官一州至百余员，通判、钤辖多者至十余员"②。

南宋时，境土减少将近一半，而官员的数量却与北宋末年差不多。因此，不但待阙官队伍日益庞大，添差官的队伍也更加庞大。具体表现在：(1) 添差阙位增多。除地方兵官、监当官、通判等州县官外，在京职事官、外路监司及监司属官皆有添差阙位，无职掌的岳庙宫观官也成了添差官的重要部分。(2) 添差官的对象扩大。除了宗室、军班、归明人、获罪官员外，军功出身、"离军将士，类得添差"③。其他如皇亲国戚等非泛补官之人也常常由特恩予以添差注授。(3) 添差人数增多。添差官阙不但以州为单位分派员额，而且每县都分配有一定的数目。绍兴二年（1132）臣僚即言，添差不厘务之阙，"上自监司倅贰，以下至椽属给使，一郡之中兵官八九员，一务之中监当六七员，较祖宗朝殆三四倍。存无事之官，食至重之禄，生民安得不重困乎"④。三年二月，中书舍人赵思诚言，现今"州县武臣添差甚众，一郡有至三四十人，贪污不法，民受其弊"⑤。例如"福建八州，而添差至八十余员"⑥。同年十月，宋政府限定"诸路添差官，州十县已上勿过十员，三县已上五员，已下二员。县万户已上三员，已下二员，仍并以二年为任"⑦。在规定限额以后，如果是一个有十县以

---

① 以上俱见《宋会要辑稿·职官》四九之六，宣和二年十月二十三日。
② 〔宋〕陆游：《老学庵笔记》卷二。
③ 《建炎以来系年要录》卷一七七，绍兴二十七年六月乙卯。
④ 〔元〕马端临：《文献通考》卷三九，《选举十二》；〔宋〕胡寅：《斐然集》卷二五《先公行状》。
⑤ 《建炎以来系年要录》卷六三，绍兴三年五月己未；《中兴圣政》卷一三。
⑥ 《中兴圣政》卷一三，绍兴三年五月乙丑。
⑦ 《建炎以来系年要录》卷六九，绍兴三年十月辛亥。

上的州，一州之内添差官就可能在三四十员左右。绍兴六年初，除川陕外，南宋所辖的东南诸路添差官总数为1540员。①允许诸军拣汰使臣注添差官以后，添差武官的人数大为增加。如绍兴末年，福州已有添差武官172员，添差官总额达到280多员。②绍兴二十七年，由于添差使臣太多，尚书兵部、殿前侍卫马步军司曾拟定各地添差官限额："大郡毋过百人，次郡半之，小郡三十人为额。"③但无收效。如像福州那样有12个县的大州，正额州县官文武总数仅119员，而依据以上限额添差官仍旧达一二百员。

宋孝宗朝，随着官员总数的直线上升，添差官人数仍在继续增加。虽然诏令曾规定，"惟宗室、戚里及归正人，方得添差"，其中"戚里"限于"三后四妃之家"。④但是，拣汰离军人、军功补官人，仍然占了添差官的相当大比例。乾道三年（1167），临安一府有拣汰离军使臣80员，岁费26000缗。⑤据淳熙元年（1174）十月吏部制定的添差官分配额，当时90个州、军、府中，可以添差三衙拣汰人6789员，即每州、军、府平均75员。⑥以归正官为例，乾道七年，允许每州添差额为"帅府三人，节镇二人，余州一人"⑦。而淳熙年间仅福州见任的添差官中就有归正官44员，归附官49员，归朝官6员，远远超过了限额。⑧再以添差小使臣员阙为例，淳熙三年以前的小使臣和无品武阶官都无籍可考，该年始令兵部置籍，"以姓类聚三代、乡贯、年甲，置簿籍定，专委郎官从实点对，以革增减之弊"⑨。此后，宋政府有了关于大小使臣的大致统计数。淳熙十六年，

---

① 《建炎以来系年要录》卷九七，绍兴六年正月己卯。

② 〔宋〕梁克家：《三山志》卷二四，《秩官类五》。

③ 《建炎以来系年要录》卷一七七，绍兴二十七年六月乙卯。

④ 《宋史全文》卷二六，淳熙三年五月。

⑤ 《建炎以来朝野杂记·甲集》卷一七，《国用司》。

⑥ 《吏部条法·差注门六》。

⑦ 《宋会要辑稿·兵》一五之二二，乾道七年八月十八日。

⑧ 《三山志》卷二四，《秩官类五》。

⑨ 《宋会要辑稿·职官》一四之一一，淳熙三年十二月十四日。

"小使臣添差之阙，州郡皆有定员，总为阙四千八百七十有九"①。加上其他各种添差官及不经吏部"投牒朝廷，径指阙次，初非定员，亦无替官，惟择近地州郡，源源而来"的所谓"特添差"官，各类添差官总数将近万人。因此，抨击添差之滥的议论渐多。汪应辰奏称，添差官"如宫观、如岳庙皆无定员，如离军使臣、如养老军员、如归正、如归明、如审官，其所创置员阙未易悉数"②。中书舍人郑丙也指出，官员溢额严重，"参议、通判添差相踵，归正使臣、养老将校填满诸郡"③。宋孝宗也承认，"州郡间近日添差员数颇多"④。宋宁宗朝，曾不断下诏"罢诸路添差冗员"，或"裁定添差员阙"，⑤但收效甚微。添差官阙约容纳了官员总数的1/4，在一定程度上缓解了冗官闲居待阙的矛盾，这是宋代冗官的特殊表现形式。

其三，祠禄官日益增多，众多官员居祠禄差遣，无职事而食全俸，积资序，这是宋代冗官的又一突出表现。

宋代祠禄官又称"宫观官""宫观""宫祠""祠官""岳庙官"等。祠禄官分为内祠和外祠。内祠指在京城诸宫观所设的祠禄官，又称"京祠"；外祠指在外地州府诸宫观岳庙所设的祠禄官。祠禄官原本指管理宗教事务的官。如唐朝曾以宰相兼太清宫使，表示国家对该项事务的重视。宋真宗在位期间，崇尚道教，于大中祥符五年（1012）修成了玉清昭应宫，仿唐制，由现任宰相王旦任玉清昭应宫使。王旦罢相，又"以太尉领玉清昭应宫使，此前宰相领宫观之所从始也"⑥。此后，又置景灵宫使、会灵观使等，由宰相兼任，若以执政官兼之称"副使"，侍从官兼之称"判宫"。宋朝祠禄官制度始于此。

仁宗天圣七年（1029），玉清昭应宫发生火灾，遂罢除宰执大臣兼领

---

① 《宋会要辑稿·职官》八之四四，淳熙十六年八月二十四日。
② 《文定集》卷三，《论添差员缺》。
③ 《宋史全文》卷二六，淳熙六年七月。
④ 《宋史全文》卷二六，淳熙六年四月丁酉。
⑤ 《宋史全文》卷二九，开禧三年二月；庆元二年正月丁未；嘉泰四年三月辛巳；等等。
⑥ 《建炎以来朝野杂记·乙集》卷一三，《官观使》。

宫观使之制。"康定元年（1040），李若谷罢参知政事留京师，以资政殿大学士为提举会灵观事。宫观置提举，自此始。自是，学士、待制、知制诰，皆得为提举，因以为优闲不任事之职。"①宫观官居住京城以外之制，始于神宗熙宁初年。此后，除徽宗朝因崇尚道教，令天下皆建神霄玉清昭应宫，由知州、通判兼管勾、同管勾，以示朝廷对此事的重视外，其余情况下，祠禄官在绝大多数场合，已成为"优闲不任事之职"。

宋神宗以前，所授祠禄官很少，仅是朝廷为少数闲冗官员增加收入的一种优惠措施。王安石变法开始以后，年轻的宋神宗担心"四方士大夫年高者，多疲老不可委寄，罢之则伤恩，留之则玩政。遂仍旧宫观名，而增杭州洞霄及五岳庙等，并依西京崇福宫置管勾或提举官，以知州资序人充，不复限以员数"②。当时增加的宫观有：杭州洞霄宫、永康军丈人观、亳州明道宫等十余处，监司、知州"有衰老不任职者"，皆可以就近任之，"使便乡里，示优恩也"。③

熙宁增设宫观差遣，且不限员数，从此，宫观官的人数不断增加。官员差注祠禄官始分为两大类：

一是"佚老优贤"。即官员因病、年老体弱不宜担任实职差遣者，可以"自陈"宫观差遣。北宋时，知州以上资序可以申请；南宋时，知县资序人亦可自陈。已退休的官员，只能得原俸之半。为了提高某些官员的待遇，可以特诏他们"落致仕"，改授宫观官。南宋时，"前宰相在经筵者，不以官高卑，率为宫使"④。高级官员的子弟恩荫入仕后，不符合担任正式差遣的条件，或需要实行任职回避时，往往差注宫观差遣。此外，宗室、外戚、随龙人、待阙官等皆可以请求差注宫观官，以食其俸给。⑤另如绍兴六年（1136），诏曰，"监司、守贰委寄非轻，除授非人，百姓受

---

① 〔宋〕叶梦得：《石林燕语》卷七。
② 《石林燕语》卷七。
③ 《宋会要辑稿·职官》五四之二七，熙宁三年五月十四日等。
④ 《建炎以来朝野杂记·乙集》卷一三《宫观使》。
⑤ 本段参考金圆《宋代祠禄官的几个问题》一文，载《中国史研究》1988年第2期。

弊。比年员多阙少，致有除代数政，尚虑选择失当，其间不无望实未副之人"。今后监司、守贰经过审查，"有不可任用之人，具诣实闻奏，与改作自陈宫观"。①凡自陈宫观差遣或"理作自陈"者，均按正常差遣对待。

二是安置贬降官员。宋代，宫观官虽系差遣，并与在编官员一样拿俸禄，但没有实际职掌。所以，相对于其他在职官员来讲，失去了政治权势，也是一种政治处分。这类情况主要有：持不同政见者，或在职有过失被弹劾者，王安石变法时期，对于强烈反对新法的官员，要么降级使用，要么授予他们祠禄官。哲宗朝守旧派上台以后，大批变法派遭到贬降。绍圣以后，变法派再度执政，又扩大了对守旧派的打击面。在这样反复交替的党派斗争中，失势的一派重者流放南方边远地区，轻者或授予祠禄官，即"朝臣以罪出者，多差宫观"②。于是祠禄官的人数不断增加。北宋末年，特别是南宋秦桧等专权时期，排斥异己，触犯其政治利益的官员往往不得安于其位，其中也有不少人被授予宫观差遣。这种处理办法，既是一种贬降，也是一种优容。担任祠禄官者享用官俸而不参预政务，有些人便借此机会专心从事文学、史学等创作活动。宋朝以礼待士大夫，所以，士大夫除有重大赃私罪、严重失职罪等，而受到流配、编管、安置等处罚外，一般过错处分都从轻（参考《宋代官员选任和管理制度》第四章第四节）。从北宋末年到南宋，士风日下，官场腐败现象日益增多，在这样的情况下，政府对因失职或其他各种罪过而受到弹劾批评的官员，仍从轻发落，改授宫观官或其他添差闲职，而不夺其禄。如宋徽宗宣和四年（1122），新差知宣州应安道被弹劾有"诞谩欺罔、黩货营私"等罪名，便改任提举江州太平观。③高宗绍兴三年（1133）十月，新差知袁州吕行已被弹奏有"贪婪不法，背公营私，耽乐宴饮，科需掊克"等等过名，遂改授主管台州崇道观。④这类事例不胜枚举。

---

① 《建炎以来系年要录》卷一〇七，绍兴六年十二月辛亥。
② 《燕翼诒谋录》卷四，《宫观优老》。
③ 《宋会要辑稿·职官》六九之一〇，宣和四年六月九日。
④ 《宋会要辑稿·职官》七三之一三，绍兴三年十月二十五日。

　　祠禄官不但有俸给收入，在政治上还有随时被重新起用的机会，所以这种贬责也是一种优遇，并不是任何官员都有资格获得的。当时内外祠禄官各有不同的资格要求。如在京宫观官，主要由宰执官、侍从官担任使、副使，其余两省或五品以上官任判官，若以内侍官或诸司使副担任，则称"都监"。宋神宗时曾规定，武臣任在京宫观，由"横行使并两省押班以上"担任者，充提举官，其他官员担任者，充提点；南宋时，只有前宰执官、使相以上或官至三少（少师、少傅、少保）者，才有资格任在京宫观使。在外宫观也有一定的资格要求，神宗时，要求大卿监及知州以上资序曾管勾宫观者充提举官，其他官员充管勾。政和三年（1113）又规定："中散大夫以上及职司资序充提举；朝奉郎以上或曾任职事官监察御史以上、若曾带帖职充提点；余充管勾。"①北宋时，曾限定选人、小使臣、大使臣及诸司副使皆不得陈乞宫观岳庙差遣。但是，随着北宋后期入仕人数的急剧增加，特别是由恩荫、杂色补官等途径入仕的右选小使臣的猛增，员多阙少的矛盾更加突出，为了使通过各种途径补官的人均得皇恩之赐，祠禄官的任用资格大为降低，人数也大为增加。神宗元丰元年（1078），内外宫观官仅有百余员，而徽宗朝，仅小使臣任宫观岳庙者，就有427员。此外，特奏名考试入第四等者例与岳庙②。南宋以后，以半壁江山养活着与北宋末年数量相当乃至更多的官员，而且所增官员主要是各种恩例补官人，如恩荫子弟、退役将士、归明归正归朝人、纳粟补官、军功补官等等。当时，有出身的官员注授差遣尚且待阙三五年乃至十余年，这些既无出身又无什么特殊才干的人，就更难以取得差遣。为了使他们能够养家糊口，宋政府遂大开注授祠禄官之门。如建炎三年（1129）五月，诏令京朝官知县资序、年龄在40岁以上、历任无赃罪、曾经堂除满一任而无差遣者，许权差宫观一次。其知州、通判资序以上无差遣者亦注。同年九月又诏：

---

① 《宋会要辑稿·职官》五四之二九，政和三年八月二十四日。
② 《建炎以来朝野杂记·甲集》卷一三，《特奏名试》。

> 京师（指开封）、河北、京东以至淮甸见任待阙之人，遭雁劫虏，
> 脱身逃归，流寓饥寒，困踬万状，朕甚悯之。内有缘罪犯未能赴部之
> 人，许破常格差岳庙宫观一次。①

即凡由西北流亡到南方追随小朝廷的官员，没有职位者，皆可注祠禄官，
以享其俸。绍兴四年（1134）六月，经吏部建议，得不到正式差遣的选
人，可以破格差注岳庙官一次。次年闰二月，又进一步重申：

> 京朝官知县以下资序并选人，如委是西北流寓无产业之人，及非
> 流寓人有若占射差遣恩例，或父母、祖父母年七十以上，或系省员废
> 并、曾任诸州教授，并令赴尚书省投状，与差岳庙一次。②

于是任宫观岳庙者迅速增加，"任宫观而仰给州县者众"，导致州郡财力紧
张。③高宗一朝，祠禄官没有员额限制，本为优恤流亡江南而无产业、久
事于朝的无差遣人而增加的宫观差遣，因大臣反复请托，遂有许多初出官
人或有较多产业的官员，也破例获得祠禄官。绍兴三十二年十二月，刚刚
即位的孝宗皇帝开始限定堂除宫观岳庙官的员额：

> 除在京宫观，文臣曾任监察御史以上、监司、郡守及带职人，武
> 臣（会）[曾] 任宫观、知阁、御带、郡守、遥郡、横行及带军职人
> 外，文武臣宫观以四百人为额，岳庙以三百人为额，大使臣注岳庙以
> 一百人为额，小使臣曾从军添差岳庙以三百人为额，宗室依格通差宫
> 观岳庙以七百人为额，其溢额人许终满今任。④

堂除宫观岳庙官仅是宫祠官的一部分，已多达1800人。这一限额是对高
宗朝宫观差遣大量增加现象的承认。如果按照乾道二年（1166）所定堂除

---

① 《宋会要辑稿·职官》五四之三三，建炎三年五月二十六日；建炎三年九月七日。
② 《宋会要辑稿·职官》五四之三四，绍兴四年六月二十二日；绍兴五年闰二月二十七日。
③ 《建炎以来系年要录》卷一〇〇，绍兴六年四月丙辰；卷一〇一，绍兴六年五月乙亥。
④ 《宋会要辑稿·职官》五四之三六至三七，绍兴三十二年十二月二十九日。

阙占全部宫观岳庙阙1/5的比例计算，则孝宗初年，祠禄官的总数当在9000人以上。①宋孝宗朝，虽然对差注祠禄官的员额进行限制，但其总人数仍有增无减。这一时期，退役将士除差注添差官外，还成为祠禄官的重要组成部分。如乾道五年，由于待注的大、小使臣太多，便增加岳庙阙额。其中大使臣待次者350余员，经吏部申请，把每州军应差大使臣的岳庙阙，在原来大州二员、小州一员的基础上，"每州军各更增添一员"，而且"日后依此使阙"。待次小使臣校尉等共1700余员，遂将每州军应差小使臣的岳庙阙，在原来大州五员、小州四员的基础上，"每州各增添一员"②。乾道九年四月，诏令又规定："今后离军横行使臣，令枢密院审差，与差将副差遣。若年六十以上，精力已衰，有战功，依已降指挥，与差宫观，余差岳庙。"③此后，归明归正、拣汰离军大小使臣及有战功的将士、无官宗室年七十以上，甚至年龄太大而未及第的太学生等等，都有被差为宫观岳庙或添差岳庙官的。祠禄官遂与添差官一样，成为宋政府优恤无阙可注之官的合适场所。

由于祠禄官与其他职事官一样有衣粮请受、添支、供给、人从、公用钱、茶炭纸酒等待遇，所以，它与其他差遣官一样有任期、任数、年龄等方面的要求。祠禄官的任期与其他差遣一样有二年、二年半、三年之分人，且有任数限制。如熙宁六年（1073）规定，陈乞宫观差遣人，"年六十以上者乃听差，毋过两任，兼用执政恩例者，通不得过三任"④。宋徽宗崇宁元年（1102），又规定，诸陈乞宫观岳庙者，"年七十以下不得过三任，七十以上曾历侍御史以上听两任；寺监长贰（六曹郎中以上同）及职司、中散大夫以上并一任（曾历堂除知州资序人准此）"⑤。南宋初年，

---

① 《宋会要辑稿·职官》五四之三七，乾道二年二月八日。参考前引金圆文。

② 《宋会要辑稿·职官》五四之三八，乾道五年九月二十八日。

③ 《宋会要辑稿·职官》五四之三九，乾道九年四月二十三日。

④ 《文献通考》卷六〇，《职官十四》。

⑤ 《宋会要辑稿·职官》五四之二九，崇宁元年七月十一日。

诏令差注祠禄官，往往也称"权差宫观一次"或"权许差一次"。①但是，随着员阙矛盾的激化，官员得阙越来越难，因此，每当大赦，朝廷往往为祠禄官增加任数。如孝宗淳熙十三年（1186）正月一日庆寿赦：

> 应文武臣宫观岳庙任数已满，依法不应再陈乞者，该今赦，年七十以上，特更许陈乞一次。八十以上特许两任。

同日赦又规定："应诸军拣汰离军大小使臣、校副尉、下班祗应，年七十以上，许更添差岳庙一次。""选人任州县官"期间，因年老被监司、知州陈乞改差应格岳庙，"任满不许再行陈乞之人，如委是年老不堪任厘务，若该今赦，许经所在州军知、通保奏，再差岳庙一次"，等等。②祠禄官的阙额已经增多，而每个官员还可以接连担任，这就使食祠禄之俸者大量增加。

待阙官、添差官、宫观官等无职事闲散官员充斥州县，这是自北宋后期到南宋时期政治的一大特色。这些安置办法较好地调整了统治阶级内部的矛盾，即入流太滥与阙位紧张之间的矛盾。政府出钱供养着大批无阙可注或不适合任职的官员，而使实际的职能编制控制在一定数额之内。以绍兴六年（1136）川陕以外东南诸路所有的1540员添差官为例，其中"戚里之家七，宗室六百六十七，归朝官一百六十四，归明官二百八十四，三省枢密院远赴行在官十，军班换授一百八十八，军功一百六十一，随龙二十六，归附官二十三，奉使之家十"，皆属于"理当优恤"，不宜当职董政者。③这些多余的官员虽不得插手政务，但有所居、有所养，这增加了被供养人对封建王朝的向心力，对于稳固赵宋王朝的统治起了重要的作用。但是，这些闲冗官的设置需要大量俸给，他们的俸给往往给所在州县的财政增加了负担，这些负担最终还是转嫁到劳动人民身上。如添差官的增

---

① 《宋会要辑稿·职官》五四之三三，建炎三年五月二十六日。
② 以上俱见《宋会要辑稿·职官》五四之四一，淳熙十三年正月一日。
③ 《建炎以来系年要录》卷九七，绍兴六年正月己卯。

多，使"远方州县至有公行科敛于民，名为'养老添差钱'者。官吏又或凭借其名，夤缘为奸，无所不致"①。宋孝宗时，"大抵离军使臣每员月费四十余千，……临安府一府八十员，岁费钱二万六千缗，以此推之，诸道可知"②。乾道九年（1173），臣僚在论述州县财力困乏的原因时，即首先批评"拣汰之军士"和"添差之冗员"太多。③其次，大批闲居官分布各州县，特别是那些待阙的京朝官、添差的非泛补官人等，或千方百计请求管理政务，干预地方政治，或利用权势从事违法活动，影响极坏。供养大批冗闲官员的结果势必加重剥削量，所以宋政府"恩逮于百官者惟恐其不足"是建立在"财取于万民者不留其有余"的基础上的，④这充分说明了赵宋王朝是官僚地主阶级的政权。

总之，宋代的冗官是由选官制度造成的。入流太滥是宋代选官制度的最大失误，而在众多的入仕之源中，科举取士仅在北宋前期所占比例较大，自北宋中期以后，恩荫和其他途径补官之人所占比例大大超过科举出身人。所以冗官的根源不在科举取士的增加，而在于恩幸补官太滥。如南宋嘉定六年（1213），尚书左选共2392人，有出身人占975人，不到一半。侍郎左选共17006人，有出身人4325人，约占1/4。侍郎右选15606人，武举出身仅415人，不足1/40。尚书右选总共3866员，武举出身人77人，约占1/50。其余都是荫补、军班军功、吏职、杂入流等。⑤官僚队伍的这种构成状况无疑不利于保持官僚队伍的整体素质。但在委任和使用方面，宋政府特别注意提拔和重用科举出身人，所以科举出身人在官僚队伍中的比例虽小，而留名青史者占绝对多数。

（选自苗书梅《宋代官员选任和管理制度》第一章，河南大学出版社1996年版）

---

① 《文定集》卷三，《论添差员缺》。

② 《建炎以来朝野杂记·甲集》卷一七，《国用司》。

③ 《中兴圣政》卷五二，乾道九年六月己巳。

④ 〔清〕赵翼：《廿二史札记》卷二五，《宋制禄之厚》。

⑤ 《建炎以来朝野杂记·乙集》卷一四，《嘉定四选总数》。

后 记

2021年冬，包伟民老师约请邓小南老师为"知宋"系列丛书主编一册政治制度卷。邓师限于精力，难以应承，此事便转由我二人负责。

接受任务后，我们着手筛选文章，其间多次与李全德、王化雨、陈文龙商量讨论，征求意见，逐步缩小选文范围，最终确定选目。宋代制度史研究成果汗牛充栋，我们的选择无疑会挂一漏万，所有不当之处，自然是我二人之责。本书导论系张祎执笔，每编按语则由方诚峰撰写。书稿校样排定后，我们又请清华大学历史系研究生帅克、刘超然、屈武亮、徐通辉、蔡平、赵恬、杨玉庆和首都师范大学历史学院研究生王晴、王梓帆、黄皖霖、刘玥帮忙校对文字，核查史料，前后进行了两轮处理。

我们最初承接编集任务，大抵出于为老师分忧解劳之心。故有关篇目编选问题，便果真再无请示，率以己意而为之了。待看到"知宋"已推出及将推出的各卷莫不由学养深厚、声望素著的师长辈学者担纲主编，我二人厕身其间，颇不相称，心下未免忐忑难安。事已至此，惟愿绵薄之力对于希望了解宋代政治制度的读者，亦能有一定助益。

浙江人民出版社李信编辑始终以最大的耐心和热忱支持我们旷日持久的选编工作，各位作者及相关版权人亦慷慨允许转载其学术成果，没有他们的鼎力支持，这本论文集就没有问世的机会。

张 祎 方诚峰

2024年6月